De Gruyter Studium

Theorie der Biographie

Theorie der Biographie

Grundlagentexte und Kommentar

Herausgegeben von
Bernhard Fetz und Wilhelm Hemecker

unter Mitarbeit von
Georg Huemer und Katharina J. Schneider

De Gruyter

Die Arbeiten für den vorliegenden Band erfolgten im Rahmen der Forschungen des Ludwig Boltzmann Instituts für Geschichte und Theorie der Biographie, einem Institut der Ludwig Boltzmann Gesellschaft.

Ludwig Boltzmann Institut
Geschichte und Theorie der Biographie

Library of Congress Cataloging-in-Publication Data

Theorie der Biographie : Grundlagentexte und Kommentar /
edited by Bernhard Fetz, Wilhelm Hemecker.
p. cm. -- (De Gruyter Studium)
Includes bibliographical references.
ISBN 978-3-11-023762-7 (alk. paper)
1. Biography--18th century--Study and teaching (Higher)
2. Biography--19th century--Study and teaching (Higher)
3. Biography--20th century--Study and teaching (Higher)
I. Fetz, Bernhard, 1963- II. Hemecker, Wilhelm.
CT85.T46 2011
920.009'033--dc22
2010050345

ISBN 978-3-11-023762-7

e-ISBN 978-3-11-023763-4

Bibliografische Information der Deutschen Nationalbibliothek
Die Deutsche Nationalbibliothek verzeichnet diese Publikation in der Deutschen Nationalbibliografie; detaillierte bibliografische Daten sind im Internet über http://dnb.d-nb.de abrufbar.

Bildnachweis Cover: Comstock Images/Thinkstock

Druck: Hubert & Co. GmbH & Co. KG, Göttingen
∞ Gedruckt auf säurefreiem Papier

Printed in Germany

www.degruyter.com

Inhalt

Einleitung

Zur Konzeption des vorliegenden Bandes

Biographien sind ‚in' – eindrucksvoll bezeugt das der Buchmarkt. Doch auch die Forschung hat inzwischen aufgeholt: Wurde noch vor wenigen Jahren ein Defizit an Reflexion zur Biographik beklagt, so sind inzwischen etliche größere Publikationen zum Thema greifbar – eine Entwicklung, an der das 2005 gegründete Ludwig Boltzmann Institut für Geschichte und Theorie der Biographie maßgebenden Anteil hat.

Nach dem Erscheinen von zwei umfangreichen Bänden[1] zu Theorie und Geschichte der Biographie sowie weiteren mit speziellerem Fokus[2] ergab sich der Wunsch nach einer ergänzenden Sammlung von Grundlagentexten zur modernen Biographik, die – teilweise nur schwer auffindbar oder nicht mehr greifbar – einen repräsentativen Überblick über die historisch sich entwickelnden, ausdifferenzierenden, komplementär oder antagonistisch zueinander stehenden Theorieansätze bieten.

Die Auswahl versammelt wichtige Beiträge vor allem aus dem deutschen, aber auch französischen und anglophonen Sprachraum, von denen einige hier erstmals ins Deutsche übertragen vorliegen. Sie werden durch Essays ergänzt, die den jeweiligen Beitrag entstehungs- und gattungsgeschichtlich kontextualisieren und mit Blick auf seine spezifische Leistung zur Theoriebildung in Betracht nehmen – weniger im Sinne eines umfassenden Kommentars als in der Intention, Impulse für eine vertiefende Lektüre und Diskussion zu liefern. Die Reflexion des größeren biographiegeschichtlichen und -theoretischen

---

1 Wilhelm Hemecker (Hg.): *Die Biographie – Beiträge zu ihrer Geschichte*. Unter Mitarbeit v. Wolfgang Kreutzer. Berlin, New York 2009; Bernhard Fetz (Hg.): *Die Biographie – Zur Grundlegung ihrer Theorie*. Unter Mitarbeit v. Hannes Schweiger. Berlin, New York 2009.

2 Bernhard Fetz und Hannes Schweiger (Hg.): *Spiegel und Maske. Konstruktionen biographischer Wahrheit*. Wien 2006 (= Profile, Bd. 13); Manfred Mittermayer u.a. (Hg.): *Ikonen, Helden, Außenseiter. Film und Biographie*. Wien 2009; Wilhelm Hemecker (Hg.): *Biographie und Religion*. Unter Mitarbeit von Tobias Heinrich. Göttingen 2011 [in Vorbereitung].

Horizonts findet sich in den beiden zuvor genannten Grundlagen-Bänden, die mit dem vorliegenden Studienbuch komplementär eine Einheit bilden.

Die komparative Lektüre der hier diachron angeordneten Grundlagentexte eröffnet mannigfache Bezüge. Virginia Woolf hat bereits den traditionellen Anspruch auf Biographiewürdigkeit eines Subjekts und damit die Ideologie von Männern, die Geschichte machen, radikal relativiert: Anstelle von „heroes" – etwa im Sinne von Carlyle – kann „anyone who has lived a life, and left a record of that life, worthy of biography" sein, und Woolf setzt mit rhetorischen Fragen nach: „What is greatness? And what smallness?"[3] Virginia Woolfs bereits zu ihrer Zeit anachronistisch anmutendes Plädoyer für eine strikt faktenorientierte Biographik findet seinen größtmöglichen Widerspruch in Wolfgang Hildesheimers Bekenntnis zur Subjektivität des Biographen. Stefan Zweigs Art der Literarisierung und Subjektivierung der Gattung indes stößt auf kritischen, ja polemischen Einspruch seitens Siegfried Kracauers und Leo Löwenthals und, in ganz anderem Sinne, auch durch Sergej Tretjakow, der den Helden durch das Kollektiv ersetzt. Tretjakows – trotz der inzwischen eingetretenen historischen Distanz – nach wie vor zu den avanciertesten zählender Ansatz zeigt Parallelen zu den bereits zukunftsweisenden biographietheoretischen Auffassungen Herders. Dilthey wiederum wirkt deutlich bei Sartre nach (wiewohl dieser Dilthey selbst ausdrücklich nicht gelesen haben will), dessen „existentielle Psychoanalyse" sich wiederum als eine Revision der Methode Freuds verstehen lässt. Dem Nach-Denken solcher Beziehungen sind keine Grenzen gesetzt.

Zur Textgestaltung

Die Vorlagen für den Wiederabdruck werden jeweils bibliographisch nachgewiesen, die Textgestalt richtet sich diplomatisch getreu nach der jeweiligen Druckvorlage, behält also fallweise orthographische Eigentümlichkeiten und solche der Gestaltung insbesondere der Anmerkungen bei. Lediglich eindeutige Druckfehler wurden stillschweigend korrigiert. Typographische Vereinheitlichungen betreffen: Überschriften sowie sämtliche Hervorhebungen, die in Kursivdruck wiedergegeben werden. Bei Übertragungen ins Deutsche werden die ÜbersetzerInnen namentlich genannt.

Die Herausgeber *Wien, im Herbst 2010*

---

3 Virginia Woolf: „The Art of Biography". In: dies.: *Collected Essays*, Bd. 4. London 1967, S. 221–228, hier S. 226f. Vgl. im vorliegenden Band S. 161–169, hier S. 167.

Samuel Johnson

The Rambler, Nr. 60. Saturday, 13 October 1750*

„Quid fit pulcrum, quid turpe, quid utile, quid non, Plenius et melius Chrysippo et Crantore dicit."

Horaz

Alle Freude und aller Schmerz über das Glück oder die Katastrophen anderer werden durch einen Akt der Einbildungskraft hervorgebracht, der einem Ereignis Realität verleiht, so fiktiv es auch sei, oder es uns näher bringt, so entfernt es auch sein mag, indem er uns für gewisse Zeit in die Lebensumstände desjenigen versetzt, dessen Schicksal wir betrachten, sodass wir, solange diese Täuschung andauert, alle Gefühlsbewegungen erleben, die in uns ausgelöst würden, wenn uns dasselbe Wohl oder dasselbe Übel zustoßen sollte.

Deshalb werden unsere Leidenschaften umso stärker in Bewegung gesetzt, je größer unsere Bereitschaft ist, die unserem Geist vorgestellten Leiden oder Freuden anzunehmen, indem wir sie als welche erkennen, die irgendwann auch unsere eigenen sein werden, oder indem wir sie als etwas betrachten, was auf natürliche Weise mit unserer Lebenssituation verbunden ist. Auch für den kunstreichsten Schriftsteller ist es nicht leicht, uns Anteilnahme an einem Glück oder einer Not zu vermitteln, wenn wir es für völlig unwahrscheinlich halten, dass wir diese je empfinden werden, oder wenn wir damit noch nie Bekanntschaft gemacht haben. Geschichten über den Untergang von Königreichen und über Umstürze in Imperien liest man mit großer Gelassenheit. Das königliche Trauerspiel gefällt dem durchschnittlichen Publikum nur durch den Pomp, mit dem es ausgeschmückt ist, und durch die Großartigkeit seiner Gedanken. Und ein Mensch, dessen Verstandeskräfte lediglich durch das Geschäftsleben in Anspruch genommen sind und dessen Herz niemals geflattert hat, außer beim Steigen und Fallen der

---

* Samuel Johnson: „The Rambler", Nr. 60. Saturday, 13 October 1750. In: ders.: *The Major Works, including Rasselas.* Hg. v. Donald Greene. Oxford 2000, S. 204–207. [Für den vorliegenden Band aus dem Englischen übersetzt von Manfred Mittermayer 2010.]

Aktien, fragt sich, wie durch eine Liebesgeschichte jemals Aufmerksamkeit erregt oder Emotionen aufgewühlt werden können.

Jene parallelen Umstände und verwandten Bilder, an die wir unsere Denkweise gerne anpassen, sind vor allen anderen Schriften besonders in den Lebensgeschichten von Einzelpersonen zu finden. Es scheint deshalb keine Schreibgattung unserer Bemühungen würdiger zu sein als die Biographie, denn keine kann unterhaltsamer oder nützlicher sein, keine vermag mit größerer Sicherheit das Herz durch unwiderstehliche Anteilnahme zu fesseln oder ihre Belehrungen in die unterschiedlichsten Lebensumstände hinein zu verbreiten.

Die generellen und raschen Geschichtsdarstellungen, die das Schicksal von Tausenden in die Geschäfte eines Tages einbinden und unzählige Begebenheiten in einen großen Handlungsablauf zusammenfassen, geben uns nur wenige Lehren an die Hand, die auf das private Leben anwendbar wären; dieses bezieht seine Annehmlichkeiten und sein Elend aus der richtigen oder falschen Handhabung von Dingen, die nichts als ihr häufiges Vorkommen betrachtenswert macht. Parua, si non fiant quotidie, sagt *Plinius*; sie können keinen Platz in jenen Erzählungen finden, die sich nie auf eine Ebene unterhalb der Beratungen eines Regierungsgremiums, der Bewegungen von Armeen und der Ränke von Verschwörern hinabbewegen.

Ich habe oft gedacht, dass selten ein Leben abgelaufen ist, dessen mit Überlegung geschriebene und wahrheitsgetreue Erzählung nicht von Nutzen wäre. Denn nicht nur gibt es für jeden in der gewaltigen Menschenmasse weltweit eine große Zahl von Leuten, die sich in den gleichen Umständen befinden wie er selbst, für die seine Fehler und Missgeschicke, die von ihm angewandten Auswege und Hilfsmittel von unmittelbarem und offensichtlichem Nutzen sein würden. Es findet sich vielmehr im Stand der Menschen – wenn man von den Ausschmückungen und Verkleidungen absieht, die bloß von außen hinzukommen und sich auch wieder abtrennen lassen – eine solche Gleichförmigkeit, dass kaum ein Wohl oder ein Übel möglich ist, das nicht dem menschlichen Geschlecht gemein wäre. Ein großer Teil der Lebenszeit jener, die entweder ihr Geschick oder ihr Temperament in den größtmöglichen Abstand voneinander versetzt hat, vergeht unweigerlich auf die gleiche Weise. Und obgleich Launen, Eitelkeit und Zufall zunehmend Unterschiede und Besonderheiten hervorbringen, wenn die Ansprüche der Natur befriedigt sind, wird doch jedes aufmerksame und scharfsichtige Auge bemerken, dass dieselben Ursachen noch immer ihren Einfluss in dieselben Wirkungen münden lassen – wenn auch zuweilen beschleunigt, zuweilen behindert oder durch vielfältige Zusammenhänge verwirrt. Wir werden alle von denselben Beweggründen angetrieben, durch dieselben Irrtümer getäuscht, durch Hoffnungen belebt, durch Gefahren gehemmt, sind in Begierden verstrickt und werden vom Vergnügen in Versuchung geführt.

Oft wird gegen die Lebensbeschreibungen von Einzelpersonen der Einwand erhoben, dass sie sich nicht durch irgendwelche hervorstechenden oder wunderbaren Wendungen auszeichnen. Der Gelehrte, der sein Leben inmitten seiner Bücher zubringt, der Kaufmann, der bloß seine eigenen Angelegenheiten verfolgt, der Priester, dessen Tätigkeitsbereich sich nicht über die Sphäre seines Amtes hinaus erstreckt, werden nicht als geeignete Gegenstände für die öffentliche Aufmerksamkeit angesehen, so sehr sie sich auch in ihren verschiedenen Positionen hervorgetan haben, so groß auch ihre Gelehrsamkeit, ihre Integrität und ihre Frömmigkeit gewesen sein mögen. Doch diese Vorstellung ergibt sich aus falschen Maßstäben für Vortrefflichkeit und Würde und muss durch die Überlegung für immer beseitigt werden, dass nach der Einschätzung einer unverdorbenen Vernunft den größten Wert aufweist, was den größten Nutzen mit sich bringt.

Es ist in der Tat zulässig, auf redliche Weise ein Vorurteil zu nutzen und durch einen gefeierten Namen Aufmerksamkeit zu erregen. Doch die Aufgabe des Biographen besteht oft darin, jene Handlungen und Begebenheiten, welche in den Augen des Volkes Größe hervorbringen, nur oberflächlich zu berühren, um die Gedanken auf die häusliche Privatsphäre zu lenken und die kleinen Einzelheiten des täglichen Lebens darzustellen, wo die äußerlichen Zufälligkeiten beiseite geschoben werden und die Menschen sich lediglich durch Klugheit und Tugend auszeichnen. Der Verfasser der Geschichte des *Thuanus* sagt in aller Schicklichkeit, er habe sie geschrieben, damit sie für die Nachwelt den häuslichen und familiären Charakter eines Mannes offen lege, „cuius ingenium et candorem ex ipsius scriptis sunt olim semper miraturi", dessen Aufrichtigkeit und dessen Genialität durch seine Schriften bis ans Ende der Zeiten voll Bewunderung aufbewahrt bleiben werden.

Es gibt viele verborgene Umstände, die wesentlich wichtiger sind als öffentliche Vorkommnisse – ob wir nun bei unserer Lektüre nach natürlichen oder moralischen Erkenntnissen forschen oder ob wir die Absicht haben, unsere Wissenschaft zu erweitern bzw. unsere Tugend zu vergrößern. So hat der große Meister *Sallust* in seiner Geschichte des *Catilina* nicht die Bemerkung versäumt, dass dessen Gang bald schnell, bald langsam gewesen sei – als Hinweis darauf, dass sich hier ein Geist mit einer Sache in heftiger Bewegung auseinandersetzt. So bietet die Geschichte *Melanchthons* eine bemerkenswerte Lehre vom Wert der Zeit, indem sie uns mitteilt, dass er, wenn er eine Zusammenkunft verabredete, nicht nur die Stunde, sondern auch die Minute festlegen ließ, damit der Tag nicht in der Untätigkeit angespannten Wartens dahingehen möge. Und alle Pläne und Unternehmungen von *De Witt* sind heute im Angesicht der Welt von geringerer Bedeutung als jener

Teil seines persönlichen Charakters, welcher ihn als jemanden erscheinen lässt, der sich um seine Gesundheit sorgt, aber gleichzeitig seines Lebens nicht achtet.

Die Biographie ist jedoch des Öfteren in die Hände von Schriftstellern gefallen, die mit der Natur ihrer Arbeit wenig bekannt oder bei deren Durchführung sehr nachlässig gewesen zu sein scheinen. Sie bieten selten eine andere Darstellung als dasjenige, was man auch aus öffentlichen Blättern zusammenstellen kann, stellen sich aber vor, ein Leben zu beschreiben, wenn sie eine chronologische Reihe von Handlungen oder Verrichtungen vorlegen, und sie achten so wenig auf die Verhaltensweisen und das Benehmen ihrer Helden, dass man mehr Wissen über den wahren Charakter eines Menschen aus einem kurzen Gespräch mit einem seiner Diener gewinnen kann als aus einer in aller Form ausgearbeiteten Erzählung, die mit seinem Stammbaum beginnt und mit seinem Begräbnis endet.

Wenn sie sich gelegentlich doch dazu herablassen, der Welt einzelne Tatsachen zur Kenntnis zu bringen, so sind sie nicht immer so glücklich, die wichtigsten auszuwählen. Ich weiß nicht so recht, was für einen Vorteil die Nachwelt aus dem einzigen Umstand ziehen kann, durch den *Tickell Addison* vom Rest der Menschheit unterschieden hat: aus der Unregelmäßigkeit seines Pulses. Eben so wenig kann ich mich für die Zeit, die ich beim Lesen der Lebensgeschichte des *Malherbe* zugebracht habe, als übermäßig entlohnt erachten, wenn ich dadurch in den Stand gesetzt bin, dem gelehrten Biographen folgend zu erzählen, dass *Malherbe* insbesondere zwei vorherrschende Meinungen gehabt habe: die eine, dass die Zügellosigkeit einer jeden Frau alles Ansehen, das sie aus ihrer alten Abstammung bezieht, vernichten könne; die andere, dass die französischen Bettler sich auf äußerst unschickliche und unzivilisierte Weise der Redensart „Junker" („noble Gentleman") bedienten, wo doch jedes dieser Wörter bereits den Begriff von beiden in sich schlösse.

Es finden sich in der Tat einige natürliche Ursachen, warum diese Erzählungen oft von Leuten geschrieben werden, bei denen es nicht wahrscheinlich ist, dass sie vielen Menschen Belehrung oder Unterhaltung vermitteln werden, und warum die meisten Darstellungen von Privatpersonen trocken und ohne jeden Nutzen sind. Wenn eine Lebensbeschreibung so lange aufgeschoben wird, bis alles Eigeninteresse und aller Neid ein Ende haben, können wir zwar auf Unparteilichkeit hoffen, aber wir dürfen dann wenig Information erwarten. Denn die Begebenheiten, die der Biographie besondere Qualität verleihen, sind ihrer Art nach unbeständig und nur von kurzer Dauer, sodass sie dem Gedächtnis bald entschwinden und selten durch Überlieferung weitergetragen werden. Wir wissen, wie wenige Menschen einen lebenden Bekannten schildern können, abgesehen von seinen auffälligsten und am besten beobachtbaren Besonderheiten und den gröberen

Zügen seines Geistes; man kann sich leicht vorstellen, wie viel von diesem geringen Wissen durch seine Weitergabe verloren gehen und wie bald eine Aufeinanderfolge von Nachschilderungen keine Ähnlichkeit mehr mit dem Urbild haben wird.

Wenn der Biograph aus persönlicher Kenntnis schreibt und eilfertig danach trachtet, die öffentliche Neugier zu befriedigen, besteht die Gefahr, dass sein Eigeninteresse, seine Furcht, seine Dankbarkeit oder seine Zuneigung stärker sind als seine Aufrichtigkeit und ihn dazu verleiten, einiges zu verschweigen oder sogar zu erfinden. Es gibt viele Leute, die es für einen Akt der Pietät halten, die Fehler oder Schwächen ihrer Freunde, selbst wenn ihnen aus deren Aufdeckung kein Nachteil mehr erwachsen kann, zu verbergen. Wir sehen daher, dass ganze Reihen von Charakteren mit einförmigen Lobreden ausgeschmückt und nur mehr durch äußerliche und zufällige Umstände voneinander zu unterscheiden sind. „Lasst mich nicht vergessen", sagt *Hale*, „wenn ich mich zum Mitgefühl gegenüber einem Verbrecher geneigt finde, dass es auch ein Mitgefühl gibt, das dem Staatsganzen zusteht." Wenn wir dem Andenken an die Verstorbenen Respekt schuldig sind, so haben wir doch der Erkenntnis, der Tugend und der Wahrheit eine noch größere Ehrerbietung zu erweisen.

Samuel Johnson

The Idler. Nr. 84. Saturday, 24 November 1759*

Die Biographie ist unter den verschiedenen Arten des erzählenden Schrifttums diejenige, die am eifrigsten gelesen wird und am leichtesten auf die Zwecke des Lebens angewendet werden kann.

In Romanen, wo das weite Feld der Möglichkeiten für die Erfindung offen liegt, können vielleicht die einzelnen Umstände zahlreicher, die Wendungen unvermittelter und die Ereignisse wunderbarer gestaltet werden. Aber von der Lebensphase an, in der die Einbildungskraft allmählich unter die Herrschaft der Vernunft gerät und durch die Erfahrung korrigiert wird, löst selbst die kunstvollste Erzählung wenig Neugier aus, wenn man weiß, dass sie nicht wahr ist – selbst wenn man sie vielleicht gelegentlich als Modell eines gepflegten und eleganten Schreibstils lesen mag, nicht um der Kenntnisse willen, die sie enthält, sondern wegen der Art, wie sie geschrieben ist; oder wenn diejenigen, die ihrer selbst überdrüssig sind, zu ihr wie zu einem angenehmen Traum Zuflucht nehmen, dessen Bilder sie, wenn sie wieder erwachen, aus eigenem Willen wieder aus ihrem Geist entfernen.

Tatsächlich drängen sich historische Beispiele und Begebenheiten dem Geist mit dem Gewicht der Wahrheit auf. Wenn sie aber im Gedächtnis aufbewahrt sind, werden sie oft mehr dazu eingesetzt, um Eindruck zu machen, als dass sie wirklich Nutzen schaffen würden, und sie tragen eher dazu bei, eine Konversation abwechslungsreich zu gestalten, als Einfluss auf unsere Lebensweise auszuüben. Nur wenige Menschen sind in Umstände verwickelt, die ihnen die Gelegenheit gäben, durch den Sturz eines Staatsmanns oder die Niederlage eines Feldherrn weiser zu werden. Diverse Kriegslisten und Hofintrigen werden vom größeren Teil der Menschheit mit derselben

* Samuel Johnson: „The Idler", Nr. 84, Saturday, 24 November 1759. In: ders.: *The Major Works, including Rasselas*. Hg. v. Donald Greene. Oxford 2000, S. 298–300. [Für den vorliegenden Band aus dem Englischen übersetzt von Manfred Mittermayer 2010.]

Gleichgültigkeit gelesen wie die Abenteuer sagenhafter Helden oder politische Umstürze in einem Feenreich. Zwischen Unwahrheit und nutzloser Wahrheit besteht kein großer Unterschied. So wie das Gold niemanden reich machen wird, wenn er es nicht ausgeben kann, wird auch eine Wissenschaft, die man nicht anwenden kann, niemanden weise machen.

Die verderblichen Folgen des Lasters und der Torheit, von regellosen Begierden und machtvollen Leidenschaften, lernt man am besten aus jenen Erzählungen kennen, die sich auf das menschliche Leben überhaupt richten, die uns nicht berichten, wie ein Mensch groß, sondern wie er glücklich gemacht wurde, nicht wie er die Gunst seines Fürsten verloren hat, sondern wie er mit sich selbst unzufrieden wurde.

Deshalb haben gewöhnlich jene Erzählungen den größten Wert, in denen uns der Verfasser seine eigene Geschichte berichtet. Wer das Leben eines anderen wiedergibt, verharrt üblicherweise bei herausragenden Vorkommnissen und befasst sich weniger mit den alltäglichen Aspekten seiner Erzählung, um auf diese Weise deren Würde zu vergrößern. Er zeigt seinen Favoriten bloß aus der Ferne, herausgeputzt und überhöht wie die alten Schauspieler in ihren tragischen Kostümen, und ist bestrebt, den Menschen zu verbergen, um einen Helden hervorzubringen.

Aber wenn es wahr ist, was ein französischer Fürst sagte, dass nämlich kein Mensch in den Augen seiner Kammerdiener einen Helden darstellt, so trifft ebenso zu, dass jeder Mensch noch viel weniger vor sich selbst ein Held ist. Wer aufgrund der Bedeutung seiner Beschäftigungen oder des Rufes seiner Geistesgaben am meisten über die Masse erhaben ist, fühlt sich von seinem Ruhm oder seinen Geschäften zwar betroffen, aber nur insofern, als diese sein häusliches Leben beeinflussen. Genauso wie hoch und niedrig gestellte Personen die gleichen geistigen und sinnlichen Fähigkeiten besitzen, gleichen sie einander auch in ihren Leiden und Freuden. Sie haben alle die gleichen Empfindungen, auch wenn diese durch die unterschiedlichsten Anlässe hervorgerufen werden. Der Fürst fühlt den gleichen Schmerz, wenn ihm ein Angreifer ein Stück Land wegnimmt, wie der Landmann, wenn ihm ein Dieb seine Kuh davontreibt. Menschen, die einander dermaßen gleichen, werden auch in ehrlich und unparteiisch verfassten Biographien gleich erscheinen; und diejenigen, die das Schicksal oder die Natur in den größtmöglichen Abstand voneinander versetzt hat, können einander gegenseitig durchaus zur Lehre dienen.

Wer seine eigene Lebensgeschichte aufschreibt, verfügt zumindest über die wichtigste Voraussetzung eines Historikers: die Kenntnis der Wahrheit. Und obwohl man plausibel einwenden mag, dass die Verlockung, diese zu verbergen, genauso groß ist wie die Möglichkeiten, sie zu kennen, glaube ich, dass mit der gleichen Zuversicht von demjenigen Unparteilichkeit erwartet werden kann, der den Verlauf seines eigenen Lebens wiedergibt, wie von demjenigen, der die Handlungen eines anderen überliefert.

Sicherheit des Wissens schließt nicht nur Fehler aus, sondern stärkt auch die Wahrhaftigkeit. Was wir durch Mutmaßungen zusammentragen – und nur durch Mutmaßungen kann ein Mensch die Motive oder Empfindungen eines anderen beurteilen – wird leicht durch Einbildung oder Wunschdenken verändert, so wie Gegenstände, die nur unvollkommen ausgemacht werden können, ihre Gestalt danach annehmen, was der Betrachter erhofft oder fürchtet. Doch was vollständig bekannt ist, kann nur wider besseres Wissen und Gewissen verfälscht werden. Denn wer nach Wissen strebt, liebt auch die Wahrheit, und das Gewissen ist stets der Hüter der Tugend.

Wer das Leben eines anderen beschreibt, ist entweder dessen Freund oder dessen Feind, und er wünscht entweder dessen Ruhm zu vermehren oder dessen Schande zu verschlimmern. Viele Verlockungen zur Unwahrheit werden auftreten, als Leidenschaften verkleidet und scheinbar so bestechend, dass sie nicht viel Widerstand befürchten müssen. Die Liebe zur Tugend wird Lobreden beflügeln, und der Hass auf das Laster wird Tadel auslösen. Der Drang nach Dankbarkeit, patriotischer Eifer, Vorurteile und Parteilichkeit können leicht auch die Wachsamkeit eines ansonsten gut gesinnten Geistes überwältigen und über eine Wahrheit, die keine Unterstützung und keine Freunde hat, den Sieg davontragen.

Wer aber von sich selbst spricht, hat weiter keinen Beweggrund zur Unwahrheit oder zur Parteilichkeit als die Eigenliebe, von der alle Menschen schon so oft betrogen wurden, dass sie ständig vor ihren Schlichen auf der Hut sind. Wer eine Verteidigungsschrift für eine bestimmte Handlung abfasst, um entweder eine Anklage zurückzuweisen oder sich der Gunst eines anderen zu empfehlen, wird sich in der Tat stets dem Verdacht aussetzen, die eigene Sache bevorzugt zu behandeln. Von demjenigen aber, der sich aus freien Stücken und in Ruhe hinsetzt, um seinen Lebenslauf zur Ermahnung der Nachwelt – oder zum eigenen Vergnügen – zu überdenken, und seinen Bericht unveröffentlicht lässt, mag man gemeinhin annehmen, dass er die Wahrheit schreibt. Denn die Unwahrheit wird seinen eigenen Geist wenig befriedigen. Und wenn er im Grab liegt, wird er seinen Ruhm ohnedies nicht mehr vernehmen.

Caitríona Ní Dhúill

Den Stil bestimmen

Samuel Johnsons Ratschläge für Biographen*

Samuel Johnson spielt in der Geschichte der englischsprachigen Biographik eine dreifache Rolle: als Biograph, als Theoretiker und indem er selbst zum Gegenstand einer paradigmatischen Biographie wurde.[1] Mit seinen eigenen biographischen Schriften trug er maßgeblich zur Entwicklung der modernen englischen Biographik bei.[2] Die in *Lives of the Poets* (1779–81) versammelten Texte gehören zu den ersten englischsprachigen Biographien, die sich gänzlich von Anklängen an die mittelalterliche Hagiographie befreien konnten.[3] Gleichzeitig setzt Johnson in seinem *Life of Savage* (1744) einen Ansatz in die Praxis um, den er auch in seiner theoretischen Auseinandersetzung mit der Biographie vertritt: *Jedes* Leben sei einer Biographie würdig, selbst wenn dieses im Zeichen von persönlichem und künstlerischem Scheitern, Armut und Kriminalität stünde. Jene Biographie, die über Johnson selbst geschrieben wurde, verfasst von seinem Freund James Boswell, *The Life of Samuel Johnson, LL.D.* (1791)[4], bestätigte nicht nur seine Bedeutung für das kulturelle Leben Großbritanniens, sie wurde zu *der* paradigmatischen englischsprachigen Biographie schlechthin.[5] Mit *Life of Johnson* etablierte Boswell die Biographie als umfassende, chronologische und detailliert dokumentierte Lebenserzählung zu einem Genre, das hinsichtlich der li-

---

* Für den vorliegenden Band aus dem Englischen übersetzt von Tobias Heinrich 2010.

1 Vgl. Jack Lynch: „The life of Johnson, *The Life of Johnson*, the *Lives* of Johnson“. In: *Johnson after 300 Years*. Hg. v. Greg Clingham u. Philip Smallwood. Cambridge 2009, S. 131–144.

2 Murray Pittock: „Johnson, Boswell, and their circle“. In: *The Cambridge Companion to English Literature, 1740–1830*. Hg. v. Thomas Keymer u. Jon Mee. Cambridge 2004, S. 157–172.

3 Greg Clingham: „Life and literature in Johnson's *Lives of the Poets*“. In: *The Cambridge Companion to Samuel Johnson*. Hg. v. Creg Clingham. Cambridge 1997, S. 161–191, hier S. 186.

4 James Boswell: *The Life of Samuel Johnson, LL. D.* Hg. v. Robert W. Chapman. Oxford 1998.

5 Lynch: „The life of Johnson“, S. 132.

terarischen und kulturellen Bedeutung dem Roman über ein Jahrhundert hinweg ernsthaft Konkurrenz machte. Vorangestellt ist diesem *opus magnum* Boswells eine Diskussion über die biographische Methode, die ausführlich aus einem 1750 im *Rambler* erschienenen Essay Samuel Johnsons zitiert, der hier wiedergegeben wird.

Sowohl dieser Text aus dem *Rambler* als auch der korrespondierende Essay aus dem *Idler*, der neun Jahre später erschien, machen deutlich, dass Johnson in seiner Auseinandersetzung mit der Biographie von einer komparatistischen Perspektive ausgeht. Das Konzept, das er für Bestimmung und Funktion der Gattung entwickelt, und auch seine Ratschläge für die biographische Praxis gründen auf dem Vergleich mit anderen Gattungen: dem Roman, der Autobiographie, Memoiren und der Geschichtsschreibung allgemein. Dieser kontrastive Zugang verdankt sich zweifellos der Vielfalt in Johnsons eigenem literarischen und philologischen Werk, das sich aus Lyrik, Literaturkritiken, fiktionaler Prosa, Predigten, Briefen und lexikographischen Arbeiten zusammensetzte. Die Schrift aus dem Jahre 1750 vergleicht die Biographie mit Gattungen der Geschichtsschreibung, in denen historische Ereignisse wie der „Untergang von Königreichen" oder „Umstürze in Imperien" (S. 3)[6] im Mittelpunkt stehen und nicht einzelne Personen. Johnson zieht dabei die Biographie (aus Gründen, die später noch genannt werden sollen) solchen Gattungen vor. Das Stück aus dem *Idler* von 1759 konzentriert sich vorerst auf die Unterscheidung zwischen Biographie und Roman, um dann auf die Autobiographie als Maßstab, an dem sich die Biographie orientieren solle, einzugehen. Die Biographie, so argumentiert Johnson im *Idler*, spricht ein reiferes Empfindungsvermögen an als fiktionale Literatur. Die einzige Rechtfertigung, die Johnson für die Lektüre fiktionaler Texte vorbringt, sind ihr Unterhaltungswert und ihre stilistischen Qualitäten. Eine Lebensbeschreibung hingegen ist aus seiner Sicht sowohl wahr als auch nützlich, oder sie ist nützlich, *weil* sie wahr ist.

„Es scheint [...] keine Schreibgattung unserer Bemühungen würdiger zu sein als die Biographie" (S. 4). Johnsons Plädoyer für die Biographie in seiner Schrift von 1750 ist bemerkenswert vor allem aufgrund der Bedeutung, die er der Lektüreerfahrung zukommen lässt. Im Kern jener Argumente, die Johnson für die Stellung der Biographie unter den Gattungen ins Feld führt, steht die Möglichkeit zur empathischen Identifikation des Lesers mit dem biographischen Objekt. Aus Johnsons Sicht zeichnet dieser Aspekt die Biographie aus und hebt sie von anderen Erzählformen, gleich ob fiktional oder historisch, ab. Der imaginative Akt der Einfühlung vollziehe sich durch

6 In Klammern angeführte Seitenangaben im Text beziehen sich auf den vorliegenden Band.

Identifikation: Wenn sich der Leser in die Position des biographischen Objekts versetze, stehe ihm ein vermittelter Zugang zu fremder Erfahrung offen: Er könne teilhaben am „Glück" oder den „Katastrophen" (S. 3) anderer. Im Unterschied dazu zeichne sich die Leseerfahrung bei historiographischen Texten durch Distanziertheit, ja sogar Gleichgültigkeit aus, da meist weit zurückliegende Ereignisse beschrieben werden, zu denen der Leser nur selten eine persönliche Beziehung aufbauen kann. Es sei genau das Alltägliche – Dinge, die „nichts als ihr häufiges Vorkommen betrachtenswert macht" (S. 4) –, das dem Leser der Biographie erlaube, sich mit ihrem Objekt zu identifizieren. Die „Aufgabe des Biographen" (S. 5) sei es, den Leser in das private, ‚familiäre' Leben seines Objekts einzuführen, in die „kleinen Einzelheiten des täglichen Lebens" (S. 5), so dass ein Prozess der Identifikation stattfinden kann.

Verstärkt wird dieses Modell der Biographie als Ort der Identifikation, Empathie und einer vermittelten Erfahrung durch das Bekenntnis zu einem Konzept universeller Humanität, das dem allgemeinen Bild Johnsons als eines konservativen Denkers der Gegenaufklärung scheinbar widerspricht.[7] Politisch war er unzweifelhaft ein Konservativer. Die Argumente, die er für die Biographie vorbringt, betonen aber auffallend oft das Prinzip der Gleichheit. Biographien sollten keinesfalls dazu dienen, ein Pantheon heroischer Vorbilder zu errichten, sondern demonstrieren, was „dem menschlichen Geschlecht gemein" (S. 4) ist, und eine „Gleichförmigkeit" im „Stand des Menschen" (S. 4) enthüllen. Die Thematisierung des Alltäglichen in der Biographie, des Häuslichen und des Privaten, vermag es, Standesunterschiede zu relativieren und allgemeine Erfahrungen des Lebens, die von allen Menschen geteilt werden, hervorzuheben. Natürlich ist diese Haltung selbst wieder politisch bedenklich, wo sie dazu dient, soziale Unterschiede zu beschönigen. Am offensichtlichsten wird dies in folgender Behauptung aus der Schrift von 1759: „Der Fürst fühlt den gleichen Schmerz, wenn ihm ein Angreifer ein Stück Land wegnimmt, wie der Landmann, wenn ihm ein Dieb seine Kuh davontreibt." (S. 10). Dennoch entwickelt Johnsons Text die Vision der Biographie als Vehikel von Identifikation und Empathie über Standesgrenzen hinweg und zwar in beiden Richtungen des sozialen Spektrums: „diejenigen, die das Schicksal oder die Natur in den größtmöglichen Abstand voneinander versetzt hat, können einander durchaus gegenseitig zur Lehre dienen" (S. 10). Ebenso behauptet Johnson im *Rambler*, dass jede Biographie von Nutzen sein könne, nicht bloß die exemplarischen Le-

7 Vgl. Greg Clingham und Philip Smallwood: „Introduction: Johnson now and in time". In: dies. (Hg.): *Samuel Johnson after 300 Years*. Cambridge 2009, S. 1–14.

bensgeschichten der Elite: „dass selten ein Leben abgelaufen ist, dessen mit Überlegung geschriebene und wahrheitsgetreue Erzählung nicht von Nutzen wäre“ (S. 4).

Was die Schrift aus dem *Idler* am klarsten von dem neun Jahre früher erschienenen Text unterscheidet, ist die Rolle der Autobiographie als ideales Vorbild der Biographie – eine Vorstellung, die Wilhelm Diltheys hundertfünfzig Jahre später entwickeltes Konzept vorwegnimmt.[8] Da Biographen, wenn sie über das Leben anderer schreiben, nur schwer objektiv sein können und sich bei ihrer Rekonstruktion des Innenlebens ihres Objekts auf Spekulationen verlassen müssen, repräsentiert nicht die Biographie, sondern die Autobiographie – „jene Erzählungen [...], in denen uns der Verfasser seine eigene Geschichte berichtet“ (S. 10) – zumindest im Rahmen dieser Schrift das Ideal einer zuverlässigen Lebensbeschreibung. Johnson war selbst natürlich ein überaus produktiver Biograph, nicht nur, wenn es darum ging, das Leben persönlicher Bekannter und Zeitgenossen aufzuzeichnen (*Life of Savage*), sondern auch mit Blick auf historische Persönlichkeiten (*Lives of the Poets*). Aus diesem Grund sind seine Ausführungen über die Probleme, denen sich die Biographie im Gegensatz zur Autobiographie gegenüber sieht, wohl am ehesten als implizites Regelwerk für das Verfassen von Biographien zu lesen. Das Bild, das Johnson von einem idealen Memoirenschreiber entwirft, „der sich aus freien Stücken und in Ruhe hinsetzt, um seinen Lebenslauf zur Ermahnung der Nachwelt – oder zum eigenen Vergnügen – zu überdenken, und seinen Bericht unveröffentlicht lässt“ (S. 11), ist ein indirekter Appell an Biographen, sich ihrer negativen bzw. positiven Vorurteile bewusst zu sein. Es gelte zu vermeiden, die biographierten Persönlichkeiten zu Helden zu stilisieren, und der Versuchung zu widerstehen, über ihre „Motive oder Empfindungen“ (S. 11) zu spekulieren. Vielmehr müsse der Biograph zu jeder Zeit danach streben, der Wahrheit verbunden zu bleiben.

Weiterführende Literatur

Boswell, James: *The Life of Samuel Johnson, LL. D.* Hg. v. Robert W. Chapman. Oxford 1998.

Clingham, Greg und Philip Smallwood: „Introduction: Johnson now and in time“. In: dies. (Hg.): *Samuel Johnson after 300 Years.* Cambridge 2009, S. 1–14.

Clingham, Greg: „Life and Literature in Johnson's *Lives of the Poets*“. In: *The Cambridge Companion to Samuel Johnson.* Hg. v. Creg Clingham. Cambridge 1997, S. 161–191.

8 Vgl. den entsprechenden Beitrag im vorliegenden Band, S. 59–71.

Johnson, Samuel: *Life of Savage [An Account of the Life of Mr Richard Savage]*. Hg. v. Clarence Tracy. Oxford 1971.

Johnson, Samuel: *Lives of the English Poets*. Hg. v. George Birkbeck Hill. London 2009.

Johnson, Samuel: *The Lives of the Poets: A Selection*. Hg. v. Roger Lonsdale, ausgewählt und kommentiert v. John Mullan. Oxford 2009.

Lynch, Jack: „The Life of Johnson, *The Life of Johnson*, the *Lives* of Johnson". In: *Johnson after 300 Years*. Hg. v. Greg Clingham u. Philip Smallwood. Cambridge 2009, S. 131–144.

Pittock, Murray: „Johnson, Boswell, and their Circle". In: *The Cambridge Companion to English Literature, 1740–1830*. Hg. v. Thomas Keymer u. Jon Mee. Cambridge 2004, S. 157–172.

Johann Gottfried Herder

Fünfter Brief zu Beförderung der Humanität*

[1793]

Der Trübsinn, der Sie bei dem Nekrolog angewandelt hat, ist nicht ganz ohne Grund; laßen Sie uns diesen aber näher beleuchten. Sollte die Grabstäte selbst, die hier errichtet worden, daran nicht etwa mit Schuld seyn?

Der Name Todtenregister, ist schon ein trauriger Name. *Laß Todte ihre Todten begraben*; wir wollen die Gestorbnen als Lebende betrachten, uns ihres Lebens, ihres auch nach dem Hingange noch fortwirkenden Lebens freuen, und eben deshalb ihr bleibendes Verdienst dankbar für die Nachwelt aufzeichnen. Hiemit verwandelt sich auf einmal das Nekrologium in ein *Athanasium*, in ein *Mnemeion; sie sind nicht gestorben*, unsre Wohlthäter und Freunde: denn ihre Seelen, ihre Verdienste ums Menschengeschlecht, ihr Andenken lebet.

Damit veränderte sich auch der Entwurf dieses Buches, und gewiß zu seinem Vortheil, wenn anders der Entwurf auszuführen wäre.

1. Nur deren Leben gehörte in diese Sammlung, *die zum Besten der Menschheit wirklich beigetragen haben*; und es wäre Hauptblick des Erzählers, wie sie dies thaten? wie sie die wurden, die sie waren? womit sie zu kämpfen, was sie zu überwinden hatten? wie weit sie's brachten und was sie andern zu thun nachließen? endlich wie sie ihr Geschäft, das Werk ihres Lebens, selbst ansahn? Eine treue Erzählung hievon, wo möglich aus dem Munde, oder den Schriften der Entschlafnen, oder von denen die sie nahe gekannt und bemerkt haben, wäre wie eine Stimme aus dem Grabe, wie ein Testament des Verstorbnen über sein eigenstes Eigenthum, über seinen edelsten Nachlaß.

---

* Johann Gottfried Herder: „Briefe zu Beförderung der Humanität". In: ders.: *Sämmtliche Werke*, Bd. 17. Hg. v. Bernhard Suphan. Berlin 1881, S. 19–22.

2. Hieraus folgte, daß bei Männern der Wissenschaft man sich nothwendig *auf den Werth und die Wirkung ihrer Schriften*, bei thätigen Geschäftsmännern auf den *Beruf* einlaßen müßte, *in welchem sie der Menschheit dienten. Bei Crugot* z.B. sind seine *Predigten vom Verfasser des Christen in der Einsamkeit* nicht genannt, mit denen er doch, zumal im zweiten Theil, seinen Zeitgenossen so weit vorschritt. *Crugots* wenige Schriften verdienen zu bleiben, so lange die Deutsche Sprache bleibt; und es war mir ein angenehmer Umstand, hier zu finden, daß *Carmer* den Christen in der Einsamkeit zum Druck gefördert habe. Wie nun? sollte der helldenkende, liebenswürdige Mann, dessen Moral so ganz die reine Humanität Christi athmet, ohne hinterlaßene, des Drucks würdige Schriften gestorben seyn? Und sollte *Carmer*, sollten die zwei Prinzen und die Prinzeßin, die, wie die Biographie sagt, ihren Verdienstvollen Lehrer in ihm ehrten und liebten, sollten die Freunde, die ihn näher kannten, dies Geschenk für Welt und Nachwelt verloren seyn laßen? Ich hoffe nicht: denn nebst *Sack* und *Spalding* war *Crugot* nicht nur in jenen Gegenden, sondern für Deutschland überhaupt einer der ersten Verbreiter des guten Geschmacks und einer hellen Philosophie im Kreise seines Berufes. Er muß nicht todt seyn; sondern er lebe!

3. Da schwerlich etwas Langweiligeres, als ein unbestimmtest Leichenlob seyn kann: so sind eben die zartesten Saiten des menschlichen Herzens auch hier, wie mich dünkt, aufs leiseste zu berühren. Familien-Freundes-Privatsituationen, wenn sie nicht auf einem hellen Detail beruhen, ertragen in allgemeinen Ausdrücken selten ein langes Lob; man überschlägts oder ermüdet. Ueberhaupt ist das, was der Lehrer der Menschen vom Innern der Moralität sprach, auch in Absicht auf die Darstellung derselben war: „was fürs Auge des Allsehenden allein gehöret und vor ihm gethan ward, will nicht vor dem Auge der Menschen prangen, gesetzt, daß es auch der wahreste Freund des Verstorbnen vorzeigte." Anders ists mit bestimmten Thatsachen; die sprechen durch sich selbst, sie ermahnen, lehren, trösten.

4. Eingänge zu Lebensbeschreibungen durch einen Allgemeinsatz sind höchst mißlich. Welcher Allgemeinsatz erschöpft ein menschliches Leben? welcher verführt nicht öfter, als er zurechtweiset? In den lateinischen memoriis sind solche Gemeinplätze hergebracht; hier, wünscht man, wachse die Bemerkung an ihrer natürlichen Stelle im Fortgange der Erzählung hervor, oder sie versiegle zuletzt den Eindruck des Ganzen. Ueber Manches dieser Leben hätte viel Starkes können gesagt werden, bald mit einem strengen Blick, bald mit einem herzdurchdringenden Seufzer.

5. Denn freilich, m. Fr., ists wahr: *Deutschland weinet um manche seiner Kinder*; es ruft: *sie sind nicht mehr*, sie gingen gekränkt, Beistand und Trostlos unter. Hier also auf dem Grabe des Verstorbnen, als auf einer heiligen Freistäte, müssen Wahrheit und Menschlichkeit, diese sanft und rührend,

jene unpartheiisch und strenge ihre Stimmen erheben, und sprechen: „dieser Mann ward unterdrückt, jener gemißbraucht, dieser verlockt und gestohlen. Ohne Recht und Urtheil schmachtete er viele Jahre im Felsenkerker; das Auge seines Fürsten weidete sich an ihm; seine späte Entlassung ward Gnade, und nie bekam er die Ursache seines Gefängnisses zu wissen, bis an den Tag seines Todes."[1] Wahre Begegnisse dieser Art müßten von Munde zu Munde, von Tagebuch zu Tagebuch fortgepflanzt werden: denn wenn Lebendige schweigen, so mögen aus ihren Gräbern die Todten aufstehn und zeugen.

Auf diese Weise geführt, was wäre lehrreicher und nützlicher, als ein solches Register der Todten? Es ists kein Bösenwicht auf der Erde, den nicht, wenn sein schuldloser oder gar edler Gegner mit hingestrecken Armen daliegt, und die Todtenglocke über ihm ertönet, das, wodurch er ihm im Leben wehe that, jetzt im Herzen steche und nage. Die Schlangen der Rache, des Neides und Undanks entschlafen am Grabe des Todten und wenden sich gegen den lebenden Verbrecher. Hier also sitze, wie dort auf Ajax Grabe, Tugend und Menschenwürde, und wäge und richte.

Ich weiß wohl, wie schwer dies alles auszuführen sey, zumal in Deutschland. Eben aber, daß *Mösers* patriotische Phantasie *„Aufmunterung und Vorschlag zu einer westphälischen Biographie"* hier in einem weiteren Umfange erfüllet werden könnte, daß, wenn sonst nirgend, wenigstens auf einem Gottesacker die verdienten Männer mehrerer und aller Deutschen Provinzen sich zusammen fänden, und endlich doch in der Erde sich als Landesleute, als Brüder, als Mitarbeiter an Einem Werk des Menschenberufs erkennten; das allein schon sollte jeden Gutgesinnten aufmuntern, aus *seiner* Gegend, wie er weiß und kann, zur Vervollkommnung des Ganzen mit beizutragen.

6. Vor allen Dingen aber wünschte ich *eigne Biographien erlesner merkwürdiger Menschen.* Wie weit stehen wir Deutsche hierinn andern Nationen, Franzosen, Engländern, Italienern nach! wir lebten, dachten, müheten uns; aber wir konnten nicht schreiben. Die rauhe oder ermattete Hand, die das Schwerdt, den Scepter, das Handwerk- und Kunstwerkzeug, wohl auch die breite Kanzleifeder führte, verachtete meistens die Reißfeder mühsamer Selbstschilderung; mit der alten Chronikenzeit ging auch das häusliche und Familiengefühl, für die Seinen und mit ihnen fortzuleben, großen Theils zu Grabe. Was also von merkwürdigen alten Selbstbeschreibungen gerettet, was von neuen hie und da entdeckt werden kann, sollte gerettet und genützt werden, bis (ich weiß gewiß, daß die Zeit kommt) merkwürdige Geschäfte auch freiere Gesinnungen und diese den Geist einer

---

1 Eine sehr bekannte Deutsche Geschichte, über welche jetzt der zweite Theil von *Schubarts* selbst geschriebenem Leben Auskunft giebt. A.d.H. [d.i. Bernhard Suphan]

edlen Publicität erwecken werden, bei dem alle Stände im *Lichte wandeln.* Praecipuum munus annalium, ne virtutes sileantur; vtque pravis dictis factisque ex posteritate et infamia metus sit.

Tobias Heinrich

Das lebendige Gedächtnis der Biographie

Johann Gottfried Herders „Fünfter Brief zu Beförderung der Humanität"

„Laß Todte ihre Todten begraben; wir wollen die Gestorbnen als Lebende betrachten […]": In diesen knappen Imperativ fasst Johann Gottfried Herder die Essenz seiner Überlegungen zur Neubestimmung des biographischen Schreibens um 1800.[1] Am Beispiel Herders und seiner differenzierten Haltung gegenüber den Formen und Möglichkeiten der Biographie lassen sich Hintergründe und Ursachen für das im Verlauf des 18. Jahrhunderts kontinuierlich zunehmende Interesse an biographischen Gattungen erkennen. Gleichzeitig wirft Herder bereits vor der eigentlichen Hochkonjunktur der Biographie im 19. Jahrhundert grundlegende Fragen nach den erkenntnistheoretischen Voraussetzungen und der gesellschaftspolitischen Rolle der Biographie auf.

Herders Bezugspunkt für den fünften seiner seit 1793 erschienenen *Briefe zu Beförderung der Humanität* ist Friedrich Schlichtegrolls *Nekrolog*.[2] Der Philologe und Lehrer am Gymnasium in Gotha, der später zum Generalsekretär der Bayerischen Akademie der Wissenschaften berufen werden sollte, hatte 1790 damit begonnen, „Nachrichten von dem Leben merk-

1 Exemplarisch seien hier genannt: Johann Gottfried Herder: „Ueber Thomas Abbts Schriften. Der Torso von einem Denkmaal, an seinem Grabe errichtet". In: ders.: *Sämmtliche Werke*, Bd. 2. Hg. v. Bernhard Suphan. Berlin 1877, S. 249–366; Johann Gottfried Herder: „Vom Erkennen und Empfinden der menschlichen Seele". In: ders.: *Sämmtliche Werke*, Bd. 8. Hg. v. Bernhard Suphan. Berlin 1892, S. 165–333; Johann Gottfried Herder: „Denkmal Johann Winkelmanns". In: ders.: *Sämmtliche Werke*, Bd. 8, S. 437–483; Johann Gottfried Herder: „Vier einleitende Briefe zu G. Müllers ‚Bekenntnissen merkwürdiger Männer von sich selbst'". In: ders.: *Sämmtliche Werke*, Bd. 18. Hg. v. Bernhard Suphan. Berlin 1883, S. 359–376.

2 Friedrich Schlichtegroll (Hg.): *Nekrolog auf das Jahr 1790. Enthaltend Nachrichten von dem Leben merkwürdiger in diesem Jahre verstorbener Personen*. Gotha 1791.

würdiger in diesem Jahre verstorbener Personen" zu publizieren. Schlichtegrolls Sammlung von Lebensgeschichten, die unter anderem die erste biographische Würdigung Mozarts enthält, machte weder vor Standes- noch Geschlechtergrenzen halt. So findet sich dort neben der Biographie eines einfachen Tischlergesellen auch das außergewöhnliche Leben der Soldatin Johanna Sophia Kettner, die als Mann verkleidet im Dienste der österreichischen Armee gestanden hatte.[3] Der Nekrolog Schlichtegrolls stellt eine von zahlreichen biographischen Unternehmungen dar, die die aristokratisch geprägte Tradition posthumer Lobschriften und die religiöse Praxis der Trauerrede zusammenführte und so im Geiste der Aufklärung ein säkulares Modell bürgerlicher Biographik entwickelte. Bereits in der Renaissance hatte die Aneignung dieses vormals dem Adel vorbehaltenen Genres durch das Bürgertum begonnen. Selbstbewusst nahmen auch einflussreiche Kaufmanns- und Händlerfamilien für sich in Anspruch, das Andenken an ihre Vorfahren in Nachrufen und Elogen zu erhalten. Ähnliche Ehren kamen bald auch herausragenden Künstlern, Schriftstellern und Gelehrten zu. Stilistisch und inhaltlich findet sich in diesen biographischen Würdigungen allerdings nur ein geringes Variationsspektrum. Zumeist beschränken sich die Texte auf die Adaption geläufiger rhetorischer Topoi der Lobrede. Die Konjunktur der Nachrufliteratur stand damit in erster Linie für den gestiegenen Machtanspruchs eines zunehmend selbstbewussten Bürgertums und der damit einhergehenden Forderung nach einem angemessenen Platz im kulturellen Gedächtnis. Erst unter dem Einfluss der Aufklärung gewannen auch die spezifischen Lebensumstände der Biographierten und die unterschiedliche Bewertung ihrer Lebensführung an Bedeutung. Als Resultat der Säkularisierung eines ursprünglich christlichen Konzepts sollte die Beschäftigung mit dem Leben anderer Menschen Anleitung zur Reflexion über den eigenen Lebensentwurf bieten.

Herder positioniert sich mit seinen Ausführungen zur Biographie in diesem Diskurs und entwickelt die Debatte anhand zentraler Fragestellungen zu einem Punkt, an dem sich die Tätigkeit des Biographen als immanent politisches Handeln begreifen lässt. Er unterzieht am Beispiel Schlichtegrolls die Haltung kontemplativer Trauer angesichts des Todes, und mithin die Idee von Nekrologen und Nachrufen an sich, einer grundlegenden Kritik:

---

3 Friedrich Schlichtegroll (Hg.): „Geuß, ein Schreiner im Koburgischen". In: *Nekrolog auf das Jahr 1799. Enthaltend Nachrichten von dem Leben merkwürdiger in diesem Jahre verstorbener Deutschen*, Bd. 2. Gotha 1805, S. 84–96; Friedrich Schlichtegroll (Hg.): „Johanna Sophia Kettner". In: *Nekrolog der Teutschen für das neunzehnte Jahrhundert*, Bd. 1. Gotha 1802, S. 161–166.

> Der Trübsinn, der Sie bei dem Nekrolog angewandelt hat, ist nicht ganz ohne Grund; laßen Sie uns diesen aber näher beleuchten. Sollte die Grabstäte selbst, die hier errichtet worden, daran nicht etwa mit Schuld seyn? (S. 19)[4]

Nicht die Trauer ob des Todes oder trockene Wiedergabe der Lebensumstände eines Verstorbenen sollte im Zentrum biographischer Auseinandersetzung stehen, sondern die Sorge um sein intellektuelles Vermächtnis. Das wissenschaftliche, künstlerische oder politische Wirken bemerkenswerter Menschen sei, so Herder, nicht an die physische Existenz des Einzelnen gebunden. Ganz im Gegenteil – was ein Mensch in seinem Leben geschaffen hat, besitzt das Potential, seinen Tod zu überdauern. Doch dazu bedarf es einer aktiven Auseinandersetzung mit dem Leben und Wirken der Verstorbenen. Die erste der sechs Thesen, in denen Herder das Konzept einer zeitgemäßen Biographik entwickelt, verdeutlicht, dass in seiner Vorstellung einer gelungenen Biographie nicht das kontingente Einzelleben im Vordergrund steht, sondern der Anteil, den ein Mensch am Gemeinwesen hatte:

> Nur deren Leben gehörte in diese Sammlung, *die zum Besten der Menschheit wirklich beigetragen haben;* und es wäre Hauptblick des Erzählers, wie sie dies thaten? wie sie die wurden, die sie waren? womit sie zu kämpfen, was sie zu überwinden hatten? wie weit sie's brachten und was sie andern zu thun nachließen? (S. 19)

Herders biographischer Ansatz ist zutiefst verwurzelt in einem Interesse für die Probleme seiner Gegenwart. Zwar postuliert er auch, dass jedes historische Phänomen unter den Bedingungen seiner Zeit betrachtet werden muss, dass es die „Fesseln seines Zeitalters“[5] trägt, aber zugleich sei es, gerade weil Geschichte Veränderung bedeutet, für die Gegenwart notwendig, Lehren aus der Vergangenheit zu ziehen und mithin das Leben bedeutender Persönlichkeiten nicht als abgeschlossenes zu betrachten, sondern danach zu streben, auf dem, was sie erreicht haben, aufzubauen und damit ihr Wirken im Hier und Jetzt fortzusetzen. So schrieb Herder bereits mehr als zwanzig Jahre vor den *Humanitätsbriefen*:

> Denn das, glaube ich, ist die wahre Metempsychosis und Wanderung der Seele, von der die Alten in so angenehmen Bildern träumen, wenn uns ein Genius oder ein Sokratischer Dämon daran zu erinnern scheint, daß der Geist dieses verstorbenen Weisen uns belebe: wenn uns, wie dort dem Agamemmnon ein Traum vom Jupiter in Gestalt des weisen Nestors erscheint; noch wachend seine Stimme in unserm Ohr tönet, und uns aufruft, in ihre Fußtapfen zu treten: wenn alsdenn unser Herz schlägt, und in unsern Adern ein Feuerfunken sprühet, *wie sie zu sein*![6]

---

4 In Klammern angeführte Seitenangaben im Text beziehen sich auf den vorliegenden Band.
5 Herder: „Ueber Thomas Abbts Schriften“, S. 265.
6 Ebd., S. 255.

Die zweite und dritte These in Herders Brief widmet sich einer bis heute diskutierten Frage, nämlich inwiefern privates Leben und öffentliches Wirken in der biographischen Praxis getrennt voneinander zu behandeln sind – und damit auch, ob das Private überhaupt Eingang in eine für die Öffentlichkeit bestimmte Biographie finden soll. Herders Standpunkt läuft auf eine klare Scheidung der beiden Sphären hinaus. Im Gegensatz zur fiktionalen Gattung des Romans und der in Deutschland pietistisch geprägten Autobiographie möchte Herder die Biographie als ein Genre des öffentlichen Diskurses positionieren. Genauso wie sich Herder in der vierten These gegen schematisch gebaute Nachrufe wendet, die der Individualität eines Menschen nicht gerecht werden, verwehrt er sich auch dagegen, alle Einzelheiten des privaten Lebens vor einem öffentlichen Publikum auszubreiten. Die Aufgabe des Biographen besteht für Herder in diesem Sinne darin, der Nachwelt ein konzises Bild über Leistungen und Motivationen anderer Menschen zu vermitteln. Dabei zielt Herder nicht auf umfassende Dokumentation eines Lebens, sondern vielmehr auf einen imaginären Kern der individuellen Existenz. Die Biographie soll ihren Lesern die Essenz eines Menschenlebens vermitteln, damit seine produktive Kraft in anderen weiterwirken kann. Diese Essenz gilt es in den Hinterlassenschaften eines Lebens aufzuspüren. Herder verfährt betont philologisch, denn legitimes Medium der Auseinandersetzung mit einem Verstorbenen sind für ihn beinah ausnahmslos schriftliche Zeugnisse. Dabei gelten ihm autobiographische Dokumente und Briefe aus eigener Hand am höchsten, danach die Schilderung äußerer Lebensumstände, wie sie von Freunden und Bekannten – von Zeitzeugen – wiedergegeben werden können. Als dritte Säule der biographischen Auseinandersetzung dienen die Werke, die ein Mensch in seinem Leben hervorgebracht hat. Aus ihnen müsse ein Biograph einen „Abdruck des Geistes“[7] extrahieren. Diese drei Aspekte zu einer Synthese zu bringen und in kohärenter Weise kommunikabel zu machen, sei die Aufgabe der Biographie. Nicht der *nekrós*, der Tote, steht im Vordergrund, sondern der *athánatos*, der Unsterbliche. Damit kommt der Biographie die Stellung eines Mnemeion zu, eines Denkmals, das nicht nur das Andenken wach hält, sondern auch Anregung zum Weiterdenken, zum Fortsetzen eines von anderen eingeschlagenen Weges gibt.

Herder zählt damit zu den Begründern jener geistigen Tradition, die Biographien als privilegiertes Medium des Diskurses betrachtet. Die Lebensgeschichte als zentrales Narrativ vermag es, all jene Wissensbereiche auf kohärente Art in Verbindung zu bringen, die ein komplexes Wesen wie der Mensch in sich vereint. Bei Herder wird die Biographie, wie bei Karl Philipp

7 Ebd.

Moritz, Friedrich Schlegel oder Wilhelm Dilthey, zum Vehikel der Frage nach dem Wesen des Menschen an sich – in der Terminologie Herders: der Frage nach der Humanität. Aus Herders Sicht nämlich vermögen Biographien weitaus mehr, als bloß den Verstorbenen die Reverenz der Nachwelt zu erweisen. Lebensgeschichten, aufgezeichnet von fremder oder eigener Hand, gesammelt und der Öffentlichkeit zugänglich gemacht, waren für Herder ein unerschöpfliches Archiv für die sich entwickelnden Wissenschaften vom Menschen.

Deshalb lenkt Herder in der fünften und sechsten These schließlich den Blick des Lesers wieder auf das Gemeinwesen. Die Zusammenschau einer Vielzahl heterogener Lebensgeschichten vermag es, bürgerliche Öffentlichkeit in ihrer kulturellen Produktivität und Vielschichtigkeit zu dokumentieren und damit kulturelle Gemeinschaft zu stiften, wo sie realpolitisch (noch) nicht zu verwirklichen war. Biographische und autobiographische Sammlungen sind für Herder Dokumente kollektiver Identität, indem sie zeigen, dass kulturelle und intellektuelle Leistungen nicht abgelöst von ihrer Zeit und ihrem Umfeld entstehen, sondern beides aufeinander bezogen ist und sich gegenseitig bedingt:

> [...] daß, wenn sonst nirgend, wenigstens auf einem Gottesacker die verdienten Männer mehrerer und aller Deutschen Provinzen sich zusammen fänden, und endlich doch in der Erde sich als Landesleute, als Brüder, als Mitarbeiter an Einem Werk des Menschenberufs erkennten. (S. 21)

Weiterführende Literatur

Heinrich, Tobias: „Biographie als Hermeneutik. Johann Gottfried Herders biographische Essay *Über Thomas Abbts Schriften*“. In: *Die Biographie – Beiträge zu ihrer Geschichte*. Hg. v. Wilhelm Hemecker unter Mitarbeit v. Wolfgang Kreutzer. Berlin, New York 2009, S. 13–41.

Irmscher, Hans Dietrich: „Herders ‚Humanitätsbriefe‘“. In: Johann Gottfried Herder: *Werke in zehn Bänden*, Bd. 7. Briefe zu Beförderung der Humanität. Hg. v. Hans Dietrich Irmscher. Frankfurt/M. 1991, S. 809–840.

Nerling-Pietsch, Ingeborg: *Herders literarische Denkmale. Formen der Charakteristik vor Friedrich Schlegel*. Münster 1997.

Scheuer, Helmut: *Biographie. Studien zur Funktion und zum Wandel einer literarischen Gattung vom 18. Jahrhundert bis zur Gegenwart*. Stuttgart 1979, bes. S. 21–35.

Thomas Carlyle

Über Helden, Heldenverehrung und das Heldentümliche in der Geschichte

Erste Vorlesung: Der Held als Gottheit. Odin. Heidentum. Skandinavische Mythologie* [Auszug] [1840]

Wir haben unternommen, hier eine Weile von großen Menschen zu sprechen, von der Art ihrer Erscheinung in unsern Weltangelegenheiten, was für Gestalt sie in der Weltgeschichte angenommen, was für Begriffe sich die Menschen von ihnen gemacht, was für Arbeit sie getan haben; – von Helden nämlich und ihrer Ausnahme und Verrichtung; was ich Heldenverehrung und das Heldentümliche im menschlichen Tun und Treiben nenne. Augenscheinlich ein großer Gegenstand, und einer ganz andern Behandlung wert, als wir ihm gegenwärtig zu geben hoffen dürfen. Ein großer Gegenstand, in der Tat ein grenzenloser; wie weit die allgemeine Geschichte selbst. Denn, wie ich es nehme, ist die allgemeine Geschichte, die Geschichte dessen, was die Menschen in der Welt vollbracht haben, im Grunde die Geschichte der großen Menschen, die hier wirksam gewesen sind. Sie waren die Führer der Menschen, diese Großen; die Bildner, Muster, und in einem weiten Sinne die Schöpfer von allem was die Gesamtheit der Menschen überhaupt zustande gebracht hat. Alles, was wir in der Welt fertig dastehen sehen, ist eigentlich das äußere leibliche Ergebnis, die tatsächliche Verwirklichung und Verkörperung, von Gedanken, welche den in die Welt gesandten großen

---

* Thomas Carlyle: „Über Helden, Heldenverehrung und das Heldenthümliche in der Geschichte. Erste Vorlesung: Der Held als Gottheit. Odin. Heidentum. Skandinavische Mythologie." In: ders.: Sechs Vorlesungen. Hg. v. Robert von Erdberg. Dt. v. J. Neuberg. Berlin 1912, S. 1–17.

Menschen innewohnten: die Seele der ganzen Weltgeschichte, so dürfte man füglich annehmen, wäre die Geschichte dieser. Offenbar ist das ein Gegenstand, dem wir hier nicht Genüge leisten werden!

Einen Trost haben wir dabei, daß nämlich große Menschen, wir mögen uns mit ihnen befassen wie wir wollen, immerhin ersprießliche Gesellschaft sind. Wir können keinen großen Menschen, sei es auch noch so unvollkommenerweise, betrachten, ohne Gewinn von ihm zu ziehen. Er ist der lebendige Lichtborn, welchem nahe zu sein gut und erquicklich ist. Das Licht, das da leuchtet, das die Finsternis der Welt erleuchtet hat: und zwar nicht wie eine angezündete Lampe bloß, sondern als ein natürlicher Leuchtstern, der durch des Himmels Gabe scheinet; ein fließender Lichtquell, wie ich sage, von natürlicher ursprünglicher Einsicht, von Mannheit und edlem Heldenmut; – in dessen Abglanz alle Seelen fühlen, daß ihnen wohl ist. Unter jeglicher Bedingung mag man sich gefallen lassen, eine Weile in solcher Gesellschaft zu wandern. Diese sechs Klassen von Helden, aus weit auseinander liegenden Ländern und Zeitpunkten gewählt und in der bloß äußerlichen Gestalt durchaus voneinander verschieden, sollten, wenn wir sie uns redlich anschauen, uns über vielerlei Dinge Aufklärung geben. Könnten wir sie recht schauen, so würden wir etliche Blicke in das eigentliche Mark der Weltgeschichte erlangen. Wie glücklich, könnte ich ihnen nur einigermaßen, in Zeiten wie diese, die Bedeutung der Heldennatur eröffnen; das göttliche Verhältnis – denn wohl darf ich es so nennen – welches allezeit den großen Menschen mit andern Menschen vereinet; und derart meinen Gegenstand nicht sowohl erschöpfen, als vielmehr nur Grund damit brechen! Indessen, wie dem auch sei, ich muß es versuchen.

[…]

Ich weiß wohl, daß in diesen Tagen Heldenverehrung, das, was ich Heldenverehrung nenne, als aufgehört und schließlich zu Ende gegangen betrachtet wird. Das unsrige ist ein Zeitalter, welches aus Gründen, die wohl einmal des Untersuchens wert sein dürften, gleichsam das Dasein großer Menschen leugnet; das Wünschenswerte großer Menschen leugnet. Man zeige unsern Kritikern einen großen Mann, einen Luther zum Beispiel, und sie machen sich sofort daran ihn zu „erklären", wie sie es nennen; nicht ihn zu verehren, sondern sein Maß zu nehmen, – und bringen ihn als eine Art kleinen Mann zutage! Er war das „Ergebnis der Zeit" sagen sie; die Zeit rief ihn hervor, die Zeit tat alles, er selbst nichts – als was wir, der kleine Kritiker, gleichfalls hätten tun können! Das dünkt mir ein trauriges Befleißen. Die Zeit riefe hervor? Wir haben leider Zeiten gekannt, die laut genug nach ihrem großen Manne riefen, aber ihn nicht fanden als sie riefen! Er war nicht da; die Vorsehung hatte ihn nicht gesandt; die Zeit, trotz ihrem lautesten Rufen, musste in Wirren und Schiffbruch zugrunde gehen, weil er sich nicht stellen wollte als er gerufen ward. Denn eigentlich, wenn wir es bedenken wollen, hätte keine Zeit zugrunde zu gehen brauchen, wenn sie einen hinlänglich großen, einen hinlänglich weisen und wackern Mann gefunden hätte: Weisheit, um wahrhaft einzusehen, was der Zeit not tut, Tapferkeit, um sie auf den richtigen Weg dazu zu geleiten; darin besteht die Rettung jedweder Zeit. Aber ich vergleiche gemeine matte Zeiten mit ihrem Unglauben, ihrer Not, Verlegenheit und ihren matten, schwankenden Persönlichkeiten und schwierigen Umständen, wie sie, schwach und locker, immer schlimmern Zuständen anheimfallen, endlichem Untergange entgegen; – all das vergleiche ich dem trockenen toten Brennstoff, der auf den Blitz vom Himmel wartet, um ihn anzuzünden. Der große Mensch, mit seiner freien Kraft unmittelbar aus Gottes eigener Hand, ist der Blitz. Sein Wort ist das weise heilende Wort, woran alle glauben können. Alles flammt jetzt um ihn her, wenn er es erst entzündet hat, in Feuer gleich seinem eigenen auf. Das dürre moderige Reisig, glaubt man, hätte ihn hervorgerufen. Es bedurfte seiner freilich gar sehr; was aber das Hervorrufen anbelangt – ! – Das sind mir Kritiker von geringer Sehkraft, die da schreien: „Seht doch, hat nicht das Reisig das Feuer gemacht?" Traurigern Beweis von seiner Kleinheit kann niemand geben als Unglauben an große Menschen. Es gibt kein traurigeres Anzeichen in einem Geschlecht als dergleichen allgemeine Blindheit für den geistigen Blitz, mit bloßem Glauben an die dürren toten Zunderhaufen. Es ist die letzte Vollendung des Unglaubens. Zu allen Zeitpunkten der Weltgeschichte können wir finden, daß der große Mensch der unentbehrliche Retter seines Zeitpunkts gewesen; – der Blitz, ohne welchen der Zündstoff nie gebrannt haben würde. Die Geschichte der Welt, sagte ich bereits, war die Lebensgeschichte großer Menschen.

[...]

Jedoch, vom nordischen Odin bis zum englischen Samuel Johnson, vom göttlichen Begründer des Christentums bis zum verrunzelten Pontissen des Enzyklopädentums, zu allen Zeiten und an allen Orten, ist der Held angebetet worden. So wird es immer sein. Wir alle lieben große Menschen; lieben, verehren, und bücken uns unterwürfig vor großen Menschen: ja können wir denn ehrlicherweise vor etwas anderem uns bücken? O fühlet nicht jeder wahrhafte Mensch, daß er selbst gehoben wird, indem er Ehrfurcht bezeugt vor dem, was höher ist als er? Es wohnt kein edleres oder beseeligenderes Gefühl in des Menschen Brust. Und mir ist es gar sehr ermunternd, zu erwägen, daß keine Zweifelslogik, noch die allgemeine Erbärmlichkeit, Unaufrichtigkeit und Dürre irgendeiner Zeit und ihrer Einflüsse diese edle eingeborene Hingebung und Verehrung, die im Menschen ist, zerstören kann. In Zeiten des Unglaubens, welche notwendig bald Zeiten der Revolution werden müssen, ist viel Umsturz und trauriger Verfall und Untergang sichtbar für jedermann. Was mich, in diesen Tagen, anbelangt, so will es mir dünken, als sähe ich in dieser Unzerstörbarkeit der Heldenverehrung den ewigen Demantfelsen, tiefer als wohin die verworrenen Trümmer revolutionärer Dinge nicht hinabstürzen können. Die verworrenen Trümmer der Dinge, die da allenthalben um uns her in diesen revolutionären Zeiten zerbröckeln und sogar zusammenbrechen und einstürzen, werden bis da hinabgelangen; nicht weiter. Es ist ein ewiger Eckstein, von wo aus sie anfangen können, sich wieder aufzubauen. Daß der Mensch, in einem oder dem andern Sinne, Helden anbetet, daß wir alle große Menschen verehren und stets verehren müssen, das ist, für mich der lebendige Fels mitten unter allem Hinabsturze, – der eine feste Punkt in der revolutionären Geschichte der Neuzeit, die außerdem wie grund- und uferlos ist.

[…]

Caitríona Ní Dhúill

Weltgeschichte als Heldenbiographik

Verehrung der „Großen Menschen“ bei Thomas Carlyle*

„The History of the World is but the Biography of Great Men“ („ Die Geschichte der Welt ist nichts als die Lebensgeschichte großer Menschen)“.[1] Mit dieser Formulierung in der ersten seiner Vorlesungen *On Heroes* (1840) brachte Thomas Carlyle eine äußerst problematische Annahme zum Verhältnis zwischen kollektiver Geschichte und individueller – männlicher – Lebensgeschichte auf den Punkt. Carlyle war nicht allein mit dieser Annahme, begleitet sie doch die Geschichte der Biographik von ihren Anfängen an. Sie liegt den Diskursen von Größe, Exemplarizität und kultureller Bedeutung zu Grunde und kulminierte in Theorien – und im Kult – charismatischer Führerschaft zu Beginn des 20. Jahrhunderts (in der gegenwärtigen *celebrity culture* kehren diese als Farce wieder). Indem Carlyle die Unterscheidung zwischen Geschichte und Biographik im Zeichen der Größe auflöst, gibt er einer Heldengeschichte von Kampf und Führerschaft den Vorzug, in der Persönlichkeit, individuelle Leistungen und Heldentum die treibenden historischen Kräfte sind und die komplexen strukturellen, materiellen, sozialen und kulturellen Faktoren ausgeklammert werden. In seinen Vorlesungen *On Heroes* zeigt sich Carlyle ebenso wie in seinen anderen Texten als Romantiker, der gegen den Skeptizismus und den Rationalismus eines seiner Meinung nach materialistischen Zeitalters anschreibt, „an age that as it were denies the existence of great men; denies the desirableness of great men“ („ein Zeitalter [...], das gleichsam das Dasein großer Menschen leugnet; das Wünschenswerte großer Menschen leugnet“). Er setzt sich kritisch mit dem

---

* Für den vorliegenden Band aus dem Englischen übersetzt von Hannes Schweiger 2010.

1 Thomas Carlyle: *On Heroes, Hero-Worship, & the Heroic in History* [1840]. Mit Anmerkungen u. einer Einleitung v. Michael K. Goldberg. Berkeley 1993, S. 26.

aufkommenden Historismus auseinander, der die Lebensgeschichte und die Leistungen eines Individuums mit Bezug auf ihren historischen Kontext zu erklären sucht.

> Show our critics a great man, a Luther for example, they begin to what they call ‚account' for him; not to worship him, but take the dimensions of him, – and bring him out to be a little kind of man! He was the ‚creature of the Time', they say; the Time called him forth, the Time did everything, he nothing – [...].
> [Man zeige unsern Kritikern einen großen Mann, einen Luther zum Beispiel, und sie machen sich sofort daran ihn zu ‚erklären', wie sie es nennen; nicht ihn zu verehren, sondern sein Maß zu nehmen, – und bringen ihn als eine Art kleinen Mann zutage! Er war das ‚Ergebnis' der Zeit sagen sie; die Zeit rief ihn hervor, die Zeit tat alles, er selbst nichts – [...].]

Carlyle verwirft jede kontextualisierende Perspektive als kleinlich und gibt der Biographie des heroischen Individuums den Vorzug gegenüber der Komplexität der kollektiven Geschichte. Es sind die Taten der „Great Men", der kulturellen Helden, die aus seiner Sicht den Lauf der Geschichte bestimmen.

Die hier in Auszügen abgedruckte Vorlesung veranschaulicht die möglichen Gefahren, die in der Biographie liegen, insbesondere wenn sie in den Dienst einer bestimmten Ideologie gestellt wird. Aufgrund seiner schwülstigen Rhetorik und seines eigenwilligen Stils ist man versucht, sein Verständnis von Biographie als obsolet abzutun, als Produkt einer verworrenen und rauschhaften Mischung aus Romantik und konterrevolutionärer Reaktion, das keine Relevanz mehr für das gegenwärtige Verständnis von Biographie hat. Damit würde man allerdings irrtümlicherweise davon ausgehen, dass die Biographik ihren elitären Charakter gänzlich abgestreift hat. Carlyles Bezugsrahmen mag heutigen LeserInnen fremd erscheinen, aber gerade durch die verfremdende Wirkung der Lektüre kann *On Heroes* eine Reflexion über einige der verstörenden Aspekte der Biographik als kultureller Praxis in Gang setzen. Durch die Betonung von Größe und durch das unverhohlene Feiern kultureller Helden macht Carlyles Vorlesung die Rolle deutlich, welche die Biographie für die Bildung von kulturell bedeutsamen Eliten nach wie vor spielt. Es wird zwar die Vorstellung von ‚Größe' nicht mehr befürwortet, aber jene Konzepte, auf die sich die Biographie zu ihrer Legitimierung oft beruft – Bekanntheit, Prominenz, Leistung, Einfluss, kulturelle Bedeutsamkeit[2] –, sind zumindest teilweise auf die Tradition der Verehrung von Heldenfiguren zurückzuführen. Zeitgenössische BiographInnen mögen dieses

---

2 Vgl. Caitríona Ní Dhúill: „Biographie von ‚er' bis ‚sie'. Möglichkeiten und Grenzen relationaler Biographik." In: *Die Biographie – Zur Grundlegung ihrer Theorie*. Hg. v. Bernhard Fetz unter Mitarbeit v. Hannes Schweiger. Berlin, New York 2009, S. 199–226, bes. S. 201–202.

Erbe herunterzuspielen versuchen oder gegen den Strich schreiben, indem sie ihre biographischen Objekte entmystifizieren, deren Ansehen in Zweifel ziehen und deren Leistungen kontextualisieren und relativieren. Aber selbst diese Formen der Entmystifizierung in der modernen Biographik, wie sie seit Lytton Strachey[3] gang und gäbe sind, lassen sich nur unter Bezugnahme auf frühere hagiographische und heroisierende Tendenzen verstehen, auf die sie kritisch antworten.

Ein weiterer Aspekt, der für Funktion, Begründungszusammenhang und Wirkung von Biographien entscheidend ist, liegt in ihrer didaktischen Dimension. Wie Carlyle selbst feststellte, waren seine Vorlesungen *On Heroes* „not so much historic as didactic".[4] Die „Great Men", mit denen er sich in den Vorlesungen auseinandersetzt – vom Propheten Mohammed bis zum *homme de lettres* Samuel Johnson –, sollten, so verspricht Carlyle, „ersprießliche Gesellschaft" sein. Der durch die Biographie in Gang gesetzte Lernprozess vollzieht sich auf komplexere Weise, als man vermuten könnte. Es geht dabei nicht nur um Vorbilder, deren Verhalten und Leistungen so dargestellt werden, dass sie nachgeahmt werden sollen. Vielmehr sollte die Begegnung mit Größe und das Erkennen der Größe anderer verborgene heroische Qualitäten im Leser selbst sichtbar machen und lebendig werden lassen. Damit nimmt Carlyle eine Maxime Jacob Burckhardts vorweg: „Die verehrende Kraft in uns ist so wesentlich als das zu verehrende Objekt".[5] Wer demnach Größe nicht erkennt oder sich weigert sie anzuerkennen, lässt seine eigene ‚Kleinheit', seine Beschränktheit offenbar werden. An anderer Stelle in *On Heroes* führt Carlyle diese Argumentation aus. Er zitiert jenen bereits von Samuel Johnson wiedergegebenen Aphorismus: „No man is a hero to his valet-de-chambre".[6] Während Johnson mit diesem Satz die Macht der Biographie ausgedrückt sah, ihr Objekt zu entmystifizieren und dem Leser/der Leserin vertraut zu machen, nimmt ihn Carlyle als Ausgangspunkt für eine

---

3 Vgl. den entsprechenden Beitrag im vorliegenden Band, S. 73–75.

4 Zit. n. Chris R. Vanden Bossche: *Carlyle and the Search for Authority*. Columbus (OH) 1991, S. 97.

5 Jacob Burckhardt: „Über Glück und Unglück in der Weltgeschichte". In: ders.: *Weltgeschichtliche Betrachtungen*. Hg. v. Albert Oeri, Berlin 1929, S. 206. Diese Vorstellung fand ihre Fortsetzung in der Heldenbiographik des George-Kreises. Vgl. Ernst Bertram: *Nietzsche. Versuch einer Mythologie*. 6. Aufl. Berlin 1922, S. 202. Das Verhältnis zwischen Carlyles Heldentheorie und der Biographik des George-Kreises behandle ich ausführlich in meinem Beitrag: „Der Kanon des Heroischen: Ernst Bertrams Nietzsche. Versuch einer Mythologie". In: *Die Biographie – Beiträge zu ihrer Geschichte*. Hg. v. Wilhelm Hemecker unter Mitarbeit v. Wolfgang Kreutzer. Berlin, New York 2009, S. 123–154.

6 Carlyle: *On Heroes, Hero-Worship, & the Heroic in History*, S. 157–158; vgl. den entsprechenden Beitrag im vorliegenden Band, S. 29–32.

vernichtende Kritik an der skeptischen Grundhaltung, die dem Helden seine Verehrung verweigert. Jedoch spricht er dem Diener nicht die Möglichkeit ab, über eine heroische Seele zu verfügen. „If Hero mean *sincere man*, why may not every one of us be a Hero?“[7]

Zweifellos ist Carlyles Heldentheorie eng an seine Kritik an der bürgerlichen Demokratie gebunden, aber in wesentlichen Grundfragen – im Hinblick auf ihre potentiell radikalen Implikationen, ihren reaktionären Charakter und darauf, wie sehr sie Faschismus vorwegnahm – bleibt diese Kritik umstritten.[8] Philip Rosenberg betont in seiner Lesart die radikale Möglichkeit, dass Heldentum aus Carlyles Sicht nicht einer Elite vorbehalten bleibe, sondern eine Haltung sei, die jeder ausbilden könne. In *On Heroes and Hero-Worship* werden sechs Formen des Heldentums beschrieben: die der Gottheit, des Propheten, des Dichters, des Priesters, des Gelehrten und des Königs. Aber Rosenberg zufolge verweisen die Vorlesungen unausweichlich auf einen siebten Helden: den Leser/die Leserin selbst.[9] Rosenbergs Lesart lässt sich unter Berufung auf die oben erwähnte didaktische Absicht stützen, die impliziert, dass es selbst einen heroischen Akt darstellt, einen Helden zu erkennen und anzuerkennen. Carlyle versucht, damit eine Art vermittelten Heldentums auf Seiten seines Lesers und seiner Leserin zu fördern. Dass es möglich ist, seine Heldentheorie von einer Ideologie des Elitären zu entkoppeln und als allgemeines didaktisches Prinzip zu rekontextualisieren, wird auch deutlich, wenn man seine frühere Feststellung der „Weltgeschichte als Biographik“ bedenkt, die in seinem Aufsatz *On History* (1830) zu finden ist. Während in seinen Vorlesungen 1840 von der Geschichte der Welt als „the biography of great men“ die Rede ist, zeigt der frühere Essay einen inklusiveren und pluralistischeren Zugang: „History is the essence of innumerable Biographies.“[10] Zu behaupten, dass Geschichtsschreibung mit Biographik verknüpft ist und dass die Lebensgeschichten von Individuen nicht nur von zentraler Bedeutung für Geschichtsschreibung, sondern auch für den historischen Prozess

7 Carlyle: *On Heroes*, S. 109.

8 Carlyles Heldentheorie war ein wichtiger Bezugspunkt für die angloamerikanischen Antworten auf Faschismus und Nationalsozialismus. Vgl. die zeitgenössischen Reaktionen: Eric Bentley: *A Century of Hero-Worship. A Study of the Idea of Heroism in Carlyle and Nietzsche with Notes on other Hero-Worshippers of Modern Times*, Philadelphia 1944; J. Salwyn Schapiro: „Thomas Carlyle, Prophet of Fascism“. In: *Journal of Modern History* 17 (1945) H. 2, S. 97–115; und problematischer: Herbert Grierson: *Carlyle and Hitler*, Cambridge 1933. Vgl. die spätere Neuinterpretation von Philip Rosenberg: *The Seventh Hero. Thomas Carlyle and the Theory of Radical Activism*. Cambridge (MA) 1974.

9 Rosenberg: *The Seventh Hero*, S. 202.

10 Thomas Carlyle: „On History“ [1830]. In: ders.: *Historical Essays*. Hg. v. Chris R. Vanden Bossche. Berkeley 2002, S. 3–13, hier S. 5.

selbst sind, bringt nicht notwendigerweise eine Bejahung der problematischen Kategorie von Größe mit sich. Mit seiner Darstellung in den Vorlesungen von 1840 und seinem Insistieren auf die enge Beziehung und sogar Übereinstimmung von Geschichte und Biographik stellt sich Carlyle allerdings in den Dienst einer männlichen Ideologie des Heldentums, welche die Figur des Gegensatzes von kultureller Dekadenz und wiederbelebender, charismatischer Führerschaft („de[r] trockene[] tote[] Brennstoff, der auf den Blitz vom Himmel wartet, um ihn anzuzünden" [„the dry dead fuel waiting for the lightning out of Heaven that shall kindle it"]) vorwegnimmt, die in der ersten Hälfte des 20. Jahrhunderts mit großer Wucht wiederkehrte.

Weiterführende Literatur

Carlyle, Thomas: *On Heroes, Hero-Worship, & the Heroic in History* [1840]. Anmerkungen u. einer Einleitung v. Michael K. Goldberg. Berkeley 1993.

Carlyle, Thomas: „On History" [1830]. In: ders.: *Historical Essays*. Hg. v. Chris R. Vanden Bossche. Berkeley 2002, S. 3–13.

Grierson, Herbert: *Carlyle and Hitler*. Cambridge 1933.

Ní Dhúill, Caitríona: „Der Kanon des Heroischen: Ernst Bertrams Nietzsche. Versuch einer Mythologie". In: *Die Biographie – Beiträge zu ihrer Geschichte*. Hg. v. Wilhelm Hemecker unter Mitarbeit v. Wolfgang Kreutzer. Berlin, New York 2009, S. 123–154.

Rosenberg, Philip: *The Seventh Hero. Thomas Carlyle and the Theory of Radical Activism*. Cambridge (MA) 1974.

Schapiro, J. Salwyn: „Thomas Carlyle, Prophet of Fascism". In: *Journal of Modern History* 17 (1945) H. 2, S. 97–115.

Vanden Bossche, Chris R.: *Carlyle and the Search for Authority*. Columbus (OH) 1991.

Protokolle der Wiener Psychoanalytischen Vereinigung

33. Protokoll vom 11. Dezember 1907*

Vortragsabend: am 11. Dezember 1907

Anwesend: Freud, Adler, [A.] Deutsch, Federn, Graf, Hitschmann, Hollerung, Rank, Sadger, Schwerdtner, Steiner, Stekel, Wittels.

[A.] Deutsch stellt Protokoll 3 zurück.
Sadger entlehnt Protokoll 22 (zurück 8. I. [1908]).

[33. PROTOKOLL]
Methodik der Dichterpsychologie[1]
[Vortragender:] Dr. Graf

Die Anregung zu diesem Diskussionsabend hat die letzte Debatte ergeben. Der Vortrag Dr. Sadgers hat fast einmütig eine so entschiedene Ablehnung gefunden, daß es erwünscht schien, einmal über die Methode der Dichterpsychologie selbst zu debattieren. Der Fehler des Vortrags schien mir nicht an der Peripherie, sondern im Zentrum selbst zu liegen; die ganze Grundlage der Sadgerschen Betrachtung war anfechtbar.

---

* Protokolle der Wiener Psychoanalytischen Vereinigung, Band I: 1906–1908. 33. Protokoll vom 11. Dezember 1907. Hg. v. Herman Nunberg u. Ernst Federn. Frankfurt 1976, S. 244–253.

1 Das handgeschriebene Manuskript dieses Vortrages lag dem Protokoll bei. Da es sich hier um den Abdruck einer unveröffentlichten Arbeit handelt, versuchten wir, leider erfolglos, mit Max Graf in Verbindung zu treten, um seine Einwilligung für die Publikation zu erhalten. Wir sind überzeugt, daß er seine Zustimmung nicht verweigert hätte, wenn unsere Bitte an ihn gelangt wäre.

Zu welchem Zwecke treibt man Dichterpsychologie?

Lassen sich nicht bestimmte Grenzen der Methode feststellen? Eine Klärung über diese Fragen schien mir erwünscht, deshalb habe ich die Diskussion angeregt.

Sie wissen, daß es modern geworden ist, Psychologie der Künstler zu treiben. Neuere Forschungen haben hierzu ein bequemes Handwerkszeug geliefert. Lombroso[2] hat, wenn auch verzerrt und dilettantisch, auf die pathologischen Grundlagen des dichterischen Schaffens hingewiesen. Die französische Psychologenschule hat einige Modebegriffe geprägt, wie z. B. *dégenéré superieur,* die auf einige Künstler anwendbar gewesen sind. Man hat also begonnen, Dichteranalysen auf Grund pathologischer Erfahrungen zu verfassen.

Professor Freud hat neue psychologische Erkenntnisse gefunden, den Weg ins Unbewußte erhellt und hat so die Kenntnis der Dichterpsyche mächtig gefördert. Seine Grundanschauungen jedoch sind nicht die eines Neuropathen, sondern die eines Kenners von Menschenseelen. Das heißt: er kennt verschiedene Gruppierungen von Elementen des Unbewußten und Bewußten; er hat gezeigt, daß Bewußtes und Unbewußtes sich in verschiedenen Stellungen überbauen[3]; er hat weiters gezeigt, daß psychische Krankheit nur eine Variationsform der sogenannten psychischen Gesundheit ist. Er ist Psychologe und hat einen psychologischen Einheitsbau errichtet. Was Professor Freud von den Kranken gelernt hat, hat ihm erst das Verständnis der Gesunden ermöglicht. Wie die Perversionen nur Absplitterungen vom normalen Geschlechtstrieb sind[4], deren Komponenten sie bilden, so sind geistige Krankheiten eine Dissoziierung der psychischen Elemente des Gesunden.

Lombroso betrachtet Dichter so, wie er einen besonders interessanten Verbrechertypus betrachtet; die französischen Psychologen sehen im Dichter ausschließlich Neurotiker; Professor Freud interessiert die Menschenseele, der psychische Organismus – die beiden ersten dürfen also „Pathographien" schreiben, Prof. Freud schreibt psychologische Analysen, und jeder, der sich mit Dichtern analytisch beschäftigt, muß darüber ganz klar sein, ob er eine Krankengeschichte oder eine psychoanalytische Darstellung abfassen will,

---

2 Cesare Lombroso, 1836–1909, *Genie und Irrsinn in ihren Beziehungen zum Gesetz, zur Kritik und zur Geschichte,* Universal Bibliothek, Leipzig 1887; *Der geniale Mensch,* Hamburg 1890; *Studien über Genie und Entartung,* Universal Bibliothek, Leipzig o. J.

3 Graf wollte wohl zum Ausdruck bringen, daß das System Bw. dem System Vbw. überlagert sei, während das letztere wiederum über dem System Vbw. liegt. Diese Vorstellung führte zur Charakterisierung der psychoanalytischen Psychologie als „Tiefenpsychologie", insofern diese eben vorwiegend mit dem System Ubw. beschäftigt ist.

4 Damals hielt man die Struktur der Perversionen noch für so einfach.

und darf nicht, wie Dr. Sadger, beide Methoden fortwährend miteinander vertauschen.

Ich spreche also jetzt nurmehr von der psychoanalytischen Methode und ihrer Anwendung auf Künstler. Man gestatte mir eine Vorbemerkung:

Ich habe gefunden, daß sich viele, die mit dieser Technik hantieren, der Täuschung hingeben, als ob sie schon durch den Besitz dieser Technik allein die Seele des Dichters tiefer ergründen würden als andere Biographen, eine Täuschung, die auch aus dem hübschen, aber leicht mißverständlichen Worte unseres Freundes Kahane spricht, der die „Tiefenpsychologen" und die „Oberflächenpsychologen" unterscheidet. Ich möchte dagegen bemerken, daß auch ein Tiefenpsychologe oberflächlich und ein Oberflächenpsychologe tief sein kann. Werke wie der *Michelangelo* Herman Grimms[5] oder *Erlebnis und Dichtung* von Dilthey[6] sind geniale Biographien, Seelenstudien, wenn sie auch nicht mit der Technik Freuds gearbeitet sind, und ein mittelmäßiger Kopf, der mit Freudscher Technik arbeitet, wird natürlich zu weniger tiefgründigen Resultaten kommen. Es kann jemand ein tiefer philosophischer Kopf sein, auch wenn er mit der Dialektik der mittelalterlichen Philosophie seine Themen bearbeitet, und neben ihm kann einer, der mit allen modernen philosophischen Salben geschmiert ist, dennoch als ein platter Geist erscheinen. Es kommt eben in erster Linie auf die geistige Kapazität an, mit der man an eine Aufgabe herantritt. Die Freudsche Technik an sich macht noch nicht gescheit oder tiefsinnig. Ihr Wert besteht darin, daß sie einem Seelenkenner ein sehr feines, aber auch sehr gebrechliches Werkzeug zur Erforschung des Unbewußten neu in die Hand gibt – einem Seelenstümper aber hilft sie nicht weiter.

Ich meine also, es wird nicht jeder geeignet sein, Künstlerpsychologie, d. h. Psychologie der kompliziertesten, empfindlichsten Seelen zu treiben, und wer eine solche Aufgabe unternimmt, soll sich erst früher fragen, ob er dazu taugt, d. h. ob er selbst weiß, wie Gedanken, Bilder aus dem Unbewußten auftauchen und sich zu Bewußtem wandeln. Kurz, nur jener soll Künstlern [sich] nahen, der selbst künstlerisch veranlagt ist.

Das ist also das α der Künstlerpsychologie.

Weiters ist die Frage zu beantworten: Von wo soll ich bei meinen Betrachtungen ausgehen? Vom Künstler? Vom Werke?

---

5 Herman Grimm, 1828–1901, der deutsche Kunst- und Literaturhistoriker, schrieb mehrere Künstlerbiographien. Sein *Das Leben Michelangelos* erschien, zweibändig, 1860–63.

6 Der Philosoph Wilhelm Dilthey, 1833–1911, versuchte die erkenntnistheoretische Selbständigkeit der Geisteswissenschaften zu begründen. Ihre Gegenstände werden in dem besonderen Akt des ‚Verstehens' begriffen. *Das Erlebnis und die Dichtung* erschien 1905.

Es erscheint einfacher, vom Künstler auszugehen. Viele Künstler haben sich über sich selbst ausgesprochen. Zeitgenossen haben ihre Eindrücke, Gespräche etc. aufgezeichnet. Sollte das nicht genügen, um über den Künstler etwas zu erfahren. Berichte von Zeitgenossen sind gewiß wertvoll, aber doch immer subjektiv gefärbt, d. h. gefälscht. In den Selbstbiographien jedoch erzählen die Künstler immer schon an die Nachwelt denkend; sie retuschieren, und wenn einer wie Rousseau verspricht, sich auch alles Schlimme, alle Laster etc. nachzusagen, ist es der Verlogenste von allen.

Noch eines ist zu bemerken. Alle künstlerische Produktion wurzelt im Verdrängten. Das Verdrängte aber wird dem Autobiographen bei der Wiedergabe der wichtigsten Erlebnisse Widerstand entgegensetzen, und gerade auf die wichtigsten Fragen erhält man keine Antwort. Die psychischen Hemmungen überwindet der Künstler nur durch das Schaffen, und wer den Dichter kennenlernen will, muß ihn in den Werken suchen, „Wer den Dichter will verstehen, muß in Dichters Lande gehen"[7]; hat einmal die Oberflächenpsychologie gedichtet –[8]

Je mehr ein Dichter von sich erzählt, desto mehr hat er vermutlich zu verbergen, und wie wenig würden wir von den Dichtern wissen, wenn wir ihre Werke nicht kennen würden. Andererseits sind uns die griechischen Tragiker vertraute dichterische Persönlichkeiten, und doch wissen wir von ihnen fast nichts. Shakespeare ist dadurch, daß nur ein paar Unterschriften und einige wenige Dokumente vorhanden sind, davor bewahrt, psychopathographisch behandelt zu werden. Psychoanalytisch dagegen ist sehr viel von ihm zu sagen. Wir besitzen von ihm vier Bände Dichtungen; ist das wirklich zu wenig, um ihn kennenzulernen, wo der Psychoanalytiker doch schon aus einem kurzen Ausspruch eines Menschen, aus einer Handbewegung, ja, sogar aus einem nicht zugeknöpften Hosenknopf wichtige, zuverlässige Schlüsse auf eine Menschenseele ziehen kann? Ich würde dem Musiker, der nicht aus einer Mozartsymphonie das psychologische Bild Mozarts gestalten könnte, ruhig den Rat geben, er soll die Musik gehenlassen, da er entweder musiktaub oder seelentaub ist. Wer künstlerisch empfindet, wird mir recht geben.

Also, man muß zu den Werken greifen.

Wie soll man aber hier vorgehen. Ich selbst habe mir für meinen persönlichen Gebrauch folgendes Hilfsmittel zurechtgelegt. Ich gehe von jenen Motiven aus, die ich die typischen Motive nenne, d. h. jenen dichterischen Motiven, die sich in den Werken wiederholen.

---

7 Aus dem Motto zu Goethes Noten und Abhandlungen zu besserem Verständnis des West-östlichen Diwans (1819).

8 Der Satz ist im Manuskript nicht zu Ende geführt.

Zum Beispiel bei Shakespeare ist die Hamletfigur eine typische Figur. Man findet sie als Richard II., Heinrich VI. und als den melancholischen Jacques[9] wieder. Es ist die gleiche Gestalt, und manches, was im *Hamlet* z. B. unerklärlich ist, das erläutern mir die anderen Dramen.

Oder: Der Haß des Sohnes gegen den Vater ist ein treibendes Motiv der *Räuber*; es findet sich aber auch in *Kabale und Liebe*; es erhält eine neue bedeutsame Motivierung im *Don Carlos* (Haß gegen den Vater, weil er dem Sohn die Mutter geraubt hat), es wird später verwandelt zum Haß gegen den Unterdrücker, den Herrscher (*Wilhelm Tell*).[10]

Bei Goethe ist die Gestalt des schwachen Mannes, der seine Geliebte verläßt und von Reue ergriffen wird, eine typische Gestalt (Weislingen, Clavigo, Faust).

Die Bilder Raphaels, die Werke Michelangelos zeigen typische Motive.

Bei Richard Wagner sind der Holländer, Wotan, Amfortas eine Figur. Im *Holländer* verläßt Senta ihren *Bräutigam*, um dem Holländer zu folgen; in der *Walküre*, im *Tristan* verläßt die Frau den *Mann*, um dem wesensverwandten Geliebten zu folgen; das Motiv erhält hier erst seine vollständige Aufhellung.

Erlösung des verzweifelten, dissonanzenreichen Mannes durch die Liebe der Frau ist Hauptmotiv aller Wagnerwerke.

Die Zentralmotive der Dichtung machen den innersten Mechanismus der Psyche des Dichters klar. Hier steht man im Mittelpunkte des Unbewußten. Besonders interessant ist es, wie jene typischen Motive, in den Werken verhüllt, immer neu gewendet werden. Ich habe darauf schon hingewiesen. Es ist ähnlich wie bei den Sagen. Sie kennen die Schillersche *Turandot*. Die Freier, die sich um Turandot bewerben, müssen Rätsel lösen, im anderen Falle werden sie hingerichtet. Das ist ein Motiv der Weltliteratur, das sich nicht nur bei den Griechen, sondern auch bei orientalischen Völkern findet. Hier ist das Motiv anders gewandet: die Freier müssen keine Rätsel lösen, sie müssen ihn [den Vater] im Wettrennen besiegen oder anderes. Bei einem Sagendichter trifft man auf die Originalform dieser Sage: Der Vater ist in die Tochter verliebt, respektive hat mit ihr ein Verhältnis; um nun seine Konkurrenten von ihr fernzuhalten, stellt er ihnen die tödlichen Aufgaben. Das ist das Originalmotiv, das in der *Turandot* von einer humaneren Zeit bereits gemildert worden ist. Es ist, wie Sie alle sehen, ein allgemein menschliches Motiv. Auch heute noch suchen (verliebte) Väter sich ihre Tochter durch Härte gegen die Freier zu erhalten.

---

9 In *Wie es Euch gefällt* (1599/1600).

10 Gemeint sind in diesem Absatz natürlich die Dramen Schillers.

Wichtig ist es auch, verwandte Dichter- und Künstlerpersönlichkeiten zu vergleichen, *Künstlertypen* aufzustellen. Richard Wagner und Euripides, Beethoven und Michelangelo, Raphael und Mozart sind verwandte, identische Persönlichkeiten. Was bei dem einen vielleicht undurchsichtig ist, wird bei dem anderen klar. Das Geheimnis der Beethovenschen Skizzenbücher wurde mir erst verständlich, als ich erfahren habe, wie Michelangelo gearbeitet hat.

Der Produktionsprozeß aller Künstler weist verwandte Faktoren auf, und es erscheint mir als letztes Ziel der Künstleranalysen, schließlich zu einer „Theorie des künstlerischen Schaffens" zu gelangen.

Die Analysen von Künstlern, die pathologische Züge (im gebräuchlichen Sinne des Wortes) zeigen, werden gewiß auch wertvolle Beiträge liefern. Nur muß man sich darüber klar sein, daß die größten Künstler schon durch ihre unbegreifliche produktive Kraft, durch das mächtige Lebensgefühl, das alle Schöpfungen beseelt, als gesund erscheinen – denn Krankheit ist Hemmung der produktiven Kraft, Depression des Lebensgefühles.

Dieses sind also die Normalfälle, welche in erster Linie zu analysieren sind, alles andere Varianten. Die Genies zweiten Ranges, welche pathologische Züge aufweisen, produzieren wenig oder in großen Zwischenräumen. Ihr Produktionsprozeß ist durch die Krankheit verändert, zerstört, gehemmt. Die rein medizinische Analyse, die Pathographie, trägt zur Erkenntnis des dichterischen Prozesses deshalb wenig bei, weil sie sich nur mit jenen Hemmungen beschäftigt, nicht mit den positiven dichterischen Kräften. Es genügt nicht, jene psychischen Veränderungen ausschließlich ins Auge zu fassen; man muß auch künstlerisch empfindend die schaffenden Kräfte verfolgen.

War das α meiner Darlegungen, man müsse künstlerisch veranlagt sein, um Künstleranalysen zu verfassen, so ist das ω meiner Ausführungen das gleiche. Ich weiß nicht, ob man bei einer einseitig klinischen Beurteilung einen neurotischen Dummkopf richtig analysieren wird; den hochkomplizierten empfindlichen dichterischen Organismus kann man nur verstehen, wenn man vor allem künstlerisch veranlagt ist. Die Technik Professor Freuds allein enträtselt nicht die Geheimnisse des dichterischen Schaffens, wenn sie nicht mit der künstlerischen Feinfühligkeit Prof. Freuds verwendet wird.

Diskussion

ADLER findet in Grafs Ausführungen manches anregend und notwendig; doch glaubt er nicht, daß sich vorläufig irgendwelche Regeln aufstellen lassen, nach denen man Dichterpsychologie treiben könnte. Es ließen sich leicht weitere Hinweise anschließen, die ebenso wichtig wären. So wäre besonderes Gewicht auf das Jugendwerk, natürlich im Zusammenhang mit den anderen [Werken], zu legen. – Mit der Technik komme man auf gewisse Grundbedingungen der Konstitution, der Entwicklung, der Charakteranlage.

Es würde sich vielleicht empfehlen, ohne künstlerische Qualifikation, beschränkt auf die Freudsche Technik, sich ein Gerippe zu machen, das die Seelenströmung im Dichter darstellt.

SCHWERDTNER schließt sich den Ausführungen Grafs an. – Pathographien lassen sich von den wenigsten Dichtern, Psychoanalysen von den meisten schreiben. – Die Briefe der Künstler müsse man dabei zu deren Werken zählen. –

Prof. FREUD hat schon vorigesmal seine prinzipielle Übereinstimmung mit Graf hervorgehoben und will sie nun ausführend nach einer Seite ergänzen.

Gegenstand der Pathographie kann jeder Dichter werden, der Neigung zum Abnormen zeigt. Die Pathographie ist jedoch nicht imstande, etwas Neues zu zeigen. Die Psychoanalyse dagegen gibt Auskünfte über den Schaffensprozeß. Die Psychoanalyse verdient einen Platz vor der Pathographie.

Wenige Anhaltspunkte und Voraussetzungen zu solcher Dichterpsychoanalyse sind gegeben:

Die Beziehungen von Schöpfung und Leben des Dichters.

1. Satz (aus dem Vortrag: ‚Der Dichter und das Phantasieren'[11]: die dichterische Produktion teilt im allgemeinen den Mechanismus des Tagtraums; die „herrschenden Motive" (Grafs) sind die den Dichter beherrschenden „durchlaufenden" (Freud) Wünsche.

Hinzufügen könne er einen

2. Satz: das Prinzip der Umordnung der Elemente; das besonders bedeutsam für die Analyse der Mythen und Sagen sei – Verhältnis zwischen dem Inhalt des Bewußten und Unbewußten: die Elemente sind dieselben, die Anordnung ist mannigfach verändert.

3. Satz: die Heraushebung der Typen nach Grafs Andeutung.

4. Satz: besondere Betonung des Jugendwerks nach Adlers Andeutung. –

---

11 Freud hielt diesen Vortrag am 6. Dezember 1907 in den Räumen des Wiener Verlagsbuchhändlers Hugo Heller, der auch Mitglied der Wiener Psychoanalytischen Vereinigung war (vgl. die ‚Bemerkungen über die Mitglieder', oben, S. XXXVI). Der Text erschien später in der neugegründeten Berliner literarischen Zeitschrift *Neue Revue*, Bd. 1, 1908, S. 716 ff. (*G. W.*, Bd. 7, S. 213 ff.; *Studienausgabe*, Bd. 10, S. 169 ff.).

Mit diesem Kapital könne man versuchen, aus den Werken auf den Prozeß des künstlerischen Schaffens zu schließen. –

Anfechtbar sei Grafs Satz: die dichterische Produktion gehe aus dem Verdrängten hervor. – Er verwechsele dabei Unbewußtes und Verdrängtes, was doch nicht identisch sei.[12]

Für die typischen Motive sei die ‚Gradiva' ein schönes Beispiel. In den beiden Novellen Jensens, auf die Jung aufmerksam machte (‚Der rote Schirm' und ‚Im gotischen Haus'), handelt es sich um nahe Verwandte, die geliebt werden: Kusine, Halbschwester. Die Grundlage der ganzen Sache ist also Jensens Verhältnis zu einer kleinen Jugendgespielin, vielleicht einer Schwester. Es könnte etwa so zugegangen sein, daß der Dichter einen mächtigen Eindruck hatte, der einen unbefriedigten Wunsch hinterlassen hatte (etwa der Verlust dieser Gespielin). Das Relief, das ihn an die Schwester erinnert, hatte nun plötzlich, als er es sah, eine neue Erweckung dieses Wunsches hervorgerufen. Auf dieses Erlebnis hat er dann in verschiedener Weise reagiert; man könnte die drei Novellen durch drei Formeln ersetzen.

1. heißt übersetzt: Ich kann niemand mehr gern haben, seit ich sie verloren habe (ginge etwa auf ein Erkalten in der Ehe zurück).

2. Wenn sie auch am Leben geblieben wäre, hätte ich sie doch verlieren müssen: als Frau einem anderen Mann übergeben. – Er weist ihnen hier nach, daß sie keine Geschwister sind. –

3. Ich werde sie wiedersehen; im tröstlichen Sinne. Auferstehungsglaube.

Diese Gespielin (die er sich vielleicht wegen Mangels einer Schwester in der Phantasie zur Schwester erhoben hat oder die es vielleicht wirklich war) dürfte ein kränkliches Kind gewesen sein. Diese Krankheit – etwa wie ein Spitzfuß – wäre verklärend von der Phantasie verwischt worden. Auf dem Relief hätte er nun gesehen, wie diese Krankheit auch zu einem Vorzug umgedeutet werden könne.

Diese Lösung sei vielleicht zu einfach; sie könne aber doch vielleicht auf einem komplizierteren Wege recht behalten. Es könne sich um sein Kind handeln etc. –

Shakespeare sei ein günstiges Objekt der psychologischen Methode, um so mehr, als Brandes[13] sehr gut vorgearbeitet habe. Im *Hamlet* lägen die Beziehungen zu den persönlichen Umständen im Leben des Dichters klar zutage. Die Dichtung sei die Reaktion auf den Tod seines Vaters und Sohnes.

---

12 Freud unterscheidet ja zwei Arten von Unbewußtem: das primär Unbewußte, welches niemals bewußt war, und dasjenige, welches durch Verdrängung unbewußt wurde.

13 Georg Brandes, 1842–1927, damals berühmter dänischer Zeitkritiker und Literaturhistoriker, Autor einer vielgelesenen dreibändigen Studie über *William Shakespeare* (1895/96).

Die Zeit der Verbitterung lasse den Verdacht auf eine luetische Infektion aufkommen (*Timon*)[14]. – *Macbeth* zeige, was ein Dichter aus einem Gelegenheitsgedicht zu machen vermöge.

WITTELS hält diesen Weg, Dichterbiographien zu schreiben, nicht für den richtigen. Denn man wäre leicht versucht, dieses ungeschriebene Lexikon der unbewußten Bedeutungen, das man im Kopf habe, anzuwenden. Es wäre lohnender, mit den Freudschen Lehren an das Leben selbst heranzutreten; den Leuten die sexuelle Not plausibel zu machen. Die Dichterpsychologien nutzen im gegenwärtigen Augenblick weder den Freudschen Lehren noch den Leuten.

SADGER polemisiert gegen die von Graf angedeutete Methode. Er schreibe Pathographien aus rein medizinischem Interesse und nicht um den Prozeß des künstlerischen Schaffens aufzuklären; der übrigens auch durch die psychoanalytische Deutung nicht klar werde. Grafs Methode sei nichts als die uralte der Literarhistoriker, die Leben und Dichtung verglichen, vermehrt um den Schlüssel, den uns Freud an die Hand gegeben hat. – Wie schwer und gewagt es ist, aus den Werken auf das Leben zu schließen, habe er schon vorigesmal ausgeführt.

Das Rätsel, wieso das Unbewußte des Dichters auf einmal vorbewußt wird, sei auch durch Grafs Methode nicht zu lösen.

Nach dieser prinzipiellen Polemik macht Sadger noch einige Einwendungen gegen einzelne Behauptungen Grafs. So, daß die Dichter zweiten Ranges häufiger pathologische Züge aufweisen als die ersten Ranges; er führt zum Gegenbeweis Kleist, Grillparzer u. a. an.

Er kommt zum Schluß, daß die rein psychoanalytische Methode weiter auch gar nichts erkläre.

FEDERN möchte zu Satz 1 des Professors vorschlagend erwähnen, daß das, was den Künstler in Vorteil vor den Tagträumer setzt, der Umstand ist, daß die künstlerischen Tagträume viel mehr die Art des Spiels beibehalten. – Das Ehrgeizmotiv ließe sich dabei vielleicht mit dem Spielmotiv in eine höhere Kategorie vereinigen: in die der Herrschsucht, des Machtwunsches. Der Dichter kann die Personen darstellen, wie er will. – Was Graf erhöhte Lebensenergie nenne, sei eine höhere Form der Fähigkeit, das Unbewußte psychisch arbeiten zu lassen. Das Unbewußte arbeitet richtig (niemals falsch)

---

14 *Timon von Athen* (wahrscheinlich 1606/07).

auf einer höheren Stufe von Außenweltsentsprechung.[15] Er geht der Entwicklung voran und ist durchaus keine Degenerationserscheinung.

Der Künstler ist niemals – wie Sadger meint – durch die Gesetze des künstlerischen Schaffens gehemmt: sie sind keine Hemmung, sondern ein Analogon seiner künstlerischen Fähigkeiten.

HITSCHMANN bemerkt, man müßte zunächst versuchen, bei den großen Dichtern das Spezifische jedes einzelnen herauszubekommen. – Dann wäre zu untersuchen, warum ein produktiver Mensch sich gerade in dieser künstlerischen Form äußert (GRAF erklärt diese Frage durch die Theorie der erogenen Zonen gelöst). – Bei Shakespeare weise Brandes ähnliche Figuren zu gewissen Zeiten nach (periodisch), was beachtenswert sei. –

RANK hebt zunächst hervor, daß Graf unser aller Standpunkt, die wir anknüpfend an die Methode von Prof. Freud uns mit dem Seelenleben der Dichter beschäftigen, präzisiert habe. Einzelne persönliche Meinungsverschiedenheiten und Abweichungen seien ja von verschiedenen Seiten vorgebracht worden. –
Es interessieren uns vorläufig gar nicht die Erlebnisse des Dichters (sein äußeres Leben), sondern ihre Verarbeitung (das Innenleben).

Prof. FREUD rügt die Hereinziehung des viel größeren, umfangreicheren Problems des Verhältnisses zwischen Bewußtem und Unbewußtem durch Sadger. Dieses Problem könne nur die Theorie lösen.

GRAF wendet sich in seinem Schlußwort hauptsächlich gegen Sadgers Ausführungen, der allein ernstlich polemisiert habe. Er nimmt zunächst die Literarhistoriker in Schutz, die uns gleichsam die „Tagesreste“ bringen. Die Frage Sadgers, wie man aus den entstellten Werken die Psyche des Dichters erklären soll, erledige sich mit dem Hinweis, daß die Wissenschaft überhaupt nichts erklären solle; sondern sie solle sich bemühen, lückenlose Beschreibungen zu liefern. –

15 Das ist eine jener Stellen, die fast unverständlich sind, wahrscheinlich weil Rank Federns Bemerkungen in der Wiedergabe zu stark gekürzt hat.

Wilhelm Hemecker

Künstler oder Kunstwerk?

Zur psychoanalytischen Biographik

Mit der Biographie tat sich der Vater der Psychoanalyse schwer, auch wenn biographisches Wissen zu den unabdingbaren Voraussetzungen seiner therapeutischen Bemühungen gehörte: „Wer Biograph wird, verpflichtet sich zur Lüge, zur Verheimlichung, Heuchelei, Schönfärberei und selbst zur Verhehlung seines Unverständnisses, denn die biographische Wahrheit ist nicht zu haben, und wenn man sie hätte, wäre sie nicht zu gebrauchen“,[1] schrieb Freud an Arnold Zweig. Und Stefan Zweig, Autor eines Freud-Porträts[2], gibt er zu verstehen: „Der Kerl ist doch etwas komplizierter“.[3]

Ungleich komplizierter aber noch wird das Unternehmen biographischen Verstehens, wenn es sich auf Verstorbene richtet und sich dabei psychoanalytischer Verfahren bedient. Deren Königswege nämlich sind unabdingbar auf die unmittelbare Interaktion zwischen Analytiker und Analysand abgestimmt. Nur hier kann die psychoanalytische Grundregel – die auf freie Assoziationen des Klienten gerichtete frei schwebende Aufmerksamkeit des Analytikers –, kann die Deutung von Träumen mit Hilfe solcher freier Assoziationen und kann vor allem die Dynamik der Übertragung, der „mächtigste Hebel des Erfolgs“[4], wirksam werden. Und nur im lebendigen psychoanalytischen Prozess kommt die Spannung zwischen endlicher und

1 Sigmund Freud: Brief an Arnold Zweig v. 31.5.1936. In: *Sigmund Freud/Arnold Zweig: Briefwechsel.* Hg. v. Ernst L. Freud. Frankfurt/M. 1984, S. 137f., hier S. 137.

2 Vgl. Stefan Zweig: „Sigmund Freud“. In: ders.: *Über Sigmund Freud. Porträt, Briefwechsel, Gedenkworte.* Frankfurt/M. 1989, S. 7–109.

3 Sigmund Freud: Brief an Stefan Zweig v. 17.2.1931. In: ebd., S. 153–154, hier S. 154.

4 Sigmund Freud: „Die Dynamik der Übertragung“. In: ders.: *Studienausgabe.* Hg. v. Alexander Mitscherlich, Angela Richards, James Strachey. Ergänzungsbd.: *Schriften zur Behandlungstechnik.* Frankfurt/M. 1975, S. 157–168, hier S. 161 [nach dieser zehnbändigen *Studienausgabe* mit einem Ergänzungsband wird im Folgenden mit Nennung des jeweiligen Bandes und Seitenangaben zitiert].

unendlicher Analyse[5] – und damit „der Verzicht Freuds auf die Eindeutigkeit seiner Lehre“[6] – zur Geltung, die den Begriff psychoanalytischen Verstehens banalen Vorstellungen therapeutischer Kunstfertigkeit enthebt.

Trotzdem war bereits Freud selbst an der psychoanalytischen Erhellung des Lebens Verstorbener interessiert: „Auch die Biographik muß unser werden“,[7] schrieb er 1909 an C. G. Jung. Nach einer frühen Deutung der Novelle Conrad Ferdinand Meyers *Die Richterin* im Hinblick auf die Jugendjahre des Dichters, die er lediglich brieflich festgehalten hat,[8] ragt die bedeutende Studie „Eine Kindheitserinnerung des Leonardo da Vinci“ mit ihrer eingehenden Rekonstruktion des Seelenlebens Leonardos von seiner frühesten Kindheit an und einer tiefgreifenden Analyse seiner psychosexuellen Lebensgeschichte bis hin zu allgemeinen Rückschlüssen auf die Dynamik der Psyche des schaffenden Künstlers wie ein Monolith hervor. Darüber hinaus haben Schüler Freuds schon zur Zeit der hier wieder abgedruckten Diskussion der Wiener Psychoanalytischen Vereinigung, besonders der an ihr beteiligte Isidor Isaak Sadger, einer der Pioniere der Psychoanalyse, mit mehreren monographischen Studien Interesse an der Deutung pathologischer Spuren im Leben schöpferischer Persönlichkeiten gezeigt,[9] detailliert und mit umfassendem Anspruch schließlich Marie Bonaparte mit ihrer dreibändigen Studie zu Edgar Allan Poe.[10]

Derartige Versuche wurden bereits früh zum Gegenstand der Kritik. Stoßrichtung dabei war das auch in der nicht-analytischen Biographik problematische Verfahren, Schlüsse vom Werk auf psychische Strukturen seines Urhebers zu ziehen – und umgekehrt, die bei naiver Anwendung prekäre Methode des Biographismus. Schon Karl Kraus sah sich in Reaktion auf

---

5 Vgl. Sigmund Freud: „Die endliche und die unendliche Analyse“. In: ders.: *Studienausgabe*, Ergänzungsbd., S. 351–392.

6 Heinz Politzer: „Sigmund Freud und die Tragik der Interpretation“. In: ders.: *Freud und das Tragische*. Hg. v. Wilhelm Hemecker. Wiener Neustadt 2003 (= Bibliothek Gutenberg, Bd. 2), S. 25–58, hier S. 58.

7 Sigmund Freud: Brief an Carl Gustav Jung v. 17.10.1909. In: *Sigmund Freud – C. G. Jung: Briefwechsel*. Hg. v. William McGuire u. Wolfgang Sauerländer. Frankfurt/M. 1974, S. 278–282, hier S. 280.

8 Sigmund Freud: Brief an Wilhelm Fließ v. 20.6.1898. In: ders.: *Briefe an Wilhelm Fließ 1887–1904*. Hg. v. Jeffrey Moussaieff Masson. Bearb. der dt. Fassung v. Michael Schröter. Frankfurt/M. 1986, S. 346–348, bes. S. 347f.

9 Vgl. „Verzeichnis der internationalen psychoanalytisch-biographischen Publikationen von 1907 bis 1960“. In: Johannes Cremerius: *Neurose und Genialität. Psychoanalytische Biographien*. Frankfurt/M. 1971, S. 275–289.

10 Vgl. Marie Bonaparte: *Edgar Poe. Étude psychanalytique*. Paris 1933. Vgl. hierzu: Eveline List: „Novellen wie Krankengeschichten gelesen – Marie Bonaparte: *Edgar Poe*“. In: Wilhelm Hemecker (Hg.): *Die Biographie – Beiträge zu ihrer Geschichte*. Unter Mitarbeit v. Wolfgang Kreutzer. Berlin, New York 2009, S. 179–201.

diesbezügliche Versuche und Debatten im Umkreis von Freud genötigt, das Kunstwerk gegenüber seiner „Reduzierung [...] auf den physiologischen Rest“[11] in Schutz zu nehmen.

Im Blickwinkel von Kraus' Kritik stand dabei weniger der Urheber der Psychoanalyse selbst als gerade jener Zirkel, der sich seit 1906 regelmäßig mittwochs bei Freud in der Berggasse traf, die Psychologische Mittwochsgesellschaft, aus der die Wiener Psychoanalytische Vereinigung hervorgegangen ist, um Fragen der therapeutischen Praxis und zur Theoriebildung zu diskutieren: „Der Professor sieht, wie die Schüler die Lehre kompromittieren, und beschließt, dem groben Unfug eine [sic] Ende zu machen“,[12] heißt es 1908 in der *Fackel*.

Zur Vorgeschichte

Ausgangspunkt für die hier wiederabgedruckte Diskussion über „Methodik der Dichterpsychologie“ mit einem einleitenden Vortrag des Musikwissenschaftlers Max Graf, eines engen Freundes von Freud und Mitglied des Kreises seit der ersten Stunde, war die äußerst kontrovers geführte Diskussion eines Vortrags von Sadger über Conrad Ferdinand Meyer vom vorangegangenen Mittwoch. Das Protokoll hält die wesentlichen Punkte dieses Vortrags, der ein Exzerpt einer größeren, bald darauf publizierten Studie Sadgers[13] lieferte, bündig fest:

> Für des Dichters Entwicklung seien zwei Momente maßgebend gewesen: die Belastung und die Erotik. Er habe eigentlich sein Leben lang an unerwiderter Mutterliebe gelitten, und erst der Tod der Mutter im Verein mit der [...] materiellen Unabhängigkeit ließen sein Dichtertalent zur Entfaltung kommen.[14]

Bereits in dieser vorherigen Diskussion kommen die wesentlichen Fragen nach dem Zusammenhang zwischen Leben und Werk, nach dem Ausgangspunkt psychoanalytischer Künstlerbiographik kritisch zur Sprache: „Von der Psychologie der Dichter dürfe man den Nutzen fordern, etwas vom Zusam-

11 Karl Kraus: „Nachts“. In: ders.: *Werke*, Bd. 3. Beim Wort genommen. Hg. u. mit einem Nachw. v. Heinrich Fischer. München 1955, S. 303–452, hier S. 348.

12 Karl Kraus: „Tagebuch“. In: *Die Fackel* v. 5. Juni 1908, H. 257, S. 15–32, hier S. 23.

13 Isidor Sadger: „Conrad Ferdinand Meyer. Eine pathographisch-psychologische Studie“. In: *Grenzfragen des Nerven- und Seelenlebens* (1908) H. 59.

14 Herman Nunberg und Ernst Federn (Hg.): *Protokolle der Wiener Psychoanalytischen Vereinigung*. Bd. 1: 1906–1908, 32. Protokoll v. 4. Dezember 1907, Frankfurt/M. 1976, S. 239–243, hier S. 239.

menhang der Persönlichkeit mit dem Werk zu erfahren“[15], gibt Max Graf zu Sadgers Ausführungen kritisch zu Protokoll, und Wilhelm Stekel, ein weiterer der Pioniere der Psychoanalytischen Bewegung, möchte methodologisch den Ausgangspunkt der Dichterbiographik ganz dezidiert beim Werk sehen: „Man müsse sich in die Werke vertiefen und den Zusammenhang mit dem Leben aufzeigen.“ Freud schließlich lässt resümierend festhalten, „Graf habe den richtigen Weg angedeutet, der von den Werken ausgehen müsse“ und sieht „gar keine Nötigung, solche Pathographien zu schreiben.“[16]

Das 33. Protokoll

Der Vortrag von Max Graf – dem Vater des „kleinen Hans“, dessen Fall Freud in der „Analyse eines fünfjährigen Knaben“[17] beschrieben hat – vom 11. Dezember 1907 setzt bei der konsequenten Trennung zwischen Pathographie und psychoanalytischer Darstellung an:

> Jeder, der sich mit Dichtern analytisch beschäftigt, muß darüber ganz klar sein, ob er eine Krankengeschichte oder eine psychoanalytische Darstellung abfassen will, und darf nicht […] beide Methoden fortwährend miteinander vertauschen. (S. 40)[18]

Im Hintergrund steht hier eine größere Verschiebung, welche das Genre der Pathographie insgesamt fragwürdig erscheinen lässt, nämlich der Trennlinie zwischen ‚krank‘ und ‚gesund‘ an sich: Freud habe gezeigt, „dass psychische Krankheit nur eine Variationsform der sogenannten psychischen Gesundheit ist.“ (S. 40) Das Verständnis von Krankheit als „Hemmung“ lässt sich in einem weiteren Kontext philosophisch auslegen, etwa im Sinne von Augustinus’ Depotenzierung des ‚malum physicum‘, welches von Augustinus als bloße ‚privatio‘ oder ‚corruptio‘ eines wesensmäßig geschuldeten, idealen Zustands, eines ‚bonum‘ bestimmt wird.[19] Bei Freud steht diese

15 Ebd., S. 240.

16 Ebd., S. 241.

17 Sigmund Freud: „Analyse eines fünfjährigen Knaben“. In: *Studienausgabe*, Bd. 8: Zwei Kinderneurosen, S. 9–123.

18 Herman Nunberg u. Ernst Federn (Hg.): *Protokolle der Wiener Psychoanalytischen Vereinigung*, Bd. 1: 1906–1908, 33. Protokoll vom 11. Dezember 1907. Frankfurt 1976, S. 244–253. In Klammern angeführte Seitenangaben im Text beziehen sich auf den vorliegenden Band.

19 Vgl. Aurelius Augustinus: *Confessiones – Bekenntnisse.* Lat./dt. Übers., hg. u. kommentiert v. Kurt Flasch u. Burkhard Mojsisch. Mit einer Einleitung vers. v. Kurt Flasch. Stuttgart 2009 (= Universalbibliothek, Bd. 18676), S. 126; Aurelius Augustinus: „De natura boni – Die Natur des Guten“. Übers. u. kommentiert v. Brigitte Berges, Bernd Goebel u. Friedrich Hermanni. In: ders.: *Opera – Werke.* Begründet v. Wilhelm Geerlings. Bd. 22: Antimanichäische

Privations-Theorie allerdings unter dem Signum des Pragmatismus, wenn er schreibt:

> Wir glauben nicht mehr, daß Gesundheit und Krankheit, Normale und Nervöse, scharf voneinander zu sondern sind [...] Wir wissen heute, daß die neurotischen Symptome Ersatzbildungen für gewisse Verdrängungsleistungen sind, [...] daß wir alle solche Ersatzbildungen produzieren, und daß nur die Anzahl, Intensität und Verteilung dieser Ersatzbildungen den praktischen Begriff des Krankseins und den Schluß auf konstitutionelle Minderwertigkeit rechtfertigen.[20]

In dem Plädoyer Grafs für das Werk als einzig legitimem Ausgangspunkt für die Psychologie des Künstlers kommt es zu einem kurzen kritischen Blick auf die Qualität biographischer Quellen:

> Berichte von Zeitgenossen sind gewiß wertvoll, aber doch immer subjektiv gefärbt, d. h. gefälscht. In den Selbstbiographien jedoch erzählen die Künstler immer schon an die Nachwelt denkend; sie retuschieren [...]. (S. 42)

Die entscheidende Kritik hinsichtlich des spezifisch psychoanalytischen Zugangs aber betrifft die Verdrängung, welcher autobiographisches Schreiben notwendig anheimfällt. Die partielle Aufhebung der Verdrängung und Überwindung oder zumindest Lockerung des durch sie bewirkten Widerstands hingegen ist psychoanalytisch eine Konstituente künstlerischen Schaffens – womit der Zugang zur psychoanalytischen Künstlerbiographik für Max Graf notgedrungen über das schöpferische Werk führen muss.

Mit Blick auf das konkrete methodische Vorgehen wird vor allem die Bedeutung der rekurrenten Elemente in den literarischen Texten eines Dichters – die als ein Gesamttext betrachtet werden – betont, näherhin der Figuren und besonders der Hauptmotive: „Ich gehe von jenen Motiven aus, die ich die typischen Motive nenne, d. h. jenen dichterischen Motiven, die sich in den Werken wiederholen.“ (S. 42)

Dieser Ausgangspunkt findet seinen Ursprung in der deutschen und französischen Romantik, im Aufkommen des ‚Leitmotivs‘ zunächst in der Musik, und es ist durchaus sprechend, dass Hector Berlioz, der als einer der Ersten systematisch von ihm Gebrauch macht, das durch alle Sätze seines ‚drame musical‘, der *Symphonie fantastique*, wiederkehrende Hauptmotiv als ‚idée fixe‘ bezeichnet hat, und dass Richard Wagner, mit dem sich das Konzept

---

Schriften. Hg. v. Johannes Brachtendorf u. Volker Henning Drecoll in Verbindung mit Therese Fuhrer u. Christoph Horn, Paderborn u. a. 2010, S. 86–149, hier S. 90.

20 Sigmund Freud: „Eine Kindheitserinnerung des Leonardo da Vinci“. In: ders.: *Studienausgabe*, Bd. 10: Bildende Kunst und Literatur, S. 87–159, hier S. 153.

durch seinen ausgedehnten Gebrauch am stärksten assoziiert und den Graf als Musikwissenschaftler in diesem Zusammenhang exemplarisch anführt, von ‚Erinnerungsmotiven' spricht. Spätestens seit Fontane war das Leitmotiv dann auch ein wichtiges Mittel der Dichtkunst.

Das Konzept des Leitmotivs wird von Graf freilich in erweitertem Sinn gebraucht und mit einer psychoanalytischen Implikation versehen: „Die Zentralmotive der Dichtung machen den innersten Mechanismus der Psyche des Dichters klar. Hier steht man im Mittelpunkte des Unbewußten." (S. 43) In der Diskussion erweitert und erläutert Freud wiederum den Begriff durch seine Aufdeckung des dahinter verborgenen psychischen Mechanismus': „die ‚herrschenden Motive' (Graf) sind die den Dichter beherrschenden ‚durchlaufenden.' (Freud) Wünsche," (S. 45)

Noch ein weiteres methodisches Mittel für das Betreiben von Dichterpsychologie macht Max Graf geltend: „Wichtig ist es auch, verwandte Dichter- und Künstlerpersönlichkeiten zu vergleichen, *Künstlertypen* aufzustellen." (S. 44) Auch hier bedient sich die Psychoanalyse – Freud betont die Bedeutung dieser komparativen Methode in seinem Diskussionsbeitrag ausdrücklich – einer zeitgenössischen Denkfigur: Für Wilhelm Dilthey war die Typologie eine hervorragende Methode, um geistesgeschichtliche Erscheinungen verstehend zu klassifizieren[21], und zu Beginn des 20. Jahrhunderts wurde das typologische Betrachten von Phänomen vor allem in Psychologie und Soziologie zu einem gängigen Verfahren.[22]

Das „letzte Ziel der Künstleranalysen" – und auch hierin findet Graf die Zustimmung Freuds – sei es, „schließlich zu einer ‚Theorie des künstlerischen Schaffens' zu gelangen" (S. 44), oder in schlichteren Worten Freuds: „Auskünfte über den Schaffensprozeß" zu erlangen. (S. 45)

Ausblick und Kritik

Die methodologische Entscheidung, konsequent vom Werk auszugehen, hebt die eingangs skizzierte Problematik mangelnder Interaktion zwischen Analytiker und Analysiertem zunächst scheinbar auf, allerdings um den Preis, dass die psychoanalytische Interpretation in eine hermeneutische überführt wird, wenn sie nicht zu einem reduktiven Verfahren herunterkommen soll,

---

21 Vgl. Wilhelm Dilthey: „Die Typen der Weltanschauung und ihre Ausbildung in den metaphysischen Systemen." In: ders.: *Weltanschauung. Philosophie und Religion.* Hg. v. Max Frischeisen-Köhler. Berlin 1911, S. 3–54.

22 Vgl. den entsprechenden Beitrag im vorliegenden Band, S. 59–71.

in welchem, wie Fritz Wittels warnend in die Diskussion einwarf, lediglich „das ungeschriebene Lexikon der unbewußten Bedeutungen, das man im Kopf habe“ (S. 47), Anwendung findet. Diesen Übergang in Hermeneutik hat Isidor Sadger durchaus erkannt, wenn er kritisch vorbringt, Grafs Methode sei „nichts als die uralte der Literarhistoriker [...], vermehrt um den Schlüssel, den uns Freud an die Hand gegeben hat.“ (S. 47)

Unbeantwortet bleibt auch Sadgers Einwurf, „das Rätsel, wieso das Unbewußte des Dichters auf einmal vorbewußt wird, sei auch durch Grafs Methode nicht zu lösen“. (S. 47) Damit aber steht die Voraussetzung psychoanalytischer Werkinterpretationen, ja die Tragfähigkeit einer der Säulen psychoanalytischer Kunsttheorie überhaupt in Frage. Zur Klärung muss der Blick über den hier besprochenen Diskussionsabend zur „Methodik der Dichterpsychologie“ hinausschweifen zu Freuds Vortrag „Der Dichter und das Phantasieren“[23], der am 6. Dezember 1907, also nur wenige Tage vor dem Diskussionsabend, in den Räumen des Wiener Verlagsbuchhändlers Hugo Heller, eines weiteren frühen Mitglieds der Vereinigung, stattgefunden hatte.

Die psychologische Grundlage von Dichtung, die Freud hier in engstem Zusammenhang mit Phantasien und Tagträumen, aber auch mit dem Kinderspiel als ausagiertes Phantasieren betrachtet wissen will, bilden, wie bei allen Manifestationen des Unbewussten, Wünsche: „Unbefriedigte Wünsche sind die Triebkräfte der Phantasien, und jede einzelne Phantasie ist eine Wunscherfüllung, eine Korrektur der unbefriedigten Wirklichkeit.“[24] Die Helden der Dichtung seien nichts anderes als Personifikationen der sich aus dem Widerspruch zwischen Wunsch und Wirklichkeit ergebenden „Konfliktströmungen“[25] des Dichters.

Freuds durchgängige „Gleichstellung des Dichters mit dem Tagträumer“[26] verknüpft die Dichtung eng mit dem Unbewussten: Tagträume, Tagesphantasien und Phantasien (diese Termini verwendet Freud in der *Traumdeutung* synonym) stellen, wenn sie übermächtig werden, „die Bedingungen für den Verfall in Neurose und Psychose her“, stehen aber zugleich in engster Beziehung zum Traum: „Auch unsere nächtlichen Träume sind nichts anderes als solche Phantasien, wie wir durch die Deutung der

23 Sigmund Freud: „Der Dichter und das Phantasieren“. In: ders.: *Studienausgabe*, Bd.10: Bildende Kunst und Literatur, S. 169–179.

24 Ebd., S. 173f.

25 Ebd., S. 177.

26 Ebd.

Träume evident machen können."[27] Die Methode der psychoanalytischen Literaturinterpretation ist damit keine andere als die der Traumdeutung, wie es Freud etwa zur selben Zeit am Beispiel von Wilhelm Jensens Novelle *Gradiva* monographisch demonstriert hat.[28]

Zwei Jahre später nimmt Freud die Arbeit an seiner Studie *Eine Kindheitserinnerung des Leonardo da Vinci* auf und wählt dabei keineswegs den Weg über ausführliche Werkanalysen. Er betreibt Metabiographik, stützt sich auf neuere biographische Publikationen seiner Zeit zu Leonardo, zunächst auf einen biographischen Roman des russischen Dichters Dmitri Mereschkowski[29], der sich auch auf seiner Liste von „zehn guten Büchern" findet, die Hugo Heller 1906 im Rahmen einer Rundfrage erbeten hatte.[30] In einem Brief an C. G. Jung klagt Freud über die Spärlichkeit des biographischen Materials[31] und versucht das mit Hilfe von stärker quellenorientierten Studien[32] zu beheben – ohne rechten Erfolg, wie eine Bemerkung gegen Ende seiner *Leonardo*-Studie zeigt, die zugleich die Grenzen markiert,

> welche der Leistungsfähigkeit der Psychoanalyse in der Biographik gesetzt sind. Der psychoanalytischen Untersuchung stehen als Material die Daten der Lebensgeschichte zur Verfügung, einerseits die Zufälligkeiten der Begebenheiten und Milieueinflüsse, anderseits die berichteten Reaktionen des Individuums.[33]

Damit aber wird die psychoanalytische Deutung von „der Unsicherheit und Lückenhaftigkeit des Materials"[34] kontaminiert. Doch die Grenzen seiner Methode sieht Freud noch weitaus enger:

> Aber selbst bei ausgiebigster Verfügung über das historische Material und bei gesicherter Handhabung der psychischen Mechanismen würde eine psychoanalytische

27 Ebd., S. 175.

28 Sigmund Freud: „Der Wahn und die Träume in W. Jensens *Gradiva*". In: ders.: *Studienausgabe*, Bd. 10: Bildende Kunst und Literatur, S. 9–85.

29 Dmitri Sergejewitsch Mereschkowski: *Leonardo da Vinci. Ein biographischer Roman aus der Wende des 15. Jahrhunderts.* Dt. v. C. von Gütschow. Leipzig 1903.

30 Sigmund Freud: Brief an Hugo Heller v. 1.11.1906. In ders.: *Briefe 1873–1939.* Ausgewählt u. hg. v. Ernst u. Lucie Freud. Lizenzausgabe. Zürich 1980, S. 267f., hier S. 268.

31 Sigmund Freud: Brief an Carl Gustav Jung v. 17.10.1909. In: *Sigmund Freud – C. G. Jung: Briefwechsel.* Hg. v. William McGuire u. Wolfgang Sauerländer. Frankfurt/M. 1974, S. 278–282, hier S. 280.

32 Vgl. Marie Herzfeld (Hg.): *Leonardo da Vinci. Der Denker, Forscher und Poet. Nach den veröffentlichten Handschriften.* Ausw., Übers. u. Einl. v. Marie Herzfeld. 2. verm. Aufl. Leipzig 1906; Nino Smiraglia Scognamiglio: *Ricerche e Documenti sulla Giovinezza di Leonardo da Vinci (1452–1482).* Neapel 1900.

33 Sigmund Freud: „Eine Kindheitserinnerung des Leonardo da Vinci". In: ders.: *Studienausgabe*, Bd. 10: Bildende Kunst und Literatur, S. 87–159, hier S. 156.

34 Ebd.

Untersuchung [...] die Einsicht in die Notwendigkeit nicht ergeben können, dass das Individuum nur so und nicht anders werden konnte.[35]

Hier wird die Illusion der Naturwissenschaftlichkeit psychoanalytischer Erkenntnis radikal verabschiedet. Dem Kriterium der Wiederholbarkeit von Ergebnissen und der Vorhersehbarkeit in analogen Fällen kann die Methode der Psychoanalyse prinzipiell nicht entsprechen, wie Freud gerade an diesem besonderen Fall erfahren musste: Er sei nämlich unlängst Leonardos „Ebenbild (ohne sein Genie) bei einem Neurotiker begegnet“, teilt er Jung zu Beginn seiner Studien mit.[36]

Dem Ziel aber, „schließlich zu einer ‚Theorie des künstlerischen Schaffens‘ zu gelangen“ (S. 44), ist die Psychoanalyse nach der *Leonardo*-Studie weiter entfernt denn je, wie Freuds ernüchternder Blick auf ihre letzte Grenze, die zu physiologischen Voraussetzungen, zeigt:

> Die Triebe und ihre Umwandlungen sind das letzte, das die Psychoanalyse erkennen kann. Von da an räumt sie der biologischen Forschung den Platz. Verdrängungsneigung sowie Sublimierungsfähigkeit sind wir genötigt, auf die organischen Grundlagen des Charakters zurückzuführen, über welche erst sich das seelische Gebäude erhebt. Da die künstlerische Begabung und Leistungsfähigkeit mit der Sublimierung innig zusammenhängt, müssen wir zugestehen, dass auch das Wesen der künstlerischen Leistung uns psychoanalytisch unzugänglich ist.[37]

Weiterführende Literatur

Clemenz, Manfred: *Freud und Leonardo. Eine Kritik psychoanalytischer Kunstinterpretation.* Frankfurt/M. 2003.

Freud, Sigmund: „Der Dichter und das Phantasieren“. In: ders.: *Studienausgabe*. Hg. v. Alexander Mitscherlich, Angela Richards, James Strachey. Bd. 10: Bildende Kunst und Literatur. Frankfurt/M. 1970, S. 169–179.

Freud, Sigmund: „Eine Kindheitserinnerung des Leonardo da Vinci“. In: ebd., S. 87–159.

Friedländer, Saul: *Histoire et Psychanalyse. Essais sur les possibilités et limites de la psychanalyse.* Paris 1975.

Ricœur, Paul: *Die Interpretation. Ein Versuch über Freud.* Aus d. Franz. v. Eva Moldenhauer. Frankfurt/M. 1974 (= Suhrkamp Taschenbuch Wissenschaft, Bd. 76).

35 Ebd., S. 157.

36 Sigmund Freud: Brief an Carl Gustav Jung v. 17.10.1909. In: *Sigmund Freud – C. G. Jung: Briefwechsel*, S. 281.

37 Sigmund Freud: „Eine Kindheitserinnerung des Leonardo da Vinci“. In: ders.: *Studienausgabe*, Bd. 10: Bildende Kunst und Literatur, S. 87–159, hier S. 157.

Wilhelm Dilthey

Der Aufbau der geschichtlichen Welt in den Geisteswissenschaften*

[Auszug]
[1910]

1. Der wissenschaftliche Charakter der Biographie

Über den wissenschaftlichen Charakter der Biographie sind die Ansichten der Historiker geteilt. Die Frage, ob sie als ein Teil der Geschichtswissenschaft ihr einzuordnen sei oder neben der Geschichtswissenschaft im geisteswissenschaftlichen Zusammenhang einen besonderen selbständigen Platz einnehme, ist im letzten Grunde eine Frage der Terminologie; denn ihre Beantwortung ist von dem Sinn abhängig, den man dem Ausdruck Geschichtswissenschaft gibt. Aber am Eingang jeder Diskussion über die Biographie steht das erkenntnistheoretische und methodische Problem: ist Biographie als allgemeingültige Lösung einer wissenschaftlichen Aufgabe möglich? Ich gehe davon aus: der Gegenstand der Geschichte ist uns gegeben in dem Inbegriff der Objektivationen des Lebens: in den Zusammenhang der Natur sind die Lebensäußerungen des Geistes von rasch verschwindender Gebärde und flüchtigem Wort bis zu unvergänglichen poetischen Werken, der Anordnung, die wir der Natur und uns gegeben haben, den Rechtsordnungen und Verfassungen, unter denen wir leben, eingebettet. Sie bilden die äußere Wirklichkeit des Geistes. Die Dokumente, auf denen vornehmlich eine Biographie beruht, bestehen in den Resten, welche als Ausdruck und Wirkung einer Persönlichkeit zurückgeblieben sind. Eine eigene Stellung nehmen naturgemäß unter ihnen Briefe derselben und Berichte über sie ein.

---

* Wilhelm Dilthey: *Der Aufbau der geschichtlichen Welt in den Geisteswissenschaften.* In: ders.: *Gesammelte Schriften,* Bd 7. Hg. v. Bernhard Groethuysen. Stuttgart 1965, S. 246–251.

Die Aufgabe des Biographen ist nun, aus solchen Dokumenten den Wirkungszusammenhang zu verstehen, in welchem ein Individuum von seinem Milieu bestimmt wird und auf dieses reagiert. Alle Geschichte hat Wirkungszusammenhang zu erfassen. In die Struktur der historischen Welt dringt der Geschichtschreiber tiefer, indem er die einzelnen Zusammenhänge aussondert und ihr Leben studiert. Religion, Kunst, Staat, politische und religiöse Organisationen bilden solche Zusammenhänge, die überall durch die Geschichte hindurchgehen. Den ursprünglichsten unter diesen Zusammenhängen bildet der Lebensverlauf eines Individuums in dem Milieu, von dem es Einwirkungen empfängt und auf das es zurückwirkt. Schon in der Erinnerung des Individuums ist ihm dies Verhältnis gegeben: sein Lebensverlauf, die Bedingungen desselben und seine Wirkungen. Wir haben da die Urzelle der Geschichte. Denn die spezifischen historischen Kategorien entspringen hier. Wie der Lebensverlauf durch das Bewußtsein der Selbigkeit in seiner Abfolge zusammengehalten wird, haben alle Momente des Lebens in dieser Kategorie der Selbigkeit ihre Grundlage. Das Diskrete ist zur Kontinuität verbunden; indem wir die Linie der Erinnerungen von der kleinen im Augenblick lebenden Gestalt der Kinderjahre aufwärts durchlaufen zu dem Mann, der sich der Welt gegenüber in seiner festen, in sich gefaßten Innerlichkeit behauptet, beziehen wir den Verlauf von Einwirkungen und Reaktionen auf etwas, das sich gestaltet und so, als ein von innen irgendwie Bestimmtes, sich entwickelt. Die äußeren Vorgänge, die auf dies Selbst wirken, haben für es einen Wirkungswert. Die einzelnen Zustände dieses Selbst und ebenso die Einwirkungen auf dasselbe haben in ihrem Verhältnis zu dem Lebensverlauf und dem, was sich in demselben gestaltet, eine Bedeutung.

Der literarische Ausdruck dieser Besinnung des Individuums über seinen Lebensverlauf ist die Selbstbiographie. Indem aber diese Besinnung über den eigenen Lebensverlauf auf das Verständnis fremden Daseins übertragen wird, entsteht die Biographie als die literarische Form des Verstehens von fremdem Leben.

Jedes Leben kann beschrieben werden, das kleine wie das mächtige, das Alltagsleben wie das außerordentliche. Unter ganz verschiedenen Gesichtspunkten kann ein Interesse entstehen, dies zu tun. Die Familie bewahrt ihre Erinnerungen. Die Kriminaljustiz und ihre Theorien mögen das Leben eines Verbrechers festhalten, die psychische Pathologie die eines abnormen Menschen. Alles Menschliche wird uns zum Dokument, das uns irgendeine der unendlichen Möglichkeiten unseres Daseins vergegenwärtigt. Aber der historische Mensch, an dessen Dasein dauernde Wirkungen geknüpft sind, ist in einem höheren Sinne würdig, in der Biographie als Kunstwerk fortzuleben. Und unter diesen werden dann wieder diejenigen das Augenmerk des Biographen besonders auf sich ziehen, deren Wirkungen aus besonderen schwer verständlichen Tiefen menschlichen Daseins hervorgegangen sind und die daher in das Menschenleben und seine individuellen Gestalten einen tieferen Einblick gewähren.

Wie könnte man nun leugnen, daß die Biographie für das Verständnis des großen Zusammenhanges der geschichtlichen Welt von einer eminenten Bedeutung sei! Ist es doch eben das Verhältnis zwischen den Tiefen der menschlichen Natur und dem universalen Zusammenhang des ausgebreiteten historischen Lebens, das an jedem Punkt der Geschichte wirksam ist. Hier ist der ursprünglichste Zusammenhang zwischen dem Leben selbst und der Geschichte.

Um so dringender wird nun unser Problem: ist Biographie möglich?

Der Lebenslauf einer historischen <Persönlichkeit> ist ein Wirkungszusammenhang, in welchem das Individuum Einwirkungen aus der geschichtlichen Welt empfängt, unter ihnen sich bildet und nun wieder auf diese geschichtliche Welt zurückwirkt. Es ist dieselbe Sphäre des Weltzusammenhanges, aus der die Einwirkungen stammen und die vom Individuum fortbildende Einwirkungen empfängt. Eben darauf beruht nun die Möglichkeit der Biographie als einer wissenschaftlichen Leistung, daß das Individuum nicht einem grenzenlosen Spiel der Kräfte in der geschichtlichen Welt gegenübersteht: die Sphäre, in der es lebt, ist Staat, Religion, Wissenschaft – kurz ein eigenes System des Lebens oder ein Zusammenhang von solchen. Die innere Struktur dieses Zusammenhanges ist es, welche das Individuum an sich zieht, es formiert und die Richtung seines Wirkens bestimmt: von den Möglichkeiten, die in dieser inneren Struktur in einem historischen Moment enthalten sind, gehen die historischen Leistungen aus.

Überblickt man das Leben Schleiermachers, so scheint seine Biographie eben durch die Mannigfaltigkeit seines Wirkens sich aufzulösen. Aber das nähere Studium zeigt, wie das Imposante dieser Persönlichkeit eben in dem inneren Zusammenhang in ihr liegt, der sein Wirken in Religiosität, Philosophie, Kritik, Wiederverständnis des Platon wie des Apostels Paulus, in Kirche und Staat zusammenhält. Eine eigene Macht des Erlebens und Verstehens, eine stille gefaßte Besonnenheit, welche mitten im Leben und Wirken über ihm steht und es sich gegenständlich macht, gegründet auf der beständigen Herrschaft eines höheren Bewußtseins in der Seele, welche sie über das Schicksal, das Leid und den Weltlauf erhebt. ...

2. Die Biographie als Kunstwerk

Die Selbstbiographie ist ein Verstehen seiner selbst. Und zwar ist hier der Gegenstand das Leben als der Lebensverlauf eines Individuums. Und zwar ist hier das Erleben die beständige direkte Grundlage des Verstehens zur Bestimmung des Sinnes dieses Einzellebens. Das Erleben besitzt als beständige Gegenwart, die fortrückt, Glieder eines Zusammenhanges, in welchem die einzelnen Teile am erworbenen Seelenzusammenhang auftreten. Zugleich können neue Teile als wirkend erlebt werden rückwärts als mit erinnerten wirkenden Gliedern in einem Wirkungszusammenhang. Aber dieser Wirkungszusammenhang tritt nicht für sich als ein System von Wirkungen auf, sondern in jedem Wirken von der Gegenwart aus ist das Bewußtsein vom Sich-Entgegenstrecken zu Zwecken. Diese bilden einen Wirkungszusammenhang, da auch die Begierden Zwecke in sich schließen.

So wird der Wirkungszusammenhang in erster Linie als Realisierung von Zwecken erlebt, mindestens das, was am meisten im Vordergrund des Bewußtseins steht. Ihm werden Objekte, Veränderungen, Erlebnisse als Mittel eingeordnet. Aus den Zwecken entsteht Lebensplan, als ein Zusammenhang von Zwecken untereinander und mit Mitteln. Dies alles setzt in der Gegenwart, die Pläne macht, ein Wertbewußtsein, das Gegenwärtiges durch die Reihe der Vergangenheit mit ihren Genüssen, Illusionen usw. ergänzt, voraus. So kommt dieser kategorialen Auffassung die an der Vergangenheit gebildete der Bedeutung entgegen. In ihr liegt die Beziehung eines äußeren, einzelnen Ereignisses auf ein Inneres, und zwar liegt dies Innere im Zusammenhang der Ereignisse untereinander, der *nicht von dem letzten Glied aus gebildet ist*, sondern zentriert zu einem Mittelpunkt, zu dem alles Äußere als *zu einem Innen sich verhält*. Jenes ist die unendliche Linie von Wirkungen, die einen Sinn enthält. Erst dieser (schafft Einheit).

Das Verstehen vollzieht sich an allen äußeren Begebenheiten. Diese sind vollständig bis zum Tode, und sie haben nur am Erhaltenen eine Stoffgrenze. Darin liegt ihr Vorzug vor der Selbstbiographie.

Sie kann dann für das Verstehen die Äußerungen benutzen, in denen Plan, Bewußtsein über Bedeutung enthalten ist. Briefe zeigen, worin dies Individuum den Wert seiner Situation findet; andere, worin es die Bedeutung einzelner Teile seiner Vergangenheit gewahrt. Ein Zusammenhang bildet sich, der in ein Verständnis führt: – eine Begabung greift um sich, sie wird sich ihrer bewußt; Umstände, Irrtümer, Leidenschaften lenken sie ab, oder ein glückliches Milieu verstärkt ihre Leistungskraft; Aufgaben von außen kommen ihr entgegen und führen sie über sich selbst im Guten oder Schlimmen hinaus usw. Überall bleibt hier der Vorzug, daß Ein [sic] Lebenslauf die Beziehung des Äußeren zu einem Inneren, zu der Bedeutung eines Lebens im Stoff bewahrt: die Zeugnisse selbst sprechen diese Beziehung aus, wie das berühmte Selbstbekenntnis Goethes (in meiner Abhandlung). Und der Betrachter hat schon das Bewußtsein der historischen Wirkung, der Grenzen etc.

Die Briefe zeigen die momentane Lebensverfassung. Aber sie sind beeinflußt von der Richtung auf den Briefempfänger. Sie zeigen Lebensverhältnisse; aber jedes Lebensverhältnis ist nur von Einer [sic] Seite gesehen. Aber wenn das Leben, vollendet oder gar historisch geworden, nunmehr nach seiner Bedeutung gewürdigt werden kann, so ist dies doch nur möglich, indem der Zusammenhang mit dem Vergangenen, Wirkenden in der Umgebung, dem Erwirkten in der Zukunft durch die Auslegung der vorhandenen Dokumente festgelegt werden kann. Diese Dokumente zeigen das Individuum als einen Mittelpunkt von Kraftwirkungen, die es erfährt und ausübt. Aber die Bedeutung desselben im geschichtlichen Zusammenhang ist doch nur feststellbar, wenn überhaupt die Aufgabe lösbar ist, einen von diesem Individuum ablösbaren allgemeinen Zusammenhang zu gewinnen. ...

Die Biographie als Kunstwerk kann sonach die Aufgabe nicht lösen, ohne zur Zeitgeschichte fortzugehen.

Damit vollzieht sich aber eine Veränderung des Standpunktes. Die Schranke der Auslegung eines Individuums ist, daß dieses, wie es sich selbst Mittelpunkt ist, so auch vom Biographen zum Mittelpunkt gemacht wird. Die Biographie als Kunstwerk muß nun den Standpunkt finden, in welchem der allgemeinhistorische Horizont sich ausbreitet und nun für einen Wirkungs- und Bedeutungszusammenhang doch dies Individuum im Mittelpunkt bleibt: eine Aufgabe, die jede Biographie doch nur annähernd auflösen kann. Sie muß einerseits den Zusammenhang objektiv in der Mannigfaltigkeit seiner Kräfte, der historischen Bestimmtheit derselben, der Werte dieser Bestimmtheiten, des Bedeutungszusammenhanges aufzeigen: immer muß das Bewußtsein der Grenzenlosigkeit vorhanden sein, die nach allen Seiten sich breitet, und dennoch muß der Beziehungspunkt in diesem Individuum festgehalten werden. Hieraus ergibt sich, daß die Kunstform der Biographie nur auf historische Persönlichkeiten angewandt werden kann. Denn nur in diesen liegt die Kraft, einen solchen Mittelpunkt zu bilden.

Die Schwierigkeit, gleichsam den doppelten Gesichtspunkt des Biographen geltend zu machen, kann nie ganz überwunden werden.

Die Stellung der Biographie in der Geschichtschreibung hat eine außerordentliche Steigerung erfahren. Sie ist vorbereitet durch den Roman. Vielleicht ist Carlyle der erste, der sie in ihrer ganzen Bedeutung erfaßt hat. Sie beruht darauf, daß das größte Problem, welches nach der Entwicklung der historischen Schule bis auf Ranke hervorgetreten ist, in dem Verhältnis des Lebens selbst in seiner Allseitigkeit zur Geschichtschreibung liegt. Dieses soll die Historie als ein Ganzes bewahren. Alle letzten Fragen nach dem Wert der Geschichte haben schließlich ihre Lösung darin, daß der Mensch in ihr sich selbst erkennt. Nicht durch Introspektion erfassen wir die menschliche Natur. Dies war Nietzsches ungeheure Täuschung. Daher konnte er auch die Bedeutung der Geschichte nicht erfassen. Die so entstehende umfassendere Aufgabe der Geschichte lag implicite in Hegel. Man trat ihr näher, als man das relativ geschichtslose Leben der Naturvölker studierte, in dem die einförmige Wiederholung desselben Lebensinhaltes uns entgegentritt. Es ist wie die Naturgrundlage aller Geschichte. Ebenso, indem die höchsten menschlichen Persönlichkeiten eine ganz neue Art von Studium hervorriefen, welche die Grenzen der Menschheit nach der anderen Seite hin sichtbar macht. Zwischen beiden lag das Studium der Sitten. Carlyles Biographie, Jakob Burckhardts Erfassung eines einzelnen Kulturganzen von seinen Grundlagen aufwärts, Macaulays Sittenschilderungen waren die Ausgangspunkte. (Gebrüder Grimm.) Dies ist die Grundlage, auf welcher die Biographie als Kunstwerk eine neue Bedeutung und einen neuen Gehalt erhielt.

Aber eben darin liegt nun ihre Schranke: allgemeine Bewegungen gehen durch das Individuum als ihren Durchgangspunkt hindurch; wir müssen neue Grundlagen für das Verständnis derselben aufsuchen, die nicht im Individuum gelegen sind, um sie zu verstehen. Die Biographie enthält für sich nicht die Möglichkeit, sich als wissenschaftliches Kunstwerk zu gestalten. *Es sind neue Kategorien, Gestalten und Formen des Lebens, an die wir uns wenden müssen und die am Einzelleben selbst nicht aufgehen.* Das Individuum ist nur der Kreuzungspunkt für Kultursysteme, Organisationen, in die sein Dasein verwoben ist: wie könnten sie aus ihm verstanden werden?

Wilhelm Hemecker

Zwischen Wissenschaft und Kunst

Diltheys Theorie der Biographie

Der Aufbau der geschichtlichen Welt in den Geisteswissenschaften, dem die Ausführungen zur Biographie entnommen sind, ist Wilhelm Diltheys letzter und reifster, wenn auch unvollendet gebliebener Versuch, die transzendentalphilosophischen Bemühungen Kants um eine „Kritik der historischen Vernunft" zu ergänzen, die Geisteswissenschaften „durch sichere Merkmale"[1] von den Naturwissenschaften abzugrenzen und ihre Autonomie systematisch zu begründen.

Biographie und Selbstbiographie

Die Frage nach dem „wissenschaftlichen Charakter" der Biographie sieht Dilthey von Seiten der Geschichtswissenschaft, die für ihn die Position einer Leitwissenschaft im Rahmen der Geisteswissenschaften einnimmt, nicht eindeutig beantwortet. Er ortet in ihr zunächst ein Problem der Terminologie, der interdependenten Beziehung zwischen Begriffsinhalt und Begriffsumfang. Die Frage nach der Allgemeingültigkeit biographischer Lösungen von wissenschaftlichen Aufgaben aber, ihrem wissenschaftlichen Status also, kommt als erkenntnistheoretisches und methodologisches Problem bald darauf schon wieder ins Spiel, und Dilthey wird nur wenig später betonen, „daß die Biographie für das Verständnis des großen Zusammenhangs der geschichtlichen Welt von einer eminenten Bedeutung sei!" (S. 61)[2] Damit

1 Wilhelm Dilthey: „Der Aufbau der geschichtlichen Welt in den Geisteswissenschaften". In: ders.: *Gesammelte Schriften*, Bd. 7. Hg. v. Bernhard Groethuysen. 3., unveränderte Aufl. Stuttgart 1961, S. 77–188, hier S. 79.

2 In Klammern angeführte Seitenangaben im Text beziehen sich auf den vorliegenden Band.

aber stellt sich die Frage noch dringender und ungleich radikaler: „ist Biographie möglich?“ (S. 61)

Zur Beantwortung dieser Frage bestimmt Dilthey zunächst die Aufgabe des Biographen näher. Sie bestehe darin, „den Wirkungszusammenhang zu verstehen, in welchem ein Individuum von seinem Milieu bestimmt wird und auf dieses reagiert.“ (S. 60) Dem entspricht seine Definition des Lebenslaufs:

> Der Lebenslauf einer historischen ⟨Persönlichkeit⟩ ist ein Wirkungszusammenhang, in welchem das Individuum Einwirkungen aus der geschichtlichen Welt empfängt, unter ihnen sich bildet und nun wieder auf diese geschichtliche Welt zurückwirkt. (S. 61)

Diese Bestimmung erinnert deutlich an die bekannte Reflexion Goethes zu Beginn von *Dichtung und Wahrheit:*

> Denn dieses scheint die Hauptaufgabe der Biographie zu sein, den Menschen in seinen Zeitverhältnissen darzustellen, und zu zeigen, inwiefern ihm das Ganze widerstrebt, inwiefern es ihn begünstigt, wie er sich eine Welt- und Menschenansicht daraus gebildet, und wie er sie, wenn er Künstler, Dichter, Schriftsteller ist, wieder nach außen abgespiegelt.[3]

Der wesentliche Unterschied liegt in der Ausrichtung der beiden Bestimmungen: Ging es Goethe um eine legitimierende Reflexion über sein literarisch-autobiographisches Vorhaben, über, wie er betont, „kaum Erreichbares“[4], so behält Dilthey sein Ziel, die eingangs aufgeschobene Frage nach der Möglichkeit wissenschaftlicher Biographik zu klären, im Auge. Der entscheidende Terminus seiner Definition des Lebenslaufs ist der Begriff „Wirkungszusammenhang“.

Um diesen zu erfassen, bedarf es zunächst einer Reduktion des Gegenstandbereichs der Biographie. Diese habe, soll sie wissenschaftlichen Ansprüchen genügen, sich ausschließlich auf die „Objektivationen des Lebens“ zu richten: auf Worte, Werke, Dokumente, „Reste, welche als Ausdruck und Wirkung einer Persönlichkeit zurückgeblieben sind“, darüber hinaus auch auf „Rechtordnungen und Verfassungen, unter denen wir leben“. (S. 59) Es sind dieselben Gegenstände, die auch die Geschichtsforschung konstituie-

3 Johann Wolfgang von Goethe: „Aus meinem Leben. Dichtung und Wahrheit“. In: ders.: *Werke.* Hamburger Ausgabe, Bd. 9. Autobiographische Schriften I. Textkritisch durchgesehen v. Lieselotte Blumenthal, hg. u. kommentiert v. Erich Trunz. 7. überarbeitete Aufl. München 1974, S. 9.

4 Ebd.

ren, wie Dilthey konstatiert: „Alle Geschichte hat Wirkungszusammenhang zu erfassen […] Religion, Kunst, Staat, politische und religiöse Organisationen bilden solche Zusammenhänge, die überall durch die Geschichte hindurchgehen." (S. 60) Auf dieser Identität der Gegenstandsbereiche von Geschichte und Lebensbeschreibung beruht nach Dilthey „die Möglichkeit der Biographie als einer wissenschaftlichen Leistung", näherhin

> daß das Individuum nicht einem grenzenlosen Spiel der Kräfte in der geschichtlichen Welt gegenübersteht: die Sphäre, in der es lebt, ist Staat, Religion, Wissenschaft – kurz ein eigenes System des Lebens oder ein Zusammenhang von solchen. (S. 61)

Dieser Zusammenhang wiederum ist ein strukturierter, und als solcher wirkt er prägend auf das Individuum:

> Die innere Struktur dieses Zusammenhanges ist es, welche das Individuum an sich zieht, es formiert und die Richtung seines Wirkens bestimmt: von den Möglichkeiten, die in dieser inneren Struktur in einem historischen Moment enthalten sind, gehen die historischen Leistungen aus. (S. 61)

Noch einmal war es Goethe, der die hier hervorgehobene historische Bedingtheit menschlicher Existenz und ihrer Hervorbringungen mit der ihm eigenen Eindringlichkeit zum Ausdruck gebracht hat: „Ein jeder, nur zehn Jahre früher oder später geboren, dürfte, was seine eigene Bildung und die Wirkung nach außen betrifft, ein ganz anderer geworden sein."[5]

Mit dem Begriff der Struktur, dem Konzept eines strukturierten Zusammenhangs, die den Spielraum des Individuums bestimmt, nimmt Dilthey weit spätere Entwicklungen wie die der strukturorientierten Geschichtsschreibung, den Strukturalismus als philosophische Methode und intellektuelle Mode bis hin zur Depotenzierung des autonomen Subjekts in nuce bereits vorweg: „Das Individuum ist nur der Kreuzungspunkt für Kultursysteme, Organisationen, in die sein Dasein verwoben ist" heißt es am Ende seiner Ausführungen zur Biographie. (S. 64)

Die „Mannigfaltigkeit gegliederter Ordnungen"[6], in der die Objektivationen sozialen und individuellen Lebens zum Ausdruck kommen, bildet jedoch zugleich die Grundlage des Verstehens, eines zentralen und oft missverstandenen Terminus Dilthey'scher Hermeneutik:

---

5 Ebd.

6 Dilthey: „Der Aufbau der geschichtlichen Welt in den Geisteswissenschaften", S. 147.

> Erfassen wir die Summe aller Leistungen des Verstehens, so tut sich in ihm gegenüber der Subjektivität des Erlebnisses die Objektivierung des Lebens auf. Neben dem Erlebnis wird die Anschauung von der Objektivität des Lebens, seiner Veräußerlichung in mannigfachen strukturellen Zusammenhängen zur Grundlage der Geisteswissenschaften.[7]

Diltheys Begriff des Verstehens darf also keineswegs im Sinne eines psychologischen Akts missverstanden werden; er richtet sich auf individuelle Erlebnisse nur, „sofern sie in Lebensäußerungen zum Ausdruck gelangen", so dass stets der Zusammenhang von Leben, Ausdruck und Verstehen einen geisteswissenschaftlichen Gegenstand konstituiert: „Eine Wissenschaft gehört nur dann den Geisteswissenschaften an, wenn ihr Gegenstand uns durch das Verhalten zugänglich wird, das im Zusammenhang von Leben, Ausdruck und Verstehen fundiert ist."

Auf niedrigster Ebene können Gebärden, Mienen und Worte als Ausdruck dem Verstehen überantwortet werden, auf einer höheren „die dauernden geistigen Schöpfungen" eines Individuums, darüber hinaus dann „die beständigen geistigen Objektivierungen des Geistes in gesellschaftlichen Gebilden; aber auch „die psychophysische Lebenseinheit ist sich selbst bekannt durch dasselbe Doppelverhältnis von Erleben und Verstehen". Allerdings geht es beim Selbstverstehen nicht um Introspektion, denn das Verstehen richtet sich hier nur mittelbar auf sich selbst: „Nur seine Handlungen, seine fixierten Lebensäußerungen, die Wirkungen derselben auf andere belehren den Menschen über sich selbst", und Dilthey betont nachdrücklich: „so lernt er sich nur auf dem Umweg des Verstehens selber kennen."[8]

Seinen höchsten Ausdruck findet das Verstehen seiner selbst in der Autobiographie.

Die (vermeintliche) Identität zwischen Subjekt und Objekt der Autobiographie findet ihre Analogie – und darin liegt ihr Modellcharakter – in der Gleichartigkeit zwischen Subjekt und Objekt der Historiographie: „Die erste Bedingung für die Möglichkeit der Geschichtswissenschaft liegt darin, daß ich selbst ein geschichtliches Wesen bin, daß der, welcher die Geschichte erforscht, derselbe ist, der die Geschichte macht."[9] Diese Gleichsetzung funktioniert jedoch nur dann, wenn anstelle des empirischen Subjekts das transzendentale tritt, denn der Akteur bestimmter geschichtlicher Prozesse ist in den seltensten Fällen zugleich deren Historiograph. So kritisiert Hans-

---

7 Ebd., S. 146.

8 Ebd., S. 86–87.

9 Wilhelm Dilthey: „Plan der Fortsetzung zum Aufbau der geschichtlichen Welt in den Geisteswissenschaften". In: ders.: *Gesammelte Schriften*, Bd. 7, S. 191–292, hier S. 278.

Georg Gadamer zu Recht, dass „in dieser Bedingung der Gleichartigkeit das eigentliche erkenntnistheoretische Problem der Geschichte noch verhüllt“[10] bleibe.

Tatsächlich spaltet sich schon narratologisch das Ich der Autobiographie in ein erzählendes und ein erzähltes, und zwischen beiden liegt ein bestimmter Zeitraum, der historische Distanz begründet. Diese allerdings hat bei Dilthey durchaus konstruktiven Charakter:

> Indem wir die Linie der Erinnerungen [...] durchlaufen [...], beziehen wir den Verlauf von Einwirkungen und Reaktionen auf etwas, das sich gestaltet und so, als ein von innen irgendwie Bestimmtes, sich entwickelt. (S. 60)

In diesem Prozess wird – und das ist ein ganz wesentliches Moment – Bedeutung generiert, zunächst in der Dialektik des Daseins zwischen Rückschau und Vorgriff kontinuierlich, doch schließlich, vor allem in der Selbstbiographie, „zentriert zu einem Mittelpunkt“. (S. 62) Und Dilthey führt Augustinus, Rousseau und Goethe an, um zu demonstrieren, wie in ihren autobiographischen Werken in ganz unterschiedlichem Sinn „jede erinnerbare Gegenwart einen Eigenwert besitzt, doch zugleich im Zusammenhang der Erinnerung eine Beziehung zu einem Sinn des Ganzen hat.“[11]

Die Möglichkeit, dass der Autor einer scheinbar konsistenten bedeutungszentrierten Autobiographie sich selbst ein Rätsel bleibt, das Problematische jedes autobiographischen Konstrukts, ja das in vieler Hinsicht Prekäre gerade dieser literarischen Gattung bleibt bei Dilthey unbedacht. Damit aber wird auch sein Bestreben, „die Biographie als die literarische Form des Verstehens von fremdem Leben“ aus der Übertragung der „Besinnung über den eigenen Lebensverlauf auf das Verständnis fremden Daseins“ (S. 60) zu begreifen, mit allen sich daraus ergebenden Implikationen fragwürdig.

Eine latente Spannung besteht schließlich zwischen Diltheys entschiedener Bemühung um die Wissenschaftlichkeit der Biographie und seinen Überlegungen zur Biographie als Kunstwerk, die noch verschärft wird, wenn er eine „außerordentliche Steigerung“, welche die Stellung der Biographie in der Geschichtsschreibung erfahren habe, diagnostiziert und gerade hier dann lapidar anfügt: „Sie ist vorbereitet durch den Roman.“ (S. 63) Die Diskus-

---

10 Hans-Georg Gadamer: *Wahrheit und Methode. Grundzüge einer philosophischen Hermeneutik.* Tübingen 1975, S. 209.

11 Dilthey: „Plan der Fortsetzung zum Aufbau der geschichtlichen Welt in den Geisteswissenschaften“, S. 199.

sion zwischen Historikern und Literaten, die sich das Feld der Biographik zunehmend zu eigen machten, sollte bald schon in aller Heftigkeit geführt werde.

Dilthey kommt schließlich zu einer skeptischen Beurteilung der Möglichkeiten der Biographie als Kunstwerk:

> Die Biographie als Kunstwerk muß nun den Standpunkt finden, in welchem der allgemeinhistorische Horizont sich ausbreitet und nun für einen Wirkungs- und Bedeutungszusammenhang doch dies Individuum im Mittelpunkt bleibt: eine Aufgabe, die jede Biographie doch nur annähernd auflösen kann. (S. 63)

War die Biographie als Kunstwerk zunächst durch ihr bevorzugtes Objekt, die historische Persönlichkeit, bestimmt und fand sie sich recht unvermittelt neben der von Dilthey geforderten wissenschaftlichen Biographie, so vermischen sich die Kategorien vollends, wo Dilthey kritisch Resümee zieht:

> Die Biographie enthält für sich nicht die Möglichkeit, sich als wissenschaftliches Kunstwerk zu gestalten. *Es sind neue Kategorien, Gestalten und Formen des Lebens, an die wir uns wenden müssen und die am Einzelleben selbst nicht aufgehen.* (S. 64)

Kritische Bemerkungen

Es lassen sich zum Abschluss – ohne Anspruch auf Vollständigkeit – zu den unbestrittenen Leistungen Diltheys in gebotener Kürze einige Punkte der Kritik anführen:

1. Die Abgrenzung zwischen Natur- und Geisteswissenschaft bleibt der cartesianischen Scheidung in zwei und nur zwei Seinsbereiche verhaftet.

2. Der Terminus „Geisteswissenschaft" (in Auseinandersetzung mit Wilhelm Windelbands Plädoyer für „Kulturwissenschaft") enthält einen idealistischen Rest, der mit Diltheys Berufung auf Hegel belegt ist.[12] Allerdings verzichtet Dilthey explizit auf den „absoluten Geist" Hegels, was ihn in den Augen seiner Kritiker in die Nähe zum Positivismus und Historismus rückt. Tatsächlich geht es um eine philosophische Vorentscheidung: um das Auskommen ohne metaphysische oder religiöse Perspektiven in der Theoriebildung.

---

12 Vgl. Dilthey: „Der Aufbau der geschichtlichen Welt in den Geisteswissenschaften", S. 148–152.

3. Mit der Einführung des Begriffs der Struktur setzt Dilthey sich von atomistischen Tendenzen des 19. Jahrhunderts, vor allem der weit verbreiteten Assoziationspsychologie, ab und öffnet den Blick für strukturorientierte Ansätze, wie sie in geistes- und sozialwissenschaftlichen Disziplinen im 20. Jahrhundert zunehmend Anerkennung und Anwendung finden sollten.

4. Biographiewürdig ist nach Dilthey vor allem „der historische Mensch, an dessen Dasein dauernde Wirkungen geknüpft sind“ (S. 60). Wenn auch unter verschiedenen Gesichtspunkten potentiell jedes Leben beschrieben werden kann – er verweist exemplarisch auf „das Leben eines Verbrechers“ und pathologische Existenzen und spricht damit genaue jene sozialen Sphären an, die später Michel Foucault fokussieren wird[13] – so funktioniert das Biographiemodell Diltheys vor allem mit Blick auf die schöpferische Persönlichkeit. Damit bleibt Dilthey (bis weit in seine Geschichtsauffassung hinein) dem 19. Jahrhundert verhaftet.

5. Das Identitätskonzept Diltheys, welches „das Bewußtsein der Selbigkeit“ (S. 60) als konstitutiv für das Individuum ansieht und nirgends in Frage stellt, hat für Disparates, Verfehltes oder gar die Möglichkeit radikalen Scheiterns keinen Platz.

6. Die methodische Beschränkung der Perspektive des Biographen auf „Objektivationen“ impliziert einen entscheidenden Cut: Szenen großer Intimität finden auf der Bühne des Biographen keinen Raum – und wenn, dann nur im Sinne vermittelter Subjektivität. Der Traum reiner Subjektivität allerdings war längst schon, spätestens mit dem Deutschen Idealismus, ausgeträumt.

Weiterführende Literatur

Dilthey, Wilhelm: „Leben Schleiermachers. Erster Band“. In: ders.: *Gesammelte Schriften*, Bd. 13. Auf Grund des Textes der 1. Aufl. v. 1870 u. der Zusätze aus dem Nachlaß hg. u. bearb. v. Martin Redeker. Stuttgart 1979.

Gadamer, Hans-Georg: *Wahrheit und Methode. Grundzüge einer philosophischen Hermeneutik.* Tübingen 1975.

Makkreel, Rudolf A.: *Dilthey. Philosoph der Geisteswissenschaften.* Übers. v. Barbara M. Kehm. Frankfurt/M. 1991.

13 Vgl. den entsprechenden Beitrag im vorliegenden Band, S. 257–275.

Lytton Strachey

Vorwort zu *Eminent Victorians**

[1918]

Die Geschichte des Viktorianischen Zeitalters wird nie geschrieben werden: Wir wissen zu viel darüber. Unwissen ist das erste Hilfsmittel des Historikers – Unwissen, das vereinfacht und verdeutlicht, das auswählt und ausspart, mit einer gelassenen Vollkommenheit, wie sie durch die höchste Kunst nicht erreicht wird. Im Hinblick auf das gerade vergangene Zeitalter haben unsere Väter und Großväter eine solch überwältigende Fülle an Informationen von sich gegeben, dass die Bemühungen eines Ranke davon überschwemmt würden und der Scharfsinn eines Gibbon davor verzagte. Nicht durch die unmittelbare, peinlich-genaue Schilderung kann der Vergangenheitsforscher hoffen, diese spezielle Epoche abzubilden. Wenn er klug ist, wird er eine subtilere Strategie wählen. Er wird sein Thema auf unerwartetem Terrain attackieren; er wird es von der Seite angreifen oder von hinten; er wird unvermittelt seinen entlarvenden Scheinwerfer auf dunkle Verstecke richten, die zuvor unentdeckt waren. Er wird auf den großen, an Material reichen Ozean hinausrudern und, hier und da, einen kleinen Eimer hinablassen, der aus diesen Tiefen einige charakteristische Proben ans Tageslicht befördern wird, um sie dann aufmerksam und gewissenhaft zu untersuchen. Von diesen Überlegungen geleitet habe ich die folgenden Studien verfasst. Ich habe, durch das Medium der Biographie, versucht, dem modernen Auge ein paar viktorianische Einblicke zu gewähren. Es sind, in einer Hinsicht, zufällig aufgegriffene Blickwinkel – das heißt, meine Wahl der Dargestellten wurde nicht durch den Wunsch bestimmt, ein System aufzubauen oder eine Theorie zu beweisen, sondern war ganz einfach durch Angemessenheit und

---

* Lytton Strachey: Preface to *Eminent Victorians*. Hg. mit einer Einleitung u. Anmerkungen v. John Sutherland. Oxford 2003, S. 5–6. [Für den vorliegenden Band aus dem Englischen übersetzt von Susanna Grabmayr u. Katharina J. Schneider 2010.]

Kunst motiviert. Es ist meine Absicht gewesen, eher zu illustrieren als zu erklären. Es wäre sinnlos gewesen, zu hoffen, auch nur eine Zusammenfassung des Viktorianischen Zeitalters geben zu können, denn selbst die kürzeste Zusammenfassung müsste unzählige Bände füllen. Aber: In den Lebensläufen eines Geistlichen, einer Erziehungsautorität, einer Frau der Tat und eines Abenteuerreisenden habe ich danach gestrebt, bestimmte Fragmente der Wahrheit zu untersuchen und zu erläutern, die meine Phantasie angeregt haben und die mir zur Verfügung standen.

Trotzdem hoffe ich, dass sich die folgenden Seiten sowohl unter streng biographischem als auch nicht weniger unter historischem Aspekt als von Interesse erweisen werden. Menschen sind zu wichtig, um als bloße Symptome der Vergangenheit behandelt zu werden. Sie haben einen Wert, der unabhängig ist von jeglichen zeitlichen Prozessen – einen Wert, der ewig ist und um seiner selbst willen nachempfunden werden muss. Der Kunst der Biographie scheint es in England zur Zeit schlecht zu gehen. Wir hatten, das ist richtig, ein paar Meisterwerke, aber wir hatten nie, wie die Franzosen, eine große biographische Tradition, wir hatten keine Fontenelles und Condorcets, mit ihren unvergleichlichen *éloges*, die auf nur wenigen, glänzend verfassten Seiten die Mannigfaltigkeit des menschlichen Lebens verdichteten. Bei uns ist die delikateste und menschlichste aller Sparten der Schreibkunst den literarischen Wandergesellen überlassen worden; wir bedenken nicht, dass es vielleicht ebenso schwierig ist, ein gutes Leben zu schreiben wie eines zu leben. Diese beiden dicken Bände, mit denen wir üblicherweise der Toten gedenken – wer kennt sie nicht, mit ihrer schlecht verdauten Materialfülle, ihrem schlampigen Stil, ihrem Tonfall langatmiger Panegyrik, ihrem beklagenswerten Mangel an Auswahl, an Distanziertheit, an Gestaltung? Sie sind so allgegenwärtig wie der *cortège* des Leichenbestatters und sie tragen dieselben Züge langsamer, leichenzugähnlicher Barbarei. Man ist – bei einigen – versucht zu vermuten, dass sie von eben jenem Amtswalter verfasst worden sind, als letzte Amtshandlung. Die Studien in diesem Buch verdanken sich, in mehrfacher Hinsicht, solchen Werken – Werken, die sicherlich die Bezeichnung Standardbiographien verdienen. Denn sie haben mich nicht nur mit viel unentbehrlicher Information versorgt, sondern mit etwas sogar noch Wertvollerem – mit einem Beispiel. Wie viele Lektionen sind von ihnen zu lernen! Aber es ist kaum nötig zu spezifizieren. Beispielsweise eine angemessene Kürze einzuhalten – eine Kürze, die alles auslässt, was redundant ist, und nichts, was bedeutungsvoll ist – das ist sicher die erste Aufgabe des Biographen. Die zweite, sicherlich nicht weniger wichtige, ist es, seine eigene geistige Freiheit zu bewahren. Es ist nicht seine Aufgabe, zu schmeicheln; vielmehr obliegt es ihm, die Fakten des Falles so offenzulegen, wie er sie versteht. Dies habe ich in diesem Buch angestrebt – die Fakten einiger Fälle offenzulegen, wie ich sie verstehe, leidenschaftslos, unparteiisch und ohne Hintergedanken. Um die Worte eines Meisters zu zitieren – „Je n'impose rien; je ne propose rien: j'expose."

Caitríona Ní Dhúill

Eine Frage des Formats

Lytton Strachey als Biograph des Viktorianischen Zeitalters*

Stracheys *Eminent Victorians,* erschienen im Mai 1918, waren ein sofortiger Erfolg. Der Zeitpunkt war genau richtig. Strachey (1880–1932), dessen einzige frühere Veröffentlichung in Buchform eine Essaysammlung mit dem Titel *Landmarks in French Literature* (1912) war, arbeitete mehrere Jahre lang an biographischen Skizzen – ein früher Arbeitstitel lautete *Victorian Silhouettes* – über eine Reihe bedeutender Persönlichkeiten des 19. Jahrhunderts. Seine ursprüngliche Absicht war es gewesen, humorvolle, satirische Porträts der Großen und Mächtigen aus Kirche, Schule und Staat zusammenzustellen. Jedoch, je länger der Erste Weltkrieg andauerte, je höher die Verluste stiegen und je aktiver Strachey selbst gegen Krieg und Zwangsrekrutierung eintrat, kam dem Projekt der *Eminent Victorians* immer größere ideologische Brisanz zu. In seiner endgültigen Form ist das Buch eine Reaktion auf das Wertesystem der Viktorianischen Epoche, ein scharfzüngiges Porträt der vier Dargestellten und eine unbarmherzige Entwertung ihrer Überzeugungen und Ambitionen.

Wer sind diese *Eminent Victorians*? Es kostete Strachey einige Zeit, sich für seine Auswahlliste zu entscheiden: „an ecclesiastic“ (Kardinal Manning), „a woman of action“ (Florence Nightingale), „an educational authority“ (Thomas Arnold) und „a man of adventure“ (General Gordon). Der rote Faden, der sich – wie Sigmund Freud bemerkt[1] – durch alle vier biographischen Essays zieht, ist die Kritik an religiösem Glauben. Dennoch ist es bemerkenswert, dass die Titelfigur des ersten und längsten Porträts, Kardinal

---

* Für den vorliegenden Band aus dem Englischen übersetzt von Katharina J. Schneider 2010.

1 Vgl. Michael Holroyd: *Lytton Strachey. The New Biography*. London 1994, S. 405, S. 496.

Manning, zum römisch-katholischen Glauben konvertierte. *Eminent Victorians* ist oft als Anschlag auf das damalige Establishment gelesen worden, aber im Fall Kardinal Manning, der den umstrittenen Schritt gewagt hatte, die etablierte Church of England zu verlassen, und sich Rom zuwendete, richtet sich Stracheys kritischer Blick in erster Linie auf dessen Ehrgeiz und Karrierestreben und auf den scheinheiligen Versuch, diese als spirituelle Rechtschaffenheit zu tarnen. Man kann darüber streiten, ob Strachey seinem Gegenstand gerecht wurde; sein Porträt ist jedenfalls nicht frei von gelegentlichen anti-katholischen Vorurteilen und Stereotypen.[2] Der Essay über Florence Nightingale untersucht das Streben nach Macht und Einfluss und unternimmt einige interessante Ausflüge in die Gender-Problematik, die das Leben dieser wegweisenden Krankenschwester kennzeichnete: Nightingale agierte mit erstaunlichem Erfolg in einem von Männern dominierten militärischen Umfeld. Im Essay über Thomas Arnold, in den 1830er und 1840er Jahren Direktor der renommierten Rugby School, werden problematische Aspekte der englischen Eliteschulen (public schools) behandelt, darunter körperliche Züchtigung, der unangefochtene Stellenwert der klassischen Sprachen und die Unterordnung aller Bereiche der Erziehung unter religiöse Prinzipien. Der letzte Aufsatz, „The End of General Gordon", erkundet die Themen Ehrgeiz und bizarres Frömmlertum vor der Kulisse des kolonialen Afrika.

Stracheys Spott hat zwei Hauptziele: die Werte und religiösen Gefühle des Viktorianischen Zeitalters und den schwerfälligen Stil der viktorianischen Biographie. Seine biographischen Skizzen sind, in wissenschaftlicher Hinsicht, unzuverlässig, sie stützen sich an manchen Stellen auf das Verfälschen und das bewusste Weglassen von Tatsachen, auf erfundene Zitate oder unzutreffende Behauptungen.[3] Was sie heute noch lesenswert macht, ist nicht so sehr die Information, die sie über die jeweiligen Lebensgeschichten bieten, sondern vielmehr der radikale Bruch mit den bisherigen biographischen Konventionen. Die Hauptmerkmale der Herangehensweise Stracheys – man könnte sie impressionistisch nennen – sind in seinem Vorwort aufgeführt. Kürze, Klarheit, Auslassung und Auswahl sind die selbsternannten

---

2 David Newsome gehört zu den Forschern, die Stracheys Darstellung des Kardinal Manning für unfair und auf unterdrückten und verdrehten Beweisen basierend halten. Vgl. Newsomes Nachwort zu „Cardinal Manning". In: Lytton Strachey: *Eminent Victorians*. London 2002, S. 109–116.

3 Wie David Newsomes Nachwort zu „Cardinal Manning" bewerten auch die Nachworte von Mark Bostridge (zu „Florence Nightingale", S. 171–180), Terence Copley (zu „Dr Arnold", S. 211–218) und John Pollock (zu „The End of General Gordon", S. 307–374) Stracheys Darstellung der betreffenden Personen kritisch. Vgl. Strachey: *Eminent Victorians*. London 2002. Vgl. darin auch die Einleitung von Paul Levy, S. xv-xxxvi.

Tugenden. Die dichtgedrängten, umfang- und wortreichen ‚Leben' der viktorianischen biographischen Tradition werden humorvoll abgefertigt durch den ausgedehnten Vergleich mit Beerdigungsgepflogenheiten. Trotzdem gibt Strachey offen zu, die Standardbiographien seiner Vorläufer aus dem 19. Jahrhundert als Informationsquelle über seine Forschungsobjekte ausgeplündert zu haben.

Der stilistische Bruch von umfangreich zu impressionistisch, von ausgedehnt zu kurz und knapp entspricht einer fundamentalen Veränderung der Einstellung. Biographie wird nicht länger als eine Art Totenehrung betrachtet oder als Manifestierung eines kulturellen Kanons an beispielhaften Lebensläufen. Die neue Einstellung ist eine des Spottes, sogar des Lächerlichmachens, wie in der doppelten Bedeutung des „J'expose" angelegt, des Schlusswortes des erfundenen Zitats, mit dem die Einleitung endet: Durch die Offenlegung der „Fakten des Falls" möchte Strachey die Verlogenheit einer Kultur bloßstellen, die sich zu christlichen Werten wie Demut und Nächstenliebe bekennt, während sie gleichzeitig eine Linie machtgierigen, imperialistischen Vorherrschaftsstrebens verfolgt. Dennoch ist Strachey in seiner angeblichen Neuerfindung der Biographie als Bildersturm, als einer Form der Entmystifizierung vielleicht nicht so radikal wie viele, er selbst eingeschlossen, behauptet haben. Die Spannung zwischen Biographie und Hagiographie ist in den Debatten über erstere ein feststehender Topos, der bereits fast ein Jahrhundert früher in den Schriften Samuel Johnsons und James Boswells zu finden ist.[4] Strachey war nicht der Erste, der das Argument vorbrachte, dass die Bewunderungshaltung, die für verwandte Gattungen wie Huldigung und Lob- und Preisrede typisch ist, der eigentlichen biographischen Aufgabe entgegenstehen kann: der objektiven Darstellung. Auf Bewunderung – sogar Respekt – für seine vier prominenten Viktorianer will Strachey verzichten und behauptet, sich ihnen stattdessen „leidenschaftslos, unparteiisch und ohne Hintergedanken" („dispassionately, impartially, and without ulteriour motives") zu nähern. Indes erfordert diese Behauptung wiederum eine kritische Überprüfung. Weit davon entfernt, eine objektivere und ausgewogenere Berichterstattung über die betreffenden Lebensgeschichten abzuliefern, resultiert sein ikonoklastisches Vorhaben oft in der Verdrehung oder dem Verschweigen von Beweismitteln. Tatsächlich enthält

---

4 Samuel Johnson: „The Rambler 60 (13 October 1750)". In: ders.: *The Rambler*. Hg. v. Walter J. Bade u. Albrecht B. Strauss. New Haven, London 1969, S. 318–323; *The Idler* 84 (24 November 1759). In: Johnson: *The Idler and The Adventurer*. Hg. v. Walter J. Bate u.a. New Haven, London 1963, S. 261–264; vgl. den entsprechenden Beitrag im vorliegenden Band, S. 3–11; James Boswell: *The Life of Samuel Johnson, LL. D. (1791)*. Hg. v. Robert W. Chapman. Oxford 1998, S. 22.

das Vorwort, trotz seiner Kürze, einen eklatanten Widerspruch: Während einerseits angeführt wird, es sei die Pflicht des Biographen, „die Fakten des Falls offenzulegen", geschieht die voraufgehende Ordnung dieser Fakten – das Auswählen dieser, das Weglassen jener – gerade nicht nach einem „System" oder einer „Theorie", sondern nach dem Gutdünken des Biographen.

Stracheys Vorwort belohnt den Leser nicht durch die Folgerichtigkeit der Argumente, sondern durch die Dichte und Vielseitigkeit der verwendeten Metaphern. Eine nähere Untersuchung derselben wirft ein Licht darauf, in welchem Kontext und in welcher Atmosphäre *Eminent Victorians* geschrieben worden ist. Der umstrittene Status des Autors als aktiver und bedeutender Kriegsgegner während des Ersten Weltkriegs erklärt seine Wahl von Metaphern aus dem militärischen Bereich. Wegen des reinen Überflusses an Informationen und Dokumenten, die dem Biographen bedeutender Persönlichkeiten des 19. Jahrhunderts zu Verfügung stünden, sei „die unmittelbare, peinlich-genaue Schilderung" aufzugeben. Der kluge Biograph, so Strachey, wird eine subtilere Strategie („a subtler strategy") wählen:

> Er wird sein Thema auf unerwartetem Terrain attackieren; er wird es von der Seite angreifen oder von hinten; er wird unvermittelt seinen entlarvenden Scheinwerfer auf dunkle Verstecke richten, die zuvor unentdeckt waren. (S. 73)[5]
> [He will attack his subject in unexpected places: he will fall upon the flank, or the rear: he will shoot a sudden, revealing searchlight into obscure recesses, hitherto undefined.]

Diese Metapher zielt nicht auf die fatal verfehlte und überholte Militärstrategie des Grabenkampfes ab, die zur Schlacht an der Somme geführt hatte (und in der Strachey viele enge Freunde verloren hatte); sie evoziert im Gegenteil eine Art improvisierter Guerilla-Kriegsführung, untermalt von einer deutlich homoerotischen Anspielung – eine regelwidrige Umgestaltung der Kriegsmetaphorik unter dem Zeichen *camp*.[6]

Eine weitere auffällige Metapher ist die des Naturforschers, des viktorianischen Kuriositätenjägers. Darwins Evolutionstheorie hatte in den letzten Jahrzehnten des 19. Jahrhunderts zu einem wahrhaft explosionsartigen Anstieg des Forschungsinteresses auf zoologischem und botanischem Gebiet ge-

---

5 In Klammern angeführte Seitenangaben im Text beziehen sich auf den vorliegenden Band.

6 Strachey kann, zusammen mit Oscar Wilde, zu Recht als einer der *camp*-Pioniere dieser historischen Epoche bezeichnet werden; seine Bedeutung bezüglich der Geschichte der homosexuellen Bewegung wird klar hervorgehoben in der zweiten, neu durchgesehenen Ausgabe von Michael Holroyds Biographie. Zu Stracheys Ästhetik des *camp* vgl. Holroyd: *Lytton Strachey*, S. 428f. Eve Kosofsky Sedgwick hat überzeugend dargelegt, dass der Begriff ‚subtle', den Strachey zur Bezeichnung seiner eigenen biographischen Methode anwendet, in den Jahren um 1900 zum Repertoire homoerotischer Anspielungen gehörte. Vgl. Segwick: *Epistemology of the Closet*. Berkeley 1990, S. 174.

führt, oft auf Amateurniveau betrieben. Die Modernisten von Bloomsbury fanden die Sammelleidenschaft der vorausgegangenen Generation etwas lächerlich; das enzyklopädische, positivistische Projekt, in umfassender Weise alle natürlichen – und kulturellen – Phänomene erforschen und benennen zu wollen, war nicht eines, dem sie sich auch nur entfernt geistig verbunden fühlten; stattdessen wollten sie lieber das isoliert herauslösen, was Virginia Woolf „the creative fact"[7] nannte, welches eher die Vorstellungskraft anregen als eine Totalität abbilden sollte. Durch die Verwendung des Bildes des kleinen Eimers, der in den „an Material reichen Ozean" hinabgelassen wird und „einige charakteristische Proben" ans Licht bringt, bezieht sich Strachey auf die Methode der viktorianischen Naturforscher, lehnt aber zugleich deren Ehrgeiz und Verständnis der Beziehung zwischen Forschung und Erkenntnis ab.

Eine dritte Metapher, die hier nur einen kurzen Auftritt hat, aber ein ‚running gag' in Stracheys Korrespondenz mit seinen Bloomsbury-Kollegen ist, ist die der Verdauung. Wenn Strachey die Standardbiographien der Viktorianischen Ära ob ihrer schlecht verdauten Materialfülle beschuldigt, suggeriert er, dass die biographische Forschung dem Prozess der Nahrungsaufnahme ähnlich sei und dass das Abfassen biographischer Texte die Weiterverarbeitung des aufgenommenen Materials durch das intellektuelle Äquivalent des Verdauungstraktes beinhalte. Während er an dem Aufsatz über Florence Nightingale arbeitete, klagte er, das Thema sei „distinctly indigestible", und bei den Recherchen für seine spätere Biographie über Queen Victoria verkündete er, die Monarchin sei „a tougher mouthful than I expected. I must masticate and masticate with a steady persistence"[8]. An anderer Stelle beschreibt er seinen biographischen Ansatz folgendermaßen: „Pass a person through your mind, with all the documents, and see what comes out. That seems to be the method."[9] Der Vergleich ist aussagekräftiger als es scheinen mag, impliziert er doch, dass die voluminösen ‚Lebensbeschreibungen' der früheren Zeit das Ergebnis der Art von Verdauungsstörung seien, die Nietzsche in *Vom Nutzen und Nachteil der Historie für das Leben* aufs Korn genommen hatte. Wenn die Standardbiographien des Viktorianischen Zeitalters in Nietzsches Terminologie als antiquarische und monumentale Geschichtsschreibung klassifiziert werden konnten, zielte Strachey dagegen auf eine Art verdichteten Impressionismus. Allerdings war seine Aussage, die neue Methode sei objektiver und wahrheitsgemäßer als die alte, höchst hei-

---

7 Virginia Woolf: „The Art of Biography" [1939]. In: dies.: *The Death of the Moth and Other Essays*. 6. Aufl. Hg. v. Quentin Bell u. Angelica Garnett. London: 1981, S. 119–126.

8 Zit. n. Holroyd: *Lytton Strachey*, S. 475.

9 Ebd., S. 422.

kel. „Menschen sind zu wichtig, um als bloße Symptome der Vergangenheit behandelt zu werden": In diesem deutlichen Geständnis scheint Strachey für die speziellen Ausprägungen eines individuellen Lebens zu plädieren, das sich Erklärungsversuchen entzieht und nicht zur Projektionsfläche historischer Verallgemeinerung gemacht werden kann. So bestechend diese Aussage auch klingt, sie steht doch im Gegensatz zu seiner Beschreibung der vier *Eminent Victorians*, deren Leben er dem Leser als Symptome – ja, Manifestationen – eines Wertesystems präsentiert, das seine Legitimation verloren hat.

Weiterführende Literatur

Caine, Barbara: *Bombay to Bloomsbury: A Biography of the Strachey Family*. Oxford 2006.

Edel, Leon: *Bloomsbury: A House of Lions*. London 1979.

Holroyd, Michael: *Lytton Strachey: The New Biography*. London 1994.

Rosenbaum, Stanford P.: *Edwardian Bloomsbury*. Basingstoke 1994.

Rosenbaum, Stanford P.: *Georgian Bloomsbury: The Early Literary History of the Bloomsbury Group, 1910–1914*. Basingstoke 2003.

Rosenbaum, Stanford P.: *Victorian Bloomsbury: The Early Literary History of the Bloomsbury Group*. London 1987.

Strachey, Lytton: *Eminent Victorians*. Kommentierte Ausgabe mit einer Einleitung v. Paul Levy. London 2002.

Strachey, Lytton: *Eminent Victorians*. Hg. mit einer Einleitung u. Anmerkungen v. John Sutherland. Oxford 2003.

Taddeo, Julie Anne: *Lytton Strachey and the Search for Modern Sexual Identity: The Last Eminent Victorian*. New York, London 2002.

André Maurois

Die Biographie als Kunstwerk*

[1929]

Wenn wir uns, um unser eigenes Leben zu betrachten, auf den Standpunkt des Künstlers stellen könnten, würde uns dieses Leben sicher den größten ästhetischen Genuß gewähren. Kein Biograph, kein Romanschriftsteller könnte uns solch feine Gefühlsnuancen zeigen, wie wir sie beobachten, wenn wir unsere eigenen Leidenschaften, unseren Ehrgeiz, unsere Eifersucht, unser Glück betrachten. Aber in den Augenblicken, wo wir selbst erregt sind, sind wir unfähig zur Beobachtung. Solche Momente sind zu stark, und wir verfügen dann nicht mehr über die ästhetische Einsicht. Vielleicht wäre es schon eher möglich, eine künstlerische Erregung zu empfinden, wenn wir das Leben der Menschen unserer Umgebung beobachteten; aber meistens hegen wir für sie entweder Sympathie oder Antipathie, und die Stärke dieser Gefühle hindert uns, diese Mitmenschen unbefangen zu betrachten.

Diesen Vorgang erklärt Miß Jane Harrison ausgezeichnet in ihrem Buch: „Ancient Art Ritual“: „Um eine Sache nur als Kunstwerk zu betrachten, muß man einen Augenblick lang von jedem Wunsch zu handeln abstrahieren können. Man muß frei sein von den Ängsten und der Unruhe des wirklichen Lebens. Man muß Zuschauer werden. Warum? Warum können wir nicht zu gleicher Zeit leben und zuschauen? Wenn wir sehen, wie ein Freund ertrinkt, sehen wir weder die schöne Linie, die sein Körper beschreibt, während er ins Wasser fällt, noch das Lichterspiel auf den Wellen, während er verschwindet. Wir wären unmenschliche, widernatürliche Ästheten, wenn wir es sähen. Und wozu? Es würde unserem Freund nicht wehe tun, wenn

* André Maurois: „Die Biographie als Kunstwerk“. Einzig autorisierte Übersetzung von Lissy Radermacher. In: *Die Neue Rundschau* 40/1 (1929), S. 232–248.

wir die Schönheit der Linie und das Spiel der Sonne auskosteten und ihm dabei zu gleicher Zeit ein Seil zuwürfen. Aber Tatsache ist, daß wir die Linie und das Licht nicht sehen können, weil unser Wesen auf die Handlung, auf die Rettung konzentriert ist. Wir empfinden in diesem Augenblick nicht einmal den Schmerz und den Verlust, den wir erleiden."

Was ist also notwendig, damit ein menschliches Leben uns künstlerische Genüsse geben kann? Es muß an erster Stelle mit dem unseren so wenig verknüpft sein, daß wir, wenn wir es betrachten, keinerlei Bedürfnis zu handeln, keinerlei moralische Regung empfinden; darum ist es vielleicht das beste, wenn das Leben uns als nicht wirklich gilt, so wie es der Fall ist, wenn wir einen Roman lesen. Wenn wir David Copperfield wären und wir Dora zur Frau hätten, so wäre das eine pathetische Situation, deren Schönheit uns nicht gefallen würde. Im Roman betrachten wir sie wie einen Schiffbruch auf einem Bild, ohne das Bedürfnis zu empfinden, schwimmen und uns an die Nachbarn anklammern zu müssen.

Manche Romanschriftsteller töten das ästhetische Vergnügen, indem sie den Leser zwingen, Partei zu ergreifen, indem sie selbst die geistigen Probleme, die ihre Bücher stellen, zu lösen vorgeben. Aber die besten unter ihnen wissen sehr wohl, daß dies nicht die Aufgabe des Künstlers ist. Tschechow schreibt z.B. an seinen Freund Suworin: „Sie verwechseln zwei Dinge: ein Problem lösen und ein Problem richtig stellen. Nur das zweite ist für den Künstler zwingend. In ‚Anna Karenina' ist kein einziges Problem gelöst, jedoch das Buch befriedigt durchaus, weil alle Probleme richtig gestellt sind."

Aber dies ist nicht der einzige Grund, weshalb uns ein Roman die Bürde unserer eigenen Gefühle und eigenen Leidenschaften leichter zu machen scheint. Eine Romanfigur ist vereinfacht und konstruiert. Man kann sie verstehen. Im wirklichen Leben sind die Menschen gefährliche Rätsel; ihre Handlungen sind nicht vorauszusehen; ihre Gedanken scheinen in sie hineinzudringen, dann mit verwirrender Schnelligkeit zu entfliehen; der Verstand findet nur mit Mühe seinen Weg durch diese Unordnung. Wir stehen vor unseren Freunden, unseren Feinden wie vor ungeheuer verwickelten Dramen, deren Ausgang uns unbekannt ist, deren Ausgang uns immer unbekannt bleiben wird. Im Gegensatz hierzu wird eine Romanfigur vom Autor gebildet, wird geformt von einem menschlichen Verstand und ist dem menschlichen Verstand zugänglich. Es ist nicht mehr die göttliche und unerschöpfliche Vielfältigkeit, es ist eine relative und menschliche Einfachheit. Natürlich kann eine solche Figur kompliziert sein – bei den modernen Romanschriftstellern ist sie es fast immer –, aber selbst dieses Kompliziertsein ist geordnet, und wir können es verstehen. Man denke an „Passage to India" von Forster; seine Personen sind sehr bunt; er wollte uns die feinen Unterschiede zeigen, die die Denkungsart eines Europäers von der eines Asiaten unterscheidet, und dies ist ihm gelungen. Trotzdem ist sein Buch klar; viel klarer als das mysteriöse Indien, das aus Millionen Wesen besteht, das wir jahrelang durchirren können, ohne es zu verstehen. Ein Bild der Wirklichkeit, die weit genug entfernt ist, so daß wir nicht mehr den Wunsch zu handeln, empfinden, und dieses Bild von einem menschlichen Geist geordnet: das ist das Wesen der Kunst. Wir finden es in Bacons ewig geltender Formel wieder: ars est homo additus naturae.

Diese beiden Eigenschaften aber, die jede ästhetische Aktivität erfordert (geistige Ruhe und Rekonstruktion der Natur durch den Menschen), sind für uns, die wir die Biographie als Kunstwerk behandeln wollen, sehr hinderlich, da sie der Biographie sowie der Geschichte den Eintritt in das Gebiet der Kunst zu verbieten scheinen.

Zunächst einmal sind die Personen einer Biographie weniger als die eines Romans dazu angetan, uns von dem Drang handeln und urteilen zu müssen zu befreien, weil diese Personen existiert haben. Wir haben nicht das Bedürfnis, Anna Karenina oder Becky Sharp zu beurteilen, weil die Menschen, die durch sie gelitten haben, auch Romanfiguren sind. Aber wenn wir das Leben Byrons lesen, wissen wir, daß es eine wirkliche Lady Byron, eine wirkliche Lady Caroline Lamb gegeben hat, und unsere moralischen Empfindungen geraten auf Kosten unserer ästhetischen Empfindungen in Bewegung. Das trifft in noch weit stärkerem Maße zu, wenn es sich um einen Staatsmann handelt. Wenn ein Engländer ein Leben Gladstones oder Peels liest, regen sich natürlich seine politischen und historischen Leidenschaften und lassen die notwendige Unbefangenheit nicht aufkommen.

Doch dieser Einwurf, der nicht unwichtig ist, gilt besonders für das Leben noch lebender Persönlichkeiten, für das Leben von Persönlichkeiten, die noch nicht lange verschwunden sind. Sobald der Held tot ist, lange genug tot ist, so daß der Leser nicht das Gefühl hat, das, was er liest, könnte eine noch lebende Frau oder ein Kind verletzen, legt sich ein seltsamer Schleier von Friede und Heiterkeit über das nunmehr vollendete Bild. Der Tod ist der größte Künstler; wenn er vorübergegangen ist, beruhigen sich die Leidenschaften.

Die Biographie besitzt vielleicht sogar einen ästhetischen Vorzug vor dem Roman; wenn wir die Biographie einer bekannten Persönlichkeit lesen, kennen wir im voraus die wesentlichen Wendepunkte und den Ausgang. Man könnte zuerst glauben, dies schade dem Interesse des Buches: wenn das Buch gut ist, ist die Wirkung umgekehrt. Es geht dann alles wie im Theater vor sich. Wenn wir in eine Tragödie gehen, wissen wir genau, daß Cäsar zum Schluß von Brutus ermordet wird, wissen wir genau, daß Lear verrückt wird; aber das langsame Abrollen des Dramas zu diesen erwarteten

Ereignissen verleiht unserer Erregung die poetische Größe, die der griechischen Tragödie die immer gegenwärtige Idee des Schicksals verleiht. So ist es der Lektüre eines Lebens, dessen Ereignisse und Ausgang wir kennen, gleichsam als wandelten wir durch eine schon bekannte Landschaft, in der wir unsere Erinnerungen wiederfinden und ergänzen. Die geistige Ruhe, mit der wir diesen Spaziergang, der keine Überraschungen bringt, ausführen, ist der ästhetischen Haltung günstig.

Die tragische Schönheit ist noch größer, wenn das Leben einen traurigen Abschluß findet. Laurence Housman berichtet von einer Unterhaltung mit Oscar Wilde, in der dieser erklärte, ein Leben müßte, um schön zu sein, mit einem Zusammenbruch enden; als Beispiel führte er Napoleons Leben an und zeigte, daß es seinen ganzen tragischen Wert verlieren würde, wenn nicht Sankt Helena gewesen wäre. Man kann nicht umhin festzustellen, daß auch Wildes Leben fast sein ganzes Interesse der Katastrophe verdankt, die es beendete. Bisweilen ist der Zusammenbruch weniger offensichtlich. Im Fall des Lord Beaconsfield hat der oberflächliche Beobachter den Eindruck eines fabelhaften Erfolges; alle Wünsche der Kindheit sind im Alter verwirklicht. Aber der geistige Zusammenbruch ist schwer. Betrachten wir den Unterschied zwischen dem politischen Traum Disraelis zur Zeit des jungen Englands und den wirklich erreichten Zielen des alten Premierministers, dann werden wir die Eitelkeit jeglicher Handlung empfinden, die nicht einem moralischen, sondern einem ästhetischen Gefühl entspringt.

Folglich hindert die Realität der Personen einer Biographie diese Personen nicht daran, Sujets für ein Kunstwerk zu sein. Es bleibt jedoch noch ein zweiter Einwand bestehen. Wir sagten, daß der wesentliche Charakter der Kunstwerke darin liege, natürlich gegebene Sujets von einem menschlichen Geist rekonstruiert zu sehen. Ars est homo additus naturae. Die Tätigkeit des Geistes muß zur Ausübung gelangen können. Man versteht also sehr gut, wie ein Romanschriftsteller seine Personen konstruiert: er bildet sie aus Gefühlen, die ineinandergreifen wie das Räderwerk einer guten Maschine; wenn der Romanschriftsteller begabt ist, ist die Maschine so geschickt mit Fleisch überdeckt, daß sie fast unsichtbar wird, trotzdem aber ist sie eine Maschine, und der komplizierteste Romanheld ist es unendlich viel weniger als der einfachste Mensch. Aber man versteht weniger gut, wie es möglich ist, eine historische Persönlichkeit zu konstruieren, ohne sie zu deformieren. Diese Persönlichkeit bleibt, was sie gewesen ist. Man kann sie nicht abändern. Betrachten wir Ruskin, betrachten wir Gladstone: alle beide waren wirkliche Wesen wie wir, wie unsere Freunde; beide waren ein Rätsel für die, die sie gekannt und die ihr Leben lang vor diesem Rätsel gestanden haben, ohne klare Ordnung in eine an Beobachtungen und Bildern überreiche Masse bringen zu können. Was muß der Biograph tun? Muß er versuchen, dieses lebendige Rätsel wieder ins Leben zu rufen? Aber es herrschte darin eine solche Fülle von Einzelheiten, daß ein Menschenleben notwendig wäre, sie zu erschöpfen. Muß er also diese Einzelheiten wie auf einem gutgemachten Porträt gruppieren? Muß er eine wirkliche Maschine aufstellen? Damit entfernt er sich vom wirklichen Wesen. „Mir scheint," sagt Gilbert Mauge, „daß es in einem noch ungenutzten, kaum gelebten Leben eine außergewöhnliche Leidenschaft gibt, die in dem Maße schwindet, wie die Jahre vergehen, und daß die Biographen, die sich damit beschäftigen, jene starren und überholten Systeme zusammenstellen, die sie dann Heinrich II. oder Ludwig XIII. nennen." Entweder ein klares oder falsches System aus dem Menschen machen, oder vollständig verzichten, aus ihm ein System zu machen und ihn zu verstehen, das scheint das Dilemma des Biographen zu sein.

Diese Überlegung ist wichtig, aber sie beweist ebenso die Unmöglichkeit, eine Landschaft oder ein wirkliches Gesicht zu malen, weil das Gesicht zu beweglich ist, weil die Landschaft zuviel Nuancen, zuviel verschiedene Formen hat. Es ist unmöglich, ein Porträt, eine Landschaft zu malen, die zu gleicher Zeit ähnlich und schön sein sollen. Der Biograph muß wie der Porträtist, wie der Landschaftsmaler das Wesentliche von der Gesamtheit trennen. Durch diese Auswahl schafft er, wenn er außerdem noch fähig ist zu wählen, ohne zu verringern, ein Kunstwerk.

Die erste Wahl betrifft den Stoff. Ein Landschaftsmaler setzt sich nicht an irgendeine x-beliebige Stelle. Er bleibt vor einer Landschaft stehen und sagt: „Das macht sich gut, fügt sich gut." ... Es gab unter den großen Impressionisten einige, die mit einem Rahmen spazieren gingen, den sie zuerst an verschiedenen Teilen der Landschaft ausprobierten, ehe sie das Stück der Landschaft wählten, das sie malen wollten. Auch der Biograph muß mit dem Rahmen in der Hand spazieren gehen, und die Wahl des Stoffes ist vielleicht das allerwichtigste für ihn. Es gibt Lebensschicksale, die ihrer Natur nach schön sind und entweder durch den Zufall oder durch eine innere Dynamik ihres Wesens wie spontane Kunstwerke wirken. Manchmal besitzen sie jene mysteriöse Symmetrie, die, wenn sie hinter einer ausgiebigen, reichlichen Fleischmasse verborgen ist, den menschlichen Werken ihre Schönheit verleiht. Shelleys Leben zum Beispiel ist eine wunderbare, natürliche Komposition; es gruppiert sich um zwei Frauen, Harri und Mary Godwin; beide Frauen entsprechen einem verschiedenen Stadium in Shelleys geistigem Leben, und er gelangt zu beiden durch ziemlich ähnliche Gefühle. Die Katastrophe, die seinem Leben ein Ende setzt, erfolgt in früher Jugend, noch vor jener Zeit, wo die allzu große Mannigfaltigkeit der Ereignisse des reifen Alters ihm die bewundernswerte Einfachheit hätte nehmen können. Byron ist ein viel schwierigerer Held: ein Romanschriftsteller würde sich schwer hüten, ein an Zwischenfällen so reiches Leben wie das Byrons zu konstruieren. Trotzdem muß auch dieses Leben seine geheime Einheit haben; man muß sie nur finden.

Sir Sydney Lee bemerkt zu dieser Frage der Auswahl, daß das Thema einer Biographie „eine gewisse Größe" besitzen muß. Man könnte die Behauptung aufstellen, daß das Leben eines jeden menschlichen Wesens interessant sei und daß, wenn ein Biograph fähig wäre, alle Gedanken zu analysieren, die durch das Hirn eines unbekannten Bettlers gegangen sind, diese Analyse schöner und reicher sein könnte als ein Leben Cäsars. Sterling, dem Carlyle zwei Bände widmete, war keine sehr bekannte Persönlichkeit, und Carlyle wußte es. Man erinnere sich an die Schlußfolgerung, die er daraus zog: „Alles, was von John Sterlings Tätigkeit auf dieser Welt in greifbarer Form vorhanden ist, sind diese beiden armseligen Bände ... Eine Denkschrift ohne große Pretention, die gewiß nicht an Größe heranreicht, die nur ganz einfach, traurig beweist, daß dort Größe verheißen war. Wie andere Leben der gleichen Art, wie alle Leben, ist dieses hier eine Tragödie. Große Hoffnungen, edle Bemühungen. Unter den immer wachsenden Schwierigkeiten und Hindernissen immer neue, edle, tapfere Anstrengungen, und als Ergebnis der Tod ... Ein Leben, das die Aufmerksamkeit der Welt nicht erzwingen kann, das dennoch bescheiden um sie wirbt und vielleicht, wenn man es gründlich durchforscht, diejenigen belohnt, die ihm Aufmerksamkeit schenkten."

Marcel Schwob teilt Carlyles Ansicht: „Die Biographen", schreibt er, „sind der Meinung, daß nur das Leben großer Männer uns interessieren kann. Die Kunst hat mit solchen Erwägungen nichts zu tun. In den Augen des Malers besitzt das Bild eines unbekannten Mannes von Cranach einen ebensolchen Wert wie das Porträt von Erasmus. Nicht durch den Namen Erasmus ist dieses Bild unnachahmlich. Die Kunst des Biographen wäre es, dem Leben eines armen Schauspielers den gleichen Wert zu verleihen wie dem Leben Shakespeares. Es ist ein niedriger Instinkt, durch den wir mit Freude die sterno-mastoïdische Verkürzung von Alexanders Büste und die Locke auf Napoleons Stirn wahrnehmen. Das Lächeln der Mona Lisa, von der wir nichts wissen (es ist vielleicht das Gesicht eines Mannes), ist geheimnisvoller. Eine von Hokusaï gezeichnete Fratze gibt zu den tiefsten Meditationen Anlaß. Wenn man sich in der Kunst versuchen wollte, in der Aubrey und Boswell hervorragten, würde man sicher nicht peinlich genau den größten Mann unserer Zeit beschreiben oder das Charakteristische der berühmten Männer der Vergangenheit erwähnen, sondern würde mit gleicher Sorgfalt die Existenz einzelner Menschen erzählen, ganz gleich, ob sie nun göttlich, mittelmäßig oder verbrecherisch waren."

Trotz des besondern Reizes dieser Stelle halte ich die darin ausgedrückten Ideen nicht für richtig. Das Leben Unbekannter hinterläßt gewöhnlich wenig Spuren, es sei denn, es gäbe einen begabten Menschen, der herrliche Briefe geschrieben, aber sie nicht veröffentlicht hat. Durch die Veröffentlichung dieser Briefe jedoch reiht man ihn in die Kategorie der großen Schriftsteller ein. Die Wahl des Romanschriftstellers ist von der des Historikers gänzlich verschieden. Der Romanschriftsteller ist nicht durch den Schwur, wahrheitsgetreu zu sein und sich nur wahrheitsgetreuer Dokumente und Handlungen zu bedienen, gebunden. Er hat also das Recht, eine unbekannte Durchschnittspersönlichkeit zu analysieren, sie sprechen und nachdenken zu lassen. Was aber kann der unglückliche Biograph mit einem Menschen machen, der weder Briefe, noch Tagebuch, noch Zeugnisse von Freunden, noch Spuren seiner Handlungen hinterlassen hat? Es gibt nur einen Fall, wo ihm diese Wahl geboten wird: wenn er nämlich das Leben eines Menschen erzählt, mit dem er zusammen gelebt hat. Es ist klar, daß ein Boswell den oder jenen unbekannten Freund hätte „boswellisieren" können, wie er den Doktor Johnson boswellisierte; aber es ist höchst wahrscheinlich, daß dies weniger interessant gewesen wäre.

Es gibt noch ein anderes Argument für die Auswahl von Menschen, die eine wichtige historische oder künstlerische Rolle gespielt haben; der Ausdruck „eine Rolle spielen" ist gerade hier mehr als eine Metapher. Ein Mensch, der eine hohe Funktion ausübt, sei es, daß er König ist, General, oder daß er jene besondere Stellung einnimmt, die einem Dichter Achtung vor seinem Geist einflößt, ein solcher Mensch *spielt* schließlich wirklich eine Rolle, das heißt, seine Persönlichkeit verliert etwas von jener dunklen Komplexität, die allen Menschen eigen ist, und erwirbt eine Einheit, die nicht künstlich ist. Ein großer Mann (und manchmal sogar ein König, der kein großer Mann ist) wird zum Vorbild durch seine Funktion; er versucht unbewußt, sein eigenes Leben zu einem Kunstwerk zu machen, das zu werden, was die Welt in ihm zu sehen wünscht, und er wird, nicht ohne sein Zutun, sich selbst und seinem wirklichen Wert zum Trotz zu jener Statue, die für den Künstler ein gutes Modell abgibt. Man glaube nur nicht, daß Strachey aus Zufall die Königin Viktoria gewählt hat; wenn die Königin Viktoria nicht Königin gewesen wäre, wäre sie vielleicht eine alte, sonderbare Dame gewesen, aber sie wäre nicht von jener merkwürdigen, zarten Poesie umwoben, die die Mischung der Durchschnittsqualität der Frau mit der nötigen Geschlossenheit der Königin ihr verleiht.

Wir wollen den Stoff jetzt als gewählt voraussetzen. Kann man für den Biographen Regeln aufstellen, die es ihm erlauben, kein trockenes Werk zu machen, nach denen er unter peinlichster Berücksichtigung der wissenschaftlichen Wahrheit sich der Kunst des Romanciers nähern kann? Viele Historiker verneinen es, manche sogar ganz strikt; aber ein Lytton Strachey glaubt durchaus an diese Möglichkeit und beweist es nach der Art des Diogenes, indem er es tut. Ich will versuchen, einige von diesen Regeln zu finden.

Als erste scheint mir zu gelten: in allen Dingen die chronologische Reihenfolge einzuhalten. Das war bei den alten Biographen nicht Sitte. Plutarch beginnt, indem er die Handlungen seiner Helden aufzählt, und am Schluß einer Lebensbeschreibung trägt er die Anekdoten, die ihren Charakter betreffen, zusammen. Merkwürdige Methode, denn sie enthält dem Leser während des ganzen Berichtes das Interesse vor, das die Kenntnis von dem intimen Leben des Helden dieser Erzählung zufügen würde. Plutarchs Vorbild wurde sehr lange Zeit nachgeahmt; es ist sogar ein bemerkenswerter Fall von Nachahmung; denn man findet keinen anderen Grund, der als Erklärung dafür dienen könnte, daß der Doktor Johnson und viele andere viktorianische Biographen an das Ende einer Lebensbeschreibung noch die „persönlichen Charakterzüge", wie sie es nannten, anhingen. Sogar der „Dictionary of National Biographie", der in anderer Hinsicht ausgezeichnet und hervorragend ist, läßt als unveränderliche Regel die Folge: *Tatsachen, dann Charakter* gelten.

Ich halte es für äußerst schwierig, den Leser für Tatsachen zu interessieren, die sich nicht in normaler Reihenfolge abspielen. Das, was dem Leben sein romanhaftes Interesse verleiht, das ist eben die Hoffnung auf die Zukunft, das ist das Gefühl, daß wir täglich am Rande eines Abgrundes, der Morgen heißt, stehen, ohne uns vorstellen zu können, was wir darin finden werden. Selbst wenn der Mensch berühmt ist und der Leser ganz genau weiß, daß der Held später ein großer General oder ein großer Dichter wird, ist es eigentlich absurd, es ihm schon im ersten Satz eines Buches zu sagen. Warum soll man eine Biographie anfangen, wie Forster seine Biographie von Dickens beginnt? „Charles Dickens, der populärste Romanschriftsteller dieses Landes und einer der größten Humoristen, die England je hervorgebracht hat, wurde am Freitag, dem 7. Februar 1812 in Portsea geboren." Nein, es ist nie jemand als populärer Romancier, nie jemand als großer Humorist geboren worden. Das, was am 7. Februar 1812 geboren wurde, war ein kleines Baby, genau wie das kleine Baby, das am Tage von Wellingtons Geburt, oder am Tage von Shakespeares Geburt zur Welt kam. Soll man also vorgeben, nicht zu wissen, was man genau weiß? Soll man zu Beginn der Lebensbeschreibung eines großen Generals zum Beispiel diese ganze Laufbahn vergessen haben? Um der Wahrheit die Ehre zu geben, glaube ich: ja. Das ist vielleicht ein Kunstgriff, aber in dem Wort Kunstgriff ist das Wort *Kunst* enthalten. Der Autor einer Tragödie verrät uns nicht schon im ersten Vers die Lösung. Der Autor einer Biographie weiß sehr genau, daß seinem Leser der Ausgang bekannt ist. Er braucht ihn darum nicht plump auf der ersten Seite vorzuführen. Er muß einfach beginnen, ohne den Wunsch zu glänzen, ohne andere Sorge, als seine Leser in die Atmosphäre zu verpflanzen, die es ihm erlaubt, die ersten Gefühle des werdenden Helden zu verstehen.

Vielleicht haben wir ein lebhafteres Bedürfnis nach chronologischer Entwicklung als die alten Biographen, weil wir weniger als sie an die Existenz unwandelbarer Charaktere glauben. Wir lassen die Entwicklung des individuellen Geistes wie die Entwicklung der Rasse gelten. Wir glauben, daß ein Charakter sich nur langsam durch den Kontakt mit Menschen und Ereignissen bildet. Ein Charakter, der sich in jedem Augenblick im Leben des Helden gleich bliebe, ist für uns eine abstrakte Konstruktion des Geistes, aber keine Wirklichkeit.

Es ist schwer, aus der Biographie ein Kunstwerk zu machen, wenn man nicht Personen und Ereignisse progressiv in der Seele des Helden und zu gleicher Zeit mit ihm sich entwickeln sieht. Ich glaube nicht, daß es zum Beispiel in einer Byron-Biographie erlaubt ist, ein Bild Shelleys zu geben vor dem Augenblick, da Byron ihn kennenlernte, und es ist wünschenswert, daß dieses Bild dem Shelley gleicht, der er zu der Zeit in Byrons Augen war. Diese langsame Transformation der Persönlichkeit unserer Freunde in unserem Geist ist eine der wesentlichsten Erscheinungen unseres Lebens. Irgendein Geschöpf, das wir für vollkommen hielten, erscheint uns plötzlich fehlbar. Das war zum Beispiel für Shelley bei Godwin der Fall; das war der Fall Disraeli für John Manners. Der Biograph darf die Enthüllung seines Helden nicht antizipieren. Nichts, was den Fluß mehr stören könnte, als zum Beispiel folgende Beschreibung: „Obgleich der erste Eindruck günstig war, mußte er später entdecken, daß ...“ E. M. Forster, der in dieser Hinsicht dem französischen Philosophen Alain folgt, hat in seinen Vorträgen über den Roman erklärt, daß die Frage des „point de vue“ sehr wichtig für die Konstruktion des Romanes ist. Sie umfaßt drei Möglichkeiten: entweder alles durch den Helden zu sehen, oder die Handlung sukzessive durch jede einzelne Person, oder aber den Standpunkt des Demiurgen anzunehmen und die Handlung vom Schriftsteller selbst aus beherrschen lassen.

Ich ziehe für die Biographie ganz klar die erste Methode vor, um dabei trotzdem nicht die Notwendigkeit zu vergessen, daß man manchmal den im Unendlichen aufgestellten Beobachtungsposten einnehmen muß, um zu zeigen, wie die Person des Helden von den unvollkommenen Spiegeln, wie es die Menschen seiner Umgebung sind, zurückgestrahlt wird.

Im besonderen dürfen die großen geschichtlichen Ereignisse, die mit dem Leben eines Staatsmannes, eines Generals verknüpft sind, in einer Biographie nicht wie in der Geschichte behandelt werden. Das wirkliche Sujet für einen Biographen, der das Leben Napoleons beschreibt, ist die sentimentale und geistige Entwicklung Napoleons; die Geschichte muß sich auf dem Hintergrund abspielen, in dem Maße, wie es nötig ist, um diese Entwicklung zu verstehen, und man muß versuchen, von der Geschichte ungefähr das Bild zu geben, wie es der Kaiser hat sehen können. Man betrachte eine einfache Tatsache, wie die Schlacht von Austerlitz; in der Geschichte im eigentlichen Sinn kann sie, muß sie in jeder einzelnen Phase beschrieben werden; in einer Biographie Napoleons muß sie die Schlacht sein, wie der Kaiser sie gesehen und empfunden hat. Von diesem Gesichtspunkt aus ist die Schlacht bei Waterloo, so wie sie Fabrice zu Beginn von Stendhals „Karthause von Parma" sieht, ein glänzendes Bild.

Edmund Gosse schreibt sehr richtig: „Große historische Ausblicke sind in einer Biographie deplaciert, und man kann keinen größeren Fehler machen, als das, was man das *Leben und die Zeit* eines Menschen nennt, beschreiben zu wollen. Die Geschichte behandelt Fragmente aus dem Riesengemälde der Ereignisse. Sie muß immer auf irgendeine abrupte Art beginnen und mitten zwischen unruhigen Existenzen, die ganz in die vielfältigen Geschäfte versunken sind, enden. Sie muß immer eine große Anzahl Menschen unparteiisch behandeln. Die Biographie ist im Gegensatz eine durch zwei Ereignisse klar definierte Studie: eine Geburt, ein Tod. Sie füllt ihre Leinwand mit einer einzigen Erscheinung aus, und die übrigen Charaktere, so groß sie auch an sich sein mögen, müssen dem Zentralhelden immer untergeordnet werden."

Ein anderes Merkmal für ein Kunstwerk ist die Auswahl der Details. Ein reiner Gelehrter kann zu einer gewissen Frage eine ungeheure Anzahl von Tatsachen heranschleppen und sie alle, ohne auszuwählen, angeben. In Wahrheit aber, glaube ich, wird er, wenn er ein großer Gelehrter ist, schon eine Auswahl treffen, Hauptlinien zeichnen und die Arbeit eines Künstlers leisten. Der biographische Künstler muß an erster Stelle seinen Leser von unnötigem Material befreien. Seine Aufgabe ist es, alles zu lesen; denn wenn er nicht alles liest, so läuft er Gefahr, eine wichtige Einzelheit zu vernachlässigen, oder eine Sache für wahr zu halten, die durch andere Dokumente als falsch bewiesen wird. Aber wenn er sein Gerüst aufgestellt und sein Haus gebaut hat, dann zerstört er das Gerüst und bemüht sich, dem Leser nur noch ein an sich solides Haus vorzuführen. Es kommt bei einer Biographie, wie mir scheint, nicht darauf an, alles zu sagen, was man weiß – denn dann würde das kleinste Buch so lang wie das Leben –, sondern mit dem, was man weiß, Rechnung zu tragen und das Wesentlichste auszuwählen. Es ist selbstverständlich, daß der Biograph bei einer solchen Auswahl oft eine Seite der Figur betont, die ihm lieber oder vertrauter ist.

Daher rührt manchmal die Deformation des Helden durch den künstlerischen Biographen. Aber entstellt der ungeschickte Biograph weniger durch die Unordnung seiner Dokumente, durch das Fehlen von „valeurs" (im Sinne der Maler), wenn er aus einem bewundernswürdigen Gesicht ein feistes Porträt macht?

Bei dieser Eliminierung des Unnützen darf der Biograph nie vergessen, daß die allerkleinsten Details sehr oft die allerinteressantesten sind. Alles, was uns eine Vorstellung von dem wirklichen Aussehen des Menschen geben kann, der Ton seiner Stimme, die Art seiner Konversation, ist wichtig. Die Rolle, die der Körper spielt, darf niemals aus dem Auge gelassen werden bei der Vorstellung, die wir uns von dem Charakter der Menschen machen, die wir kennen. Ein Mensch ist für uns vor allen Dingen eine gewisse physische Erscheinung, ein gewisser Blick, vertraute Gesten, eine Stimme, ein Lächeln, Ausdrücke, die ihm eigen sind, alles dies müssen wir auch bei einem Menschen wiederfinden, der uns nur in einem Buch vorgeführt wird. Nichts ist schwerer für den Geschichtschreiber. Die Person, die ihm durch Dokumente vermittelt wird, ist vor allem eine abstrakte Person, die nur durch ihre soziale Aktion bekannt ist. Wenn er es nicht versteht, uns aus dem Wust von Papieren, Reden und Handlungen ein menschliches Wesen vorzuführen, ist er verloren.

„Die historische Wissenschaft", sagt Marcel Schwob, „läßt uns über die Individuen im ungewissen. Sie enthüllt uns nur die Punkte, durch die sie mit den Haupthandlungen verknüpft waren, sie sagt uns, daß Napoleon am Tage der Schlacht von Waterloo krank war, daß man die ungeheure intellektuelle Aktivität Newtons seiner absoluten Enthaltsamkeit zuschreiben muß, daß Alexander betrunken war, als er Klitos tötete, und daß die Fistel Ludwigs XIV. der Grund für manche seiner Beschlüsse war ... Die Kunst steht im Widerspruch zu den allgemeinen Ideen, sie beschreibt nur das Individuelle, wünscht nur das Einzigartige. Sie ordnet nicht, sie zerstört die Ordnung. Unsere allgemeinen Ideen können den Ideen, die auf dem Mars in Kurs sind, gleichen, und drei Linien, die sich schneiden, bilden überall im Weltall ein Dreieck. Aber betrachten Sie ein Blatt mit seinem kapriziösen Geäder, seinen Farben, die im Schatten und in der Sonne verschieden sind, der Anschwellung, die ein niederfallender Regentropfen verursachte, dem Stich, den ein Insekt hinterlassen hat, der silbernen Spur einer kleinen Schnecke, der ersten tödlichen Vergoldung, die den Herbst verrät; suchen Sie ein gleiches Blatt in allen großen Wäldern der Erde; ich wette, es findet sich nicht. Es gibt keine Wissenschaft der Blatthülle, der Zellfasern, der Adernwindungen. Daß ein Mensch eine krumme Nase hatte, ein schiefes Auge, eine Verknorpelung des Armes, daß er die Gewohnheit besaß, zu einer bestimmten Zeit Hühnerbrust zu essen, daß er Malvoisie dem Château-Margaux vorzog, das alles ist ohne Parallele in der Welt. Ebensogut wie Sokrates hätte Thales sagen können: ‚Erkenne dich selbst.' Aber er hätte sich im Gefängnis das Bein nicht auf die gleiche Weise gestoßen, bevor er den Giftbecher trank. Die Ideen der großen Männer sind das gemeinsame Erbe der Menschheit: jeder einzelne besaß nur seine Wunderlichkeiten. Das Buch, das einen Menschen mit allen seinen Anomalien schildern würde, wäre ein Kunstwerk wie ein japanischer Stich, auf dem man bis in alle Ewigkeit das Abbild einer kleinen Raupe sieht, die einmal zu einer bestimmten Tagesstunde bemerkt wurde."

Aubreys und Boswells Bedeutung liegt darin, daß sie Sinn für diese Details gehabt haben. Boswell hat uns eine vollkommene Vorstellung von dem gegeben, was Johnsons Ton sein könnte. Marcel Schwob freut sich darüber, daß Diogenes uns erzählt, Aristoteles habe auf seinem Magen eine Ledertasche mit warmem Öl getragen, und nach seinem Tode habe man in seinem Haus eine Unmenge von irdenen Gefäßen gefunden. Wir werden nie erfahren, was Aristoteles mit all diesen Gefäßen gemacht hat. Und dieses Geheimnis ist ebenso angenehm wie das Geheimnis, dem uns Boswell gegenüberstellt, wenn er von Johnson erzählt, der die Gewohnheit hatte, trockene Apfelsinenschalen in seinen Taschen aufzubewahren. Aubrey berichtet uns, daß Spencer ein kleiner Mann war, der kurzes Haar hatte, einen schmalen Kragen und kleine Manschetten trug; daß ferner Erasmus keinen Fisch mochte, und daß von Bacons Dienern keiner vor ihm zu erscheinen wagte, wenn er nicht Schuhe aus spanischem Leder trug, denn Bacon merkte sofort den Geruch von Kalbsleder, der ihm unangenehm war. Es ist nicht möglich, den 18. Brumaire zu verstehen, wenn man nicht weiß, daß Napoleon an diesem Tage Pickel im Gesicht und sich gekratzt hatte, was sein blutendes Gesicht und das Entsetzen der Grenadiere erklärt.

Es gibt nichts Köstlicheres, wenn man eine Biographie schreibt, als durch die Memoiren und Briefe hindurch die Jagd auf diese lebendigen Details aufzunehmen. Manchmal liest man hunderte Seiten und findet nichts anderes als ganz allgemeine, folglich falsche Ideen. Dann erscheint plötzlich bei einer Satzwendung das Leben, und der treue Leser stellt sein Wild. Welche Freude, zum Beispiel, wenn man entdeckt, daß D'Orsay kräftig zu lachen und dabei „Ha! Ha!" zu sagen pflegte und seinen Freunden zu fest die Hand drückte. Strachey ist bei diesem Spiel bewundernswert; er weiß, daß die kleine Victoria in ihrer Kinderzeit von der Baronin Spath kleine Pappkästen machen lernte, die mit Goldpapier und gemalten Blumen geziert wurden. Er stellt fest, daß Victorias Tagebuch von einem Kind geschrieben zu sein scheint, daß aber ihre Briefe anscheinend die Leistung eines Kindes sind, die von der Erzieherin korrigiert wurde. Er führt uns einen Abend in Windsor vor, den Kreis um die runde Tafel und die Kupferstichalben der Königin und die endlosen Schachpartien, die der Prinz mit seinen drei Kammerherren spielt.

Niemand war sich dieser Bedeutung des wahren Details so bewußt wie der Held der besten Biographie Doktor Johnson selbst:

„Es ist manchmal die Aufgabe des Biographen, flüchtig über Ereignisse und Zwischenfälle hinwegzugehen, die nur eine vulgäre Größe erzeugen, um die Aufmerksamkeit mehr auf das Innenleben zu richten und so die kleinen Details des täglichen Lebens zu zeigen, bei denen äußerliche Ornamente übergangen werden ... Es gibt noch viele unbekannte Umstände, die wichtiger sind als die bekannten Ereignisse ... Aber die Biographie wurde oft von Schriftstellern gepflegt, die anscheinend die Art ihrer Aufgabe nicht richtig erkannt haben ... Nur selten liefern sie uns andere Berichte, als sie in offiziellen Akten zu finden sind. Sie glauben ein Leben beschrieben zu haben, wenn sie eine chronologische Reihenfolge von Handlungen angeführt haben, sie schenken den Gepflogenheiten und dem Benehmen ihres Helden so wenig Beachtung, daß man aus einer kurzen Unterhaltung mit einem alten Diener mehr über den wirklichen Charakter des Menschen weiß als aus einem dieser feierlichen Berichte, die mit seiner Genealogie beginnen und mit seinem Begräbnis enden."

Man sieht aus diesem Zitat, daß Johnson deutlich eine gewisse Art der Biographie vorausgeahnt hat, jene nämlich, die Strachey später verwirklichte. Wenn man im übrigen das „Leben der Dichter" von Johnson liest, staunt man über die „Stracheysche" Art der meisten dieser Abhandlungen. Es würde tatsächlich genügen, einen Teil dieses Buches: „Eminent Jacobeans" und einen anderen: „Eminent Augustans" zu benennen, um ein modernes Buch daraus zu machen. Milton wird bei Johnson einer strengeren Behandlung unterworfen als der Kardinal Manning bei Strachey.

Soll ich gestehen, daß ich als Kunstwerk „Eminent Victorians" vorziehe? Johnson gibt sein geistiges Urteil mit einer Heftigkeit ab, die belustigt, die aber der Wirkung schadet oder sie zumindest verschiebt. „Der Grobheit seiner Schimpfreden", sagt er von Milton, „kommt nur noch die Alltäglichkeit seiner Schmeicheleien gleich." Ein zu hartes Urteil, will mir scheinen, um von einem Biographen über das Sujet seiner Biographie gefällt zu werden. Objektivität, Unbefangenheit sind die höchsten ästhetischen Tugenden. Ein Biograph müßte wie ein Romancier „belichten", nicht „belasten". Ein großes Leben, das gut erzählt ist, suggeriert immer eine Lebensphilosophie, aber es kann nichts dabei gewinnen, wenn dieses Philosophie ausgedrückt wird.

Ist es möglich, daß eine Biographie dichterischen Wert hat? Ich glaube ja. Dichtung im weitläufigen Sinn des Wortes scheint mir eine Transformation der Natur in eine schöne und verständliche Form durch die „Einführung eines Rhythmus" zu sein. Dieser Rhythmus wird in der Dichtung im eigentlichen Sinn durch Versform und Reim geschaffen, in der Musik durch das

Thema, in einem Buch durch das in mehr oder weniger großen Intervallen Wiederauftreten der wichtigsten Themen des Werkes. Ein Lebensschicksal resultiert immer aus einer gewissen Anzahl solcher Themen, bearbeitet man eins von ihnen, so zwingen diese Themen sich uns bald mit merkwürdiger Gewalt auf. In Shelleys Leben dominiert das Thema des Wassers die ganze Symphonie. Wir finden ihn in seiner Jugend in Eton, wie er am Ufer eines Flusses träumt, später setzt er seine zerbrechlichen und symbolischen Papierschiffe auf einen Fluß; dann spielt sich sein Leben auf Kähnen ab; seine erste Frau, Harriet, ertrinkt, und das Bild seines Todes in den Wellen beschäftigt den Leser lange Zeit vor dem wirklichen Ereignis, als habe das Schicksal Shelley seit seiner Kindheit zu der Bucht von Spezzia getrieben.

In Disraelis Leben gibt es das Blumenthema, das einmal in Gestalt eines Geranienstrauches, den ihm seine Schwester sendet, auftritt, ein andermal in Form von Primeln der Königin; es gibt ein Thema des Orients, leuchtend und klar, das in der Jugendzeit seine Fanfaren schmettert, das langsam sanfter wird und bei seinem Tod nur noch ein fernes Geräusch ist, von englischen Geigen übertönt; es gibt das antagonistische Thema des Regens, des schrecklichen englischen Regens, der das allzu helle orientalische Licht löschen möchte und Erfolg hat; der Regen, der zuerst die vom Eglinton-Turnier beschmutzten Ritter in die Flucht schlägt, der Regen, der Peel überflutet und die Pfaue von Hughenden entfiedert, der schließlich den sonnenbeschienenen Zauberer selbst besiegt.

Strachey hat es verstanden, diese hohe Poesie des Lebens zu beherrschen, ich kenne nur wenige Stellen, die schöner sind als die letzten Seiten der „Queen Victoria", auf denen er uns alle Themen aus dem Leben der Königin vereint vorführt, wie sie an dem Geist der Sterbenden vorüberziehen:

„... Die Wälder von Osborne im Frühling, voll von Primeln für Lord Beaconsfield; Lord Palmerstons Kleider und vornehmes Wesen, Alberts Gesicht unter der grünen Lampe und sein erster Hirsch in Balmoral, und Albert in seiner silberblauen Uniform, und der Baron, der in das Zimmer tritt, und Lord Melbourne, der nach Windsor kommt, während die Krähen in den Ulmen schreien; und der Erzbischof von Canterbury, der bei Tagesanbruch vor ihr niederkniete, und das Geschrei der Truthähne des toten Königs, und die sanfte Stimme des Onkels Leopold in Claremont, und die Lehzen mit ihrem Globus, und die Federn ihrer Mutter, wie sie ihr im Gesicht wehen, und eine alte Remontoiruhr ihres Vaters in einer Schildpattdose, und ein gelber Teppich, und freundliche Vorhänge aus geblümtem Musselin, und die Bäume und der Rasen von Kensington ..."

Diese Seite erinnert an den Totenmarsch aus „Siegfried", an die Themen der Tetralogie, die zum Schluß der Götterdämmerung schwarz verhüllt wiederkehren. Der Geist kostet eine melancholische Poesie bei dieser raschen

Revue der Vergangenheit. Wir binden zu einem armseligen Strauß die seltenen Blumen zusammen, die ein Leben verschönt haben, und wir bieten sie dem erfüllten Schicksal dar. Das ist der letzte Refrain eines sterbenden Gesanges, die letzte Strophe eines vollendeten Gedichtes. Hier ist der Biograph dem großen Musiker, dem großen Dichter ebenbürtig.

Günter Riederer

Die „Frankenstein-Methode“ moderner Biographik

André Maurois und seine Überlegungen zur Theorie der Biographie

„Der Biograph muß wie der Porträtist, wie der Landschaftsmaler das Wesentliche von der Gesamtheit trennen. Durch diese Auswahl schafft er, wenn er außerdem noch fähig ist zu wählen, ohne zu verringern, ein Kunstwerk.“ (S. 87)[1] In diesen beiden Sätzen steckt der Kern der biographischen Theorie des französischen Schriftstellers André Maurois (1885–1967), die er im Mai 1928 einem interessierten Publikum im Rahmen mehrerer Vorlesungen näher zu bringen versuchte. Unter dem Titel „Biography as a Work of Art“ skizzierte er in einem dieser Vorträge ausführlich eine Vorgehensweise, deren Methode vordergründig an die Tätigkeit des Künstlers angelehnt war: Eine Biographie bedürfe einer gewissen Auswahl durch den Biographen, dessen wichtigste Aufgabe es sei, sinnvolle Schwerpunkte zu setzen und signifikante Details zu beschreiben. Auf diese Weise, so einer der zentralen Gedanken Maurois', spiele bei der Erstellung einer Biographie der Faktor der Subjektivität die entscheidende Rolle: Mit den Klumpen, die dem Urgrund der Quellen entnommen werden, modelliert der Biograph seine Beschreibung eines Menschenlebens. Am Ende des Prozesses hat er das fertige Werk gleichsam zum Leben zu erwecken. Was hier entworfen wird, stellt – anders und pointierter formuliert – die „Frankenstein-Methode“ moderner Biographik dar.

Maurois, der ein äußerst umfangreiches und vielgestaltiges Werk hinterlassen hat, beschäftigte sich aber nicht nur auf theoretischer Ebene mit Grundsatzfragen der Biographik. Er ist ein ausgewiesener Praktiker, der selbst eine Vielzahl von Biographien veröffentlichte und heute als Meister

1 In Klammern angeführte Seitenangaben im Text beziehen sich auf den vorliegenden Band.

des Genres gilt. Dabei war ihm das Interesse für die Literatur nicht unbedingt in die Wiege gelegt. Unter dem Namen Emile Salomon Wilhelm Herzog kam Maurois am 16. Juli 1885 in Elbeuf-sur-Seine als Sohn von Ernest Herzog (1850–1925) und dessen Frau Alice Hélène, geborene Lévy (1865–1945), zur Welt. Seine Familie war ursprünglich im elsässischen Bischwiller ansässig und unterhielt dort eine florierende Textilfabrik. Nach dem deutsch-französischen Krieg und der Annexion des Elsass durch das Deutsche Kaiserreich emigrierten seine Eltern 1871 nach Frankreich und ließen sich in der Normandie nieder.

Der junge Maurois besuchte das Lycée Corneille in Rouen, wo er unter anderem von dem französischen Moralphilosophen Émile-Auguste Chartier, besser bekannt unter seinem Pseudonym Alain, unterrichtet wurde. Nachdem er ein Studium der Philosophie an der Universität von Caen mit der Licence de lettres abgeschlossen hatte, trat er zunächst in die Tuchfabrik der Familie ein. Bald führte Maurois jedoch ein Doppelleben: Neben seiner Tätigkeit als Fabrikdirektor widmete er sich in seinen freien Stunden seiner eigentlichen Passion, dem Schreiben. Für seinen ersten Roman, der unter dem Titel *Les silences du colonel Bramble*[2] 1918 erschien, wählte er auf Anraten seiner militärischen Vorgesetzten ein Pseudonym, das sich aus dem Vornamen seines im Krieg gefallenen Cousins und dem Namen eines Ortes bei Cambrai zusammensetzte: André Maurois.

Anfang der 1920er Jahre veröffentlichte Maurois mit *Ariel ou la vie de Shelley*[3] seine erste Biographie. Bis 1965, als seine letzte Biographie – über Balzac[4] – erschien, publizierte Maurois insgesamt 14 größere biographische Werke. Zu den Biographierten zählen neben Byron, Voltaire und Chateaubriand auch George Sand, Marcel Proust und Edward VII.[5] Zusammen mit zahlreichen kleineren Veröffentlichungen und Vorträgen trug ihm sein umfangreiches biographisches Werk bei der Kritik Bezeichnungen wie „Prinz der Biographien", „Meister der biographischen Romanze" oder gar „größter Biograph unserer Zeit" ein.

---

2 Vgl. André Maurois: *Les silences du Colonel Bramble*. Paris 1918 (dt.: *Das Schweigen des Obersten Bramble*. München 1929).

3 Vgl. André Maurois: *Ariel ou la Vie de Shelley*. Paris 1923 (dt.: *Ariel oder das Leben Shelleys*. Leipzig 1928).

4 Vgl. André Maurois: *Prométhée ou la Vie de Balzac*. Paris 1965 (dt.: *Prometheus oder Das Leben Balzacs*. Wien u.a. 1966).

5 Vgl. André Maurois: *Don Juan ou la Vie de Byron*. Paris 1930 (dt.: *Byron*. München 1930); *Voltaire*. London 1932; *René ou la Vie de Chateaubriand*. Paris 1938; *A la recherche de Marcel Proust*. Paris 1949 (dt.: *Auf den Spuren von Marcel Proust*, Hamburg 1956); *Lélia ou la Vie de George Sand*. Paris 1952 (dt.: *Dunkle Sehnsucht. Das Leben der George Sand*. München 1953); *Edouard VII et son temps*. Paris 1933 (dt.: *Eduard VII. und seine Zeit*. München 1933).

Im Mai 1928 hielt Maurois die Clark Lectures am Trinity College in Cambridge. Diese bis heute bestehende Vorlesungsreihe, begründet von dem britischen Anglisten und Shakespeareforscher William George Clark (1821–1878), beschäftigt sich mit ausgewählten Aspekten der britischen Literatur. Maurois folgte dem Romancier und Essayisten Edward M. Forster (1879–1970), der ein Jahr vor ihm zum Thema „Aspects of the Novel“ gesprochen hatte. In Anlehnung an diesen Titel nannte Maurois seine Vorlesungen „Aspects of Biography“ und konzipierte sie als eine Art Biographie der Biographie. Die auf Englisch gehaltenen Vorträge erschienen noch im selben Jahr im Verlag Au Sans Pareil gedruckt in einer französischen Ausgabe unter dem Titel „Aspects de la Biographie“. Das 178 Seiten umfassende Buch erreichte rasch eine weite Verbreitung und erschien zwei Jahre später bereits in 18. Auflage bei Grasset. Der Text Maurois' avancierte zu einem viel gelesenen Klassiker der biographischen Methodologie und wurde zu Beginn der 1950er Jahre im sechsten Band der Gesamtausgabe seiner Werke erneut abgedruckt.[6] Eine von Sydney Castle Roberts besorgte englische Übersetzung erschien bereits 1929 in der Cambridge University Press. Die sechs Kapitel des Buches geben den Inhalt der Vorlesungen vom Mai 1928 wieder, sie beschäftigen sich mit der modernen Biographie, der Biographie als Kunstwerk, der Biographie als Wissenschaft, der Biographie als Ausdrucksmittel, der Autobiographie sowie dem Zusammenhang von Biographie und Roman. Der vorliegende Text erschien im selben Jahr in der Übersetzung von Lissy Radermacher in der bei S. Fischer herausgegebenen Literaturzeitschrift *Die Neue Rundschau* und gibt das zweite Kapitel des Buches wieder.

Maurois stellt in diesem Text einige Regeln auf, die nach seiner Überzeugung jede gute Biographie zu befolgen habe. In kritischer Auseinandersetzung mit der Vorgehensweise antiker Biographen wie Plutarch, der zunächst die Handlungen und dann die den Charakter seiner Helden betreffenden Anekdoten aufzählt, wird von Maurois eine strikte Einhaltung der Chronologie gefordert. Apodiktisch heißt es: „Ich halte es für äußerst schwierig, den Leser für Tatsachen zu interessieren, die sich nicht in normaler Reihenfolge abspielen.“ (S. 90) Die sukzessive Erzählung eines Lebens erleichtere es – so sein Argument –, die Entstehung eines Charakters nachzuzeichnen. Zuvorderst müsse es darum gehen, die Entwicklung der Persönlichkeit des Biographierten erkennbar werden zu lassen. Einfühlend soll die Biographie das Seelenleben und den Charakter seiner Hauptperson erkunden:

6 Vgl. André Maurois: *Œuvres complètes*, 16 Bde. Paris 1950–1955, Bd. 6. Aspects de la biographie, Byron. Paris 1951.

> Das wirkliche Sujet für einen Biographen, der das Leben Napoleons beschreibt, ist die sentimentale und geistige Entwicklung Napoleons [...]. Man betrachte eine einfache Tatsache, wie die Schlacht von Austerlitz; in der Geschichte im eigentlichen Sinn kann sie, muß sie in jeder einzelnen Phase beschrieben werden; in einer Biographie Napoleons muß sie die Schlacht sein, wie der Kaiser sie gesehen und empfunden hat. (S. 92)

Wichtig für eine Biographie sei aber zweitens auch die Auswahl und Darstellung von Details. Ein nur durch schriftliche Dokumente vermittelter Mensch bleibe eine abstrakte Person. Umso mehr Bedeutung komme der Beschreibung dessen zu, was uns eine Vorstellung von dem wirklichen Aussehen eines Menschen geben kann – seiner Stimme, seines Körpers, seiner gesamten physischen Erscheinung. Maurois untermauert diese These mit einem langen Zitat aus Marcel Schwobs Vorrede zu den *Vie imaginaires* (1896; dt. *Der Roman der zweiundzwanzig Lebensläufe*, 1925), einem flammenden Plädoyer für die Bedeutung persönlicher Eigen- und Besonderheiten im Hinblick auf den Lauf der Weltgeschichte.

Und drittens betont Maurois den erzählenden Charakter jeder biographischen Arbeit: Der Autor einer Biographie besitze gewisse Freiheiten, die nicht zuletzt dadurch entstünden, dass er seinem Werk eine Art Rhythmus zu geben habe. Diese Akzentuierung entsteht durch das Auftreten zentraler, in mehr oder weniger großen Intervallen immer wiederkehrender Themen. Zur Illustration seiner Überlegungen führt Maurois als Beispiel das Motiv des Wassers bei Shelley an:

> Wir finden ihn in seiner Jugend in Eton, wie er am Ufer eines Flusses träumt, später setzt er seine zerbrechlichen und symbolischen Papierschiffe auf einen Fluß; dann spielt sich sein Leben auf Kähnen ab; seine erste Frau, Harriet, ertrinkt, und das Bild seines Todes in den Wellen beschäftigt den Leser lange Zeit vor dem wirklichen Ereignis, als habe das Schicksal Shelley seit seiner Kindheit zu der Bucht von Spezzia getrieben. (S. 96)

Liest man Maurois' Ausführungen heute, so erstaunen die in einigen Passagen auftretenden modernen Ansätze seines Textes. Das Plädoyer für ein romanhaftes Vorgehen des Biographen oder die Erkenntnis vom konstrukthaften Charakter einer Biographie muten für seine Zeit erstaunlich fortschrittlich an. Auch seine Idee, eine Biographie mit Hilfe von Leitmotiven zu strukturieren, gehört dazu. Andererseits bleibt Maurois in vielen seiner Aussagen auch Kind seiner Zeit, er ist fokussiert auf die – zumeist männlichen – Helden der Geschichte. Besonders deutlich wird diese Verhaftung in jenen Passagen, in denen er sich ausdrücklich dagegen ausspricht, das Leben unbekannter Menschen zu beschreiben. In dieser Hinsicht wurde Maurois allerdings erst über 70 Jahre später auf beeindruckende Weise widerlegt, als der französische Historiker Alain Corbin am Beispiel des nach dem Zufallsprinzip ausgewählten Holzschuhmachers Louis-François Pinagot das Porträt eines Unbekannten und seiner Zeit geschaffen hat, das mittlerweile als Meisterwerk einer spekulativ-kritischen Geschichtsschreibung gilt.[7]

Am Schluss bleibt die Feststellung einer Herausforderung, die auch heute noch für jeden biographischen Versuch Gültigkeit besitzt: Während die Figuren eines Romans vereinfachte Charaktere darstellen, seien die Menschen im wirklichen Leben – so Maurois – „gefährliche Rätsel", deren Handlungen nur schwer vorauszusehen oder nachzuvollziehen sind. Dieses Spannungsfeld produktiv zu gestalten, gehört nach wie vor zu den Hauptaufgaben jeglicher Biographik.

Weiterführende Literatur

Bibliothèque Nationale (Hg.): *André Maurois*. Paris 1977.
Droit, Michel: *André Maurois*. Paris 1953.
Kolbert, Jack: *The Worlds of André Maurois*. Selinsgrove (PA) u.a. 1985.
Maurois, André: *Aspects de la biographie*. Paris 1928.
Maurois, André: *Aspects of Biography*. Cambridge 1929.

7 Vgl. Alain Corbin: *Le monde retrouvé de Louis-François Pinagot: Sur les traces d'un inconnu, 1798 – 1876*. Paris 1998 (dt.: *Auf den Spuren eines Unbekannten. Ein Historiker rekonstruiert ein ganz gewöhnliches Leben*. Frankfurt/M. 1999).

Sergej Tretjakow

Biographie des Dings*

[1929]

Die Wechselbeziehungen der Personen in einem klassischen Roman, der auf der Biographie eines individuellen Helden basiert, erinnern sehr an ägyptische Fresken. Im Zentrum, auf dem Thron ein kolossaler Pharao, neben ihm, etwas kleiner, die Gattin, noch kleiner die Minister und Heerführer und als kupferne Punkte, die anonyme Masse der Bevölkerung, Gesinde, Krieger, Sklaven.

Im Mittelpunkt dieses Weltgebäudes steht der Romanheld. Die ganze Welt wird durch ihn verkörpert. Mehr noch, die ganze Welt ist im Grunde nur eine Sammlung seines Zubehörs.

Die idealistische Philosophie beherrscht die Romankomposition. Formeln wie „Der Mensch ist das Maß aller Dinge", „Ein Mensch – wie stolz das klingt!", „Mit dem Tod des Menschen stirbt die Welt" sind nichts anderes als Sandkörnchen, um die sich die bürgerliche Kunst kristallisiert, die Kunst der Epoche der freien Konkurrenz und des räuberischen Wettbewerbs.

Man braucht nur zu prüfen, welches Gewicht die objektive Welt, die der Dinge und Prozesse, und welches die subjektive Welt, die der Emotionen und Erlebnisse, im Roman besitzt, um zu erkennen, wie stark der Idealismus ist.

Alle diese Onegins, Rudins, Karamasows und Besuchows sind gewissermaßen Sonnen selbständiger Planetensysteme, um die dienstfertig die anderen Gestalten, Ideen, Dinge und historischen Prozesse kreisen. Genauer gesagt, es sind keine Sonnen, sondern einfache Planeten, die sich für Sonnen

* Tretjakow, Sergej: „Biographie des Dings". In: *Gesichter der Avantgarde. Porträts – Essays Briefe.* Hg. v. Fritz Mierau. Übers. v. Ruprecht Willnow. Berlin, Weimar 1985, S. 102–106. [Die Übersetzung von Ruprecht Willnow erscheint mit freundlicher Genehmigung des Reclam Verlags.] [Erstdruck: „Biografija Vešči". In: *Literatura fakta.* Moskau 1929, S. 66–70.]

halten und auf ihren Kopernikus warten, daß er sie auf den gebührenden Platz rücke.

Wenn heute gehorsame Schüler der idealistischen Literatur versuchen, „die Wirklichkeit synthetisch widerzuspiegeln", und literarische Systeme mit den Samgins, Wirinejas und Tschumalows im Zentrum errichten, bauen sie wieder an jenem überholten „ptolemäischen System" der Literatur.

Im Roman absorbiert und subjektiviert der leitende Held die gesamte Wirklichkeit. Die Kunst der verschiedenen Epochen stellt den Menschen in verschiedenen Querschnitten dar oder vielmehr eingeschlossen in verschiedene Sphären. Etwa die Sphäre ökonomischer, politischer, produktionstechnischer, biologischer, psychologischer und persönlicher Erscheinungen.

Den klassischen Romancier interessiert nicht der Mensch als Teilnehmer am ökonomischen Prozeß. Man sollte nicht vergessen, daß die Wurzeln der idealistischen Kunst im Feudalismus liegen, wo die Gestalt des müßig schmarotzenden, privilegierten Rentiers im Mittelpunkt stand. Ist die Verachtung des Romans für den arbeitenden Menschen nicht darauf zurückzuführen? Man überprüfe einmal, wieviel Seiten im Roman den technischen und produktiven Fertigkeiten des Helden gewidmet sind.

Es gibt Ingenieure, Ärzte und Finanziers als Helden, doch gewöhnlich erfahren wir herzlich wenig darüber, was sie tun und wie sie es tun. Dagegen wird ausführlich abgehandelt, wie sie sich küssen, wie sie speisen, ihren Vergnügungen nachgehen, sich langweilen und sterben.

Diese Verpflanzung der Romangestalten aus der Sphäre der Produktion in die des Privatlebens, der Psychologie, hat zur Folge, daß der Roman gewöhnlich in der Freizeit des Helden spielt. Besonders ungeheuerlich klingt das bei Romanen von Zeitgenossen, die „bei den Klassikern lernen", die die „Leiden der Werther des Proletariats in ihrer arbeitsfreien Zeit" beschreiben.

Die handelnde Person kaum in ihrer Berufssphäre skizzierend, analysierte der klassische Roman sie auch nur ungern in der Sphäre politischer, sozialer oder physiologischer Erscheinungen. Wir wissen, wie bedingt die Physiologie des Romans war. Erinnert sei nur daran, daß die Gesetze der Ästhetik des Romans für die Helden und Heldinnen eine eigene, phantastische Krankheit erfanden, Nervenfieber, und streng darauf achteten, daß Verwundungen der Helden und schwere Krankheiten stets oberhalb der Gürtellinie blieben. Die idealistische Philosophie mit ihrer Lehre von Vorbestimmtheit, Verdammtheit und ihrem Verabsolutieren der Naturgewalt zwang dem Roman ihren Willen auf: Er stellte den Menschen in eine verhängnisvolle Situation. Anstelle sozial oder professionell bedingter Krankheiten kultivierte er angeborene psychophysiologische Besonderheiten. Denken wir an all die Tragödien von Epileptikern, Mißgeburten, Kranken, Wahnsinnigen und Krüppeln. Der Roman interessierte sich nur für unbedingte Reflexe: Tragödien, Hunger, Liebe, Eifersucht.

Sozialpolitische Konflikte wurden nur von der Warte verletzter Ethik (Verrat und Treubruch) und der daraus entspringenden Neuropathologie (Gewissensbisse) behandelt. Der unter solchen Aspekten im Roman gestaltete Mensch wurde völlig irrational. Emotionell-pathologisch aufgebläht, war er der gesellschaftlichen und intellektuellen Sphäre entfremdet.

Wo noch außer im Roman kann die Emotion einen derart absoluten und unverfrorenen Sieg über den Intellekt des Menschen, seine Kenntnisse und seine technisch-organisatorische Erfahrung feiern?

Kurz gesagt, wir meinen, ein auf die Biographie des Helden gebauter Roman ist in seiner Grundidee falsch und dient gegenwärtig als bestes Mittel, die Konterbande des Idealismus einzuschmuggeln.

Dies gilt selbst für solche Fälle, wo versucht wird, die Einbeziehung des Helden umzugestalten und ihn aus professionell-physiologisch-sozialer Sicht zu erfassen.

Die Kraft der Regeln des Romans ist so zwingend, daß jedes berufsbedingte Moment als verabscheuungswürdige Abweichung von der gewohnten Entwicklung des Werkes angesehen werden würde und jeder physiologische Zusatz entweder als Symptom psychologischen Erlebens oder als lästige Ablenkung der Aufmerksamkeit des Lesers.

Ich bekam das selbst zu spüren, als ich an dem Bio-Interview Deng Schihua schrieb, der Biographie eines realen Menschen, möglichst objektiv gestaltet. Fortwährend ist man geneigt, in die gewohnte Bahn biographischen Psychologisierens abzugleiten, während faktisch vorliegende Zahlen und Bemerkungen am Rande ästhetischer Metaphern und Hyperbeln wirken.

Mögen die Dinge und Produktionsprozesse auch in bedeutendem Maße in die Erzählung einbezogen werden, die Gestalt des Helden schwillt immer mehr an und beginnt, die Dinge und ihren Einfluß zu bedingen, statt durch sie bedingt zu sein.

Für den Kampf gegen den Idealismus des Romans erscheint es am zweckmäßigsten, die Erzählung als eine Art „Biographie des Dings" aufzubauen.

Die „Biographie des Dings" ist eine sehr nützliche kalte Dusche für die Literaten, ein hervorragendes Mittel, damit der Schriftsteller, dieser ewige „Anatom des Chaos", „Bezwinger der Elemente", sich in einen Menschen mit etwas zeitgemäßerer Bildung verwandele; vor allem ist die „Biographie des Dings" deshalb nützlich, weil sie die vom Roman aufgeblähte menschliche Persönlichkeit auf ihren Platz stellt.

Die kompositionelle Struktur der „Biographie des Dings" läßt sich mit einem Fließband vergleichen, auf dem das Rohprodukt entlanggleitet. Durch menschliche Bemühungen verwandelt es sich in ein nützliches Produkt. (So sind die Dinge Pierre Hamps aufgebaut. Besonders sein „Frischer Fisch".)

Die „Biographie des Dings" ist bestens geeignet, menschliches Material aufzunehmen.

Die Menschen stoßen auf Querbahnen des Fließbands zu dem Ding. Jede Bahn führt neue Menschengruppen herbei. Quantitativ können sie sehr weit verfolgt werden, und das sprengt durchaus nicht die Proportionen der Erzählung. Sie treten mit dem Ding durch ihre soziale Seite in Berührung, durch ihre produktionstechnischen Fertigkeiten, wobei das Nützlichkeitsmoment lediglich den Endabschnitt des ganzen Fließbands umfaßt. Die individuell spezifischen Momente der Menschen entfallen in der „Biographie des Dings", persönlicher Kummer und Epilepsien sind nicht spürbar, dafür treten berufliche Sorgen und Nöte der betreffenden Gruppen und soziale Neurosen deutlich hervor.

Während man sich bei einem biographischen Roman großen Zwang auferlegen muß, um diese oder jene Eigenschaft des Helden als sozial bedingt zu empfinden, muß man sich in der „Biographie des Dings" übermäßig anstrengen, um in der betreffenden Erscheinung irgendeine individuelle Besonderheit zu sehen.

In der „Biographie des Dings" erhält die Emotion den ihr gebührenden Platz und wird nicht als persönliches Erlebnis empfunden. Hierbei erkennen wir der Emotion ein soziales Gewicht zu, je nachdem, wie ihr Entstehen sich im herzustellenden Ding widerspiegelt.

Man darf auch nicht vergessen, daß sich Menschen zu *beiden* Seiten des Fließbands befinden, auf dem das Produkt vorwärts gleitet. Dieser Längsschnitt durch die Menschenmasse ist der Klassenschnitt. Herren und Arbeiter treffen nicht katastrophal aufeinander, sondern berühren sich organisch. In der „Biographie des Dings" können wir den Klassenkampf in entwickelter Form auf allen Etappen des Produktionsprozesses miterleben. Es hätte keinen Sinn, ihn in die Psychologie des Einzelwesens zu transponieren und speziell für ihn Barrikaden zu errichten, um sie mit der roten Fahne in der Hand zu erstürmen.

Die Revolution auf dem Fließband der Dinge klingt härter, überzeugender, die Massen stärker erfassend. Denn an der „Biographie des Dings" nehmen die Massen unbedingt teil.

Also nicht der Mensch, das Einzelwesen, geht durch den Aufbau der Dinge, sondern das Ding wandert durch die Formation der Menschen. Hier liegt die literarische Methode, die uns fortschrittlicher erscheint als die Methoden der klassischen Belletristik.

Wir brauchen ständig Bücher über unsere ökonomischen Hilfsquellen, über die Dinge, die von Menschen hergestellt werden, und über die Menschen, die die Dinge herstellen. Unsere Politik wächst auf einem ökonomischen Stamm, es gibt nicht eine Sekunde im Alltag des Menschen, die nicht im ökonomischen, nicht im politischen Bereich läge.

Bücher wie *Holz, Getreide, Kohle, Eisen, Flachs, Baumwolle, Papier, Lokomotive, Betrieb* sind noch nicht geschrieben. Wir brauchen sie, und nur mit den Methoden der „Biographie des Dings" lassen sie sich auf befriedigende Weise herstellen.

Vor allem tritt der Mensch in neuer, vollwertiger Gestalt vor uns, wenn wir ihn auf dem Fließband der Erzählung wie ein Ding entlangfahren lassen. Aber das wird erst dann der Fall sein, wenn der von der Belletristik erzogene Leser in seiner Aufnahmefähigkeit umgeschult hat auf eine Literatur, die nach der Methode der „Biographie des Dings" aufgebaut ist.

Bernhard Fetz

Im Namen des Kollektivs

Sergej Tretjakows Plädoyer für eine Biographie des Dings

Sergej Tretjakows Essay ist im Kontext einer Ende der 1920er Jahre in der Sowjetunion intensiv geführten theoretischen Diskussion zu sehen: Es ging um die Gewinnung eines neuen Modells literarischer Produktion, in dem die Autoren in der gesellschaftlichen Wirklichkeit und die Helden im Roman ihre hervorgehobenen, durch individuelle Chrakteristika ausgezeichneten Positionen aufgeben sollten. Faktisch führte dies zu einer Erweiterung des Literaturbegriffs. An der sozialen Wirklichkeit orientierte Genres wie die Reportage, die auf Feldforschungen basierende Dokumentation, das ‚Bio-Interview' sollten das Handwerkszeug von mit Fakten ‚operierenden' Schriftstellern werden, die ihre Elfenbeintürme verlassen und sich unter das Volk mischen. Es ging auch um eine Verwissenschaftlichung der Gattung, um eine Integration der neuesten wissenschaftlichen Erkenntnisse in die literarische Arbeit. Mit dem Roman erfuhr die Vorstellung, was eine Biographie ist und welche Funktionen sie im Rahmen einer operativen Literatur übernehmen könnte, eine radikale Umwertung: Von der Biographie des Individuums zur Biographie des Dings, von der Psychologie der Romanhelden zur Soziologie der Produktionsverhältnisse, von den historischen Hauptakteuren zu den eigentlichen Protagonisten im ausgeblendeten Hintergrund der historischen Szenerien.

1932 erschien in der deutschen Übersetzung des kommunistischen Kulturpolitikers und Schriftstellers Alfred Kurella ein sogenanntes ‚Bio-Interview' Sergej Tretjakows: *Den Schi-Chua. Ein junger Chinese erzählt sein Leben*. Dieses Buch entstand auf der Basis von Interviews, die Tretjakow im Jahre 1927 über einen Zeitraum von sechs Monaten mit seinem chinesischen Studenten Den Schi-Chua in Peking geführt hatte: „Das Buch *Den Schi-Chua* haben zwei Menschen gemacht: Den Schi-Chua selbst hat den Rohstoff der Tatsachen geliefert, und ich habe sie ohne Entstellung gestaltet“, schrieb Tretjakow im Vorwort.[1] Tretjakows scheinbare biographietheoretische Unbedarftheit („ohne Entstellung“) hing mit seinem funktionalen Literaturverständnis zusammen. Siegfried Kracauer hob in seiner Rezension des Buches in der *Frankfurter Zeitung* den „Nutzwert“ dieses biographischen Experiments hervor; Tretjakows Werk sei das „eines ‚operierenden‘ Schriftstellers, dessen Schreiben ein Handeln sein will“. Die Lebensgeschichte Den Schi-Chuas sei jedoch auch „unabhängig von den mit ihr verbundenen Absichten ein außerordentliches Dokument“.[2]

Für die Wechselbeziehungen zwischen den Linksintellektuellen und revolutionären Künstlern der Weimarer Republik und den Vertretern der sowjetischen Avantgarde der 1920er Jahre war Tretjakow eine wichtige Vermittler-Figur.

> Zwar hat Tretjakow, der sehr gut Deutsch sprach, Deutschland erst im Dezember 1930 zum ersten Mal besucht, ein Teil seiner Theorien und sein Theaterstück *Brülle China!* aber waren dem Kreis um Brecht spätestens seit 1929 bekannt.[3]

Die Montagetechnik, Brechts episches Theater, Walter Benjamins auf Tretjakow und Brecht Bezug nehmender Aufsatz „Der Autor als Produzent“ (1934), die Vorstellungen von einer operativen Literatur, die Mischung verschiedener Genres und der Primat des Materials vor der Idee sind Indizien für die Verwandtschaft der Positionen. Tretjakow verarbeitete seine Begegnungen mit deutschen Künstlern (und dem Dänen Martin Andersen Nexö) zu literarischen Porträts, die zum Teil ab 1933 in sowjetischen Zeitungen abgedruckt wurden. Nach dem Moskauer Schriftstellerkongress im Jahr 1934 führte ihn eine gemeinsame Reise mit deutschen Schriftsellern wie Oskar Maria Graf, Albert Ehrenstein, Ernst Toller und Theodor Plivier in den Süden der Sowjetunion. Zusammengefasst sind diese Künstlerporträts unter dem Titel *Menschen eines Scheiterhaufens* (Moskau 1936, dt. Übersetzung in Tretjakow: *Gesichter der Avantgarde*), der den von den Nazis verfemten Dichtern ein intellektuelles und literarisches Denkmal setzen wollte. Dabei steht Tretjakow in der Tradition einer Auffassung von Biographie, die vor allem bei Herder besonders ausgeprägt ist.[4] Formal sind diese Porträts weniger avanciert als die theoretischen Diskussionen der 1920er Jahre vermuten

1 Sergej Tretjakow: *Den Schi-Chua. Ein junger Chinese erzählt sein Leben*. Berlin 1932; aus dem Vorwort zur russischen Ausgabe, S. 9.

2 Siegfried Kracauer. „Ein Bio-Interview“. In: *Frankfurter Zeitung*, Literaturblatt, 17.4.1932, S. 3.

3 Annett Gröschner: „Ein Ding des Vergessens. Sergej Tretjakow wiedergelesen“. In: *Politische Künste*. Hg. v. Stephan Porombka, Wolfgang Schneider u. Volker Wortmann. Tübingen 2007 (= Jahrbuch für Kulturwissenschaften und ästhetische Praxis, Bd. 2), S. 21–27, hier S. 23.

4 Vgl. den entsprechenden Beitrag im vorliegenden Band, S. 19–22.

ließen, sie verbinden die persönlichen Erinnerungen Tretjakows mit einer Darstellung der künstlerischen und politischen Überzeugungen der Porträtierten. „Er war weiter und wusste sehr wohl, dass es ohne die geschmähten ‚Individualidiotismen' nicht geht"[5], meinte dazu der Tretjakow-Kenner Fritz Mierau. Tretjakow spricht im Zusammenhang seines ‚Bio-Interviews' über den chinesischen Studenten Den Schi-Chua von den Schwierigkeiten, eine Biographie völlig objektiv zu gestalten. Zu stark sind die Zugzwänge der psychologischen Erzählung: „Fortwährend ist man geneigt, in die gewohnte Bahn biographischen Psychologisierens abzugleiten" (S. 107)[6], heißt es in „Biographie des Dings".

Zieht man den hier kurz skizzierten Kontext in Betracht, so ist es nur auf den ersten Blick erstaunlich, welche Menge an biographischen Unternehmungen in dieser Zeit in Angriff genommen wurde und wie groß ihre Bandbreite ist:

> Zu denken wäre nicht nur an die späten Biographien Sklovskijs über Ejzenstein und Tolstoi, seine *Erinnerungen an Majakowski*, sondern auch an seine ingeniösen, Laurence Sterne verpflichteten autobiographischen Schriften wie *Sentimentale Reise, Kindheit und Jugend* oder *Dritte Fabrik.* Oder an die mit der Gattungsbezeichnung „Historischer Roman" versehenen Lebens -Darstellungen von Jurij Tynjanov, wie die Fragment gebliebene über Puschkin, über Gribojedow (*Der Tod des Wesir-Muchtar*) oder Küchelbecker (*Wilhelm Küchelbecker, Dichter und Rebell*), die dieser große Literaturtheoretiker als Fortsetzung seiner Wissenschaft verstand. Und auch der tschechische Strukturalist Jan Mukařovsky hat das Verhältnis des Autors zum Kunstwerk und zur literarischen Reihe reflektiert. Seine Argumente gegen die These, ein Kunstwerk sei unmittelbarer Ausdruck der Individualität seines Autors, sollten Pflichtlektüre werden; allein schon deswegen, weil Mukařovsky diese weit verbreitete, gemeinhin als natürlich geltende Annahme in ihrer historischen Genesis untersucht.[7]

Gemeint ist hier Mukařovskys Aufsatz „Die Persönlichkeit in der Kunst" aus dem Jahr 1944.[8] Die revolutionären Schriftsteller verstanden sich als Mentoren einer entstehenden breiten literarischen Bewegung, und welche Form wäre besser geeignet, die Lebensverhältnisse und Erfahrungen der einfachen Leute wiederzugeben als die (Auto-)Biographie. So rief etwa Maxim Gorki dazu auf, „10.000 Biographien über sowjetische Bürger zu verfassen".[9]

---

5 Fritz Mierau: „Gesicht und Name". In: *Sergej Tretjakow. Gesichter der Avantgarde. Porträts. Essays. Briefe.* Hg. v. Fritz Mierau. Berlin, Weimar 1985, S. 447–458, hier S. 458.

6 In Klammern angeführte Seitenangaben im Text beziehen sich auf den vorliegenden Band.

7 Karl Wagner: „Glanz und Elend der Biographik". In: *Spiegel und Maske. Konstruktionen biographischer Wahrheit.* Hg. v. Bernhard Fetz u. Hannes Schweiger. Wien 2006, S. 50f.

8 Jan Mukařovsky: „Die Persönlichkeit in der Kunst" [1944]. In: ders.: *Studien zur strukturalistischen Ästhetik und Poetik.* München 1974, S. 66–83.

9 Devin Fore: „Gegen den ‚lebendigen' Menschen. Experimentelle sowjetische Biographik der

Tretjakow wie den anderen Mitgliedern der radikalrevolutionären Gruppe LEF („Linke Front der Künste"), die mehr am ästhetischen und sozialen Utopismus des Futurismus orientiert waren als an den Klassikern der marxistisch-leninistischen Tradition, ging es in den Jahren 1927–1929 darum, die Individualbiographie zu kollektivieren, parallel zur gleichzeitig erfolgenden ersten Phase einer Kollektivierung der Landwirtschaft im Rahmen des ersten Fünfjahresplanes.

> Das Ziel der kollektivistischen ‚Biographie des Dings' (*biografija vešči*) war es, das Privatkapital der Geschichte, auf das Figuren wie Napoleon, Goethe oder Púškin ein Monopol hatten, zu beschlagnahmen und an eine Vielzahl von Akteuren umzuverteilen. Die neue sowjetische Biographie wurde als eine Art historiographische *uravnilovka* (‚Ausgleich' oder ‚Nivellierung') konzipiert und sollte Geschichte von unten neu erzählen.[10]

Hauptangriffspunkt Tretjakows ist der individualistische Held des bürgerlichen Romans (gemeint ist neben dem Roman als Produzent von Lebensläufen immer auch die Biographie als romanhaftes Genre), der frei von Erwerbsarbeit zu sein scheint, in idiosynkratischer Manier seinen Privatinteressen frönt, und der sowohl von der Sphäre der materiellen Produktion als auch von den physiologischen Funktionen des eigenen Körpers abgetrennt ist. In beiden Punkten bewirkte die Kritik Tretjakows und seiner Mitstreiter eine Erweiterung der Romanform und der Biographie, wenn diese Kritik auch in einem übergreifenden historischen Prozess der Modernisierung und Rationalisierung zu sehen ist. So nimmt die Sphäre der Arbeit auch nach den verschiedenen historischen Phasen einer ‚Literatur der Arbeitswelt' heute einen weit größeren Anteil in der Romanproduktion ein als zu Zeiten der Müßiggänger in den klassischen Entwicklungsromanen. (Aber schon was den ‚bürgerlichen' Roman anbelangt, gilt es zu differenzieren: Wenn zum Beispiel der Held in Adalbert Stifters *Der Nachsommer* ein wissensdurstiger empfindsamer Privatier ist, so spielen doch das Handwerk und die Handarbeit, als utopischer Gegenpol zur ausgeblendeten Realität der Industriearbeit, eine bedeutende Rolle.) Und als Beispiel für die geradezu exzessive Thematisierung des Zusammenhangs von Werk und Sexualität, von Erkenntnis und Physiologie sei nur die im Jahr 2005 erschienene Biographie von Joachim Radkau zu Max Weber genannt. Ein weiterer Vorwurf Tretjakows, die Beschreibung von Konflikten im Roman werde lediglich auf der Ebene verletzter Normvorstellungen und daraus folgenden pathologischen

---

1920er Jahre". In: *Die Biographie – Zur Grundlegung ihrer Theorie.* Hg. v. Bernhard Fetz unter Mitarbeit v. Hannes Schweiger. Berlin, New York 2009, S. 353–381, hier S. 354.

10 Ebd.

Konflikten dargestellt – was eine „emotionell-pathologisch[e]" Aufblähung zur Folge habe, anstatt die gesellschaftliche und intellektuelle Dimension von Konflikten miteinzubeziehen – mag auf einen Großteil der biographischen Produktion auch heute noch zutreffen. Doch hat sich zumindest auf dem Gebiet wissenschaftlicher Biographik eine Richtung etabliert, die ihr Hauptaugenmerk auf die Entstehung intellektueller und gesellschaftlicher Netzwerke legt oder auf das Nachleben von Ideen und intellektuellen Prägungen und weniger auf die Psychopathologie der biographischen Subjekte.[11]

Tretjakow entwirft am Beginn seines Essays das Bild einer biographischen Pyramide, in der in Entsprechung zum Aufbau der bürgerlichen Klassengesellschaft ganz oben das herausgehobene biographische Subjekt ruht, der Herrscher, Künstler oder Feldherr, dessen Leben auf der Masse der namenlosen anderen aufbaut. Oder, in ein anderes Bild gefasst: Die Helden in den klassischen Romanen sind wie „Planeten, die sich für Sonnen halten" (S. 105/106), um die sich alles dreht. Dieser biographischen Konstruktion von oben steht ein Buch wie Tretjakows *Feld-Herren: Der Kampf um eine Kollektivwirtschaft* (Berlin 1931) gegenüber, das die Herren der Felder, die Kolchosbauern, ins Zentrum rückt. Es basiert auf Recherchen, die Tretjakow bei einem längeren Aufenthalt in einem Kolchos im Nordkaukasus angestellt hatte. Der ‚Held' in diesem Buch ist das Kollektiv.

Wie ein literarisches Programm praktisch umzusetzen wäre, bei dem nicht der Mensch durch die Dinge hindurchgeht und dabei geprägt wird, sondern die Dinge „durch die Formation der Menschen" (S. 108) gehen und dadurch ihre Gestalt, ihren Gebrauchswert und ihre Funktion erhalten, das ist schwierig zu beantworten. Am schönsten umgesetzt scheint es in der Schreibaufgabe, die Tretjakow 1928 den Leserinnen und Lesern der Zeitschrift *Pionerskaja Pravda* stellte: Sie sollten die Gegenstände in ihren Taschen inspizieren und sie beschreiben, wodurch über die Geschichte der Dinge indirekt Selbstporträts der Verfasserinnen und Verfasser entstehen sollten.[12] Entscheidend ist die Anleitung zur eigenen kreativen Arbeit bei der Erfahrung der Lebensumwelt.

> Die Besonderheit dieser Hilfe sah Tretjakow darin, dass die Bewältigung des jeweiligen Materials – Sprache, Farbe, Klang, Raum –, die der Künstler oder ‚Seelen-

11 Vgl. dazu den Beitrag von Hannes Schweiger: „Die soziale Konstituierung von Lebensgeschichten. Überlegungen zur Kollektivbiographik". In: *Die Biographie – Zur Grundlegung ihrer Theorie*. Hg. v. Fetz, S. 317–352. Zum intellektuellen Nachleben vgl. etwa Ulrich Raulff: *Kreis ohne Meister. Stefan Georges Nachleben*. München 2009.

12 Vgl. Fore: „Gegen den ‚lebendigen' Menschen", S. 368f.

ingenieur, Seelenkonstrukteur' vorzeigte, vom Partner (Leser, Zuschauer, Hörer) mitzuleisten ist.

Trainiert werden sollen „Alternativdenken, Orientierungssinn, Gliederungsfähigkeit, Entschlußfreude“[13]: Fähigkeiten, die beim Aufbau einer neuen Gesellschaft dringend notwendig sind und wie sie die stalinistische Literatur- und Gesellschaftspolitik ab den 1930er Jahren systematisch unterdrückte. Im Juli 1937 wurde Tretjakow verhaftet und beschuldigt, ein Mitarbeiter des japanischen Geheimdienstes zu sein. Am 9. August 1939 kam er in einem sibirischen Lager um. Bertolt Brecht erinnert in seinem Gedicht „Mein Lehrer“ an Tretjakow:

Mein Lehrer
Der große, freundliche
Ist erschossen worden, verurteilt durch ein Volksgericht.
Als ein Spion. Sein Name ist verdammt.
Seine Bücher sind vernichtet. Das Gespräch über ihn
Ist verdächtig und verstummt.
Gesetzt, er ist unschuldig?[14]

Der stalinistische Staatsterror hat die revolutionäre künstlerische Avantgarde der 1920er Jahre systematisch ausgelöscht. Ihre theoretische und praktische Arbeit, getragen von der Überzeugung, dass es zur Gewinnung neuer Begriffe von Literatur, Leben und Gesellschaft einer Hinwendung zu den Fakten und zu den alltäglichen (Lebens-)Materialen bedarf und dass diese Fakten auf avancierte Weise zu bearbeiten sind, ist nach wie vor virulent. Zu denken ist dabei an die literarischen und filmischen Montagen Alexander Kluges, an die Bild-Text-Collagen Rolf Dieter Brinkmanns, an die Verbindung von Ethnographie und Literatur in den Texten Hubert Fichtes oder an die mit Dokumentationsmaterial arbeitenden literarischen Biographien Hans Magnus Enzensbergers.[15]

---

13 Fritz Mierau: „Gesicht und Name. In: *Sergej Tretjakow. Gesichter der Avantgarde. Porträts. Essays. Briefe.* Hg. v. Fritz Mierau. Berlin, Weimar 1985, S. 447–458, hier S. 453.

14 Bertolt Brecht: *Die Gedichte.* Frankfurt/M. 1981, S. 741.

15 Zur Tretjakow-Rezeption vgl. den Aufsatz von Gröschner: „Ein Ding des Vergessens“, S. 21–29, hier S. 28.

Weiterführende Literatur

Fore, Devin: „Gegen den ‚lebendigen' Menschen. Experimentelle sowjetische Biographik der 1920er Jahre". In: *Die Biographie – Zur Grundlegung ihrer Theorie.* Hg. v. Bernhard Fetz unter Mitarbeit v. Hannes Schweiger. Berlin, New York 2009, S. 353–381.

Gröschner, Annett: „Ein Ding des Vergessens. Sergej Tretjakow wiedergelesen". In: *Politische Künste.* Hg. v. Stephan Porombka, Wolfgang Schneider u. Volker Wortmann. Tübingen 2007 (= Jahrbuch für Kulturwissenschaften und ästhetische Praxis, Bd. 2), S. 21–30.

Mierau, Fritz: *Erfindung und Korrektur. Tretjakows Ästhetik der Operativität.* Berlin 1976.

Tretjakow, Sergej: *Den Schi-Chua. Ein junger Chinese erzählt sein Leben.* Berlin 1932.

Tretjakow, Sergej: *Lyrik, Dramatik, Prosa.* Hg. v. Fritz Mierau. Leipzig 1972.

Tretjakow, Sergej: *Die Arbeit des Schriftstellers. Aufsätze. Reportagen. Porträts.* Hg. v. Heiner Boehnke. Hamburg 1972.

Tretjakow, Sergej: *Gesichter der Avantgarde. Porträts, Essays, Briefe.* Hg. v. Fritz Mierau. Berlin, Weimar 1985.

Siegfried Kracauer

Die Biographie als neubürgerliche Kunstform*

[1930]

War in der Zeit vor dem Krieg die Biographie das seltene Werk der Gelehrsamkeit, so ist sie heute ein verbreitetes literarisches Erzeugnis. Es sind die Literaten, die Prosakünstler, denen die Biographie zur Form der Aussage wird. In Frankreich, England, Deutschland beschreiben sie das Leben der von Emil Ludwig noch übrig gelassenen öffentlichen Personen, und bald wird es keinen großen Politiker, Feldherrn, Diplomaten mehr geben, dem nicht ein mehr oder weniger vergängliches Denkmal gesetzt wäre. Eher schon einen Dichter; denn diese stehen lang nicht so in Gunst wie jene Namen, durch die das geschichtliche Leben bestimmt worden ist. Ein auffälliger Wandel gegen früher: während einst die Künstlerbiographien unter den Gebildeten gediehen, entstammen die gegenwärtigen Helden zumeist der Historie und werden von den belletristischen Verlegern in Menge für die Menge gedruckt.

Man hat die Neigung zur biographischen Darstellung, die sich seit einiger Zeit in Westeuropa eingenistet hat, kurzerhand als eine Mode abfertigen wollen. Sie ist es so wenig, wie die Kriegsromane es waren. Vielmehr sind ihre unmodischen Gründe in den weltgeschichtlichen Ereignissen der letzten anderthalb Jahrzehnte zu suchen. Ich verwende das Wort Weltgeschichte nur ungern, weil es leicht einen Rausch hervorruft, der ihm höchstens dann zukommt, wenn die Weltgeschichte wirklich zur Allerweltsgeschichte wird. Im Rundfunk z. B., aus dem es oft „Hier Paris" oder „Hier London" tönt, erfüllt die Nennung der Weltstädte die Mission eines ordinären Fusels. Aber es läßt sich nicht leugnen, daß der Weltkrieg mitsamt den politischen und gesellschaftlichen Veränderungen in seinem Gefolge, daß nicht zuletzt auch

* Siegfried Kracauer: „Die Biographie als neubürgerliche Kunstform". In: *Frankfurter Zeitung*, Literaturblatt, 29.6.1930, S. 6.

die neuen technischen Erfindungen den Alltag der sogenannten Kulturvölker tatsächlich erschüttert und umgebrochen haben. Auf dem Gebiet, um das es hier geht, haben sie das Gleiche bewirkt wie die Relativitätstheorie in der Physik. Ist durch Einstein unser Zeit-Raum-System zum Grenzbegriff geworden, so durch den Anschauungsunterricht der Geschichte das selbstherrliche Subjekt. Allzu nachhaltig hat in der jüngsten Vergangenheit jeder Mensch seine Nichtigkeit und die der andern erfahren müssen, um noch an die Vollzugsgewalt des beliebigen Einzelnen zu glauben. Sie aber bildet die Voraussetzung der bürgerlichen Literatur in den Vorkriegsjahren. Die Geschlossenheit der alten Romanform spiegelt die vermeintliche der Persönlichkeit wider, und seine Problematik ist stets eine individuelle. Das Vertrauen in die objektive Bedeutung irgendeines individuellen Bezugssystems ist den Schaffenden ein für allemal verloren gegangen. Mit dem Schwinden dieses festen Koordinatennetzes haben aber auch alle darin eingetragenen Kurven ihre Bildgestalt eingebüßt. So wenig sich der Schriftsteller noch auf sein Ich berufen kann, ebensowenig gewährt ihm die Welt einen Halt; denn beider Strukturen bedingen einander. Jenes ist relativiert, diese mit ihren Gehalten und Figuren in einen undurchsichtigen Umlauf gebracht. Nicht umsonst spricht man von der Krisis des Romans. Sie besteht darin, daß die bisherige Romankomposition durch die Aufhebung der Konturen des Individuums und seiner Gegenspieler außer Kraft gesetzt ist. (Darum ist noch nicht der Roman als Kunstgattung historisch geworden. Denkbar wäre, daß er in einer der verwirrten Welt angepaßten Form neu erstünde, daß die Verwirrung selber epische Form gewönne.)

Inmitten der erweichten unfaßlichen Welt wird der Zug der *Geschichte* zum Element. Die Geschichte, die sich uns eingebrockt hat, taucht als Festland aus dem Meer des Gestaltlosen, Nichtzugestaltenden auf. Sie verdichtet sich dem heutigen Schriftsteller, der sie nicht wie der Historiker unmittelbar anpacken kann und mag, im Leben ihrer weithin sichtbaren Helden. Nicht um des Heroenkults willen werden diese zum Gegenstand von Biographien; sondern aus dem Bedürfnis nach einer rechtmäßigen literarischen Form. In der Tat scheint der Ablauf eines historisch wirksamen Lebens sämtliche Bestandteile zu bergen, die unter den herrschenden Umständen ein Prosagebilde ermöglichen. Das in ihm eingefangene Dasein ist eine Kristallisation des geschichtlichen Waltens, dessen Unantastbarkeit außer Zweifel steht. Und wird nicht die Objektivität der Darstellung durch die historische Bedeutung des Urbildes verbürgt? An ihm glauben die literarischen Biographen endlich die Stütze gefunden zu haben, die sie anderswo vergeblich suchten, das gültige Bezugssystem, das sie der subjektiven Willkür enthebt. Seine Verbindlichkeit ist ganz offenbar eine Folge seiner Faktizität. Die Hauptperson der jeweiligen Biographie hat wirklich gelebt und alle Züge dieses Lebens sind dokumentarisch belegt. Der Kern, den einst die erfundene Handlung bot, wird in einem Schicksal wiedererlangt, das beglaubigt ist. Es ist zugleich auch die Garantie der Komposition. Jede geschichtliche Gestalt hat bereits in sich selber Gestalt. Sie hebt zu einer bestimmten Zeit an, entwickelt sich im Widerstreit mit der Welt, gewinnt Umriß und Fülle, tritt ins Alter zurück und erlischt. Der Autor ist also nicht auf ein individuelles Schema angewiesen, er erhält eines, das ihn wie jeden verpflichtet, fertig ins Haus. Des freut sich nicht so sehr seine Bequemlichkeit als sein Gewissen; vorausgesetzt, daß es sich nicht um die serienweise Fabrikation von Biographien aus Konjunkturgründen handelt. Denn die Biographie macht dem Roman heute nur darum Konkurrenz, weil sie zum Unterschied von diesem, der frei schwebt, Stoffe verarbeitet, die ihre Form bedingen. Die Moral der Biographie ist: daß sie im Chaos der gegenwärtigen Kunstübungen die einzige scheinbar notwendige Prosaform darstellt.

Eine des stabilisierten *Bürgertums.* Dieses ist freilich dazu gezwungen, sich allen Erkenntnissen und Formproblemen zu verweigern, die seinen Bestand gefährden. Es spürt die Macht der Geschichte in den Knochen und merkt sehr wohl, daß das Individuum anonym geworden ist, zieht aber aus seinen Einsichten, die sich ihm mit der Gewalt physiognomischer Erfahrungen aufdrängen, keinen wie immer gearteten Schluß, der die aktuelle Situation zu erhellen vermöchte. Vor der Konfrontation mit ihr scheut es im Interesse der Selbsterhaltung zurück. Weder läßt sich die literarische Elite der neuen Bourgeoisie ernsthaft darauf ein, die materialistische Dialektik zu durchdringen, noch stellt sie sich offen dem Anprall der unteren Massen, noch wagt sie sich irgendwo auch nur einen Schritt über die von ihr erreichte Grenze hinaus ins Jenseits der Klasse. Und doch könnte sie erst dann auf Grund stoßen, wenn sie sich ohne jede ideologische Schutzhülle an die Bruchstelle unserer Gesellschaftskonstruktion begäbe und sich auf diesem vorgeschobenen Posten mit den sozialen Mächten auseinandersetzte, in denen sich heute die Wirklichkeit verkörpert. Hier und sonst nirgends sind die Erkenntnisse zu holen, die, vielleicht, eine echte Kunstform gewährleisten. Denn die Gültigkeit, deren diese bedarf, kommt allein den Aussagen des fortgeschrittensten Bewußtseins zu, das sich hier, nur hier entwickeln kann. Aus ihm, das Halt schenkt, mag die literarische Gestalt erwachsen; oder sie erwächst nicht aus ihm, dann bliebe uns eben in der Gegenwart die Gestaltung verwehrt. (Wenn oben gesagt wurde, daß die Verwirrung selber epische Form gewinnen könne, so ist jetzt hinzuzufügen: nur auf dem Fundament des fortgeschrittensten Bewußtseins, das die Verwirrung durchschaut.) Die Biographie als Form der neubürgerlichen Literatur ist ein Zeichen der *Flucht*; genauer: der Ausflucht. Um sich nicht durch Erkenntnisse bloßzustellen, die das Dasein der Bourgeoisie in Frage ziehen, harren die

Biographen unter den Schriftstellern wie vor einer Wand an der Schwelle, bis zu der sie von den Weltereignissen vorgetrieben worden sind. Daß sie von ihr aus wieder ins bürgerliche Hinterland fliehen, statt sie zu übertreten, beweist die Analyse des Durchschnitts der Biographien. Diese betrachten zwar das geschichtliche Walten, verlieren sich aber so in seiner Betrachtung, daß sie sich nicht mehr zur Gegenwart zurückfinden. Sie treffen unter den historischen Größen eine wenig wählerische Auswahl, die jedenfalls nicht durch die Anerkennung der aktuellen Situation bedingt ist. Sie möchten der Psychologie ledig werden, von der die Vorkriegsprosa bestimmt war, und arbeiten trotz der Scheinobjektivität ihres Stoffgebiets teilweise mit den alten psychologischen Kategorien. Sie haben den suspekten Individualismus zur Hintertür hinausgeworfen und geleiten offiziell abgestempelte Individuen durch den Haupteingang von neuem ins bürgerliche Haus. Womit zugleich ein Zweites erreicht wäre: die unausgesprochene Absage an ein Regiment, das aus den Tiefen der Masse aufsteigt. Die literarische Biographie ist eine Grenzerscheinung, die hinter der Grenze bleibt.

Sie ist noch etwas anderes als bloße Flucht. So gewiß sich das Bürgertum heute im Uebergang befindet, so gewiß wohnt jeder seiner Leistungen eine doppelte Bedeutung inne. Es beabsichtigt, mit der Leistung seine Existenz zu verteidigen, und bewahrheitet unabsichtlich mit ihr den Vollzug des Uebergangs. Wie Auswanderer ihre Habseligkeiten zusammenraffen, so sammelt die bürgerliche Literatur den Hausrat, der bald nicht mehr die alte Stätte haben wird. Das Motiv der Flucht, dem die Unzahl der Biographien ihre Entstehung schuldet, wird von dem der *Rettung* überblendet. Wenn es eine Bestätigung für das Ende des Individualismus gibt, ist sie in dem Museum der großen Individuen zu erblicken, das die Literatur der Gegenwart hochführt. Und die Auswahllosigkeit, mit der sie sich aller Staatspersonen bemächtigt, bezeugt nicht nur das Unvermögen zur richtigen zeitgebundenen Wahl, sondern ebensosehr die Eile des Retters. Es gilt einen Bildersaal einzurichten, in dem sich die Erinnerung ergehen kann, der jedes Bild gleich wert ist. Wie fragwürdig immer die eine oder andere Biographie sei: der Glanz des Abschieds ruht auf ihrer Gemeinschaft.

Soweit ich sehe, gibt es nur ein einziges biographisches Werk, das von der Summe der übrigen grundsätzlich geschieden ist. Das *Trozkis*. In ihm sind die Bedingungen durchbrochen, denen die literarische Biographie untersteht. Die Lebensbeschreibung des historischen Individuums ist hier nicht ein Mittel, um der Erkenntnis unserer Situation auszuweichen, sondern dient nur dazu, sie zu enthüllen. Darum formt sich in dieser Selbstdarstellung auch ein anderes Individuum aus als das in der bürgerlichen Literatur gemeinte. Eines, das insofern bereits übergegangen ist, als es nur durch seine Transparenz gegen die Wirklichkeit wirklich wird, nicht aber die eigene

Wirklichkeit behauptet. Ein neues Individuum, außerhalb des Dunstkreises der Ideologien: es besteht genau bis zu dem Grade, in dem es sich im Interesse der erkannten aktuellen Notwendigkeiten aufgehoben hat.

Esther Marian

Jeder Angestellte will eine Persönlichkeit sein

Zu Siegfried Kracauers Biographiekritik

In der deutschsprachigen Literaturwissenschaft ist Siegfried Kracauers 1930 verfasster Aufsatz „Die Biographie als neubürgerliche Kunstform" nach seiner Wiederveröffentlichung in *Das Ornament der Masse* zu einem fast obligatorischen Referenzpunkt geworden.[1] Er wird so oft zitiert, dass Kracauer es dahin gebracht hat, im Feuilleton zu den „allzu bekannte[n] Wegmarken" des biographischen Genres gerechnet zu werden.[2] Zwei Passagen sind es im Wesentlichen, die immer wieder herausgegriffen werden. In der ersten wird das Ende des Individuums als eines handelnden Subjekts und die Krise der Romanform konstatiert:

> Allzu nachhaltig hat in der jüngsten Vergangenheit jeder Mensch seine Nichtigkeit und die der andern erfahren müssen, um noch an die Vollzugsgewalt des beliebigen Einzelnen zu glauben. Sie aber bildet die Voraussetzung der bürgerlichen Literatur in den Vorkriegsjahren. Die Geschlossenheit der alten Romanform spiegelt die vermeintliche der Persönlichkeit wider, und seine Problematik ist stets eine individuelle. Das Vertrauen in die objektive Bedeutung irgendeines individuellen Bezugssystems ist den Schaffenden ein für allemal verloren gegangen. (S. 120)[3]

Die zweite bezieht sich auf die Form der Biographie selbst:

> Der Kern, den einst die erfundene Handlung bot, wird in einem Schicksal wiedererlangt, das beglaubigt ist. Es ist zugleich auch die Garantie der Komposition. Jede

---

1 Siegfried Kracauer: „Die Biographie als neubürgerliche Kunstform". In: *Frankfurter Zeitung*, Literaturblatt, 29.6.1930, S. 6; Siegfried Kracauer: „Die Biographie als neubürgerliche Kunstform". In: ders.: *Das Ornament der Masse. Essays*. Mit einem Nachwort v. Karsten Witte. Frankfurt/M. 1977, S. 75–80.

2 Walter Schübler: „Bescheidene Begebenheiten". derStandard.at, 29.01.2010, http://derstandard.at/1263706315523/Bescheidene-Begebenheiten (Stand: 25.6.2010).

3 In Klammern angeführte Seitenangaben im Text beziehen sich auf den vorliegenden Band.

> geschichtliche Gestalt hat bereits in sich selber Gestalt. [...] Die Moral der Biographie ist: daß sie im Chaos der gegenwärtigen Kunstübungen die einzige scheinbar notwendige Prosaform darstellt. (S. 121)

Erhellt werden diese tatsächlich zentralen Passagen allerdings erst durch andere, meist ignorierte: so schreibt Kracauer, die Prosaform der Biographie sei eine „des stabilisierten *Bürgertums*", welches dazu gezwungen sei, sich Erkenntnissen und Formproblemen zu verweigern, „die seinen Bestand gefährden" (S. 121). An einer anderen Stelle ist davon die Rede, dass diese Erkenntnisse „das Dasein der Bourgeoisie in Frage ziehen", so dass die Biographie „als Form der neubürgerlichen Literatur" – und nur als solche – „ein Zeichen der „*Flucht*; genauer: der Ausflucht" sei (S. 121).

Es sind die Leserschichten der Biographie, denen Kracauers Interesse in erster Linie gilt; genau wie in der 1931 von ihm eingeleiteten und abgeschlossenen Artikelserie „Über Erfolgsbücher und ihr Publikum"[4], die ebenfalls das neubürgerliche Bewusstsein erkundete, ist die Analyse einer literarischen Form hier primär ein „Kunstgriff zur Erforschung von Schichten, deren Struktur sich auf direktem Weg nicht bestimmen läßt".[5] Es handelt sich um eben dieselben Gesellschaftsschichten, die Kracauer in der im gleichen Jahr erschienenen Essayserie *Die Angestellten* porträtiert hat[6]: aus dem alten Bürgertum hervorgegangen, haben sie ihre ökonomische Selbständigkeit verloren und sind seit der großen Depression, die auf den Börsenkrach von 1873 folgte, und besonders seit der Kriegswirtschaft, der Inflation und den Rationalisierungsmaßnahmen der Zeit nach dem Ersten Weltkrieg in lohnabhängige Stellungen geraten, ohne sich doch dabei der Arbeiterklasse und deren Organisationsformen verbunden zu fühlen. Während auf der einen Seite eine ungeheure Konzentration des Kapitals stattfindet und weltweit operierende Aktiengesellschaften von bis dahin ungekannten Ausmaßen entstanden sind, haben sich auf der anderen riesige Angestelltenheere

---

4 Siegfried Kracauer: „Richard Voß: ‚Zwei Menschen'". In: *Frankfurter Zeitung*, Literaturblatt, 1.3.1931, S. 7f. Wieder abgedruckt in: ders.: *Schriften*, Bd. 5.2. Hg. v. Inka Mülder-Bach. Frankfurt/M. 1990, S. 287–294 (fortan zit. als Kracauer: „Voß"). Siegfried Kracauer: „Ueber Erfolgsbücher und ihr Publikum". In: *Frankfurter Zeitung*, Erstes Morgenblatt, 27.6.1931, S. 1f. Wieder abgedruckt in: *Schriften*, Bd. 5.2, S. 334–342 (fortan zit. als Kracauer: „Erfolgsbücher"). Außerdem erschienen in der Serie: Friedrich Burschell: „Stefan Zweigs Novellen". In: *Frankfurter Zeitung*, Literaturblatt, 15.3.1931, S. 6; Efraim Frisch: „Erich Maria Remarque: Im Westen nichts Neues". In: *Frankfurter Zeitung*, Literaturblatt, 5.4.1931, S. 7f; Erich Franzen: „Jack London". In: *Frankfurter Zeitung*, Literaturblatt, 12.4.1931, S. 6; Siegfried Kracauer: „Bemerkungen zu Frank Thieß". In: *Frankfurter Zeitung*, Literaturblatt, 3.5.1931, S. 8f. Wieder in: ders. *Schriften*, Bd. 5.2, S. 312–318 (fortan zit. als Kracauer: „Thieß").

5 Siegfried Kracauer: „Thieß", S. 312.

6 Siegfried Kracauer: *Die Angestellten. Aus dem neuesten Deutschland.* Mit einer Rezension v. Walter Benjamin. Frankfurt/M. 1971 (= Suhrkamp Taschenbuch, Bd. 13).

gebildet, die in den industrialisierten Ländern einen immer größeren Teil der Bevölkerung ausmachen und sich in die klassischen ökonomischen Kategorien nur schwer einordnen lassen. Im Vergleich zu den früher zahlenmäßig dominierenden kleinen Gewerbetreibenden erscheinen die Angehörigen des Angestelltenstabs eines Großbetriebs oder des staatlichen Verwaltungsapparats als uniformiert, austauschbar, auf begrenzte Funktionen reduziert wie Fabrikarbeiter; ihrem Einkommen nach sind sie teils über, teils weit unter den früheren selbständigen Kleinbürgern situiert. In eine Hierarchie eingegliedert, die vom Manager bis zur einfachen Bürokraft reicht, erfahren sie sich weniger als einheitliche Klasse oder Schicht, sondern vielmehr als Teile eines ungeheuren Getriebes. Wie diese umfassenden, das ganze gesellschaftliche Leben umwälzenden Transformationsprozesse zu verstehen seien, welche neuen Bewusstseinsformen mit ihnen einhergehen und welche Möglichkeiten sie eröffnen oder zerstören könnten, hat die Zeitgenossen schon lange vor Kracauer beschäftigt; auf vieles fand sich jedoch so wenig ein Reim, dass Adorno in einem Gutachten über eine Arbeit Kracauers 1938, nach jahrzehntelangen Debatten dazu, konstatieren konnte, „dass eine ökonomische Theorie des Monopolkapitalismus, die die Fascismusanalyse [sic] tragen könnte, überhaupt noch nicht vorliegt".[7]

In der Bezeichnung „neubürgerlich" klingt das Schlagwort vom „neuen Mittelstand" an, das von deutschen Ökonomen um den einflussreichen „Verein für Socialpolitik" wie Gustav Schmoller und Adolf Wagner in Umlauf gebracht worden war und der Interessenpolitik von Massenorganisationen wie dem ‚Deutschnationalen Handlungsgehilfenverband' zugrunde lag. Mit ihm verband sich die Hoffnung, dass Angestellte, Beamte und Freiberufler als Ersatz für das schwindende alte Kleinbürgertum fungieren würden, insofern sie als Bollwerk gegen die Arbeiterbewegung dienen und die vom Zerfall bedrohte Gesellschaft stabilisieren könnten, gemäß dem erklärten Ziel des Vereins, „die unteren Klassen so weit zu heben, zu bilden, zu versöhnen, daß sie in Harmonie und Frieden sich in den Organismus der Gesellschaft und des Staates einfügen" (Schmoller).[8] Ohne sich auf diese Perspektive

7 Theodor W. Adorno: „Gutachten über die Arbeit ‚Die totalitäre Propaganda Deutschlands und Italiens', S. 1 bis 106, von Siegfried Kracauer". Universitätsbibliothek Frankfurt/M. / Archivzentrum / Nachlass Horkheimer, VI 1.317–320. Hierin liegt eine Abgrenzung von Wladimir I. Lenins Schrift *Der Imperialismus als jüngste Etappe des Kapitalismus*. Hamburg 1921 (= Bibliothek der Kommunistischen Internationale, Bd. 9), die, wie die Rede vom „Monopolkapitalismus" zeigt, für das „Institut für Sozialforschung" trotz allem maßgeblich blieb, sowie von allen an sie anschließenden oder ihr vorausgehenden theoretischen Versuchen. Unter diesen hervorzuheben ist Rudolf Hilferding: *Das Finanzkapital. Eine Studie über die jüngste Entwicklung des Kapitalismus*. Wien 1910.

8 Gustav Schmoller: „Eröffnungsrede", gehalten: *Gründungsversammlung des Vereins für Socialpolitik*, Eisenach, 8.10.1872. Zit. in: Franz Boese: *Geschichte des Vereins für Socialpolitik*

festlegen zu lassen, scheint Kracauer ihr durchaus einiges abgewonnen zu haben: das „Jenseits der Klasse“ (S. 121), in das dem Biographieaufsatz zufolge die „literarische Elite der neuen Bourgeoisie“ vorstoßen soll, ist trotz der lobenden Worte für Leo Trotzki, dessen Autobiographie *Mein Leben*[9] laut Kracauer als einzige die Grenze dorthin überschritten hat, nicht notwendigerweise ein Ort, der sich erst mit einer Abschaffung der kapitalistischen Produktionsgesetze eröffnet. 1931 lokalisiert Kracauer Chaplin in diesem Jenseits und rühmt ihn für das „Wunder [...] die Klassengegensätze aufzuheben durch seine Gegenwart und zwischen den Parteien einen Waffenstillstand zu stiften“.[10] 1934, schon im französischen Exil, bringt ihn die Suche nach einem Ausgleich in eine zweideutige Stellung zur nationalsozialistischen Arbeitsgesetzgebung, an der er hauptsächlich auszusetzen findet, dass sie die ihr zugrunde liegende, von den verelendeten Mittelschichten „mit einigem Recht“ gehegte Hoffnung, „daß es eine Position jenseits des Kapitalismus und des Sozialismus gebe, von der aus sich die Klassen versöhnen ließen“, nicht umzusetzen in der Lage sei, so dass „der Klassenkampf unter der Oberfläche weiterschwelt“ und sich irgendwann in „Explosionen“ entladen werde.[11] In Anlehnung an Alfred Weber, ein weiteres führendes Mitglied des „Vereins für Socialpolitik“, hatte Karl Mannheim 1929 in *Ideologie und Utopie* der „sozial freischwebende[n] Intelligenz“, einer „relativ klassenlose[n]“ Schicht, die Aufgabe zugesprochen, die in sich gespaltene Gesellschaft zu synthetisieren[12]; eben hierüber äußerte sich Kracauer in der *Frankfurter Zeitung* anerkennend, diese „fortgeschrittenste Gruppe“ werde ihm, Mannheim, „zum Leib und Träger des fortgeschrittensten Bewußtseins“[13], eine Formulierung, die im Biographieaufsatz wörtlich wiederkehrt.

Doch eben gegen diese Vorstellung einer vermittelnden Zwischenstellung des „Neubürgertums“ richtet sich zugleich Kracauers Kritik: in seiner Angestelltenstudie tritt er gerade der These vom „neuen Mittelstand“ vehement entgegen und betont, dass die so bezeichneten Schichten sich

---

1872–1932. Im Auftrage des Liquidationsausschusses verfaßt vom Schriftführer. Berlin 1939 (= Schriften des Vereins für Sozialpolitik, Bd. 188), S. 6–11, hier S. 9.

9 Leo Trotzki: *Mein Leben. Versuch einer Autobiographie.* Übers. v. Alexandra Ramm. Berlin 1930.

10 Siegfried Kracauer: „Chaplins Triumph“. In: ders.: *Kino. Essays, Studien, Glossen zum Film.* Hg. v. Karsten Witte. Frankfurt/M. 1979 (= Suhrkamp Taschenbuch, Bd. 126), S. 176–179, hier S. 177.

11 Siegfried Kracauer: „Das neue ‚Gesetz zur Ordnung der nationalen Arbeit‘“. In: ders: *Schriften,* Bd. 5.3. Hg. v. Inka Mülder-Bach. Frankfurt/M. 1930, S. 273–281.

12 Karl Mannheim: *Ideologie und Utopie.* 2. Aufl. Bonn 1930 (= Schriften zur Philosophie und Soziologie), S. 122–134.

13 Siegfried Kracauer: „Ideologie und Utopie“. In: ders.: *Schriften,* Bd. 5.2, S. 148–151, hier S. 150.

trotz aller Abgrenzungsbedürfnisse ökonomisch vom Industrieproletariat de facto nicht unterschieden: „Dem Nachweis ihrer Proletarisierung hat meine Schrift ‚Die Angestellten' gegolten".[14] Die literarische Biographie wäre demnach einer von zahlreichen Versuchen, dem Bewusstsein der unwiderruflichen eigenen Deklassierung auszuweichen; der dieser Form inhärente Individualismus wäre der verschollenen Bürgerlichkeit zuzurechnen, die im Bewusstsein der Angestellten nachspukt: „Jeder Angestellte will lieber eine Persönlichkeit sein als das, was er unter einem Proletarier versteht."[15]

Nach Kracauer befindet sich „das Bürgertum heute im Uebergang" (S. 122); seine Auflösung wird durch die kulturellen Veranstaltungen, die sie aufhalten sollen, erst recht bestätigt. Insofern ist die Formulierung, dass „das Dasein der Bourgeoisie in Frage" stehe, weniger als Hinweis auf die Forderung nach deren Verschwinden zu verstehen als vielmehr so, dass sie durch Transformationsprozesse innerhalb des Kapitalismus bereits verschwunden sei, ohne dies wahrhaben zu wollen. Einerseits scheint sich Kracauer mit einer Entwicklung zu identifizieren, in der sich „vorerst noch unter einer Hülle" Tendenzen zur „Kollektivierung des Lebens" entfalten, die sich „mit privatwirtschaftlichen Grundsätzen nicht durchaus decken", und lobt die Illusionslosigkeit, mit der weite Beamtenkreise und „führende Männer der Wirtschaft" die individualistische Haltung, wie sie in den Bestsellern aufscheint, preisgegeben haben.[16] Andererseits ist es gerade diese Kollektivierung, die ihm äußerstes Unbehagen bereitet.[17]

Tatsächlich geht es bei dem Versuch, das Aufkommen der Angestelltenstäbe zu begreifen, nicht einfach nur um eine neue Klasse oder Schicht, sondern vielmehr um eine Transformation, die die gesellschaftlichen Kategorien selbst antastet: neben der Betriebshierarchie haben weder das alte Bürgertum noch die Arbeiterklasse einen eigenständigen Bestand, sondern gehen vielmehr in ihr auf. In Keimformen zeigte sich dies schon seit dem Aufkommen der großen Industrie; wenn Kracauer von einem stattlichen Heer spricht, das aus den ehemaligen „Unteroffizieren des Kapitals" geworden sei[18], bezieht er sich damit auf die schon von Marx beschriebene Fabrikdespotie zurück:

> Wie eine Armee militärischer, bedarf eine unter dem Kommando desselben Kapitals zusammenwirkende Arbeitermasse industrieller Oberoffiziere (Dirigenten, mana-

14 Kracauer: „Erfolgsbücher", S. 337.
15 Kracauer: „Voß", S. 291f.
16 Kracauer: „Erfolgsbücher", S. 338.
17 Vgl. Kracauer: *Die Angestellten*, S. 74–80, S. 115.
18 Ebd., S. 12f.

> gers) und Unteroffiziere (Arbeitsaufseher, foremen, overlookers, contre-maîtres), die während des Arbeitsprozesses im Namen des Kapitals kommandieren.[19]

Vom einfachen Handlanger bis hinauf ins oberste Management sind in dieser Hierarchie alle formell lohnabhängig, und zugleich sind im Zeitalter der Aktiengesellschaften und Sparkonten alle potentiell Kapitaleigentümer; die Funktionen des Managements und des Eigentums, schon immer begrifflich unterschieden, fallen personell auseinander, ohne dass deshalb das Kapital als Kommando vergegenständlichter Arbeit über lebendige Arbeit der Repräsentation entbehren könnte: „Es ist dies die Aufhebung der kapitalistischen Produktionsweise innerhalb der kapitalistischen Produktionsweise selbst".[20] Wenn Kracauer diese Aufhebung affirmativ als Herausbildung einer kollektivistischen Produktionsordung „unter der Hülle" der Privatwirtschaft fasst, bewegt er sich damit auf der Linie beider Flügel der Arbeiterbewegung – damals ungeheure Machtfaktoren im politischen Leben: an der quasimilitärischen Organisation der Produktion hatten deren Theoretiker wenig auszusetzen, sondern zielten vielmehr darauf ab, die Formen der Angestelltengesellschaft gesamtgesellschaftlich zu erweitern und zu verstaatlichen; paradigmatisch heißt es bei Lenin, zumindest übergangsweise sei die ganze Gesellschaft in „ein Büro und eine Fabrik" zu verwandeln, in der die „Rechnungsführung" über „die Kapitalisten (die nunmehr Angestellte geworden sind)" und Intellektuelle mit „kapitalistische[n] Allüren" für die „Reinigung der Gesellschaft von den Niederträchtigkeiten und Gemeinheiten der kapitalistischen Ausbeutung" sorgen soll.[21] In einem bereits 1910 publizierten Aufsatz, in dem er in ähnlichem Sinne wie Kracauer die These vom „Neuen Mittelstand" kritisiert, hat Anton Pannekoek unfreiwillig ausgeplaudert, dass solche Bestrebungen darauf hinauslaufen, eben die Verhältnisse, die er selbst als „slavery" bezeichnet, zu verewigen: „they know that they must remain all their lives in the position of subordinates. The socialization of the means of production would not change their position except as it would improve it by liberating them from the caprice of the individual capitalist."[22]

---

19 Karl Marx: „Das Kapital. Kritik der politischen Ökonomie", Bd. 1. In: Karl Marx u. Friedrich Engels: *Werke*, Bd. 23. Hg. v. Institut für Marxismus-Leninismus beim ZK der SED. Berlin (DDR) 1962, S. 351.

20 Karl Marx: „Das Kapital. Kritik der politischen Ökonomie", Bd. 3. Hg. v. Friedrich Engels. In: Karl Marx u. Friedrich Engels: *Werke*, Bd. 25. Hg. v. Institut für Marxismus-Leninismus beim ZK der SED. Berlin (DDR) 1972, S. 454.

21 W. I. Lenin: „Staat und Revolution". In: ders.: *Werke*. Hg. v. Institut für Marxismus-Leninismus beim ZK der KPdSU, Berlin (DDR) 1960, S. 393–507, hier S. 488.

22 Anton Pannekoek: „The New Middle Class". Übers. v. William E. Bohn. In: *International Socialist Review* 10 (1909/10) H. 4, S. 317–326, hier S. 322.

Wenn Kracauer für die Anpassung des Bewusstseins an die Realität einer sich „unter einer Hülle“ herausbildenden Gesellschaftsordnung plädiert, in der die Individuen so wenig „ihr Geschick noch als einzelne gestalten“[23], dass der Individualismus der Biographie als Narkotikum fungiert, so läuft die Kritik dieses Narkotikums Gefahr, unversehens in eine Apologie der „klassenlose[n] Gesellschaft der Autofahrer, Kinobesucher und Volksgenossen“ (Adorno)[24] umzuschlagen. Die „Absage an ein Regiment, das aus den Tiefen der Masse aufsteigt“ (S. 122), wäre unter der Voraussetzung, dass ein solches Regiment die eigene Unfreiheit zementiert statt sie zu brechen, weniger abschätzig zu beurteilen als Kracauer es in „Die Biographie als neubürgerliche Kunstform“ tut.

Weiterführende Literatur

Siegfried Kracauer: *Die Angestellten. Aus dem neuesten Deutschland.* Mit einer Rezension v. Walter Benjamin. Frankfurt/M. 1971 (= Suhrkamp Taschenbuch, Bd. 13).

Siegfried Kracauer: „Über Erfolgsbücher und ihr Publikum“. In: ders.: *Schriften*, Bd. 5.2. Hg. v. Inka Mülder-Bach. Frankfurt/M. 1990, S. 334–342.

Siegfried Kracauer: „Jacques Offenbach und das Paris seiner Zeit“. In: ders.: *Werke*, Bd. 8. Hg. v. Ingrid Belke unter Mitarbeit v. Mirjam Wenzel. Frankfurt/M. 2005.

23 Kracauer: *Die Angestellten*, S. 82.

24 Theodor W. Adorno: „Reflexionen zur Klassentheorie“. In: ders.: *Gesammelte Schriften*, Bd. 8. Hg. v. Rolf Tiedemann. Frankfurt/M. 2003 (= Suhrkamp Taschenbuch Wissenschaft, Bd. 1708), S. 373–391, hier S. 377.

Emil Ludwig

Historie und Dichtung*

[1936]

„Die Form will so gut verdaut sein als der Stoff; ja, sie verdaut sich viel schwerer."
Goethe

So oft sich Forscher und Künstler auf demselben Gebiete begegnen, gibt es Streit. Wenn nur der eine die Wahrheit suchte, der andere die Schönheit, entstände kein Problem; da jeder die. Wahrheit in anderer Form sucht und einer gar die höhere zu kennen glaubt, wächst das Befremden. Es ist, als zögen zwei junge Leute aus, um Sträusse zu binden: der eine wählt sich ein gewisses Stück Wiese aus, pflückt alles, was darauf blüht, geht nach Hause, breitet sie aus: und stellt mit Sorgfalt seine Blumen so zusammen, dass möglichst viele Arten darin vereinigt sind; der andere überschaut mit dem ersten Blick das Feld, wählt im Wandern aus und hält bald in Händen einen Strauss, frisch und bunt wie ein Abbild der Wiese.

Aus diesem Gegensatze haben sich in der Geschichtschreibung Kämpfe und Krisen ergeben, wie die heutige; sie ist nicht die erste, sie ist früher erlebt und geheilt worden. Als der grosse Macaulay vor achtzig Jahren seine Geschichte Englands schrieb, wagte er als seinen Ehrgeiz zu bekennen, er wollte für einige Tage den neuesten Moderoman vom Tische der jungen Damen verdrängen. Er spottete gern über die „Würde" der Geschichte, die er „eine Lieblingsvorstellung schlechter Historiker" nannte, empfand sich als Dichter, der sein Material sichtet und formt, anstatt es zu vermehren, übte sich zugleich jahrelang als Staatsbeamter in Indien, als Minister und Mitglied des Parlamentes, lernte so von der Gegenwart aus in immer erneuten

---

* Emil Ludwig: „Historie und Dichtung". In: ders.: *Die Kunst der Biographie*. Paris 1936 (= Phoenix-Buecher, Bd. 32 a/b), S. 5–46.

Erfahrungen die Geschichte verstehen, kehrte zuweilen zu seinen Dichtungen zurück, und so blieb er in stetem Zusammenhang mit dem Leben, aus dessen Erscheinungen, und mit seiner Phantasie, mit deren Vorblicken er seine geschichtlichen Werke belebte.

Nach dem Tode dieses Autodidakten schrieb die Royal Society: „Macaulays eigentlicher Platz ist bei den Politikern, Rednern, Dichtern, Essayisten, Historikern Englands, nicht bei den Forschern ... Er begnügte sich, die Resultate der modernen Wissenschaft auf die Autorität anderer hin anzunehmen und lieber bei ihren politischen und sozialen Formen zu verweilen, als etwa selbst ihrem langsamen und mühsamen Vorgehen zu folgen."

Und er, dessen Balladen weniger Ruhm als seine politischen Reden, dessen Reden weniger Ruhm als seine Geschichte Englands erlangten, der aber aus beiden Reichen seine historischen Arbeiten gespeist hatte, einer der grössten Historiker Englands wurde in Westminster in der Poets' Corner neben den grossen Dichtern seines Landes beigesetzt.

I

Das dichterische Talent gefährdet den Historiker so leicht, wie es ihn fördern kann; immer bleibt es eine Frage der prozentualen Mischung, der Disziplin und Wahrhaftigkeit, also zugleich eine moralische Frage, wie weit sich der Künstler verführen lässt, wenn er als Historiker arbeitet. Denn insofern Geschichte schreiben nichts anderes ist, als die überlieferten Dokumente sichten, sondern und deuten, so kommt sie gewissen Formen der Dichtung verfänglich nahe. Ist nicht der Dichter immer ein rechter Wegelagerer? Im Dickicht hat er sich versteckt, die Vorübergehenden beraubt und, wenn er ihre Züge gesondert, gedeutet, dann auf das Geheiss seiner Phantasie alles durcheinandergeschüttelt hat, in einem wunderlichen Abbild alles wiedergegeben, was er gesehen, und doch nicht, wie er es gesehen hat. Dabei merkten es die Bestohlenen gar nicht, und es kommt vor, dass einer sich nach Jahr und Tag ein solches Geschmeide kauft, ohne die Steine wiederzuerkennen, die er dafür geliefert hat.

Vor allem lebt der Dichter historischer Dramen von solchen Plünderungen; der grösste unter ihnen hat von seinen sechsunddreissig Stücken nur eines selbst erfunden, das ist das schwächste geblieben und scheint dies schon mit seinem Titel „Verlorene Liebesmühe" symbolisch anzudeuten. Ob einer das Leben seiner Mitmenschen oder seiner Vorfahren beraubt, um es abgewandelt darzustellen, immer ist er ein Nachzeichner, und wenn er einen neuen Menschen erfinden wollte, der wird vergebens zu atmen suchen und immer in der Phiole eingeschlossen zittern.

Allerdings war es zu Shakespeares Zeiten leichter, historische Dramen zu schreiben, da man etwa für die antike Zeit nicht viel mehr als Plutarch, Herodot und Seneca hatte, kaum Kommentare und keine Quellenforschung, die den Dichter verwirren. Mit wachsenden Dokumenten wuchs die Gefahr für den Autor, sich an das Detail zu verlieren, zum Schaden der Grundvision seiner Gestalt, die aller Lektüre voranging. Schiller musste von dem, was er im „Dreissigjährigen Kriege“ dargestellt hatte, die Hälfte vergessen, um Wallenstein zu schreiben, das Kostbarste, was ihm je gelang, und wenn man Shakespeares Königsdramen die beste Geschichte Englands genannt hat, so ist davon so viel wahr, dass die immanente, die höhere Wahrheit dieser Epoche sonst nirgends so plastisch wird.

Goethes antihistorische Natur wehrte sich auch in diesem Felde, er entfernte sich immer entschiedener von seinen Jugendversuchen, und auch diese beiden, wärmer und gegenwärtiger als irgendein Schillerstück, entlassen eben darum den Hörer mit geringerer Kenntnis der Epoche als jene. Von der Geschichte hielt er nicht sehr viel: „Hätte ich so deutlich wie jetzt gewusst, wieviel Vortreffliches seit Jahrhunderten da ist, ich hätte keine Zeile geschrieben, sondern etwas anderes getrieben.“ Noch weniger von der objektiven Geschichtschreibung: „Dass die Weltgeschichte von Zeit zu Zeit umgeschrieben werden müssen“ sagt er in der Farbenlehre, „darüber ist in unseren Tagen wohl kein Zweifel übriggeblieben.

Eine solche Notwendigkeit entsteht aber nicht daher, weil viel Geschriebenes nachentdeckt wurde, sondern weil neue Ansichten gegeben werden, weil der Genosse einer fortschreitenden Zeit auf Standpunkte geführt wird, von denen sich das Vergangene auf eine neue Weise überschauen und beurteilen lässt.“

So spiegelt das historische Drama neben der Epoche, die es darstellt, immer auch die wieder, in der es geschrieben wird: Shaw las den Mommsen, um seinen Cäsar zu schreiben, Shakespeare hatte den Plutarch gelesen, und wenn Schiller und Shaw aus derselben Jungfrau von Orleans zwei ganz verschiedene Frauen machten, so sprechen daraus die Zeitalter dieser Dichter. Goethes Götz von Berlichingen ist unhistorischer als der von Hauptmann, weil Goethe nur die Selbstbeschreibung seines Helden kannte; aber Hauptmann erweist seinen Dichterblick auch darin, dass er in seinem Florian Geyer einen Charakter schaute und bildete, den eben jetzt, dreissig Jahre nach dem Entstehen dieses Werkes, neu gefundene Dokumente bestätigen.

Hier wird es deutlich, dass der Dichter immer der beste Historiker wäre, wenn er auf die Erfindung verzichtete, denn er „begreift die Welt durch Antizipation“. Die Wahrheit dieses Wortes wird dadurch doppelt erwiesen, dass Goethe es in früher Jugend sprach, also auch die Weisheit antizipierte, die dieses ergraut und erfahren wirkende Wort enthält.

Solange er aber die Geschichte benutzt, um daraus unverantwortliche Dramen zu bilden, wird sich der Dichter der Geschichte nur als eines Mediums bedienen, sie wird stets ancilla poesiae für ihn bleiben. Die Anekdote, die ihn vor allem fasziniert, weil sie ein Gleichnis ist, darf er benutzen, auch wenn ein grausamer Forscher ihm bewiesen hat, dass etwa Friedrich niemals mit dem Müller von Sanssouci prozessiert habe; denn in seiner Darstellung wird sie die höhere Wahrheit enthalten, bei der wir fühlen: dieser Charakter hätte gewiss auch im Leben so gehandelt. Zuweilen liefert die Geschichte selber Szenen, Reden und Antworten von solcher Prägnanz, dass der Dichter nichts Besseres tun kann, als sie in sein Drama wörtlich einzusetzen. So nahm Büchner in seinen Danton ganze Reden aus den Berichten der Nationalversammlung auf, und Karl Kraus übernahm seitenlange Dokumente aus dem Kriege in seine Letzten Tage der Menschheit.

Gefährlicher ist der historische Roman; Goethe hat ihn eine Mischform aus Historie und Roman genannt, die beide zerstöre. Wenn der Dramatiker den geschichtlichen Helden redend vorführt, so riskiert er die Enttäuschung des Hörers, der mit Namen und Zügen des Auftretenden bedeutende Vorstellungen verbindet, die der Dichter jetzt erfüllen muss: bleibt er hinter dem Genie des grossen Mannes zurück, lässt er ihn auf eine ihm nicht kongeniale Weise reden, so sind Dichter und Held auf der Bühne blamiert. Im Roman dagegen ist es weniger verantwortlich, eine historische Person einzuführen, sie kann von allen Seiten lange beschrieben und erklärt werden, ohne den Mund aufzutun. Aber hier wird eine ganze Epoche mitverlangt und geschildert, und eben die Ausschmückung, die der Leser sucht, birgt die Gefahr, dass man dem Romancier seine Darstellung glaubt; wenn er schweift und erfindet, entsteht ein schiefes Bild von einem Zeitalter im Kopfe des Lesers, wenn nicht grosse Autoren wie Balzac oder Zola am Werke sind.

Wann hätte ein grosser Dichter einen weltberühmten Namen zum Mittelpunkte seines Romanes gemacht? Tolstoi und Stendhal wissen Napoleon aus diesem Mittelgrunde zu rücken, Flaubert und Jacobsen machen sich an zwei unbekannte Frauen, und anstatt sich einer Überlieferung zu bedienen, schaffen sie diese erst für Salambo und Frau Marie Grubbe.

In beiden Formen, im historischen Roman und Drama, unterscheidet sich der Dichter nur durch die Freiheit der Erfindung vom Historiker.

II

Nicht durch die Phantasie. Das Wagnis, Menschen, vermodert in ihren Grüften, aufs neue so zu beleben, dass sie vor uns zu treten, uns anzureden scheinen, ganze Zeiten uns vorzuzaubern, dies Wagnis ist ja eben die vornehmste Aufgabe auch des Historikers, und jeder, den wir gross nennen, Burckhardt und Mommsen, Carlyle und Macaulay, hat diese Kraft besessen.

Es herrscht nur zufällig heut eine Schule, die diese Basis der Geschichtschreibung verlassen hat, Und Nietzsche, der sie in Quellenforschung versanden sah, schrieb: „Schillers Ahnung war die rechte: das Wort Drama musste die Historie bezwingen, um die Wirkung hervorzubringen, die ursprünglich die Historie hatte.“

Es gab Zeiten, wo es nicht wie heut erlaubt war, Geschichte zu schreiben, indem man Tatsachen häuft, vergleicht und ordnet, ohne zugleich die Kunst des Schreibens zu besitzen. Wir brauchen nicht auf Plutarch zurückzugehen, nicht einmal auf Voltaire, der als reiner Dichter weniger denn als Historiker für die Dauer hinterliess und sich ganz den menschlichen Eigenschaften der einzelnen Führer hingab. Wir brauchen nur auf Renan zu blicken, der bei Sichtung der Dokumente nur ablehnte, was ihm innerlich unwahrhaftig erschien; während er Millionen von Skeptikern die Gestalt Jesu als eines grossen Propheten schenkte, schrieb die Geschichtsforschung, er habe in einem Roman sich ausgeschwärmt, sie war aber nicht imstande der Welt einen Ersatz für das verrufene Buch zu geben. Der grosse Burckhardt rechnete sich unter diese „dilettanti“ der Historie, betonte immer wieder „die grosse subjektive Willkür in der Auswahl“, nennt alle Ereignisse nur Sinnbilder des Allgemeinen und schreibt: „Seitdem man angefangen hat, aus den falschen Meinungen grosser Männer eine Wissenschaft zu machen, ist das Leben zu kurz geworden.

Und in einem Briefe: „Die Geschichte ist mir noch immer Poesie.“ Seine Kultur der Renaissance ist derart aus nachtwandlerischer Sicherheit und Ahnung entstanden, dass er sich nach Vollendung als Reiter über den Bodensee bezeichnete und Neubearbeitung ablehnte, so dass es erst einem berühmten Philologen vorbehalten blieb, dies jungfräuliche Kunstwerk durch Auffütterung in eine dicke Madame zu verwandeln.

Wo sind denn die grossen legitimen Historiker hin, die zur Zeit der grösseren illegitimen von den Kathedern Europas die Jugend belehrten? Hören wir einen Gelehrten unserer Tage, Professor Fueter, über einen jener Bastarde urteilen, die uns so gut gefallen: „Sein Werk über Cromwell ist, als Biographie eines Staatsmannes und Militärs betrachtet, so unvollständig wie möglich. Es versucht nur den Charakter, nicht die historische Wirksamkeit des Helden zu schildern. Es macht nicht einmal den Versuch,

Cromwell in die englische politische Geschichte einzureihen. Freilich, wie hätte es auch anders sein können? Er verfügte nur über ganz desultorische historische Kenntnisse. Es ist natürlich, dass gerade diese Mängel ihm bei allen -unpolitischen Naturen, die mit der bisherigen Geschichtschreibung wenig anzufangen wussten, einen ungeheuren Erfolg verschafften. Er besass ein unvergleichliches Schilderungstalent. Sein bewusst exzentrischer Stil stösst zwar Leute von feinerem Geschmack leicht zurück, übt aber auf das grössere Publikum umso stärkere Wirkung aus. Er hatte nicht vergebens als Publizist begonnen."

Merkwürdige Ähnlichkeit: wo las ich doch gestern diese Dinge? Vernichtet der Professor nicht einen der Unsrigen?

Es ist Thomas Carlyle, der hiermit hingerichtet wurde; nur mit der unscheinbaren Einschränkung: er besass ein unvergleichliches Schilderungstalent.

Und doch hört man sogar heut auch andere Stimmen. So wendet sich G. von Below mit diesen Sätzen gegen die Objektivität der Rankeschule: „Die persönliche Eigenart des Historikers wird stets die Auswahl des Stoffes bestimmen... Es ist auch ein mit der Bewältigung des Quellenstoffes gegebener, unvermeidlicher Nachteil, dass eine Anzahl Forscher Kärrnerdienste auf sich nehmen muss... Die praktische Wertbeurteilung wird immer einen subjektiven Kern in sich bergen."

Die drei grossen Historiker Deutschlands und Frankreichs, die während eines halben Jahrhunderts die Fahnen trugen, sind bei ihrem Auftreten herrlich empfangen worden: über Mommsen schrieb, als die Römische Geschichte herauskam, eine gelehrte Vereinigung, er schreibe „ganz schlechten Zeitungsstil", weil er ein grosser Erzähler war. Über Taine ist es noch heut unter den Meistem Brauch, die Achseln zu zucken, da er ja die tout petits faits significatifs für die Materie der Wissenschaft erklärte, also nichts als ein grosser Psychologe war, und über Burckhardts Griechische Kulturgeschichte, das tiefste, was wir über die Griechen haben, schrieb Wilamowitz-Moellendorff, sie habe keinen wissenschaftlichen Wert.

Denn seit die grosse Spezialisierung begonnen hat, seit auch die Geschichte philologisch atomisiert wird, erfasst eine begreifliche' Erbitterung den Mann am Mikroskop, wenn immer wieder solche Müssiggänger kommen und sich die Resultate der Forschung räuberisch aneignen, ohne den Weg zum Mikroskop zurückzugehen. Sie kennen die Dankbarkeit nicht oder würden nicht daran glauben, mit der diese Wanderer auf die entsagungsvolle Arbeit des Philologen blicken, ohne die sie ja selbst nichts zusammenfassen könnten.

III

Heut werfen die Forscher den Künstlern vor, sie trieben in ihren historischen Werken Politik; merkwürdig, dass dieser Einwand nur gegen Republikaner und Sozialisten erhoben wird. Hat Treitschke sein Leben lang etwas anderes getan? Er benutzte nur preussische Archive, um sich seine Freude an der preussischen Machtpolitik nicht trüben zu lassen. Aber auch Heinrich von Sybel, der doch als korrekter Schüler Rankes begann und ihn darum missverstand, nannte es „den natürlichen Beruf des Gelehrten, aus seiner Wissenschaft „die Quellen abzuleiten zur Befruchtung des öffentlichen Lebens", rühmte die Beseitigung des objektiven Historikers als einen „höchst erheblichen Fortschritt" und wies die „vornehme Neutralität" für ihn ab: er solle sittlich begeistern, erziehend wirken, müsse also eine politische Überzeugung haben. Da ist er denn auch zwanzig Jahre später der Suggestion Bismarcks so verfallen, dass seine Geschichte des neuen Deutschland unbrauchbar wurde, weil er beinah nur die Quellen benutzen konnte, die Bismarck ihm gab; selbst der Titel des grossen Werkes „Die Gründung des Deutschen Reiches durch Wilhelm den Ersten" ist ein Irrtum.

Auch von denen, die es ungern wahr haben wollen, wird die Abhängigkeit vom Strome des Geschehens bezeugt. So hat der gelehrte Autor eines gross angelegten Bismarckwerkes auf die Frage, warum er nicht weiter schreibe, im Jahre 1915 erwidert, er müsse erst den Ausgang des Weltkrieges abwarten. Wir nehmen dies gefährliche Wort nicht übel; aber was täten jene, wenn wir es gesprochen hätten!

Auf Burckhardts Wegen gehen heute die Dilettanten weiter: wir Bastarde, gezeugt aus Historie und Dichtung. Über ein „belletristisches" Bismarckbuch las ich vor kurzem das Verdikt: wenn der Autor bei der Schilderung des Berliner Kongresses die territorialen Fragen auf dem Balkan mit der Bemerkung übergehe, sie seien längst überholt, so brauche man überhaupt nicht mehr Geschichte zu schreiben. In der Tat braucht man für solche Dinge nur noch historische Karten, um sich über die Lage eines Punktes der Erde zu einer bestimmten Zeit zu orientieren. Jene Kämpfe zwischen Bulgarien und der Türkei um einen Bissen balkanischen Brotes interessieren niemand, sie haben damals nicht einmal Bismarck interessiert. Sie gehen uns so wenig an wie die Schlachtordnungen bei Cannae, Leuthen oder Austerlitz, aus denen selbst der Generalstäbler um 1930 nicht mehr lernen kann, als Ford vom Modell des ersten Autos.

Wenn einem neuen Buch über Napoleon vorgehalten wird, „die Bedeutung des Friedens von Tolentino, die Mittelmeerpolitik des königlichen Frankreich, die Neuordnung von Lunéville, der Frieden von Amiens, das Verhältnis zu Paul I. bilden lauter Lücken", so würde ich, wenn ich etwa der Autor wäre, erwidern, ich könne nichts Angenehmeres hören, denn genau auf diese Lücken kam es dem Autor an. Vielleicht war sein Geist nicht auf diese schon zu Napoleons Lebzeiten sich ständig wandelnde Materie, – vielleicht war er mehr auf die Stimmung gerichtet, unter deren Druck oder Antrieb er beim Frieden mehr oder weniger nachgab, auf die Einflüsse, die von seiner Frau, seinen feindlichen Freunden, von seinen Brüdern ihn erreichten und ganze Reihen von neuen Tatsachen ermöglichten oder ausschliessen. Vielleicht hatte der Autor erkannt, dass das Ewig-Menschliche fesselnder und zugleich belehrender ist als das Zeitlich-Gewandelte, dass die Geschichte eines grossen Herzens bedeutungsvoller ist als die Veränderung einer Spezialkarte zwischen 1790 und 1810.

Denn was die Illegitimen an Fakten zu geben suchen, ist nicht so viel, sondern so wenig wie möglich. Da alle Darstellung, gleichviel ob Historie oder Dichtung, eine Auslese bedeutet und selbst. die neuesten Versuche, einen Tag durch tausend Seiten ungekürzt zu beschreiben, in Wahrheit eine solche Auslese enthält, so bleibt sie subjektiv, und kein Richter könnte entscheiden, welche der Wahrheit der Fakten näher kommt.

Freilich ist es eine unlesbare Kunst und keine lehrbare Wissenschaft, Quellen zu lesen. Der reine Gelehrte, der bei seiner Lampe mehrere Beschreibungen einer Schlacht, einer Konferenz, eines Stelldicheins, einer Todesstunde liest und heftig differieren sieht, kann eine Entscheidung schwerer treffen, als der Weltmann oder Künstler: ihm fehlt der Vergleich, den der eine aus einer vielfältigen Erfahrung, der andere mit seiner antizipierenden Gabe zieht.

Stellen wir uns etwa Carlyle oder Burckhardt in dieser Lage vor und neben ihnen jene Professoren, die sie so souverän vernichtet haben: welche von beiden Gruppen wird grundsätzlich zu diesem Geschäfte besser taugen? Da soll also entschieden werden, wer von den Zeugen einer historischen Szene wirklich dabei war und wer ein Interesse hat, dies vorzugeben, warum er dies Interesse gegenüber dem Mann oder Frau hat, der er den als Quelle dienenden Brief sendet, wer von den Zeugen vermutlich bessere Augen und Ohren, wer mehr oder weniger Phantasie hatte, wer naiv oder wer voreingenommen, wer teilnehmend, wer feindlich, wer berechnend war. Die Stimmungen der Zeugen zur Zeit jeder Szene und zur Zeit ihrer Zeugen zur Zeit jeder Szene und zur Zeit ihrer Aussage sollen nachgewogen und über all dem soll schliesslich ausgefunden werden, welcher von den verschiedenen Berichten nach dem Charakter des Handelnden der psychologisch wahrscheinlichste wäre. Zu diesem Schlusse gibt es vor allem zwei Wege. Auf dem einen reist man an den Ort der Tat, prüft alle Umstände, erkundet auch die Glaubwürdigkeit der Zeugen und fällt dann das Urteil: der Professor als Staatsanwalt. Auf dem anderen versetzt man sich im Geiste nicht nur an den Ort, zugleich auch in die Seele aller fraglichen Personen und lässt Gefühl, Phantasie, lässt die Kenntnis der Seele entscheiden: Burckhardt, Carlyle.

Oder wir fragen uns, warum jener Macaulay, der nie eine neue Tatsache gesucht oder gar gefunden hat, seine Nation und Epoche und noch uns heut in seinen Schilderungen ergreift. Als Staatsbeamter und Abgeordneter hat er hundert äussere und innere Probleme und Krisen des politischen Lebens kennengelernt, vor die ein Professor in Oxford nie gestellt wurde; als Poet hat er die Stimmungen der Liebe, des Ehrgeizes, des Vertrauens, des Verrates, der Begierde, des Hasses antizipiert und braucht die Gestalten aus Englands Geschichte nur mit der Skala seiner eigenen Motive und Passionen zu erfüllen, die einem Forscher von Inschriften kaum so intim bekannt sein dürften.

Was soll der Gelehrte bei seinen Büchern erst bei der Deutung von Liebesbriefen tun, die vielleicht das Schicksal eines grossen Mannes bestimmt haben, die aber selbst amouröse Professoren, wofern es solche gibt, im Seminar ihre Schüler nicht lesen lehren könnten! Welch ein Pech, dass die schwierigste Sache in der Welt, die Erkenntnis des menschlichen Herzens, durch ein Missverständnis gerade solchen Männern aufgebürdet wird, die ihr Leben zwischen Akten verbringen müssen! Dieses Studium findet an jedem Tage, auf jeder Strasse statt, ist nie zu Ende, und wen nur Seminar und Bibliothek vorgebildet haben, dem reinen Forscher, fehlt alles zu diesem Geschäfte.

In Wahrheit muss der Darsteller seinem Helden irgendwie verwandt sein, um ihn zu begreifen und so begreiflich zu machen. Eine solche Behauptung zu karikieren, ist leicht: man braucht nur zu sagen, der Autor halte sich selbst für einen kleinen Cäsar, Friedrich oder Goethe, man braucht nur zu verschweigen, dass es sich nicht um Grösse des Genies, sondern um Gefühle des Menschen handelt. So verstanden, kann nur ein politisch fühlender Mensch den Politiker, nur ein Dichter den Dichter schildern, nur ein Weltmann den Mann von Welt, nur ein Kenner der Frauen den erotischen Menschen; ohne ein eigenes strömendes Fühlen wird niemand das Genie heraufbeschwören.

„Ich finde Gefallen in dem Gedanken," schrieb Vauvenargue, „dass der, der so grosse Taten versteht, nicht ausserstande gewesen wäre, sie auszuführen, und mir scheint das Schicksal ungerecht, das ihn darauf beschränkt hat, sie niederzuschreiben."

Es ist nicht ungerecht, es ist vielmehr der Trieb des Herzens, der den einen zur Beschreibung führt, den anderen zur Tat, obwohl der Schreibende zu innerst fühlt, er könnte handeln, obwohl der Handelnde sich oft genug danach sehnt, zu schreiben. Zuweilen ist eins aus dem andern gefolgt: ohne die Suggestionskraft seiner Armeebefehle hätte Napoleon Europa niemals unterworfen, und Bismarcks Erinnerungen gehören zu seinen Taten.

Das alles lernt sich nicht im Kolleg, es schwebt vielmehr zwischen Genius und Leben, zwischen Vorausschau und Erfahrung.

IV

„Mein Resultat habe. ich längst, ich weiss nur noch nicht genau, wie ich dazu kommen werde." Mit diesem genialen Ausruf hat Friedrich Gauss unserem Problem ins Herz getroffen und sich nicht gefürchtet, obwohl er sogar Mathematiker war. Jeder Historiker der alten Schule rühmt sich seiner Objektivität, jeder der neuen bekennt sich zum Vorgefühl.

Beschränken wir die Frage von hier ab mehr auf die Biographie, die dritte Form zwischen Historie und Dichtung, so treten die Unterschiede zum Roman sogleich zutage, während das Drama schon seiner Form wegen vom Vergleiche ausscheidet. Der historische Roman ist das exakte Gegenteil der Biographie; dem Autor des historischen Romans ist das geradezu aufgetragen, was dem Biographen verboten ist: aus den Anregungen der Dokumente über ihre Ränder hinwegzuschweifen, zu erfinden. Der Forscher findet, der Romancier erfindet, der Biograph empfindet. Es wird ein schlechter Roman, der nicht viel erfindet, es wird eine schändliche Biographie, die es ein einziges Mal tut; man möchte Strafen für den fordern, der unter dem Vorwand historischer Wahrheit erfindet und dies gilt, wie in der Eidesformel, vom Zusetzen so gut wie vom Verschweigen. Der Biograph, der ein einziges wesentliches Dokument ausliesse, versetzte oder frei ergänzte, müsste wegen Gefährdung der öffentlichen Sicherheit mit Entziehung der venia scribendi bestraft werden. Wofern er die Logik alles Geschehens erkannt hat – und nur dann dürfte er Geschichte schreiben –, wird er nichts empfinden oder trüben, denn die Erkenntnis überwältigt ihn, dass Gott besser dichtet als alle Dichter. Wer Quellen zu lesen versteht, als ein Gleichnis, der steht in Ehrfurcht vor der Gewalt des Schicksals, das sich in jedem Lebenslauf offenbart.

Wenn ich in einer biographischen Skizze über Balzac lese, während er starb, habe seine Frau im Nebenzimmer mit einem Freunde gehurt, so ist das nicht bloss eine Beschimpfung der Frau und des Dichters, sondern der Wahrheit, denn wir wissen heute genau, dass diese Szene mehrere Wochen nach seinem Tode gespielt hat, als ein junger Verehrer des Dichters die liebestolle Witwe besuchte. In einem Roman ist solche Outrierung eines Dokumentes erlaubt, in der Biographie ist sie ein Verbrechen.

Und doch lesen wir immer wieder, wie der Fachmann auch dem verantwortungsvollen Künstler seine Fehler vorhält. Freilich, fehlerlos zu schreiben, wurde bis heute noch nicht erreicht, die Historiker schreiben ja ganze Bücher, um einander ihre Irrtümer unter die Nase zu halten; hat vollends jemand ein Leben lang immerfort Deutsche Geschichte des 13. Jahrhunderts studiert, so wird er in einem plastischen Bilde Kaiser Friedrichs des Zweiten Irrtümer finden, die sich aus dem Tempo, aus der Leidenschaft des unzünftigen Autors ergeben. So hat der Fachmann mein Porträt Beethovens mit der Begründung öffentlich getadelt, dass er seinen Freund scherzhaft nicht „Dreckfresser" genannt hat, wie es dort hiess, sondern nur „Drekfahrer". Man hat mir bewiesen, dass Bismarck beim Berliner Kongress keinen Vollbart mehr getragen hat, dass Wilhelm der Zweite nicht zwei, sondern nur einen Eid gebrochen habe, da er als Kaiser gar nicht vereidigt worden sei, oder dass das englische Regiment, dessen Kommandeur auf Sankt Helena dem Gefangenen gehuldigt habe, nicht das 135., sondern das 125. gewesen sei.

Schwieriger werden solche Differenzen, wenn Interessen oder selbst Ideale sich verletzt fühlen. Wer etwa das alte Deutschland wieder errichten möchte, empört sich gegen die kritische Darstellung von Fürsten, die doch das Beste gewollt hätten, während die, denen Ruf und Zukunft des deutschen Volkes wichtiger vorkommen als die der deutschen Fürsten, nichts verheimlichen werden, was die Dokumente gegen diese sagen. Nur schade, dass die alte Schule die Grundstimmung ihrer Seele als Agens ihrer Darstellung leugnet, während die neue laut erklärt, dass Dokumente meist nur das belegen, was man im Herzen vorgefühlt hat.

Warum fürchten sich jene, eine tägliche Erfahrung in die Erkenntnis, der Vergangenheit zu übertragen? Jeder von uns hat bei der ersten Begegnung mit einem Fremden, er braucht nicht einmal vom andern Geschlechte zu sein, einen mehr freundlichen oder mehr feindlichen Eindruck; der Fremde selbst, der uns im Kupee gegenübersitzt, wird sogleich mit Plus oder Minus registriert. Eine neue Handschrift, die uns morgens aus den Briefen anblickt, wirkt angenehm oder peinlich, und es gibt grosse Kaufhäuser, die niemand anstellen, ohne sich wenigstens von einem Schriftenkenner ihren Mangel an Intuition praktisch ersetzen zu lassen. Der Professor aber redet sich ein, er betrachte die Vergangenheit sine ira et studio, und merkt gar nicht, wie dieses Selbstlob ihn vernichtet.

Der Porträtist, das heisst der Künstler als Biograph, geht vom Bilde des Menschen aus. Die Physiognomik wie die Graphologie – zwei von jenen zweifelhaften Damen ohne Pass, an denen ein anständiger Forscher mit gepressten Lippen vorbeigeht – können von vornherein den Grund zu einer Auffassung legen, die dann durch Jahre den Darsteller beherrscht. Als ich Goethe beinahe nur aus seinen Bildern, diese 165 allerdings genau kannte, schrieb ich die Geschichte seines Antlitzes auf zehn Seiten nieder; als ich viele Jahre später nach Kenntnis aller Dokumente die Geschichte Goethes auf 1400 Seiten schrieb, wurde es genau dieselbe. Freilich erweist sich eine

Landschaft, die man zuerst in grossem Umriss vom Berge aus legen sah, im einzelnen anders, als der erste Blick sie bestimmte; die grossen Linien aber, die die Grundstimmung umgreifen, bleiben die nämlichen, und wenn es anders ist, dann war das Auge schwach und zur Erfassung grosser Zusammenhänge nicht geschaffen.

Da greift Verwirrung, Trauer, persönliche Gekränktheit an sein Herz, wenn der Porträtist das einzelne anders findet, als er's vorausgefühlt. Und doch darf er in diesem kritischen Augenblicke nicht schweifen oder erfinden, wie der Romancier; mühsam wie der Mosaikarbeiter von Venedig muss er die Steine zusammensetzen, alle, die da sind, aber nur, die da sind. Hält er das Dokument nicht heilig, so soll er Romane, aber nicht Lebensbilder schreiben; glaubt er daran, so schlägt sein Herz, wenn er im Buch der Akten, Seite um Seite, das Bild seines inneren Blickes bestätigt findet.

Jeder Porträtist wird vermeiden, frühere Bilder des Darzustellenden anzuschauen; sie könnten ihn nur verwirren. Statt über den Mann die Bücher anderer zu lesen, deren kritische Kenntnisse die Leidenschaft des Forschers ist, wird er sich eigensinnig auf die Quellen beschränken, wird ihn lesen, nicht über ihn, darüber hinaus nur das, was Zeugen von ihm berichten. Denn die konzentrischen Kreise seiner Dokumente gehen nicht von den Werken oder Taten als Innerstem bis zu den Briefen und Unterhaltungen als dem Äussersten; sie beginnen umgekehrt mit den Bildern und enden bei Werken und Taten. Kein Dokument ist untrüglicher als das Antlitz des Menschen; man muss nur darin zu lesen verstehen. Unter hundert Bildern muss man die innerlich wahrsten erkennen, muss Pose, Verstimmung, auch das Element ausscheiden, das der Maler in ein Porträt bringt, wird sich möglichst an Photographien halten und wäre glücklich, wenn die grossen Männer der Vorzeit im Kino festgehalten wären: eine unschätzbare Quelle des Psychologen. Dies alles braucht zahllose Vorstudien im Leben, nicht auf den Bibliotheken. Nur wer imstande ist, einen Charakter aus einem Bilde abzulesen oder aus dem Vergleich eines Gesichtes mit seinem gemalten Bildnis den Charakter des Malers zu enträtseln, vermag im Studium der Vergangenheit das echte vom unechten Bilde, vermag überhaupt die entscheidenden Züge der Seele zu unterscheiden.

Dicht auf die Bilder folgen in der Dokumentenreihe die Gespräche. Hier öffnet sich das Wesen eines Menschen unmittelbarer, es ist fast, als ob man ihn im Selbstgespräch belauscht; aber ihre Auswahl ist schwierig. Man muss verstehen abzuschieben, was der Berichtende zu seinem Ruhme beifügt oder färbt, muss erhaschen, zu welchem Zwecke Einer gerade Diesem dies erzählt, wie er von ihm, und durch ihn vielleicht von der Nachwelt, gesehen zu werden wünscht, muss abwägen, was an einem erstaunlichen Diktum Erinnerungstäuschungen des Berichtenden, was Fälschung oder auch Missverständnis sein kann. Goethes Gespräche mit Eckermann im Gegensatz zu denen mit dem Kanzler von Müller bieten einen Irrgarten dar, in dem ein grosser alter Mann mit zwei Bewunderern Fangball spielt und dabei von einem sogar durchschaut wurde.

Den Gesprächen folgen die Briefe, und hier ist Deutung, Auswahl, Anwendung vollends unerlernbar, auf Stil- und Weltgefühl, auf Empfindung und Erfahrung, ganz auf Kenntnis des menschlichen Herzens, besonders der Frauen gestellt. Da werden Bände amtlicher Schreiben eindruckslos am Darsteller vorbeiziehen, aus denen er die Vorgeschichte eines Friedensschlusses lernen könnte oder die Geschichte eines Gesetzbuches; plötzlich wird er bei einem Zettel stutzen, den wird er dreimal lesen, dann wird er versuchen, ein Faksimile zu bekommen, um die Handschrift zu sehen. Vielleicht steht auf diesem Zettel nur ein plötzliches Liebeswort an eine Frau oder der Befehl an einen Diener, ihn nachts dort und dort zu erwarten, oder die Erfindung einer später berühmten Szene, die ein Dichter hingeworfen, zwischen Pflichten und Noten, oder das Thema eines unsterblichen Quartetts, geschrieben auf dem Rücken einer Rechnung, oder eine Maxime, sich selbst vorgehalten wie zur eigenen Warnung. Von wann ist dieser Zettel? Welche Briefe stammen vom gleichen Tage? Ist er vor oder nach einem entscheidenden Gespräch, einem grossen Experiment, einer Schlacht, einer Premiere geschrieben? Hier wird sich die Abhängigkeit des öffentlichen vom privaten Leben aus Daten ablesen lassen.

Es folgen die Tagebücher, aufreizend und gefährlich. Was wird in diesen verschwiegen und warum? Was wird hinzugesetzt und zu welchem Ende? Welche Privata zwängen sich zwischen die Werke und Taten, die auch darin verzeichnet sind, und scheinen geeignet, sie zu beeinflussen? Warum schweigt das Tagebuch drei Wochen lang? Warum beginnt es dann wieder mit einer höflichen Verbeugung vor sich selber? Und wie verhalten sich diese persönlichen Dokumente zu den Linien der Hand, wenn man sie kennt? Wie stand der Mann zu seinen Eltern und zu den Kindern, zu Vorgesetzten und Untergebenen? Man muss die wirtschaftliche Lage eines Mannes dauernd untersuchen und in ihren Folgen darstellen, da auch das Genie nicht von der Luft lebt, wie man nach einigen hochmütigen oder verschämten Passagen akademischer Werke glauben sollte; sondern es ist besonders als Künstler immerfort vom Gelde abhängig, in den tiefsten Konzeptionen durch Not gestört, in den grössten Werken unterbrochen. Welches, muss man vor allem fragen, ist die Geschichte eines Körpers, in welchen Krisen seines Handelns erkrankte er? War die Krankheit Folge oder Ursache der Krise? Ein Lebensbild ohne diese entscheidenden Fragen erscheint dem Künstler so unmöglich, wie dem Forscher ein Lebensbild ohne Zahlen.

Diese sehr zu beschränken, hat stilistische Gründe. Niemand wünscht immerfort zu wissen, an welchem Datum ein Brief geschrieben, in welchem Jahre ein Bild gemalt wurde; dagegen ist es immerfort wichtig zu bedenken, wie alt der Mann war, als er so handelte, dachte, strebte. Auch die Fortlassung aller Quellen, deren Nennung uns dauernd aus der Illusion wirft, ärgert die Legitimen; denn was ein echter Sammler ist, der erkennt die Schönheit eines Bildes erst an der Signatur und findet es schlecht, wenn er hört, dass sie gefälscht war. Ein kostbarer Teller wird zunächst umgedreht, ein adliger Herr zunächst im Gotha kontrolliert: dann, wenn die gekreuzten Schwerter hinten draufstehen, werden beide als echt begrüsst. Welche Verlegenheit für einen Forscher, wenn ein anderer Autor die Quellen verheimlicht, mit denen man doch so gern seinen Bienenfleiss beweist! Wir Illegitimen, die in der altertümlichen Auffassung leben, Schreiben sei eine Kunst, in der man im Examen nicht geprüft wird, haben die Koketterie der Anmerkungen erkannt, die als totes Gewicht unten daran gehängt sind und nur die Fahrt verlangsamen, anstatt oben mitzufahren, die also eine Ohnmacht des Konstrukteurs enthüllen.

Mit jedem neuen Thema wechselt der Stil, die darzustellende Gestalt bestimmt ihn; man muss ihr den ihrigen anmerken, wie der Musiker einem neuen Thema anhört, ob er es für Quartett, Sonate, Sinfonie erfunden hat. So gibt es geschriebene Bildnisse, die al fresco an die Wand, andere, die in Öl auf die Leinwand gemalt werden, es gibt Themen, die aquarellistisch, andere, die in der Art einer Steinzeichnung oder als Radierung behandelt sein wollen, und es hängt nicht nur von der Fülle des Materials ab, ob ein solches Bildnis hundert oder achthundert Seiten füllt. Die moderne Übertreibung, die jedem jüngst verstorbenen Geiste dritter Ordnung oder jedem Sechzigjährigen vierter ein Buch von vielen hundert Seiten widmet, zeigt die Instinktlosigkeit gewisser Historiker vor Phänomenen der Gegenwart an, die sie für gross halten, weil sie bis gestern regiert oder durch ihre Bücher die Öffentlichkeit beschäftigt hatten.

Nur der Künstler hat Mass und Augenmass, um einem Modell die Grösse zu geben und auch zu lassen, die ihm gemäss ist; im Drange der Arbeit weiss er auszuscheiden, was überfliesst, und wird lieber ein Fragment hinterlassen als einen überladenen Bau. Die Leser würden den letzten Romancier auslachen, wenn er ein so formloses Ungetüm zur Welt brächte, wie es die meisten historischen Werke der Schulwissenschaft darstellen; diese lässt er gelten. Aber seit einiger Zeit lässt er sie stehn.

V

Das öffentliche und das private, das tätige und das untätige Leben eines bedeutenden Mannes im Gleichschritt, in ihrer steten Koinzidenz darzustellen, keines von beiden wichtiger zu nehmen als das andere, ist das Geheimnis der modernen Biographie. Denn als äusserster von jenen konzentrischen Kreisen, in die wir die Dokumente verteilten, gleichsam als Ring von Erz, der die zarteren Ringe des Persönlichen zusammenhält, laufen Taten und Werke um jene inneren Züge eines Charakters und illustrieren ihn nicht mehr und nicht weniger als jene. Der Einfall, nur das intime Leben eines grossen Mannes zu beschreiben, früher besonders in Frankreich beliebt, kann die amüsantesten Einzelheiten, doch nie ein volles Bild ergeben; der Kammerdiener, vor dem ein grosser Mann keineswegs klein werden muss, stellt ein Prozent des Materials zur Verfügung. Ein solches Bild des privaten Lebens muss ebenso beschränkt in seiner Wirkung bleiben wie die Lebensbilder der legitimen Wissenschaft, die nur das öffentliche Leben oder nur die literarische Entwicklung eines Genies zu schildern und dann ein Kapitel anzufügen lieben, das den Titel führt, der Held „als Mensch". War nicht vielmehr das ganze Buch dazu bestimmt, einen Menschen darzustellen?

Die Berichte der Staatsmänner an ihre Könige oder Minister, ihre Briefe und Memoiren geben nie allein den politischen Inhalt einer wichtigen Unterredung wieder, und was sie über Stimmung, Geste, Blick des andern mitberichten, ist nicht bloss Schmuck der Unterhaltung; man könnte vielmehr diese oft als Paraphrase der Stimmung bezeichnen. Wenn Metternich sein achtstündiges Gespräch mit Napoleon in Dresden schildert, so gibt der in die Ecke geschleuderte Hut des Kaisers nebst einem Dutzend Nebensätzen geradezu die Essenz des Ganzen. Der Professor der Historie wagt aber nicht darauf einzugehen, er wird diesen Dingen höchstens eine Note widmen; er müsste ja fürchten, „feuilletonistisch" zu wirken.

Darum ist vielleicht niemand geeigneter, Geschichte unter den gedachten Voraussetzungen zu schreiben, als der Dramatiker. Sein Blick, geübt in einem Gestus, einem Epigramm den Charakter zu erkennen, wird unter hundert Dokumenten sofort das finden, was eine Persönlichkeit zusammenfasst, er wird es aus der Ecke ziehen, gegen das Licht halten, und mit einem Male wird das Wesen eines Menschen transparent.

Nirgends im Leben Beethovens wird sein dramatisches Schicksal deutlicher als in jener Szene, wo er den Beifall nicht hört, der nach der Erstaufführung seiner Neunten dem abgewandten Meister zujubelt, bis eine Sängerin ihn umdreht, damit er die Hörer sieht; nirgends wird Shakespeares allgemeines Schicksal plastischer, als in Prosperos epilogischen Versen, am Ende des „Sturm", seiner letzten Dichtung. Und so steht Goethe in seiner Einsamkeit vor uns, wenn er um eines Pudels willen nach zweiundzwanzig Jahren die Leitung des Theaters niederlegt, oder wenn der Sohn den Greis hindert, seine letzte Liebe zu heiraten. So tritt die Ohnmacht des mächtigsten Kaisers der Erde am ergreifendsten zutage, wenn er ein paar Nachtstunden lang bei wehenden Lichten im Schlosse zu Mantua mit seinem Bruder um dessen Ehe kämpft und ihn nicht zu besiegen vermag, oder seine Hoheit, als er, gefangen auf dem Bellerophon, im englischen Hafen auf Deck erscheint, als von tausend Köpfen in den rings verstreuten Booten der Neugierigen die Hüte fliegen, und er allein, der überwundene, mit bedecktem Haupte dasteht.

Da ist Lincoln, der Holzfäller, zum Präsidenten gewählt, wie er am Abend vor der Abreise nach Washington seine Koffer selber zuschnürt, auf die Zettel schreibt: „A. Lincoln, White House, Washington", und so beweist, wie ein selbständiger Charakter sich nicht scheut zuzugreifen, ob er nun Farmer ist oder Präsident der Vereinigten Staaten; oder wie er als Präsident früh um 6 in Pantoffeln ins Tor des Weissen Hauses tritt, um den Zeitungsjungen abzufangen. Da ist Bismarck, der ein Reich erdacht, einen König zum Kaiser gemacht hat und nun, im Augenblicke der Proklamation im Versailler Schlosse, von diesem, seinem König, vor aller Augen kaltgestellt wird, weil diesem die Form des neuen Kaisertums und Titels nicht gefällt. Da ist Balzac, der Proletarier, der nach einem Jahrzehnte des Dienens endlich seine vornehme Geliebte als Frau in sein vornehmes Haus führen darf und als sie gekommen, öffnet niemand, denn drinnen ist der Diener wahnsinnig geworden. Da ist Rembrandt, der das Grab seiner ersten Frau verkaufen muss, um seine zweite zu begraben, und der seine höchste Form erst findet, als ihn kein Glanz der Welt mehr zur Erfüllung von Aufträgen verführt. Da ist der alte Michelangelo, wie er für sein eigenes Grabmal eine Pietà meisselt und als er auf eine dunkle Ader trifft, ein Greis von Mitte Siebzig, wütend die ganze Gruppe in Stücke schlägt.

Sollen wir die Beispiele häufen, die lauter Gleichnisse sind? Dies alles ist Historie, es ist nicht Dichtung, dies alles steht in den beglaubigten Dokumenten; aber in den Büchern der Fachleute wird man es vergebens suchen: dort steht es gar nicht oder in einer staubigen Anmerkung oder in einer muffigen Ecke. Denn oben, in den Staatszimmern ihrer Bücher wird ja der Friede von Lunéville geschlossen oder der Sturm auf die Düppler Schanzen auf 11 Uhr 15 angesetzt; dort oben wird der Einfluss Grünewalds auf Rembrandt erwiesen oder die Skala von Shakespeares weiblichen Charakteren von der platonischen bis zur sexuellen Liebe gelehrt oder das Verhältnis von Vossens Hexametern zu denen in Hermann und Dorothea, die Einflüsse des Puppenspiels auf den Urfaust oder die Mexiko-Politik von Lincolns Vorgänger oder was Ihr wollt und wie es Euch gefällt. Das kälteste Faktum ist ihnen wichtiger als das brennendste Gleichnis, und doch kommt alles auf das Gleichnis an.

Man kann über Stanley oder über Voltaire, über Schliemann oder über Disraeli so schreiben, dass man den Zustand des Kongogebietes, der französischen Kolonialpolitik bis zum Auftreten dieser revolutionierenden Geister schildert, dann das Gebiet umreisst, das sie an Macht oder Geist hinzu erobert haben, Vergleiche mit ihren Vorgängern, Folgen für die Nachfolger aufzeigt, und wenn dies alles nicht in der Privatsprache der Philologen geschieht, sondern in einem fasslichen Deutsch, so kann auch der Laie daraus lernen, nicht bloss der Priester. Meistens aber werden diese Bücher mit einem solchen fachlichen Hochmut beschwert, ihr Auftreten gleicht dergestalt dem eines Dandy, der in vornehmer Gesellschaft nie fragt, weil er alles wissen muss, nie erklärt, weil alle es doch wissen müssen, dass der Nichtfachmann nach fünf Seiten das Buch aus der Hand legt, weil der Autor alles voraussetzt, was jener nicht wissen kann, und nur in einem sonderbaren Dialekte mit unsichtbaren Gegnern über Probleme zu streiten scheint, die den Kritiker interessieren, nicht den Helden und darum auch nicht den Leser.

So sind die meisten historischen Schriften des letzten Jahrhunderts entstanden, und weil sie schwer waren, hielten sie sich gern für tief. Dem Leser war dabei zumute wie an einem Krankenbette, an dem vier Ärzte mit lateinischen und technischen Ausdrücken Konzil über das Leben seines Vaters abhielten, bis er starb. Trotzdem haben wir solchen Autoren wertvolle Entdeckungen zu danken: der eine hatte vielleicht Karten von Livingstone aufgefunden, der andere neue Vorbilder, die zu „Charles Douze" gedient haben, der Dritte wichtige Irrtümer in Schliemanns Buch über Tiryns, der Vierte den Einfluss von Peels Reden auf Disraelis Jugend nachgewiesen. Anstatt diese neuen Quellen in einer historischen Zeitschrift auf wenigen Seiten aufzuzeichnen und so dem nächsten Bearbeiter zugänglich zu machen, kompilierten die Spezialisten grosse allgemeine Werke über die Männer. Und doch wird kein Mineraloge, der am Abhang der Alpen einen gewissen Quarz entdeckt hat, sich gleich an ein Handbuch der subalpinen, Gesteinslagerung machen, und wenn er es täte, so wendete er sich damit nur wieder an Geologen.

Der Historiker aber muss von vornherein auf einen weiten Leserkreis rechnen, weil er von Menschen und Werken, von Staaten und Bildern, von Epochen und Szenen berichtet, die alle interessieren, weil alle Welt sich und die Nachwelt darin spiegelt; beschreibt er Perioden aus der Geschichte seines eigenen Volkes, so darf er auf erhöhtes Aufmerken rechnen. Wendet er sich trotzdem in Art und Sprache seiner Darstellung nur an die Kenner, so sucht er eben zum mediaevalen Stil und Brauch der geheimen Priesterschaften zurückzufinden. Und das tut offenbar die alte Schule. Wenn sie die

Schlagkraft der neuen so zornig tadelt, so muss ihr doch das Interesse des Publikums bedenklich erscheinen wie einem Augur, der niemand hinter den Vorhang blicken lässt; ihr Protest gegen den Welterfolg der anderen beweist, dass sie geheime Wissenschaft fordern. Denn wenn sie etwa selber sich an die Menge unbefangener Leser wenden wollten, anstatt an ihre achthundert Kollegen, wie käme es dann, dass sie sie nirgends erreichen? Sollte vielleicht der natürliche Wunsch nach einem weithin hallenden Echo auch den Fachmännern innewohnen und sie deshalb die Grenze überschreiten, die ihre kritische Schulung ihnen zieht? Sollte ihnen, am Ende nicht eine Absicht mangeln, nur ein Talent?

Oder woher kommt es, dass die Geschichte, die so oft zur politischen und geistigen Führerin der Völker wurde, bei den Deutschen seit Jahrzehnten unfruchtbar blieb? Warum sind mindestens seit Mommsens Wirken, seit siebzig Jahren in Deutschland keine Historiker aufgestanden, die auf die Entwicklung des Staates und des Geistes mitentscheidend gewirkt hätten? Bedeutendes ist geleistet worden, auch über die Quellenforschung hinaus.

Die weniger männlichen Werke der Mythologisten haben ihre vornehme Bleichsucht wohl ihrer Parthenogenese zu danken. Warum aber muss es wieder ein Dichter sein, ein Dilettant, H.G. Wells, der die ersten Grundlinien einer neuen Weltgeschichte zeichnet? Vielleicht, weil hier mit visionärer Kraft, mit leidenschaftlichem Fühlen für das Heut und Morgen ein Gestern geschildert wurde, das lange Zeit niemand in so grossem Zusammenhange neu gebildet hat. Denn selbst seine Irrtümer, die ihm die Meister mit dem Merkerstifte ankreiden, erheben sich über die Wahrheiten der alten Schule um so viel, wie Walthers Lied über die Lieder der Meistersinger.

Und doch sind wir es, die Hans Sachsens Worte im Munde führen: Verachtet mir die Meister nicht und ehr mir – ihre Entsagung, Hingabe, ihren Fleiss. Denn wir sind so wenig die Gegner der Inschriftensammler, Glossatoren, Textkritiker und all der anderen Philologen, deren Arbeit wir benutzen müssen, wie ein Mann, der eine Brücke bauen möchte, Feind aller Köpfe und Hände sein kann, die ihm den Platz gegraben, die Träger gegossen, die Blöcke gefügt, auch die Gefahren gewiesen haben. Da wird sich denn immer ein Augenblick der Verlegenheit ergeben, wenn beide nach vollendeter Arbeit beim Festmahl sitzen und der Künstler den Ingenieur mit aller Ritterlichkeit preisen, dieser aber bei aller Toleranz ein Gefühl der Ungerechtigkeit nicht überwinden wird, dass seine unentbehrliche Arbeit im Urteil der Gäste doch nicht genug gewürdigt werde.

Denn wo der eine aufhört, fängt der andere an: was die Alten in die Mitte stellten, schieben die Jungen in Nebensätze; gerade im Grenzgebiete, auf dem beide Teile wirken, lässt sich Verschiedenheit in Art und Talent am besten erkennen. Vielleicht könnte man über Stanley auch von der Frage aus schreiben, wie denn ein Zeitungsjunge dazu kam, einen der grössten Ströme der Erde zu erforschen; man könnte versuchen, Schliemanns mythomanen Charakter als Voraussetzung seiner überragenden Dilettantenleistung oder Disraelis romantische Jugendgedanken als Quelle seiner meisterhaften Menschenbehandlung darzustellen. Wie, wenn dies alles die Menschen von heute weit mehr interessierte als jene Kartographie, von der wir sprachen? Wie, wenn die alte Schule die Wendung der gesamten Kulturwelt zur Seelenkunde hin doch ein wenig verschlafen hätte?

VI

„Vergebens bemühen wir uns, den Charakter eines Menschen zu schildern; man stelle dagegen seine Handlungen, seine Taten zusammen, und ein Bild des Charakters wird uns entgegentreten." In diesem Goetheworte ist eine Entscheidung zwischen den beiden Schulen nicht getroffen. Man stellte die Handlungen zusammen: tun das die Legitimen nicht? Was aber sind Handlungen? Warum verweilte die alte Schule so kurz bei Kindheit und Jugend, rannte nur zu den sogenannten Taten und Werken und sparte sich selbst den Epilog von St. Helena der überall auf zehn Seiten beschränkt wurde, obwohl er eigentlich die Pointe ist – und nicht nur der von St. Helena!

Machiavelli diente dem Borgia und schrieb das Buch vom Fürsten. Und nun, was weiter? Aus was für einer Stimmung diente er dem Borgia und schrieb das Buch vom Fürsten? Welche Motive, welche Schicksale trieben ihn hin und her? Welche Hemmungen hinderten ihn, Mönch und Gelehrter sein, oder aber Soldat und Abenteurer wie seine Freunde? Erstaunliches Porträt: Fuchs und Idealist, Zyniker und Praktiker. Und langsam steigt aus den Briefen und Memoiren jener Kreise das Bild eines problematischen Genies empor, wir sehen ihn jahrelang den ganzen Tag in, einer Kneipe mehr häufen, bis er dann abends in sein schmales verbringen, obszöne Komödien schreiben, Epigramm-Landhaus zurückkehrt, sich umkleidet, die Lichter entzündet, und dann liest er die Griechen [Satzbau sic]. Mit einem Male beginnt der Charakter sich zu erhellen, mit gespannten Sinnen folgt der Darsteller dem Leben und seinem Abbilde, und in produktiver Neugier folgt ihm später der Leser.

Diese Art der Darstellung ist an drei Bedingungen geknüpft. Der Schreibende muss von Hegels Plan einer Vorsehung und nicht von Heraklits „wirren Kehrichthaufen" überzeugt sein; trotzdem darf er sich durch kein moralisches Gitter gehemmt fühlen, muss vielmehr den Menschen mit seinem Widerspruch erkannt haben und so bejahen; schliesslich kann er Karl Marx' Theorie und die seiner Nachfolger nur sehr eingeschränkt gelten lassen, muss vielmehr an den entscheidenden Einfluss des einzelnen genialen Menschen auf das Weltgeschehen glauben. Von diesen Grundlagen, die, tiefer gefühlt als gedacht, dem Charakter des Autors entsprechen, ist es die zweite, die der alten Schule am meisten fehlt: die Furcht vor der „Ergötterung der Helden", wie sie es heute gern nennen, lässt keine menschlich ergreifende Darstellung zu; daher denn allenthalben die heroisierten Gestalten, besonders der nationalen Grössen, in Leinen gebunden in den Bücherschränken, in Gips gegossen oben darauf stehen.

Was die Neuerer versuchen, kann wohl so herostratisch nicht sein; wie käme es sonst, dass von tausend Stimmen in allen Ländern die Formel widerhallt, durch diese neue Form der Darstellung, wie sie etwa Maurois und Lytton Strachey meistern, sei eine Gestalt dem Herzen des unbefangenen Lesers erst menschlich nahe gekommen, während bisher nur sein Hirn angeregt wurde? Oder waren sie wirklich Halbgötter? Im Vorwort eines Buches über Bismarck las ich den Satz: „Unser Bismarck hat nie gelogen", und doch erhob sich jahrzehntelang niemand, der diese flagrante Beleidigung eines alten Diplomaten gerügt hätte. In den Büchern über Goethe lernte man meist einen sonnigen Apoll kennen, dem das Leben und die Frauen lächelten, dann einen pflichterfüllten Fürstendiener, der sich für die Wohlfahrt des Landes opferte, schliesslich einen harmonischen Jupiter, der vom kurulischen Stuhle Weisheit verschenkte. Noch um 1900 war es möglich, dass einer der berühmtesten Biographen Goethes mit dem gipsgeborenen Satze schloss: „Das schönste Leben hatte den schönsten Schluss gefunden." Generationen sind durch diese vereinfachende moralische Methode von Goethe abgedrängt worden, und es hat ein Jahrzehnt und länger gedauert, seit mehrere neue Darstellungen den problematischen Goethe, wo nicht entdeckt, so doch gestaltet und damit dem Leser statt einer Statue eine ergreifende Gestalt zugeführt haben.

Denn diese hell-dunklen Porträte sind nicht nur wahrer, sie sind auch interessanter als die strahlenden Bilder von fleckenlosen Genien, und deshalb sprechen sie zu den Herzen der Menschen. Goethe, der in seinem Winckelmann die erste moderne Biographie gab, schalt auf Biographien, die die „sogenannten Tugenden und Fehler mit heuchlerischer Gerechtigkeit aufstutzen und dadurch, weit schlimmer als der Tod, eine Persönlichkeit zerstören, die nur in der lebendigen Vereinigung solcher entgegengesetzter Eigenschaften gedacht werden kann". Freilich versucht auch die alte Schule Licht und Schatten zu malen; aber ihre Furcht besonders im Innern der Nation kritisch zu sein, vertreibt den Schatten und lässt lauter Helden erstehen; wie etwa die Gestalt Bismarcks von allen seinen Darstellern, ausser dem Outsider Klein-Hattingen, behandelt wurde, als wäre kein Stück Mephisto in ihm gewesen.

Dabei kann man gerade den fremden Völkern die eigenen Führer nur in ihrer allzu menschlichen Gestalt zuführen; die Popularität, die in so vielen Ländern gegenwärtig die Gestalten Disraelis, Bismarcks, Goethes gefunden haben, ist neu, sie ist Darstellungen zu danken, die diese grossen Männer als kämpfende Menschen in Siegen und Niederlagen vorführen und so die Bewunderung vor den grossen Leistungen steigern, die sie dennoch vollendet haben. Was ein grosser Mann in Tat- und Werk geleistet hat, steht im Lexikon; wie er es machte, warum er es so und nicht anders machte, was er wollte und warum er es vielleicht doch nicht machte, das steht in der Biographie.

Um so die Geschichte einer Seele zu schreiben, muss der Autor mit seinem Helden in Leidenschaft gelebt haben. Der Biograph alter Schule lebte mit ihm in einer langen Ehe, der Biograph der neuen in einer kürzeren Liebschaft. Denn ein solches Studium ist nichts als eine stürmische Passion: entzündet vom ersten Blick, den er mit jenem wechselt, bestürmt der Liebhaber das neue, aufregende Wesen mit allen Mitteln, sucht ihm sein Geheimnis aus Zügen, Gesten, Briefen, aus seiner Vergangenheit, seinen Schwächen, Sympathien zu entreissen, folgt ihm ins Beratungszimmer, in die Schlacht, ins Alter, in die Dichterklause, belauscht es in seinen Monologen, weiss nicht voraus, was es tun wird, vergisst sein Ende, hofft es hinauszuschieben, hängt monoman an seinem Leben: denn weil er von diesem fremden Wesen ganz besessen ist, will er es ganz besitzen. Zahllose Dialoge muss er mit ihm geführt, sich hundert mögliche Lagen ausgedacht haben, in die jenes Wesen nie gekommen ist, er muss es in andere Zeiten und Kreise versetzt haben, um seinen Charakter auszuprobieren, wie der Dramatiker, der so viele ungeschriebene Szenen braucht. Erst wenn er ihm durch Leib und Seele gesehen, wenn er es ganz gefasst und, wie die Sprache der Liebe sagt, erobert hat, findet er Ruhe. Und dann fängt er zuweilen an, ihn zu hassen.

Doch zugleich wird durch die Transfiguration des Geistes aus diesem Einzelfall, aus einem Wesen, das in seiner Einmaligkeit dargestellt wurde, ganz wie in der Dichtung ein Typus, in dem sich tausend ähnliche Naturen getroffen fühlen. Aus dem Bild eines Menschen wird das Gleichnis einer Menschenart, und so entsteht vielleicht allmählich eine Galerie von symbolischen Formen des Genies. Als Ganzes oder in ihren Gliedern kann diese Ahnenreihe vorbildlich wirken, aus Abbildern von Menschen können Vorbilder für Menschen, besonders für die Jugend werden, denn sie bereichern das Leben, nicht bloss das Wissen. Die Schule des Plutarch, der so viele Talente zur Grösse inspiriert hat, könnte sich mit den modernen Mitteln der Quellenforschung und Psychologie erneuern.

Immer aber muss eine volle Selbstentäusserung, eine gänzliche Hingabe vorausgegangen sein. Nicht der Mann mit der Wage in Händen, der wie ein Totenrichter das Für und Wider abgewogen, auch nicht der Gläubige mit dem erhobenen Blick, der im Gebet vor seinem Gott verharrte: nur der Künstler, der durch die Magie seines Wesens sich immer neu verwandeln kann, erreicht in guten Stunden diesen Grad der Einheit, dass seine Suggestionskraft auf den Leser unvermindert übergeht. Nur wer die Rhapsodie seines eigenen Lebens immer als eine fremde vernimmt, wer in seinem Schicksal, mag es von aussen her noch so unbewegt erscheinen, ein Gleichnis des bewegtesten fühlt: nur wer sich immer in der Menschheit spiegelt, vermag Menschenbilder aus ihren eigenen Dokumenten ohne Erfindung nachzuschaffen.

Denn wie er selbst Notwendigkeit in seinen Tagen spürt, so wird er mit Ehrfurcht in fremden Geschicken nichts als Notwendigkeit erkennen und mit behutsamer Hand das, was geschah, aus den verschlungenen Geweben der Charaktere deuten, in denen Gottes Finger wirkt.

Georg Huemer

Der Biograph in der „Hexenküche"

Emil Ludwig zwischen Historie und Dichtung

Die publizistische Tätigkeit Emil Ludwigs (1881–1948) nahm mit der Machtergreifung der Nationalsozialisten in Deutschland eine entscheidende Wende. Ende Februar 1933 war die Weimarer Republik durch den Reichstagsbrand symbolisch vernichtet worden, wenige Wochen später, am 10. Mai 1933, folgte die systematische Auslöschung von weiten Teilen des intellektuellen Deutschlands; besonders die Bücher und Schriften jener Schriftsteller, die dem Geist der Weimarer Republik verpflichtet waren, wurden verbrannt. Die Geächteten reagierten unterschiedlich: mit Panik und Wut, aber auch mit geradezu betonter Zurückhaltung; viele begannen erst jetzt zu erahnen, mit welcher Konsequenz sich der Nationalsozialismus in den Folgejahren entwickeln würde. Emil Ludwig hatte seine Heimat bereits verlassen und war 1932 Schweizer Staatsbürger geworden. In seinem Haus am Lago Maggiore konnte er, von den Geschehnissen in Deutschland abgeschirmt, ungehindert seiner Tätigkeit als Autor nachgehen – und wenn seine im Exil entstandenen Publikationen seine einstige Popularität in der Weimarer Republik kaum mehr erahnen lassen, nehmen sie einen doch nicht unbedeutenden Stellenwert in seiner schriftstellerischen Tätigkeit ein.

Das Verlagswesen in Deutschland war in seinen Grundfesten erschüttert. In den Folgejahren entstanden im Ausland zahlreiche neue Verlage, die den verfolgten Schriftstellern eine zumeist nur bescheidene Möglichkeit boten, sich an eine Öffentlichkeit zu wenden. Besonders Frankreich entwickelte sich zu einem intellektuellen Zufluchtsort für viele Autoren: „Historie und Dichtung" ist als erstes Kapitel der kleinen Monographie *Die Kunst der Biographie* konzipiert, die 1936 bei „Éditions du Phénix", einem Exilverlag „mit einer durchaus respektablen Buchproduktion"[1] erschien.

1 Michaela Enderle-Ristori: „Das ‚freie deutsche Buch' im französischen Exil. Ein kulturpolitisches Konzept und seine organisatorische Praxis". In: Claus-Dieter Krohn, Erwin Rotermund

Struktur des Essays

Die Monographie *Die Kunst der Biographie* stellt ein Resümee des eigenen Schaffens dar, neben etlichen autobiographischen Details dokumentiert Emil Ludwig in ihr seine Herangehensweise an Biographik und formuliert seine ganz persönliche „Theorie der Biographie".[2]

Das Werk gliedert sich in die zwei beinahe gleich große Teile, „Historie und Dichtung" und „Aus meiner Werkstatt", die wiederum in mehrere kleine Unterkapitel unterteilt sind.

Der zeitgenössische Streit zwischen Historikern und Literaten, der den Hintergrund für die Entstehung von *Die Kunst der Biographie* darstellt, wurde mit besonderer Heftigkeit in den Jahren 1928 bis 1931 geführt. Dass Emil Ludwig immer wieder auf diese Auseinandersetzung rekurriert, entwirft ein widersprüchliches Bild von der Situation, in der er sich befand.

Die Situation der Emigranten, das politische Exil Emil Ludwigs, seine Verfolgung durch die Nationalsozialisten, all das bleibt trotz der individuellen Ausgestaltung, dem Verweisen auf persönliche Erfahrungen in dem Essay ausgespart. Ludwig bezieht sich vor allem auf die Zeit der Weimarer Republik, also jene Jahre, in denen er seinen größten schriftstellerischen Erfolg verzeichnete. Die aktuelleren literarischen Beispiele[3] hingegen, die Ludwig zitiert, spiegeln die akute Situation in Deutschland nicht wieder.

Erst in späteren Schriften sollte Ludwig immer wieder auf das politische Geschehen in Deutschland zu sprechen kommen und als bewusster Pazifist und Kriegsgegner eindeutig Stellung beziehen. *Die Kunst der Biographie* fasst hingegen vor allem jene ‚Erkenntnisse' zusammen, die er bereits in früheren Schriften[4] kundgetan hat.

---

u.a. (Hg.): *Bücher, Verlage, Medien*. Landshut 2004 (= Exilforschung. Ein internationales Handbuch, Bd. 22), S. 29–59, hier S. 35.

2 Der erste Teil von „Die Kunst der Biographie" findet sich im vorliegenden Band, S. 133–154. Im zweiten Teil begründet er seine Herangehensweise und schreibt: „Eine Theorie der Biographie hatte ich mir nie ausgedacht; erst jüngst, hervorgelockt durch die Angriffe der Legitimen, habe ich nachträglich die Grundlagen einer intuitiven Darstellung zusammengesucht." Emil Ludwig: „Aus meiner Werkstatt". In: ders.: *Die Kunst der Biographie*. Paris 1936 (= Phoenix-Buecher, Bd. 32 a/b), S. 47–92, hier S. 51.

3 Genannt wird etwa das Werk *Die Letzten Tage der Menschheit* von Karl Kraus, dem vielleicht berühmtesten Kriegsgegner der Habsburgermonarchie.

4 Wichtige biographietheoretische Ideen Ludwigs finden sich aber in der Einleitung zu seinem berühmten biographischen Sammlungsband *Genie und Charakter*, der 1924 erschien. Ludwig erweiterte diese Einleitung und veröffentlichte sie 1929 unter dem Titel „Historie und Dichtung". Der erste Teil von „Die Kunst der Biographie" entspricht fast gänzlich diesem Text. 1929 veröffentlichte Ludwig einen weiteren Aufsatz, in welchem er seine Ansichten „Über die Grösse" äußerte. Vgl. Emil Ludwig: „Über historische Gestaltung". In: ders.: *Genie und Charakter. Zwanzig männliche Bildnisse*. Berlin 1924, bes. S. 11–16; Emil Ludwig: „Historie

„Historie und Dichtung" beginnt mit einem Vorwort, das von einem Zitat Goethes über Form und Stoff eingeleitet wird, und gibt in sechs bündigen Kapiteln einen Abriss über das Verhältnis von Geschichte, Geschichtsschreibung und Biographie. Programmatisch wird gleich zu Beginn das Umfeld beschrieben: „So oft sich Forscher und Künstler auf demselben Gebiete begegnen, gibt es Streit." (S. 133)[5] Wortreich umschreibt Ludwig dieses Spannungsfeld und versucht zugleich, einen historischen Bogen zu spannen, ein Verfahren, das den ganzen Text charakterisiert. Grundthese ist, dass Historie und Dichtung nur scheinbar unüberbrückbare Gegensätze sind und dass gerade die großen Männer der Geschichtsschreibung, wie Macaulay, Mommsen, Carlyle, sich über dieses Schema hinweggesetzt hätten. Unter diesen Persönlichkeiten positioniert sich in den folgenden Kapiteln auch Emil Ludwig selbst, wobei seine bevorzugte Methode, Geschichte aufzuarbeiten, in der Biographie liegt. Ludwigs Vorgehen ist dabei instruktiv, aus dem großen Feld der Geschichtsschreibung gelangt er über Zitate, Anekdoten und groß angelegte bildhafte Vergleiche sukzessive zu seinen eigenen Werken. *Die Kunst der Biographie* dient ihm als Sprachrohr, seine Werke zu verteidigen – und ihren Wert für die Leser zu betonen.

Das historische Drama wird als adäquate Gattung für Dichter bestimmt, historische Romane hingegen sollen Ausnahmeschriftstellern vorbehalten bleiben – exemplarisch werden Balzac und Zola genannt –, da sonst die Gefahr, „ein schiefes Bild" (S. 136) zu erzeugen, bestünde. Die Aufgabe des Historikers wird mit einem Wagnis gleichgesetzt. Die gängigen Methoden der Fachwissenschaft, der „alten Schule", Quellen aufzuweisen, zu sammeln und zu belegen, werden von ihm abgelehnt: Es sei die Aufgabe des Dichters, Geschichte spannend zu gestalten und sich an Vorbildern, die sich souverän über fachwissenschaftliche Methoden hinweggesetzt haben, Taine, Burckhardt und Mommsen, zu orientieren. Ludwig präzisiert auch seine Vorstellung von Geschichtsschreibung: Historisch Irrelevantes könne weggelassen werden, Geschichte schreiben bedeute eine Auswahl treffen, die letztlich nur subjektiv motiviert sein könne. Auch ein gewisses Maß an Empathie sei erforderlich: Man muss das Leben des anderen verstehend miterleben können, eine Gabe, die nicht erlernbar ist, über die der Künstler verfügt.

Ein besonders gutes Mittel, Biographien spannend und lehrreich zu gestalten, seien Anekdoten. Die Biographie müsse sich nichtsdestoweniger immer streng an ihre Quellen – etwa Briefe, Handschriften, Manuskripte,

---

und Dichtung". In: *Die Neue Rundschau* 40 (1929), Bd. 1, S. 358–381; Emil Ludwig: „Über die Grösse". In: *Die Neue Rundschau* 40 (1929), Bd. 2, S. 83–99.

5 In Klammern angeführte Seitenangaben im Text beziehen sich auf den vorliegenden Band.

Tagebücher und Bildaufzeichnungen – halten, nichts dürfe hinzuerfunden werden. Vor allem die Verwendung von unterschiedlichen Quellen thematisiert Ludwig und macht auch auf die mediale Seite von Biographien aufmerksam, wobei besonders die Bedeutung von Bildern, Photographie und Film hervorgehoben wird und zwar eingedenk der Umstände, unter denen sie entstanden sind. Den Abschluss des ersten Teils bildet eines Art Bekenntnis zum Künstler: Er könne „mit den modernen Mitteln der Quellenforschung und Psychologie“ (S. 153) besonders gute Biographien hervorbringen.

„Aus meiner Werkstatt“, der zweite Teil von *Die Kunst der Biographie*, setzt diese Beschreibungen fort. Dieser Teil ist allerdings weitaus persönlicher gestaltet. Es handelt sich um eine selbstbewusste Hinwendung Emil Ludwigs zu seinen Lesern, voller rhetorischer Figuren und Tropen, und über weite Strecken um eine praktische Anleitung zum Verfassen von vorzüglich „modernen Biographien“. Jedoch – man sieht sich an das Goethe-Wort erinnert – findet Ludwigs Mitteilsamkeit schließlich ihre Grenzen:

Ich werde mich hüten, hier vor dem Leser und namentlich dem weiblichen [sic], die ganze Hexenküche zu analysieren: wie solch ein Trank gebraut, der dann, als müsste es eben so sein, vom Konsumenten geschlürft, getrunken oder weggestellt wird. Ich habe alle Bücher, besonders die langen im allegro furioso geschrieben, immer unter dem Druck der Gestalt, die sich dann aus Rache so stark in mir festgesetzt, wie ich mich in ihr.[6]

Charakteristika

Es ist eine „Theorie der Biographie“, die Emil Ludwig anhand von zahlreichen Beispielen aus seinem reichen Erfahrungsschatz als überaus erfolgreicher Biograph und Schriftsteller schreibt. Sie ist subjektiv und setzt sich über Konventionen der Fachwissenschaft hinweg: Bewusst werden Quellen verwertet, aber nicht belegt. Sie gibt sich polemisch und stellt ein Plädoyer für die „modernen Biographen“ dar, aber zugleich kann sie als Anleitung gelesen werden, wie eine „moderne Biographie“ geschrieben werden solle, wird dabei allerdings von dem Grundsatz getragen, dass diese Form letztlich dem Künstler vorbehalten bleibt. Sie sucht den Vergleich zu anderen Disziplinen, bleibt jedoch im Bereich der modernen Biographik auf Emil Ludwig selbst fokussiert. Formal betrachtet vermischen sich in dieser Schrift unterschiedliche Gattungen und Techniken: Autobiographie, Anekdote, Re-

6 Emil Ludwig: „Aus meiner Werkstatt“. In: ders.: *Die Kunst der Biographie*, S. 90.

portage, Zitat, die alle einem bildungsbürgerlichen Lehranspruch verfügbar gemacht werden.

Mehrmals finden sich rhetorische Fragen, besonders an solchen Stellen, an denen eine neue Idee eingeführt wird oder ein Kerngedanke von einer anderen Perspektive aus betrachtet werden soll. Gerade dadurch wird jedoch zugleich die Illusion einer Wechselrede erzeugt: Ludwig beantwortet gewissermaßen die Fragen, die sich der Leser stellt, beziehungsweise widerlegt kritische Vorwürfe, die ihm vor allem die von ihm verpönte Fachwissenschaft gemacht hat. Auf der anderen Seite ist der Text gerade im Bereich der Exempel von Wiederholungen geprägt. Ludwig beruft sich immer wieder auf dieselben Vorbilder – Plutarch, Carlyle, Burckhardt, Mommsen. Sie finden sich schon in den ersten Kapiteln und tauchen dann periodisch an allen wichtigen Stellen des Aufsatzes wieder auf. Dieses didaktische Mittel der ‚repetitio' verstärkt den Lehrcharakter der Schrift Ludwigs.

Emil Ludwigs Position als Biograph

Emil Ludwig nannte sich selbst einen „Bastard gezeugt aus Historie und Dichtung".[7] Mit seinen historischen Biographien zählte er zu den meistgelesenen deutschen Schriftstellern der Weimarer Republik. Sein prominentes Auftreten im Disput zwischen Historikern und Literaten rechtfertigt seine eminente, wenn auch später oft übersehene Rolle in der Geschichtskultur der ersten deutschen Demokratie, ja sein künstlerisches Schaffen ist kennzeichnend für die „Krise des Historismus" der Weimarer Zeit.

Seine Biographik beruht auf oft sehr persönlich gefärbten psychologischen Studien, er distanzierte sich entschieden von der akademischen Praxis und gab sich bewusst „antihistorisch"[8], wenn er auch einräumte, dass seine Biographien auf den Arbeiten von Geschichtsforschern aufbauten. Eine gelungene Synthese von Literatur und Geschichtsschreibung sah Ludwig, der sich in seinen Schriften gern auf Plutarch berief, auch bei anderen kanonischen Autoren wie Jacob Burckhardt und Thomas Carlyle.[9] Politisch

---

7 Ludwig: „Historie und Dichtung". In: *Die Neue Rundschau* 40 (1929), Bd. 2, S. 364.

8 Vgl. Sebastian Ullrich: „‚Der Fesselndste unter den Biographen ist heute nicht der Historiker.' Emil Ludwig und seine historischen Biographien". In: *Geschichte für Leser. Populäre Geschichtsschreibung in Deutschland im 20. Jahrhundert.* Hg. v. Wolfgang Hardtwig u. Erhard Schütz. Stuttgart 2005 (= Stiftung Bundespräsident-Theodor-Heuss-Haus, Bd. 7), S. 35–56, hier S. 36.

9 Vgl. dazu etwa Emil Ludwig: „Historie und Dichtung". In: *Die Neue Rundschau* 40 (1929), S. 358–380, bes. S. 362.

war Ludwig, der jüdischer Abstammung war[10], links orientiert, pazifistisch, ein überzeugter Europäer. Seine Ideale wollte er vor allem jüngeren Lesern vermitteln; das pädagogische Bemühen, „die Jugend mit zu erziehen, indem man sich selber weiter erzog“[11], ist mehrfach belegt.

In den 1930er Jahren begann man, Emil Ludwig systematisch öffentlich zu demontieren. 1932 nahm er die Schweizer Staatsbürgerschaft an und veröffentlichte weiterhin, obwohl seine Schriften nicht mehr in Deutschland erscheinen durften, zahlreiche historische Biographien. An seinen Massenerfolg konnte er jedoch nicht mehr anschließen: Am 17. September 1948, wenige Jahre nach Kriegsende, verstarb Emil Ludwig in seinem Haus am Lago Maggiore – „einsam und verlassen“.[12]

Emil Ludwigs Position in der Literatur- und Geschichtswissenschaft ist umstritten. Bereits Siegfried Kracauer hat sich kritisch mit dem Erfolg der Biographie in der ersten Hälfte des 20. Jahrhunderts auseinandergesetzt. Anschließend hat vor allem Leo Löwenthal eine fundamentale Kritik zu den sogenannten Erfolgsautoren auf dem Gebiet der Biographik geliefert.[13] Löwenthal wirft ihnen vor, nur „pseudoerzieherische und pseudowissenschaftliche“ Ansätze zu zeigen: „Aber die Biographien verfälschen dieses Bildungsstreben, indem sie dem Leser Erfahrungen anbieten, die zwar als Bildungsgüter deklariert sind, sich aber bei näherem Zusehen als unecht erweisen.“[14] Hervorzuheben sind schließlich die Bemühungen Helmut Scheuers, der die Kritik an Ludwig relativiert, indem er ihn in den größeren Kontext der Biographieschreibung einordnet.[15]

Weiterführende Literatur

Kreuzer, Helmut: „Faszination von Geist und Macht. Einst der berühmteste deutsche Autor und ein Verlagsmagnet“. In: *Börsenblatt des deutschen Buchhandels*, 11.3.1986.

Perrey, Hans-Jürgen: „Der Fall ‚Emil Ludwig‘ – Ein Bericht über eine historiographische Kontroverse der ausgehenden Weimarer Republik“. In: *Geschichte in Wissenschaft und Unterricht* 43 (1992), S. 169–181.

---

10 Nachdem Ludwig 1902 zum Christentum konvertiert war, trat er aus Protest nach der Ermordung seines Freundes Walther Rathenau wieder zur jüdischen Konfession über.

11 Emil Ludwig: *Geschenke des Lebens. Ein Rückblick*. Berlin 1931, S. 496.

12 Zit. n.: Helmut Kreutzer: „Faszination von Geist und Macht. Einst der berühmteste deutsche Autor und ein Verlagsmagnet.“ In: *Börsenblatt des deutschen Buchhandels*, 11.3.1986.

13 Vgl. die entsprechenden Beiträge im vorliegenden Band.

14 Leo Löwenthal: „Der Triumph der Massenidole“. In: ders.: *Schriften*, Bd. 1. Hg. v. Helmut Dubiel. Frankfurt/M. 1980, S. 258–305, hier S. 294.

15 Vgl. dazu Helmut Scheuer: *Biographie. Studien zur Funktion und zum Wandel einer literarischen Gattung vom 18. Jahrhundert bis zur Gegenwart*. Stuttgart 1979, bes. S. 151–230.

Virginia Woolf

Die Kunst der Biographie*

[1939]

I

Die Kunst der Biographie, sagen wir – aber fragen sogleich weiter: Ist Biographie eine Kunst? Vielleicht ist die Frage töricht und gewiß kleinlich, bedenkt man die lebhafte Freude, die Biographen uns bereitet haben. Doch die Frage stellt sich so oft, daß etwas dahinterstecken muß. Da ist sie wieder, wann immer man eine neue Biographie aufschlägt, und wirft ihren Schatten auf das Blatt; und fast will es scheinen, als sei in diesem Schatten etwas Tödliches, denn von der Vielzahl der Biographien, die geschrieben werden – wie wenige überdauern am Ende!

Aber der Grund für diese hohe Sterblichkeitsrate, so könnte der Biograph einwenden, liegt doch darin, daß die Biographie im Vergleich zur Lyrik und Epik eine junge Kunst ist. Das Interesse am eigenen Selbst und dem anderer Menschen ist eine späte Entwicklung des menschlichen Geistes. Erst im achtzehnten Jahrhundert drückte sich diese Wißbegier darin aus, daß man das Leben privater Personen beschrieb. Erst im neunzehnten Jahrhundert war die Biographie voll erwachsen und wurde außerordentlich fruchtbar. Wenn es zutrifft, daß es nur drei große Biographen gegeben habe – Johnson, Boswell und Lockhart[1] – dann liegt das daran, folgert der

---

* Virginia Woolf: „Die Kunst der Biographie". In: dies.: *Der Tod des Falters*. Essays. Nach der engl. Ausgabe v. Leonard Woolf hg. v. Klaus Reichert. Deutsch von Hannelore Faden. Frankfurt/M. 1997, S. 179–189. [Erstdruck: *Atlantic Monthly*, April 1939]

1 Samuel Johnson (1709–1784) veröffentlichte *The Lives of the English Poets* seit Milton (1779 81). – James Boswell (1740–1795) schrieb die berühmteste englische Biographie überhaupt, *The Life of Samuel Johnson* (1791), die sich vor allem auf Gespräche mit Johnson stützte. – John Gibson Lockhart (1794–1854) schrieb die Biographie seines Schwiegervaters Walter

Biograph, daß die Zeit kurz war; und seine Verteidigung, die Kunst der Biographie habe nur wenig Zeit gehabt, sich zu etablieren und zu entwickeln, wird allerdings von den Lehrbüchern bestätigt. So verlockend es ist, nach dem Grunde zu forschen – warum nämlich das Selbst, das ein Buch in Prosa schreibt, so viele Jahrhunderte nach dem Selbst, das ein Gedicht schreibt, ins Dasein trat, warum Chaucer Henry James[2] vorausging –, so ist es doch besser, diese unlösbare Frage ohne Antwort zu lassen und zu seinem nächsten Grund für den Mangel an Meisterwerken zu kommen. Es ist der, daß die Kunst der Biographie unter allen Künsten die eingeschränkteste ist. Den Beweis hat er gleich zur Hand. Hier steckt er im Vorwort, in dem Smith, der das Leben von Jones beschrieben hat, diese Gelegenheit ergreift, um den alten Freunden, die Briefe ausgeliehen haben, und „last not least" Mrs Jones, der Witwe, zu danken für die Hilfe, „ohne welche", wie er sich ausdrückt, „diese Biographie nicht hätte geschrieben werden können". Der Romancier, erklärt er, sagt in seinem Vorwort einfach: „Alle Charaktere in diesem Buch sind frei erfunden." Der Romancier ist frei; der Biograph ist gebunden.

Hier vielleicht gelangen wir in Rufweite jener sehr schwierigen, vielleicht wiederum unlösbaren Frage: Was meinen wir, wenn wir ein Buch ein Kunstwerk nennen? Auf jeden Fall liegt hier ein Unterschied vor zwischen Biographie und Fiktion – ein Beweis, daß sie sich recht eigentlich im Stoff, aus dem sie gemacht sind, unterscheiden. Die eine ist mit der Hilfe von Freunden, von Fakten gemacht; die andere ist ohne alle Beschränkungen geschaffen, diejenigen ausgenommen, welchen sich der Künstler aus eigenem Gutdünken zu fügen beliebt. Das ist ein Unterschied; und es besteht sehr wohl Grund zu der Annahme, Biographen hätten ihn in der Vergangenheit nicht nur als Unterschied, sondern als sehr grausamen Unterschied empfunden.

Die Witwe und die Freunde waren strenge Zuchtmeister. Angenommen zum Beispiel, daß der Mann von Genie unmoralisch war, ein Griesgram, und dem Dienstmädchen die Stiefel an den Kopf warf. Die Witwe würde sagen: „Doch ich liebte ihn; er war der Vater meiner Kinder; und das Publikum, das seine Bücher liebt, darf unter keinen Umständen enttäuscht werden. Decken Sie zu; lassen Sie weg." Der Biograph gehorchte. Und so gleichen die meisten viktorianischen Biographien jenen heute in der Westminster Abbey aufbewahrten Wachsfiguren, die man im Leichenzug durch

Scott, *Memoirs of the Life of Sir Walter Scott* (1837/38). Zu Lockhart vgl. VWs Essay „Lockharts Kritik". In: dies.: *Der Augenblick. Essays*. Frankfurt/M. 1996, S. 72–78.

2 Über Geoffrey Chaucer (ca. 1343–1400), den spätmittelalterlichen Dichter vor allem der *Canterbury Tales*, vgl. VWs Essay „Die Pastons und Chaucer". In: dies.: *Der gewöhnliche Leser*, Bd. 1. Frankfurt/M. 1989, S. 9–32.

die Straßen trug – Abbilder, die nur eine glatte, oberflächliche Ähnlichkeit mit dem Toten im Sarge haben.

Gegen Ende des neunzehnten Jahrhunderts dann vollzog sich ein Wandel. Wiederum aus nicht leicht zu klärenden Gründen wurden Witwen weitherziger und das Publikum scharfsichtiger; das Wachsbild wirkte nicht länger überzeugend, noch genügte es der Wißbegier. Sicherlich gewann der Biograph ein gewisses Maß an Freiheit hinzu. Wenigstens konnte er andeuten, das Gesicht des Toten habe Narben und Furchen. Froudes Carlyle[3] ist keineswegs eine rosarot gemalte Wachsmaske. Und im Gefolge von Froude kam Sir Edmund Gosse[4], der zu sagen wagte, sein eigener Vater sei ein fehlbarer Mensch gewesen. Und im Gefolge von Edmund Gosse kam in den frühen Jahren des gegenwärtigen Jahrhunderts Lytton Strachey[5].

II

Die Gestalt Lytton Stracheys ist so bedeutend für die Geschichte der Biographie, daß sie zum Innehalten zwingt. Denn seine drei berühmten Bücher, *Eminent Victorians, Queen Victoria* und *Elizabeth and Essex,* haben das Format, beides zu zeigen, nämlich was die Biographie leisten und was die Biographie nicht leisten kann. So legen sie viele denkbare Antworten nahe auf die Frage, ob Biographie eine Kunst sei, und wenn nicht, warum sie es nicht sein kann.

Lytton Strachey kam als Autor in einem glücklichen Augenblick zur Welt. 1918, als er seinen ersten Versuch unternahm, war die Biographie mit ihren neuen Freiheiten eine Form, die viel Reizvolles zu bieten hatte. Einem Schriftsteller, der wie er sich gewünscht hatte, Gedichte oder Theaterstücke zu schreiben, doch über sein schöpferisches Vermögen im Zweifel war, schien sie eine vielversprechende Alternative zu eröffnen. Denn endlich war es möglich, über die Toten die Wahrheit zu sagen; und die viktorianische Epoche war reich an bemerkenswerten Gestalten, von welchen viele durch die Wachsbilder, mit denen man sie überzogen hatte, aufs gröbste verunstal-

---

3 Der Historiker J. A. Froude (1818–1894) veröffentlichte 1881 seine *Reminiscences* an Carlyle (1795–1881), 1883 die an seine Frau, Jane Welsh Carlyle, *Letters and Memorials.* Beide Veröffentlichungen riefen große Entrüstung hervor.

4 Sir Edmund Gosse (1849–1928) beschrieb seinen vom Christentum fanatisierten Vater in *Father and Son* (1907). Vgl. VWs Essay „Edmund Gosse“. In: dies.: *Der Augenblick*, S. 89–98.

5 Lytton Strachey (1880–1932), einer der ältesten und engsten Freunde VWs, erregte einen Skandal mit seinen biographischen Essays *Eminent Victorians* (1918). Auch in seinen weiteren Biographien stürzte er, mit großem Publikumserfolg, Denkmäler: *Queen Victoria* (1921), *Elizabeth and Essex* (1928).

tet worden waren. Sie neu zu erschaffen, sie zu zeigen, wie sie wirklich waren, das war eine Aufgabe, die ähnliche Fähigkeiten wie die des Poeten oder des Romanciers verlangte, ohne doch jene Erfindungskraft zu erfordern, die er in sich vermißte.

Es war den Versuch durchaus wert. Und der Zorn und das Interesse, welche seine knappen Porträts berühmter Viktorianer erregten, zeigten, daß er imstande war, Manning, Florence Nightingale, Gordon[6] und die übrigen lebendig zu machen, wie sie es nie gewesen, seitdem sie leibhaftig gelebt hatten. Noch einmal standen sie mitten im Getöse widerstreitender Meinungen. Hatte Gordon wirklich getrunken oder war das eine Erfindung? Nahm Florence Nightingale den Verdienstorden nun in ihrem Schlafzimmer oder im Wohnzimmer entgegen? Der Autor, obschon ein Krieg in Europa wütete, bewegte das Publikum zu einem erstaunlichen Interesse an solch geringfügigen Dingen. Zorn und Gelächter mischten sich; und die Auflagen stiegen.

Aber dies waren knappe Studien, die etwas von der Überbetonung und Verkürzung von Karikaturen hatten. Mit den Lebensbildern der beiden großen Königinnen Elizabeth und Victoria nahm er eine weit ehrgeizigere Aufgabe in Angriff. Nie hatte es eine günstigere Gelegenheit für die Biographie gegeben, zu zeigen, was sie leisten konnte. Denn nun wurde sie von einem Schriftsteller erprobt, der imstande war, sich alle die Freiheiten zunutze zu machen, welche die Biographie gewonnen hatte; er war furchtlos; er hatte seine glänzende Begabung bewiesen; und er hatte sein Handwerk gelernt. Das Ergebnis wirft helles Licht auf die Natur der Biographie. Denn wer, hat er die beiden Bücher hintereinander wieder gelesen, kann daran zweifeln, daß die *Victoria* ein überwältigender Erfolg und die *Elizabeth* im Vergleich dazu mißlungen ist? Aber es scheint auch, während wir sie vergleichen, daß es nicht Lytton Strachey war, der scheiterte; es war die Kunst der Biographie. der *Victoria* verstand er Biographie als Handwerk; er unterwarf sich ihren Grenzen. der *Elizabeth* verstand er Biographie als Kunst; er setzte sich über ihre Grenzen hinweg.

Aber wir müssen weitergehen und fragen, wie wir zu diesem Schluß gekommen sind und mit welchen Gründen wir ihn rechtfertigen. Zunächst ist klar, daß die beiden Königinnen ihrem Biographen sehr verschiedengeartete Schwierigkeiten bieten. Über Queen Victoria wußte man alles. Alles, was sie tat, fast alles, was sie dachte, war allgemein bekannt. Niemals ist ein Dasein genauer verbürgt und gründlicher belegt worden als das ihrige. Der Biograph konnte sie nicht erfinden, weil für jeden Augenblick ein Doku-

---

6 *Eminent Victorians* enthielt die Porträts: „Cardinal Manning“, „Florence Nightingale“, „Dr. Arnold“ (über den Vater von Matthew Arnold), „The End of General Gordon“. Aber auch andere Berühmte – Kardinal Newman, Gladstone – kommen ins Spiel.

ment zur Hand war, durch das seine Erfindung überprüft werden konnte. Und als er über Victoria schrieb, unterwarf Lytton Strachey sich den Bedingungen. Er machte vollen Gebrauch von der Macht des Biographen, eine Auswahl zu treffen und Beziehungen herzustellen, aber er hielt sich streng an die Welt der Fakten. Jede Aussage war belegt; jedes Faktum war verbürgt. Und das Ergebnis ist ein Lebensbild, das für die alte Königin durchaus so viel getan haben mag wie das, was Boswell für den alten Wörterbuchmacher tat. In künftigen Zeiten wird Lytton Stracheys Queen Victoria die Queen Victoria genauso sein, wie Boswells Johnson jetzt Dr. Johnson ist. Die anderen Versionen werden verblassen und versinken. Es war eine erstaunliche Leistung, und ohne Zweifel war dem Verfasser, als er sie vollbracht hatte, daran gelegen, weiter vorzudringen. Hier war Queen Victoria, fest gegründet, real, greifbar. Aber zweifellos hatte sie ihre Grenzen. Könnte die Biographie nicht etwas von der Intensität der Poesie, etwas von der Erregung des Dramas schaffen und dennoch die besondere Qualität behalten, die zum Faktum gehört – seine suggestive Realität, seine eigene, ihm gemäße schöpferische Kraft?

Queen Elizabeth schien sich vorzüglich für den Versuch zu eignen. Sehr wenig war über sie bekannt. Die Gesellschaft, in der sie lebte, lag so fern, daß die Gewohnheiten, die Triebkräfte und selbst die Handlungen der Menschen jener Zeit voller Fremdheit und Dunkel blieben. „Durch welche Kunst sollen wir uns in diese fremden Seelen einschleichen? in diese noch fremderen Körper? Je klarer wir es wahrnehmen, um so ferner erscheint dieses einzigartige Universum", bemerkte Lytton Strachey auf einer der ersten Seiten. Doch offenbar schlummerte in der Geschichte von der Königin und Essex, halb enthüllt, halb versteckt, eine „tragische Historie". Alles schien geeignet für die Schaffung eines Buches, das die Vorteile beider Welten vereinte, das dem Künstler die Freiheit gab zu erfinden, aber seiner Erfindung mit dem Rückhalt der Fakten zu Hilfe kam – eines Buches, das nicht nur eine Biographie war, sondern auch ein Kunstwerk.

Nichtsdestotrotz erwies sich die Vereinigung als undurchführbar; Faktum und Fiktion wollten sich nicht vermischen. Elizabeth wurde nie in dem Sinne wirklich, wie Queen Victoria es gewesen war, und sie wurde nie eine Fiktion in dem Sinne, wie Cleopatra es ist oder Falstaff. Der Grund liegt wohl darin, daß sehr wenig bekannt war – der Autor sah sich genötigt zu erfinden; doch etwas war bekannt – seine Erfindung wurde überprüft. So bewegt sich die Königin in einer doppeldeutigen Welt, zwischen Faktum und Fiktion, weder verkörpert, noch entkörperlicht. Es herrscht ein Gefühl von Leere und Anstrengung, einer Tragödie, die keine Krisis hat, von Charakteren, die einander begegnen, aber nicht aufeinanderprallen.

Trifft diese Diagnose zu, so sind wir genötigt zu sagen, das Heikle liege an der Biographie selbst. Sie zwingt Bedingungen auf, und diese Bedingungen sind, daß sie auf Faktischem beruhen muß. Und mit Faktischem in der Biographie meinen wir Tatsachen, die über den Künstler hinaus durch andere Personen verifiziert werden können. Erfindet er Tatsachen, wie sie ein Künstler erfindet – Tatsachen, die niemand sonst verifizieren kann – und versucht sie mit Tatsachen der anderen Art zu verbinden, dann machen sie einander zunichte.

In *Queen Victoria* scheint Lytton Strachey selbst die Notwendigkeit dieser Bedingung erkannt und ihr instinktiv gehorcht zu haben. „Die ersten zweiundvierzig Jahre im Leben der Königin", schrieb er, „werden durch eine große und vielfältige Menge gesicherter Kenntnis erhellt. Mit Alberts Tod senkte sich ein Schleier herab." Und als mit Alberts Tod der Schleier herabsank und gesicherte Kenntnis fehlte, wußte er, daß der Biograph dem entsprechen müsse. „Wir müssen mit einem kurzen und summarischen Bericht zufrieden sein", schrieb er, und die letzten Jahre werden kurz und bündig abgetan. Das ganze Leben der Elizabeth aber wurde hinter einem viel dichteren Schleier gelebt als die letzten Jahre der Victoria. Und doch ließ er sein eigenes Eingeständnis außer acht und ging daran, nicht einen kurzen und summarischen Bericht, sondern ein ganzes Buch zu schreiben über diese fremden Seelen und noch fremderen Körper, über die es an gesicherter Kenntnis fehlte. Seiner eigenen Aussage nach war das Unternehmen zum Scheitern verurteilt.

III

Es scheint also, daß der Biograph mit seiner Klage, er sei an Freunde, Briefe und Dokumente gebunden, den Finger auf ein notwendiges Element der Biographie legte; und daß es eben eine notwendige Begrenzung gibt. Denn die erfundene Gestalt lebt in einer freien Welt, in der Tatsachen nur durch eine einzige Person beglaubigt werden – den Künstler selbst. Ihre Authentizität liegt in der Wahrhaftigkeit seiner eigenen Vision. Die aus dieser Vision heraus geschaffene Welt ist kostbarer, dichter und einheitlicher aus einem Stück als die Welt, welche wesentlich aus der authentischen Kenntnis, die andere Menschen herzutragen, erbaut ist. Und auf Grund dieses Unterschiedes wollen die beiden Arten von Fakten sich nicht vermischen lassen; kommen sie in Berührung, machen sie einander zunichte. Niemand, so scheint die Schlußfolgerung zu lauten, kann das Beste aus beiden Welten machen; man muß wählen, und man muß zu seiner Wahl stehen.

Aber wenn auch das Mißlingen von *Elizabeth and Essex* zu diesem Schluß führt, so eröffnet dieses Mißlingen doch, weil es das Ergebnis eines wagemutigen, mit glänzendem Geschick durchgeführten Experimentes war, den Weg zu weiteren Entdeckungen. Hätte er länger gelebt, wäre Lytton Strachey ohne Zweifel der Spur, die er aufgetan hatte, selbst nachgegangen. Wie die Dinge liegen, hat er uns den Weg gewiesen, auf dem andere weitergehen können. Der Biograph ist an Fakten gebunden – das ist so; aber wenn dem so ist, hat er ein Recht auf alle Fakten, die vorhanden sind. Hat Jones dem Dienstmädchen Stiefel an den Kopf geworfen, hatte er eine Geliebte in Islington, oder wurde er nach nächtlicher Prasserei im Straßengraben gefunden, so muß der Biograph die Freiheit haben, es zu sagen – so weit zumindest, wie das Gesetz gegen Verleumdung und menschliches Gefühl es zulassen.

Diese Fakten aber sind nicht wie die Fakten der Wissenschaft – einmal entdeckt, sind sie immer die gleichen. Sie sind dem Wandel der Meinungen unterworfen; Meinungen wandeln sich, wie die Zeiten sich wandeln. Was für eine Sünde gehalten wurde, wird jetzt im Licht der Tatsachen, die die Psychologen für uns entdeckt haben, vielleicht ein Mißgeschick genannt; vielleicht eine Merkwürdigkeit; vielleicht weder das eine noch das andere, sondern eine kleine Schwäche ohne große Bedeutung so oder so. Zu unseren Lebzeiten hat sich die Gewichtung des Sexuellen gewandelt. Dies führt zur Tilgung einer Menge von toter Materie, welche noch immer die wahren Züge des Menschengesichtes verdunkelt. Viele der alten Kapitelüberschriften – Leben im College, Heirat, Karriere – erweisen sich als sehr willkürliche und künstliche Unterscheidungen. Der wirkliche Gang der Dinge im Dasein des Helden nahm sehr wahrscheinlich einen ganz anderen Verlauf.

So muß der Biograph vor uns anderen hergehen, muß wie des Bergmanns Kanarienvogel die Atmosphäre prüfen, muß Falschheit und Unwirklichkeit aufspüren und etwa vorhandene überlebte Konventionen. Sein Gefühl für Wahrhaftigkeit muß hellwach und auf dem Sprung sein. Andererseits, da wir in einer Zeit leben, in der in Form von Zeitungen, Briefen und Tagebüchern tausend Kamera-Augen aus jedem Blickwinkel auf jede Gestalt gerichtet sind, muß er bereit sein, widersprüchliche Lesarten desselben Gesichtes zuzulassen. Die Biographie wird ihr Blickfeld erweitern, indem sie in abgelegenen Winkeln Spiegel aufhängt. Und doch wird sie aus all dieser Verschiedenheit keine wüste Verwirrung, sondern eine inhaltsreichere Einheit stiften. Und überdies, da so viel bekannt ist, was lange unbekannt war, stellt sich jetzt unausweichlich die Frage, ob nur das Leben großer Männer aufzuzeichnen sei. Ist nicht jedermann, der ein Leben gelebt und ein Zeugnis dieses Lebens hinterlassen hat, eine Biographie wert – die Gescheiterten ebenso wie die Erfolgreichen, die Geringen ebenso wie die Berühmten? Und was ist Größe? Und was Kleinheit? Der Biograph muß unsere Maßstäbe für Preiswürdigkeit überprüfen und uns neue Helden zur Bewunderung aufzeigen.

IV

Die Biographie ist also erst am Beginn ihrer Laufbahn; sie hat ein langes und tätiges Leben vor sich, dessen können wir sicher sein – ein Leben voller Schwierigkeit, Gefahr und harter Arbeit. Zudem aber können wir ebenso sicher sein, daß es ein anderes Leben ist als das der Lyrik und der Epik – ein Leben, das nicht unter vergleichbarer Hochspannung gelebt wird. Und aus diesem Grunde ist ihren Schöpfungen nicht die Unsterblichkeit bestimmt, die der Künstler dann und wann für seine Schöpfungen erringt.

Es scheint bereits einen sicheren Beweis dafür zu geben. Nicht einmal Dr. Johnson, wie Boswell ihn geschaffen hat, wird so lange leben wie Falstaff, den Shakespeare schuf. Micawber und Miss Bates[7], dessen können wir sicher sein, werden Lockharts Sir Walter Scott und Lytton Stracheys Queen Victoria überleben. Denn sie sind aus dauerhafterem Stoff gemacht. In ihrer stärksten Intensität brennt die Einbildungskraft des Künstlers das aus, was an Faktischem vergänglich ist; er baut mit dem, was von Dauer ist; der Biograph aber muß das Vergängliche hinnehmen, muß damit bauen, muß es ganz in die Textur seines Werkes einbetten. Vieles wird vergehen; wenig wird leben. Und so kommen wir zu dem Schluß, er sei ein Handwerker, kein Künstler; und sein Werk sei kein Kunstwerk, sondern etwas dazwischen, ein Mischwesen.

Auf dieser tieferen Stufe jedoch ist das Werk des Biographen unschätzbar; wir können ihm nicht genug für das danken, was er für uns tut. Denn wir sind unfähig, gänzlich in der intensiven Welt der Einbildungskraft zu leben. Die Einbildungskraft ist ein Vermögen, das bald ermattet und Ruhe und Erfrischung braucht. Doch für eine ermattete Einbildungskraft ist die geeignete Nahrung nicht mittelmäßige Poesie oder Romane zweiten Ranges – tatsächlich stumpfen sie sie ab und verderben sie –, sondern nüchterne Tatsachen, jene „authentische Kenntnis“, aus welcher, wie Lytton Strachey uns gezeigt hat, die gute Biographie gemacht ist. Wann und wo hat der wirkliche Mensch gelebt; wie sah er aus; trug er Schnürstiefel oder Schlupfstiefel; wer waren seine Tanten, wer seine Freunde; wie hat er sich die Nase geputzt; wen hat er geliebt, und wie; und als er zu sterben kam, starb er in seinem Bett wie ein Christenmensch oder ...

Indem er uns den wahren Tatbestand mitteilt, indem er das Kleine vom Großen scheidet und dem Ganzen Form gibt, so daß wir den Umriß erkennen, tut der Biograph mehr als irgendein Poet oder Romancier, die allergröß-

7 Mr Wilkins Micawber aus Dickens' *David Copperfield* (1849–50). – Miss Bates, eine geschwätzige alte Jungfer, ist eine Nebenfigur in Jane Austens Roman *Emma* (1816).

ten ausgenommen, um die Einbildungskraft zu beflügeln. Denn wenige Poeten oder Romanciers sind zu jener hochgradigen inneren Spannung fähig, die uns Wirklichkeit vermittelt. Fast jeder Biograph aber, hat er Achtung vor Fakten, kann uns viel mehr als ein weiteres Faktum zur Ergänzung unserer Sammlung geben. Er kann uns das schöpferische Faktum geben; das fruchtbare Faktum; das Faktum, das hervorlockt und erzeugt. Auch hiervon gibt es sicheren Beweis. Denn wie oft, wenn eine Biographie gelesen und beiseite gelegt ist, bleibt irgendeine Szene hell, lebt irgendeine Gestalt in den Tiefen des Gemüts fort und führt dazu, wenn wir ein Gedicht oder einen Roman lesen, daß uns ein Gefühl des Wiedererkennens durchzuckt, als käme uns etwas in Erinnerung, was wir früher schon wußten.

Manfred Mittermayer

Das Handwerk der Biographie

Virginia Woolfs Beiträge zur Theorie der Biographie

In der Familie, aus der Virginia Woolf (1882–1941) stammte, spielte das Genre der Biographie eine bedeutende Rolle. Im Jahr ihrer Geburt wurde ihr Vater Leslie Stephen zum Herausgeber des *Dictionary of National Biography* ernannt. Diese Institution widmete sich der Aufzeichnung von Lebensläufen herausragender Persönlichkeiten des Empire – in der Regel männlichen, denn sie stand in der Tradition von Thomas Carlyles Geschichtskonzeption, die von den Lebensleistungen großer Männer ausging. Frauen waren aufgrund der gängigen Rollenvorstellungen damals weitgehend von jenen Tätigkeiten und Erfahrungen ausgeschlossen, die man für biographiewürdig hielt.

Eine der zentralen Intentionen von Woolfs späterer Arbeit bestand deshalb darin, weibliche Lebensläufe festzuhalten und so die von ihrem Vater und seinen Berufskollegen vertretenen biographischen Standards aufzubrechen: „a counter-claim to her father's writings, as if setting up a posthumous interrogation of his principles of inclusion, or drawing attention to the major omissions in his coverage".[1] Schon früh verfasste Virginia Woolf biographische Skizzen zu Frauen, etwa den Text „Friendship Gallery" (1907), der von ihrer mütterlichen Freundin Violet Dickinson handelt.

Auch in ihren fiktionalen Erzähltexten schlagen sich biographische Fragen nieder. Im Mittelpunkt der „Memoirs of a Novelist" (1909) steht die viktorianische Romanschriftstellerin Miss Willatt, die nach ihrem Tod der biographischen Darstellung durch ihre Freundin Miss Linsett ausgesetzt ist und dabei deren mediokren Wahrnehmungsmustern unterliegt. Die Erzählinstanz rekonstruiert demgegenüber eine zweite Version dieses

1 Julia Briggs: „Virginia Woolf and the ‚Proper Writing of Lives'". In: *The Art of Literary Biography*. Hg. v. John Batchelor. Oxford 1995, S. 245–265, hier S. 248.

Lebensverlaufs und skizziert gleichzeitig die Beziehung zwischen Biographin und biographischem Objekt. Woolfs Roman *Night and Day* (1919) ist von all ihren längeren Texten am augenscheinlichsten der Behandlung biographischer Probleme gewidmet. Er basiert nicht nur erkennbar auf den Lebensgeschichten von Mitgliedern der Woolf-Stephen'schen Familie, sondern eine der Romanfiguren, Mrs Hilbery, arbeitet an der Biographie ihres Vaters, des Dichters Richard Alardyce, einem Projekt, das sie jedoch nicht zu Ende führt.

Im selben Jahr 1919 befasst sich Woolf in ihrem Essay „Modern Fiction" mit der literarischen Darstellung von Lebenswirklichkeit. Darin steht die für ihr Werk zentrale These, dass das ‚reale Leben' nur über die im Inneren der Menschen ablaufenden Bewusstseinsprozesse und nicht über eine Wiedergabe der äußeren Tatsachen zugänglich sei:

> Examine for a moment an ordinary mind on an ordinary day. The mind receives a myriad impressions – trivial, fantastic, evanescent, or engraved with the sharpness of steel. From all sides they come, an incessant shower of innumerable atoms.[2]

Es sei die Aufgabe der Literatur, diese Eindrücke aufzuzeichnen, und zwar in genauer Analogie zu ihrem Eintritt ins menschliche Bewusstsein: „Let us record the atoms as they fall upon the mind in the order in which they fall, let us trace the pattern, however disconnected and incoherent in appearance, which each sight or incident scores upon the consciousness".[3] Zwei Jahre zuvor hatte Woolf in der Erzählung *The Mark on the Wall* (1917) bereits demonstriert, wie eine solche Prosa aussehen könnte; der Text gibt fast ausschließlich den Ablauf der Gedanken im Kopf der Ich-Erzählerinstanz wieder.

Damit ist eine poetologische Ausgangsposition artikuliert, die auch als Grundlage für Virginia Woolfs erste theoretische Abhandlung über die Biographie vorauszusetzen ist: für den Essay „The New Biography", den sie am 30. Oktober 1927, zehn Jahre nach der Erzählung *The Mark on the Wall*, im *New York Herald Tribune* veröffentlicht. Das zentrale Problem, mit dem sie sich hier auseinandersetzt, ist die Frage, inwiefern die innere Welt eines Menschen im Rahmen einer biographischen Darstellung eingefangen werden kann: „how can biography, tied as it is to facts and external evidence, succeed in capturing the reality of the lives of its subjects when those lives – like all lives – are *essentially* constituted by *internal* events?"[4]

---

2 Virginia Woolf: „Modern Fiction". In: dies.: *Collected Essays*, Bd. 2. London 1966, S. 103–110, hier S. 106.

3 Ebd., S. 107.

4 Ray Monk: „This Fictitious Life: Virginia Woolf on Biography and Reality". In: *Philosophy and Literature* 31 (2007) H. 1, S. 1–40, hier S. 26.

Der Essay beginnt mit einem Zitat von Sir Sidney Lee, dem offiziellen Biographen Königin Victorias und Nachfolger Sir Leslie Stephens als Herausgeber des *Dictionary of National Biography*: „The aim of biography is the truthful transmission of personality."[5] Dieser Satz erfasst nach Woolf das entscheidende Problem der Biographie:

> On the one hand there is truth; on the other there is personality. And if we think of truth as something of granite-like solidity and of personality as something of rainbow-like intangibility and reflect that the aim of biography is to weld these two into one seamless whole, we shall admit that the problem is a stiff one and that we need not wonder if biographers have for the most part failed to solve it.[6]

Virginia Woolf demonstriert das Problem der „New Biography" bei der Vermittlung zwischen der granitenen Festigkeit der Wahrheit und der regenbogen-artigen Nichtgreifbarkeit der Persönlichkeit anhand der der zu einem Großteil fiktiven Memoiren von Harold Nicolson, die kurz zuvor unter dem Titel *Some People* (1926) erschienen waren. In einer viel zitierten Passage bezieht die Autorin eine Gegenposition zur Tendenz der „New Biography", die Grenzen zwischen Wahrheit und Erfindung aufzuheben:

> Truth of fact and truth of fiction are incompatible; yet [the biographer] is now more than ever urged to combine them. For it would seem that the life which is increasingly real to us is the fictitious life; it dwells in the personality rather than in the act. [...] the biographer's imagination is always being stimulated to use the novelist's art of arrangement, suggestion, dramatic effect to expound the private life. Yet if it carries the use of fiction too far, so that he disregards the truth, or can only introduce it with incongruity, he loses both words; he has neither the freedom of fiction nor the substance of fact.[7]

Woolf wendet sich gegen Nicolsons Methode, die Wahrheit der Fakten und die Wahrheit der Fiktion zu vermischen; sie geht davon aus, dass die beiden einander gegenseitig zerstören würden: „Let it be fact, one feels, or let it be fiction: the imagination will not serve under two masters simultaneously."[8]

Daraus resultiert die Konsequenz, dass die adäquate Darstellung des inneren Selbst gar nicht im Medium einer Biographie erfolgen kann, sondern dass man, um zu erreichen, was eine adäquate Biographie leisten würde, ins Medium der literarischen Fiktion zu wechseln hat.[9] Tatsächlich schreibt

---

5 Virginia Woolf: „The New Biography". In: dies.: *Collected Essays*, Bd. 4. London 1967, S. 229–235, hier S. 229.

6 Ebd.

7 Ebd., S. 234.

8 Ebd.

9 Vgl. Monk: „This Fictitious Life", S. 28f.

Virginia Woolf zur gleichen Zeit, als sie sich in „The New Biography" mit dem Problem theoretisch auseinander setzt, ihren Roman *Orlando* (1928), in dem sie die traditionellen Konventionen des biographischen Genres parodiert (der ironisch gemeinte Untertitel lautet *A Biography*). Es handelt sich dabei eindeutig um Fiktion: Die Hauptfigur lebt über einen Zeitraum von 300 Jahren, außerdem wechselt sie im 18. Jahrhundert das Geschlecht, wird nach einem siebentägigen Tiefschlaf vom Mann zur Frau. Andererseits bezieht sich die Darstellung des Protagonisten erklärtermaßen auf Woolfs Freundin Vita Sackville-West – im Kontext des Romans sind sogar Fotografien Vitas, auf denen sie als Orlando verkleidet auftritt, sowie Aufnahmen ihres Landsitzes Knole abgedruckt. Fünf Jahre später befasst sich die Autorin in *Flush: A Biography* (1933) ebenfalls auf parodistische Weise mit dem biographischen Genre: Der kurze Roman überliefert die Lebensgeschichte eines Hundes (nämlich des Cockerspaniels der Dichterin Elizabeth Barrett Browning), die aus Barrett Brownings Gedichten, Briefen und aus Fotografien rekonstruiert wird.

1939, zwölf Jahre nach dem Aufsatz „The New Biography", wendet sich Woolf mit dem erstmals in der April-Nummer des *Atlantic Monthly* abgedruckten Essay „The Art of Biography" erneut biographischen Fragen zu. Diesmal bespricht sie das Werk Lytton Stracheys und artikuliert dabei eine gegenüber den späten 1920er Jahren modifizierte Sichtweise auf die Problematik. Sie kontrastiert nicht mehr die „granite-like solidity" der Wahrheit mit der „rainbow-like intangibility" der Persönlichkeit, sondern unterscheidet zwischen „craft" und „art", zwischen den Bereichen des Handwerks und der Kunst. Dabei bestimmt sie den Biographen als Repräsentanten des Ersteren und verlangt von ihm, jene „limitations" zu beachten, die von der Kunst durchaus überschritten werden können. Im Rahmen der bereits aus dem früheren Aufsatz bekannten Unterscheidung zwischen „truth of fact" und „truth of fiction" führt sie ein Kriterium ein, das in „The New Biography" noch keine Rolle gespielt hat: die Verifizierung durch andere Personen. Der Bereich der biographischen Arbeit wird ausdrücklich auf die „facts that can be verified by other people beside the artist" eingeschränkt; „facts that no one else can verify"[10] gehören nicht mehr in den Wirkungsbereich der Biographie, sondern in den der Kunst.

Unter diesem Gesichtspunkt lobt die Autorin Stracheys *Queen Victoria* (1921) als solide und wahrheitsgetreu, weil darin die genannten Standards des Biographischen in vorbildlicher Weise erfüllt seien. Mit seinem Buch

---

10 Virginia Woolf: „The Art of Biography". In: dies.: *Collected Essays*, Bd. 4, S. 221–228, hier S. 225. Vgl. im vorliegenden Band S. 161–169, hier S. 166.

über *Elizabeth and Essex* (1928) sei der Autor jedoch gescheitert. Anders als bei Königin Victoria sei die Faktenlage hier wesentlich dürftiger gewesen, und Strachey habe die Lücken durch Erfindungen gefüllt, sich dadurch aber in eine zweideutige Welt begeben, in der Faktum und Fiktion nicht mehr auseinanderzuhalten seien.

Während die Unterscheidung zwischen verifizierbarer und nicht verifizierbarer (fiktionaler) Darstellung auf traditionelle Muster verweist, insistiert Virginia Woolf gegen Ende des Essays auf einer Erneuerung der Kriterien für die Biographiewürdigkeit der behandelten Personen:

> Is not any one who has lived a life, and left a record of that life, worthy of biography – the failures as well as the successes, the humble as well as the illustrious? And what is greatness? And what smallness? He must revise our standards of merit and set up new heroes for our admiration.[11]

Somit weist das Konzept, das Woolf für die Einschätzung der biographischen Arbeit entwickelt hat, eine gewisse Ambivalenz auf: Einerseits kritisiert sie überkommene Begriffe und fordert deren Revision, andererseits schreckt sie vor der Überschreitung gewisser Grenzen zwischen den literarischen Genres zurück.

> Woolf's writings on biography present us then with a constant, unresolved dialectical movement between a possible redefinition of the genre that would carry with it a reconfiguration of the literary field and a return to the more traditional position of the genre as lying at the margins of „literature".[12]

Zur selben Zeit wie den Essay „The Art of Biography" schreibt Virginia Woolf mit dem Band *Roger Fry* (1940) tatsächlich eine Biographie über einen bekannten Maler und Kunstkritiker (1866–1934), mit dem sie seit der Bloomsbury-Zeit eng befreundet war. Dabei wählt sie eine durchaus zurückhaltende Art der Darstellung, indem sie etwa nicht alle privaten Tatsachen, die ihr zugänglich gewesen wären, zur Sprache bringt, u. a. seine Affäre mit ihrer Schwester Vanessa Bell. Stattdessen stützt sie sich in weiten Teilen auf Fragmente aus Frys Schriften und verzichtet auf allzu prononcierte Kommentare. Dadurch betont sie den textuellen Charakter einer biographischen Annäherung an ein fremdes Leben und distanziert sich erneut vom allwissenden biographischen Erzähler, wie sie ihn in *Orlando* parodiert hat.[13]

---

11 Ebd., S. 226f. Vgl. im vorliegenden Band S. 167.

12 Elena Gualtieri: „The Impossible Art: Virginia Woolf on Modern Biography". In: *Cambridge Quarterly* 29 (2000), S. 349–361, hier S. 358f.

13 Vgl. ebd., S. 360.

Weiterführende Literatur

Briggs, Julia: „Virginia Woolf and the ‚Proper Writing of Lives'". In: *The Art of Literary Biography*. Hg. v. John Batchelor. Oxford 1995, S. 245–265.
Gualtieri, Elena: „The Impossible Art: Virginia Woolf on Modern Biography". In: *Cambridge Quarterly* 29 (2000), S. 349–361.
Marcus, Laura: „The Newness of the New Biography". In: *Mapping Lives: The Uses of Biography*. Hg. v. Peter France u. William St. Clair. Oxford 2002, S. 193–218.
Marcus, Laura: *Virginia Woolf*. 2. Aufl. Tavistock 2004, bes. S. 116–149.
Monk, Ray: „This Fictitious Life: Virginia Woolf on Biography and Reality". In: *Philosophy and Literature* 31 (2007) H. 1, S. 1–40.
Shelston, Alan: *Biography*. London 1977, bes. S. 62–73.

Stefan Zweig

Die Geschichte als Dichterin*

[1943]

Unsere allererste Begegnung mit der Geschichte geschah in der Schule. Dort wurde uns Kindern zum erstenmal bedeutet, daß nicht mit uns die Welt beginnt und begonnen hat, sondern daß alles Organische ein Entstandenes sei, ein Gewordenes und Gewachsenes; daß also schon lange vor uns eine Welt war und vor ihr wieder eine andere. So nahm uns die Geschichte zu sich, so führte sie uns an unseren neugierigen Kinderhänden immer weiter zurück durch den bunten Bildersaal der Zeiten. Sie lehrte das Kind, das wir waren, lehrte den Unmündigen, daß es einmal eine Epoche gegeben, wo die ganze Menschheit selbst ebenso unmündig und kindhaft gewesen, wo ohne Feuer, ohne Licht unsere Urahnen gleich Molchen in Höhlen gehaust. Aber sie zeigte auch, die Geschichte, unserem bewundernden Staunen, wie aus diesen zerstreuten rohen Horden des Anfangs Völker sich bildeten, Staaten sich kristallisierten, wie von Osten nach Westen, gleich einer wachsenden Flamme, die Kultur von einer Nation zur anderen sich weiterreichte und die Welt erleuchtete – Schritt für Schritt führte uns die große Lehrerin Geschichte den ungeheuren Weg der Menschheit vor, den Weg von den Ägyptern zu den Griechen, von den Griechen zu den Römern und vom Imperium Romanum durch tausend Kriege und Versöhnungen bis an die Schwelle unserer heutigen Welt. Das war und das ist die erste, die ewige Aufgabe der Geschichte, mit der sie uns allen in unseren Schuljahren entgegengetreten ist: dem jungen, dem werdenden Menschen den Gang und das Werden der ganzen Menschheit zu veranschaulichen und ihn damit, den Einzelnen, geis-

---

* Stefan Zweig: „Geschichte als Dichterin“. In: ders.: *Gesammelte Werke in Einzelbänden. Die schlaflose Welt. Aufsätze und Vorträge aus den Jahren 1909–1941*. Frankfurt/M. 1983, S. 249–270. [Erstdruck: „Die Geschichte als Dichterin“. In: *Zeit und Welt. Gesammelte Aufsätze und Vorträge 1904–1940*. Hg. v. Richard Friedenthal. Stockholm 1943, S. 363–388.]

tig einer ungeheuren Ahnenreihe zu verflechten, deren Leistung und Werk er würdig zu vollenden hat.

Als die große Erzieherin zur Weltbildung – so also trat uns allen die Geschichte in unserer Jugend entgegen. Aber Erzieher und Lehrer, sie zeigten fast immer ein strenges Gesicht. Als eine mitleidslose Richterin, die unbeweglichen Antlitzes, ohne Liebe und ohne Haß, ohne Urteil und ohne Vorurteil die Geschehnisse mit ehernem Griffel aufzeichnete, die nach Zahlen und Gruppen das ungeheure Chaos des Weltgeschehens uns als Ordnung begreifen lehrte, mutete die Geschichte uns an, und wir liebten sie nicht allzusehr. Wir mußten – ich glaube, es ist allen so ergangen – Geschichte erst zwanghaft lernen, als Schulgegenstand, als Aufgabe lernen, ehe wir sie aus eigener Kraft zu suchen, zu erkennen und zu lieben begannen. Vieles langweilte uns, weniges gefiel uns in der großen Weltchronik, schon damals in den Jahren der Schule war unsere Einstellung nicht ganz von Urteil und Vorurteil, von eigenpersönlicher Vorliebe frei. Erinnern wir uns genau an jene Schuljahre, so erinnern wir uns auch, daß wir die Weltchronik, die uns die Geschichte entrollte, nicht immer mit gleicher Liebe lasen und mit gleichem Interesse. Es waren lange Strecken und Zeiten in jenen Büchern, die wir widerwillig, ohne Anteilnahme lernten, ohne Freude, ohne Liebe, ohne Leidenschaft, die wir eben lernten, wie man Gefordertes, wie man Aufgezwungenes, wie man einen „Schulgegenstand" lernt, aber, ich wiederhole es, ohne innere Freude, ohne phantasiemäßigen Anteil. Dann aber kamen wieder Episoden in der Geschichte, die wir leidenschaftlich wie Abenteuer miterlebten, einzelne Stellen in den Büchern, wo wir gar nicht rasch genug die Blätter wenden konnten, wo unser innerstes Wesen, unsere geheimsten Kräfte passioniert waren, wo unsere Phantasie in die bewunderten Gestalten selbst einschlüpfte, wo wir Knaben uns als Konradin fühlten, als Alexander, als Caesar und Alkibiades. Der Unterschied, den ich hier anführe, ist ein Gemeinschaftserlebnis; ich glaube, es gilt von jeder Jugend in jeder Nation, daß sie sich spontan Lieblingsepochen und Lieblingsgestalten in der Geschichte wählt, und ich glaube sogar, daß in allen Ländern und bei allen jungen Generationen sich die Liebe und Begeisterung genau denselben Gestalten und Episoden zuwendet. Überall sind es einerseits die großen Sieger wie Caesar und Scipio, welche die Begeisterung der Jugend erregen, und anderseits die heroisch Besiegten, wie Hannibal und Karl XII., denn hier greift das leidenschaftliche Mitleid ein, das jeden jungen Menschen so schön erregt. Im allgemeinen aber sind es im Norden und Süden, im Osten und Westen die gleichen dramatischen Episoden der Geschichte, welche die Zwölfjährigen, Dreizehnjährigen und Fünfzehnjährigen mit dem gleichen Effekt betören, und gewisse vitale Epochen der Menschheit wie die Renaissance, die Reformation, die Französische Revolution haben den Vorzug, daß sie sich mit einer besonderen Bildlichkeit und Plastik in unsere Sinne einprägen. Das kann aber kein Zufall sein, daß gewisse Lieblingsfiguren und Lieblingsstellen in der Geschichte seit den Tagen Plutarchs für die Menschheit gleich eindringlich geblieben sind, eine solche einmütige Erregung der Phantasie muß einen bestimmten Grund haben. Dieses geheimwaltende Gesetz, diesen Grund sehe ich darin, daß die Geschichte, sie, die wir erst als Lehrerin, als unerbittlich gerechte Chronistin kannten, manchmal auch Dichterin ist. Ich sage ausdrücklich: *manchmal*. Denn sie ist es nicht immer, nicht in continuo, so wie ja auch jeder Dichter, jeder Künstler, nicht die ganzen vierundzwanzig Stunden seines Tages ununterbrochen Dichter ist. Wochen und Monate sind für den wahrhaft schaffenden Menschen oft vollkommen brache Zeit, in der er, Bürger und Handlanger, ebenso unproduktiv lebt wie jeder andere; alle Spannung braucht Zeiten der Vorbereitung, der Sammlung. Dichterische Kraft, wie jede andere, muß sich vor ihrem stärkeren Anlauf erst aufstauen, sie muß ruhen und sich sammeln, um dann plötzlich sieghaft aufzubrechen. Der visionäre, der wahrhaft schöpferische Zustand kann weder bei einem Einzelnen, noch bei ganzen Nationen jemals ein Dauer-, ein normaler Zustand werden; und so wäre es unsinnig, wenn man von der Geschichte, wenn man selbst von dieser „geheimnisvollen Werkstatt Gottes", wie Goethe sie nennt, unausgesetzt und ohne Pause nur große, aufregende, erschütternde, ergreifende Gestalten und Geschehnisse fordern wollte. Nein, auch die Geschichte kann nicht ständig Genies produzieren und ungeheure, übermenschliche Charaktere, auch sie hat Spannungspausen, Kunstpausen, und wer sie lesen wollte wie einen Kriminalroman, in dem jedes einzelne Kapitel mit dem Maximum an Revolverspannung geladen ist, der beleidigt den hohen Geist, der in ihr waltet. Stellen wir also fest – die Geschichte ist nicht ununterbrochen Dichterin, sie ist meist nur Chronistin, Tatsachenreferentin. Nur ganz selten hat sie solche sublime Augenblicke, die dann eben die Lieblingsstellen, die Lieblingsgestalten jeder Jugend werden – was sie gewöhnlich gibt, ist meist nur Tatsachenchronik, ungeformter Weltstoff, nüchterne Aufeinanderfolge logisch begründeter Geschehnisse. Aber manchmal, genau wie die Natur ohne menschliche Beihilfe oft makellose Kristalle in ihrem Schoße bildet – manchmal treten innerhalb der Geschichte einzelne Episoden, Menschen und Epochen uns entgegen in solcher Höchstspannung, in so dramatischer Fertigbildung, daß sie als Kunstwerk unübertrefflich sind und in ihnen die Geschichte als Dichtung des Weltgeistes die Dichtung aller Dichter und jeden irdischen Geist beschämt.

Ich will versuchen, für solche heroische, dichterische Augenblicke – ich nannte sie einmal in einem Buch „Sternstunden der Menschheit" – ein oder das andere rasche Beispiel zu geben. Nehmen wir zur Probe die Jahrhunderte in Europa nach der Völkerwanderung, so sind sie im dichterischen Sinne eigentlich nicht ergiebig. Es kristallisieren sich zwar einzelne Gestalten großartig heraus, die Erscheinung Attilas, die Figur Karls des Großen und in Italien die plötzliche Erscheinung eines Dante, aber diese großen Figuren und interessanten Epochen greifen nicht ineinander zu jener erregenden Folge, wie sie das richtige Kunstwerk verlangt. Denn es genügt weder bei einem Theaterstück noch bei einem Roman, wenn der Dichter nur *eine* große Figur hinstellt: ein volles Kunstwerk muß, um spannend zu sein, auch Gegenspannung einsetzen, jede Gestalt muß ihren großen Gegenspieler haben, denn jede Kraft braucht, um sich voll zu entwickeln und ihr wahres Maß zu offenbaren, den schöpferischen Widerstand. Ebenso aber braucht die Geschichte, um wirklich dichterisch erregend zu wirken, immer *mehrere* große Gestalten zugleich, und ihre wahrhaft erregenden Momente sind immer erst die kataraktischen, wo riesige Kräfte gegen das Schicksal stoßen, wie das Wasser gegen den Felsen. Jahrelang strömt die Geschichte sonst in beinahe monotonem Rhythmus dahin, aber in manchen großartigen Sekunden schiebt sie plötzlich ihre Ufer zusammen, eine Stromschnelle entsteht, rasender Lauf, erregende Spannung, und mit einmal ist die historische Szene gefüllt und überfüllt mit einem ganzen Rudel genial kontrastierender Gestalten.

Nehmen wir als Beispiel solcher Überfüllung der historischen Szene zuerst das Zeitalter Karls V. Jahrhundertelang ist Europa zerstückelt. Plötzlich, mit einmal, fällt die höchste Macht der Erde, die je ein Mensch besessen, an *einen* Monarchen, an *einen* Menschen. Karl V. ist Kaiser von Deutschland, König von Spanien, Beherrscher Italiens und außerdem Besitzer aller neuen Erdteile, und er kann mit Stolz von sich sagen: „In meinem Reich geht die Sonne nicht unter." Welche Fülle an dramatischen Gegenmomenten muß die Geschichte ersinnen, um eine solche Machtfülle in wenigen Jahren zu Fall zu bringen? Sie muß ein Kolossalgemälde komponieren, sie muß in ungeheuren Dimensionen dichten, sie muß eine ganze unerhörte Fülle interessanter und energischer Figuren auf den Plan rufen, sie muß vor allem einem solchen Fürsten große Gegenspieler ersinnen, wirkliche Monarchen; die Geschichte stellt in dieser einen knappen Zeit also gleich drei große Rivalen gegen Karl V.: Franz den Ersten von Frankreich, Soliman, den allmächtigen Padischah der Türken, und Heinrich VIII. von England. Aber drei Fürsten, selbst verbündet, sie wären nicht genug, eine so ungeheure Macht in zwanzig Jahren wieder zu vernichten. Also erfinde weiter, Geschichte: sei kühner! Sei großzügiger! Um das Europareich Karls V. zu zersprengen, muß die Geschichte *neue* Explosivkräfte ersinnen von bisher unerreichter Sprengkraft, so wie sie ja in jenen Zeiten das Pulver erfunden hat und die Buchdruckerkunst. Diese neue Explosivkraft gräbt sie in die Seele eines kleinen unbekannten Augustinermönchs, Martin Luther. Dieser eine einzelne Mann steht auf und zerreißt mit der bloßen Schreibehand die Einheit der fides catholica. Jetzt erst kommen die Gegenkräfte in Gang; ein Heer wilder Schwärmer, mit Thomas Münzer an der Spitze, muß in Aufstand das Land erschüttern, die Reformation muß die ganzen deutschen Fürsten gewinnen, bis dann die ungeheure Wendung geschieht, daß dieser mächtigste Mann der Welt, Karl V., in eisiger Winternacht, verlassen von allen seinen Getreuen, als jämmerlich Geschlagener über die Berge flieht und in einem spanischen Kloster Ruhe sucht. Ich frage, hätte je ein Dichter, ein Künstler genialeres Beispiel ersinnen können, als hier die Geschichte erdichtet, indem sie am Ende gerade diesen mächtigsten Mann der Erde gleichzeitig den Einzigen in der unendlichen Reihe der Fürsten innerhalb von Jahrhunderten sein läßt, der freiwillig und mit ehrlichem Abscheu auf die Macht verzichtet? Kann ein Ablauflogischer und gleichzeitig überraschender sein als dieser? Und welche Nebenfiguren sind in diesem Drama zusammengedrängt! Ich brauchte ein paar Stunden, um sie aufzuzählen und streue nur flüchtig ein paar Namen hier hin: Luther, Zwingli und Calvin, die drei großen Reformatoren, Tizian, Michelangelo, Benvenuto Cellini, Lionardo und das geschändete, zerstörte und seiner Kunstwerke beraubte Rom; Machiavelli und Erasmus von Rotterdam, Holbein und die großen deutschen Meister, und gleichzeitig in Spanien drüben Cervantes, dem bei einem Sturm bei dem unglücklichen Angriff auf Algier der Arm zerschmettert wird; die Entdeckung neuer Provinzen in Amerika, die Ausbreitung des Buchdrucks über die Welt, dazwischen als groteske Szene die närrische Episode der Wiedertäufer, der tragische Bauernaufruhr und die Verschwörung des Fiesco: Dutzende, Hunderte Dramen, zusammengedrängt in einen einzigen Lebensraum von dreißig Jahren – dreißig Jahre, die so dicht mit Spannung und erregenden Wetterstürzen angefüllt sind, wie vielleicht nur unsere eigene Epoche seit 1914. So dichtet die Geschichte, wenn sie michelangeleske Stunden hat.

Oder denken wir an ein anderes Fresko: die Französische Revolution, die innerhalb von fünf Jahren soviel Weltstoff in sich auflöst und verwandelt, wie sonst nur ein ganzes Jahrhundert – eine Zeit, die jede Phase des Denkens und der Gesinnung in einer lebenden Figur charakterologisch zum Ausdruck bringt. Ich erinnere nur: Mirabeau, der wirkliche Staatsmann, Danton, der Agitator, Robespierre, der gelernte, kalte und klare Politiker, Marat, der Demagog, und dazwischen noch in allen Spielarten die reinen Idealisten und die reinen Korruptionisten, ein wildes Durcheinander und Gegeneinander, ein sich Übersteigern und Zutodehetzen. Und dann dieser unglaubliche Zug auf die Guillotine zu, unter die jeder seinen Vorgänger stößt, ohne zu ahnen, daß hinter ihm schon ein anderer steht, der ihn unter das gleiche Messer schieben wird. Welch ein Holbeinscher Totentanz, und er tobt weiter und weiter und weiter, bis dann die Revolution an ihrem eigenen Übermaß, in ihrer eigenen Überkraft zugrunde geht und ihr Erbe Napoleon nur die Hand auszustrecken braucht, um den verlassenen Thron an sich zu reißen.

Und dieser eine Mensch wieder, Napoleon, welch ungeheure und unübertreffliche Erfmdung der Geschichte ist doch dieser Mann, der als Knabe in der Kriegsschule auf einen Zettel vermerkt: „St. Helena, eine kleine Insel, sie liegt im Atlantischen Ozean“ und nicht ahnt, daß der Weg zu dieser Insel ihn innerhalb zwanzig Jahren über alle Länder und alle Kampffelder Europas führen wird, empor zur höchsten Machtfülle, die seit Karl V. irgend jemand in Europa besessen, und die er ebenso plötzlich verliert wie sein großer Vorgänger.

Hier scheint es einen Augenblick, als ob die Geschichte sich wiederholen wollte. Aber nein, sie wiederholt sich niemals. Sie spielt manchmal mit Analogien, aber sie ist so reich an Material, daß sie immer wieder neue Situationen aus ihrem unerschöpflichen Arsenal hervorholt. Sie wiederholt sich nie und nirgends, sie transponiert nur, gleichsam wie ein Musiker, ein und dasselbe Thema in eine andere Tonart. Gewiß, sie täuscht manchmal Ähnlichkeiten vor, aber sie täuscht, und wehe, wer diesem Schein glaubt, wehe dem Politiker, wehe dem Staatsmann, der diesen oberflächlichen Analogien traut und meint, nach einem Schema handeln zu dürfen, der denkt eine heutige Situation zu bewältigen, indem er eine ähnliche der Vergangenheit als Muster kopiert. Ludwig der Sechzehnte versuchte dies zum Teil, als die Französische Revolution begann; er glaubte am klügsten zu tun, wenn er genau aus den Büchern studierte, wie sein unglücklicher Schicksalsgefährte, Karl der Erste, sich gegen die Revolution Cromwells verhalten hatte. So hoffte er seinen Kopf vor dem Beil zu retten. Aber gerade dadurch, daß er die gleichen Fehler vermeiden wollte und vermied und zu nachgiebig war, verfiel er in andere Fehler. Nein, die Geschichte läßt sich nicht voraus erraten, denn sie ist zu reich, um sich zu wiederholen, und zu vielfältig, um sich errechnen zu lassen, sie meistert den erhabenen Kunstgriff des wahren Dichters, der, wenn er einen Roman oder eine Tragödie gestaltet, bis zum letzten Augenblick den Leser oder Hörer im unklaren läßt über den Ausgang, der das Unwahrscheinlichste zum Wirklichen macht und jede Erwartung immer wieder auf das großartigste überrascht und übertrifft. Der Ablauf der Geschichte ist unberechenbar und kennt Systeme ebensowenig wie das Roulette oder irgendein anderes Glücksspiel, denn ihre Geschehnisse rollen in so ungeheuren Dimensionen und innerhalb so unglaublicher Zufallsmöglichkeiten ab, daß unsere begrenzte irdische Vernunft nie ausreicht, sie zu antizipieren. Nie wird es also gelingen, aus Vergangenheit das Zukünftige zu errechnen. „Es gibt kein Vergangenes“, sagt Goethe, „das man zurücksehnen dürfte, es gibt nur ein ewig Neues, das sich aus den erweiterten Elementen des Vergangenen gestaltet.“ Nein, die Geschichte wiederholt sich nie, sie spielt manchmal als souveräner Künstler mit Ähnlichkeiten, aber sie bleibt sich niemals gleich, sie erfindet immer neu, denn ihr Stoff ist Weltstoff, unerschöpflich, und jede denkbare Freiheit ist ihr von Gott her erlaubt; sie einzig ist souverän unter allen Künstlern in dieser Freiheit auf einer Erde, wo alles gebunden ist an Gesetze und Grenzen. Sie allein ist frei und macht von dieser Freiheit weitesten und weisesten Gebrauch. Haben wir darum mehr Ehrfurcht vor ihr, dieser unerreichbaren Dichterin! Ewig wird sie unsere Meisterin, unser unerreichbares Vorbild bleiben!

Denn dieser großen Dichterin Geschichte ist keine Art der Technik und der Kunst fremd, in jeder gibt sie unseren Kunstformen das entscheidende Exempel. Ich versuchte eben flüchtig anzudeuten, wie die Geschichte etwa in der Epoche Karls des Fünften oder der Französischen Revolution Kolossalgemälde mit hundert Gestalten und hundert Geschehnissen schafft, deren jedes einzelne schon selbst ein vollwichtiges Drama wäre, wie sie – im Stile Michelangelos – in einem Riesendeckengemälde Himmel und Hölle in den phantastischsten Kontrasten zusammendrängt. Aber auch wenn es sich nicht um derartig gespannte Zeiten, um so dramatisch kondensierte Epochen handelt, bewährt sich die Geschichte als Meisterin der Form. Sie muß nicht immer aufregend wirken, um groß zu sein. Ich wähle da als Beispiel, wie sie ein *langsames* Werden zu erzählen weiß, die erste Geschichte Roms, wie Livius und Sallust sie darstellen. In der ganzen Romanliteratur weiß ich nichts, was an klarer Komposition, an gemessener Steigerung und unablässiger Spannung diesem Aufbau zu vergleichen wäre, dieser sachten, aber unaufhaltsamen Entwicklung, die aus einem winzig kleinen Dorf in Latium, einem Maulwurfshügel, innerhalb von drei oder vier Jahrhunderten die mächtigste Stadt entstehen läßt, das Zentrum der abendländischen und kultivierten Welt. In dieser Entwicklung Roms bedient sich die Geschichte keiner romantischen, keiner pathetischen, keiner dramatisch gespannten Kunstform, sondern sie zeigt uns vorbildlich die Kunst des klaren Erzählens, epische Darstellung großen Stils, wie sie in unserem Jahrhundert Tolstoi geschaffen.

Nein, die Geschichte ist nicht nur dort große Künstlerin, wo sie pathetisch ist, dort fällt ihre Technik nur sichtbarer auf, aber dem Kenner offenbart sie sich auch in den kleinen Formen. Erinnern wir uns nur, die Geschichte ist nicht zu hochmütig, um manchmal auch einen richtigen Kriminal- oder Detektivroman zu schreiben, wie den Schwindel des falschen Demetrius, wie die Pulververschwörung, wie den Halsbandskandal Marie Antoinettes; ja sie scheut gelegentlich auch vor der frechen Farce nicht zurück, vor der Posse, etwa daß ein Schwindler seine ganze Zeit betrügt, wie Cagliostro, wie John Law oder – die Welt wird nicht klüger – wie die Goldmacher von heute, wie der Hauptmann von Köpenick oder der Dieb der Mona Lisa. Alle Formen der Kunst, die erhabensten wie die spaßig-populärsten, meistert die Geschichte als Erzählerin mit gleicher Vollendung. Sie kann – in der

Troubadourzeit und in der Wertherzeit – ebenso trefflich sentimentalische Schwächlichkeit der Empfindung ausdrücken, wie die tiefsten religiösen Erschütterungen in den Zeiten des Flagellantentums, im Kinderkreuzzug und Savonarolas Bildersturm. Sie vermag das Heldentum darzustellen in seiner letzten Übersteigerung, wo es schon Desperadotum wird, zum Beispiel in der Eroberung von Mexiko oder jener Sibiriens mit weniger Menschen, als sie ein einziger Eisenbahnwagen zu enthalten vermag. Dann wieder kann die Geschichte dunkle, kriegerische Balladen schreiben, die wie Gedichte sind, so rund, so geschlossen, etwa den Heimritt Karls des Zwölften von Schweden aus der Ukraine, oder die Wikingerfahrten oder das Ende der Goten in Italien. Aber ebenso wie die Geschichte hier die höchsten lyrischen und dramatischen Formen bildet, kann sie, wenn sie guter Laune ist, zum bloßen Scherz, zum Spaß sich als Anekdote verkürzen, und auch in dieser engsten dem Witz schon nahen Form sind ihre Situationen unübertrefflich. Überall, in allen ihren Kunstformen und Charakterbildern läßt sie alles weit hinter sich zurück, was der einzelne Dichter, der einzelne Künstler erschaffen kann.

Wie kommt es aber, daß, wenn die Geschichte in sich schon so vollendet dichterisch ist, es immer und immer wieder Dichter und Künstler gibt, die sich des historischen als eines gegebenen Stoffes bemächtigen, die kühn darangehen, aus eigener Phantasie das von ihr Geschaffene umzugestalten und historische Dramen, historische Romane zu schreiben – also besser dichten wollen als die Wirklichkeit? Wo nehmen, mag man hier fragen, diese Verwegenen den Mut her, die Geschichte, diese Meisterin des Erfindens, noch überfinden zu wollen – eine solche Dichterin noch zu überdichten? Nichts berechtigter als diese Frage, als dieser Einwand. Aber hier muß ich an ein früher Gesagtes erinnern – die Geschichte ist doch nicht *immer* Dichterin, es gibt leere Punkte, zu breite, zu langsame Entwicklungen in ihrem Ablauf, brache Stellen auf diesem ungeheuren Acker, und dann – dies ist noch entscheidender – alles, was uns als Geschichte übermittelt wird, ist ja niemals das vollständige Geschehen, niemals das volle totale Bild eines Menschen, sondern bloß ein Schatten seines wahren Wesens, immer etwas Fragmentarisches. Schon der Einzelne, jeder von uns, weiß nur selbst gewisse entscheidende Dinge und Geschehnisse von sich, und er nimmt sie mit ins Grab. Wie erst bei einer solchen Fülle von Geschehnissen und Gestalten in solcher Ferne! Die Weltgeschichte – führen wir uns dies immer wieder vor Augen – ist ja kein komplettes, ausgedrucktes Buch, das man von Anfang bis zu Ende lesen kann, sondern sie ist ein riesiges Palimpsest, ein zusammengestoppeltes, nein, ein zu neun Zehnteln verdorbenes Manuskript; Hunderte Seiten sind unentzifferbar, Tausende aber verschollen und nur durch Kombination, durch Phantasie in ihrem Zusammenhang zu ergänzen.

Diese zahllosen rätselhaften Stellen in der Geschichte müssen natürlich den Dichter zur Ergänzung, zur Erdichtung reizen. Hier wird er versuchen einzugreifen und aus dem Sinn der Geschichte, so wie *er* ihn begreift, das Fehlende zu erphantasieren, zu kombinieren, also das zu tun, was Michelangelo etwa an einer griechischen Statue getan, indem er versuchte, den fehlenden Arm, das fehlende Haupt aus der Wesensvision der Plastik zu ersetzen. Selbstverständlich sollte das aber der Dichter nur an jenen vieldeutigen Stellen versuchen, wo die Geschichte selbst nicht schon vollendet gedichtet hat, nicht an den eindeutigen, den vollendet klaren. An ihren wahrhaft genialen Stellen soll er nicht versuchen, sie überbieten zu wollen. Das hat selbst der größte aller Dramatiker, selbst Shakespeare gefühlt. Wie er in seiner Tragödie Julius Caesars an den Höhepunkt gelangt, an die Leichenrede Marc Antons, die das Volk zur Rache aufrüttelt, da verbietet er sich, selbst zu erfinden, er erfindet keine Rede Marc Antons, sondern greift zurück in das Buch der wirklichen Geschichte, in den Plutarch, und setzt fast wörtlich dessen historische Rede in seine Verse um. Wenn also schon ein Shakespeare sich solche ehrfürchtige Rücksicht auferlegt, wie ist sie erst jedem anderen geboten! Glücklicherweise ist dieser Respekt vor den Tatsachen, vor der urtümlichen Bildnerkraft der Geschichte wieder im Wachsen, und der „historische Roman“ die plumpe Geschichtsfälschung unserer Großväterzeit, vorbei. Die Zeit ist vorbei, wo ein Walter Scott mit der Geschichte herumfabulierte und Gestalten formte wie gemalte Puppen, unmöglich wäre heute sogar, was Schiller noch gewagt hat, die Jungfrau von Orléans auf dem Schlachtfeld sterben zu lassen, statt am Feuerpfahl. Wir sind klarer geworden, deutlicher, sachlicher und somit redlicher in unserem Denken, wir glauben nicht mehr, immer romantisieren und heroisieren zu müssen, um in einer Gestalt Schönheit zu erkennen, und wir ehren die Wahrheit in der Geschichte zu sehr, um diese leichtfertig zu verändern. Denn, fragen wir uns, wer hat das Recht, ein wahrhaftes Genieleben zu erdichten, wie groß muß eine dichterische Gestalt sein, um zu wagen, einem Caesar, einem Napoleon, einem Luther, einem Goethe in einem Drama oder in einem Roman von ihm, dem kleinen Zeitgenossen, *erfundene* Worte in den Mund zu legen? Eine solche Kühnheit mag gelten, wenn Shakespeare einen Caesar sprechen läßt oder Strindberg einen Luther, hier ist die Einfühlbarkeit des Genius so mächtig, daß sie wahrhaft sich anmaßen kann, aus brüderlichem, großem Geist zu sprechen; aber wie wenige sind es, die dieses Anrecht haben, und darum wird das meiste, das sich als historischer Roman oder als historische Novelle darbietet, eigentlich zur Karikatur an der Geschichte, eine ungültige Zwitterform, ein literarisches Mißwerk. Denn vergessen wir nicht, unsere Denkkraft ist ja irdisch begrenzt, die Logik der Geschichte aber Weltgeist. Unsere Maße stammen aus einer starren Körperlichkeit, die Maße der Geschichte aus dem Arsenal der Unendlichkeit, und darum ziehen solche historischen Romanerfindungen ihre Helden meist auf das eigene Niveau der Dichter herab: sie verkleinern die Geschichte, um sie dem Publikumsmagen verdaulicher zu machen, und mißachten damit beide, die Geschichte und ihre eigenen Zeitgenossen.

Eine ähnliche Achtungslosigkeit vor der dichterischen Überlegenheit der Geschichte bedeutet nach meinem Empfinden die jetzt so übliche „biographie romancee", das heißt die zu einem Roman um garnierte Lebensdarstellung, wo Wahrhaftes mit Erfundenem, Dokumentarisches mit Geflunkertem sich gefällig vermischt, wo große Gestalten und große Geschehnisse aus einer privaten Psychologie beleuchtet werden statt aus der unerbittlichen Logik der Geschichte. In diesen romanhaften Biographien besteht der Kunstgriff darin, die sogenannten „kleinen" Züge wegzuretuschieren, die heroischen und interessanten zu verstärken. Aber auf diese Art und Weise entstehen Plakate und keine seelischen Porträts im Sinne der großen Meister. Hier ziehe ich persönlich die historisch getreue Darstellung vor, die auf jedes Fabulieren *verzichtet*, denn die *dient* demütig getreu dem überlegenen Geist der Historie, sie lehnt sich nicht frech und eigenwillig gegen ihn auf. Die getreue Biographie erfindet nichts dazu, sondern deutet nur das Vorhandene aus, ehrfurchtsvoll folgt sie den halb erloschenen Runenspuren, und statt etwas zu erlügen, wird sie an manchen Stellen lieber ehrlich sagen: „Nescio, hier weiß ich die Wahrheit nicht, hier kann ich nicht entscheiden." Durch diesen Verzicht aber wird die streng sachliche und historische Biographie doch nicht bloß zu einer sterilen Dokumentensammlung, zu einem kalten Nachberichten. Allerdings, wer Geschichte verstehen will, muß Psychologe sein, er muß eine besondere Art des Lauschens, des sich Tief-in-das-Geschehnis-Hineinhorchens besitzen und eine wissende Fähigkeit der Unterscheidung der historischen *Wahrheiten.* Dies ist nicht ein Sichversprechen, wenn ich jetzt von *Wahrheiten* der Geschichte spreche und nicht von der sogenannten historischen *Wahrheit.* Denn es gibt im Historischen fast nie nur *eine* Wahrheit, eine einmalige, einzige apodiktische Wahrheit, sondern Hunderte verschiedene Berichte und Auffassungen und Überlieferungen fließen bei jedem wichtigen Geschehnis zusammen. Ich erinnere da an jene berühmte Episode aus dem Leben Walter Raleigh's, des großen englischen Seehelden und Piraten, der im Tower eingesperrt, seine Lebenserinnerungen zu schreiben beginnt. Dabei sieht er sich nach zeitgenössischen Schilderungen um und findet, daß Kämpfe, die er selbst miterlebt hat, völlig abweichend von dem geschildert sind, was er in seiner eigenen Phantasie sieht. Das erschüttert ihn so, daß er an der Möglichkeit voller historischer Wahrheit verzweifelt und sein Manuskript ins Feuer wirft. Diese Anekdote, die auch Goethe liebte, ist immerhin lehrsam, sie zeigt, was wir aus der Psychologie wissen, daß Wahrheit Schichten hat wie eine Artischocke, daß hinter jeder Wahrheit meist noch eine andere verborgen sitzt, daß es eine absolute Chronik der Seelentatsachen, ein wahrheitsgemäßes Protokoll der Geschichte nicht gibt, sondern – und hier kehre ich zu meinen Thema zurück – daß Geschichte bis zu einem gewissen Grad immer etwas Gedichtetes sein muß. Das bloße Stoffzusammentragen ergibt nur Widerspruch, ein gewisser synthetisch verbindender Blick war immer notwendig und wird es immer sein. Das Bildnerische muß vom Menschen ausgehen, und nie wird der kalte Fachmann diese lebendige, weil verlebendigende Wirkung erreichen, wenn nicht ein Atom Dichter in ihm enthalten ist, ein Stück Seher, ein Sehender. Ja, wir können sogar sagen, an allen Stellen, wo die Weltgeschichte nicht interessant erscheint, liegt der Grund nicht an der Geschichte, sondern am Darsteller – sie ist eben nicht seherisch genug erzählt worden. Denn blicken wir in die Geschichte hinein mit wahrhaft wachen Augen, so finden wir, oder zumindest der Dichter findet es so, es gibt überhaupt gar keine uninteressanten Charaktere. Niemand, auch der kleinste, anonymste, bescheidenste Mensch ist, sobald einmal ein wahrhafter Dichter in sein Leben geblickt hat, für andere Menschen mehr langweilig und gleichgültig, und ebenso gibt es auch fast keine toten, keine langweiligen Epochen im Vergangenen, sondern nur schlechte Darsteller. Und vielleicht darf ich mich sogar noch kühner ausdrücken und sagen: es gibt vielleicht überhaupt keine Geschichte an sich, sondern erst durch die Kunst des Erzählens, durch die Vision des Darstellers *wird* das bloße Faktum zur Geschichte; jedes Erlebnis und Geschehnis ist im letzten Sinne nur wahr, wenn es wahrhaft und wahrscheinlich berichtet wird. Es gibt an sich kein eigentlich großes und kein eigentlich kleines Geschehen, sondern nur lebendig gebliebenes und abgestorbenes, nur gestaltetes und vergangenes.

Lassen Sie mich dafür ein Beispiel geben. Vor drei Jahrtausenden leben verstreut unzählige Volksstämme um das Mittelmeer, und doch wissen wir wahrhaft nur von zweien, von der griechischen und von der jüdischen Kultur. Alles andere ist verschollen und versunken. Warum wissen wir nur von diesen beiden Völkerstämmen? Waren sie größer, waren sie bedeutender, ereignete sich mehr bei ihnen als bei den anderen? Durchaus nicht. Solon der Weise war ein Bürgermeisterehen in einem winzigen Städtchen, so groß wie heute ein Dorf, und die Kämpfe zwischen Sparta und Rom, zwischen Juda und den Amalekitern – sie waren in Wahrheit nicht mehr als Kirchspielbalgereien. Aber doch, all dies haftet groß und plastisch heute in unserem Gedächtnis, es gehört zu unserer innern Geistesgeschichte, von Marathon und den Thermopylen, von Salamis und der Eroberung Jerichos zu wissen. Jedem von uns ist irgendein Bildnis, irgendeine Vision dieser Geschehnisse in die Seele gegraben. Warum? Nicht weil es räumlich, weil es zahlenmäßig bedeutsame Geschehnisse waren, sondern weil die Bibel einerseits und die Griechen andererseits unvergleichlich großartige und phantasiereiche Erzähler waren, weil hier die dichterische Forderung restlos erfüllt ist. Wir sehen hier und tausendfach: es genügen nicht große Taten, große Leistungen in der Geschichte; eine doppelte Wirkung ist immer nötig: die großen Taten *und* die großen Erzähler, der spannende Charakter *und* der phantasievolle Darsteller. Was ist Achilles anderes als der einfache, tapfere, starke Haudegen, wie er hundertmal in jedem Dorfe und tausendmal in jedem Volk vorkommt, von den Papuanegern bis zu den Irokesen; aber nur dieser *eine* Achilles ist Heros der Welt geworden, weil ihn ein Homer groß gesehen und damit groß gemacht hat, weil hier ein Charakter völlig in Mythos aufgelöst ist. Es gibt also nur eine Art, Geschehnisse zu erhalten, und das ist: sie erheben in dichterische Geschichte; nur sie bewahrt, wie das Mumiengeheimnis der Ägypter, durch tausend und tausend Jahre unverstellt das farbige Bild. Das wußten auch alle die Fürsten und Kalifen des Altertums und des Mittelalters: es genügt nicht die Tat, es muß auch ein Schilderer da sein, der sie lebendig erhält, und darum hielten sie sich ihre Sänger, ihre Saitenspieler, ihre Chronisten. Das wußten Caesar und Napoleon und Bismarck, darum schrieben sie selbst rasch die Geschichte ihrer Taten, um die Legende nach ihrem Willen zu lenken; das wissen sogar heute unsere Staatsmänner und Diplomaten, und darum verhalten sie sich ja so gut mit den Journalisten und geben ihnen gerne Interviews. Auch diese kleinen Leute wissen, alles was geschieht, ist für die Nachwelt nur dann geschehen, wenn es gut und legendarisch berichtet ist – selbst auf Kosten der Wahrheit; Völker und Menschen brauchen eben Legenden, ja ich wage sogar zu sagen, es gehört zum Wesen des großen Mannes, daß er eine dichterische Aura um sich trägt, daß er eine Legende sich schafft, daß immer und immer wieder die Nachwelt versucht, seine Gestalt dichterisch neu umzuformen oder psychologisch zu deuten. Gewisse Typen wie Napoleon, Gustav Adolf, Caesar, werden wohl immer wieder von neuem Dramatiker und Epiker reizen. Ihre seelische Triebkraft ist nach Hunderten von Jahren noch nicht erschöpft, sie wirkt weiter und weiter, ein Baum, der immer neue Blüten ansetzt mit den Zeiten.

Was aber vom Individuum gilt, das hat auch stets für die Nationen Geltung – denn was sind Völker anderes als kollektive Individuen? So können wir sagen, eine Nation steht um so stärker im geistigen Weltraum, je dichterischer sie ihr historisches Wesen und ihre Entwicklung der ganzen Welt dargestellt hat. Es genügt nicht, daß ein Volk, daß eine Nation kämpferischer oder kulturell Großes geleistet hat, das ist nur der halbe Teil. Denn hätten jene Völker, die Skipetaren des Balkans an erster Stelle, bei denen seit Jahrhunderten Krieg, Aufstand in Permanenz ist [sic]; in Wahrheit aber haben diejenigen Völker den Vorrang innerhalb der Geschichte unserer Weltkultur, die sich am besten und am dichterischsten darzustellen wußten, die ihr ganzes Volksleben in eine Saga, in einen plastischen Mythos zu erheben wußten; es entscheidet darum für den Mitweltswert wie für den Nachweltswert nicht die numerische Menge eines Volkes, nicht auch in den Kriegen die Zahl der Toten und die Größe der Zerstörungszone, sondern von jedem Volke bleibt nur das an universalhistorischem Gewinn, was es an plastischem Kunstwert dem dichterischen Arsenal der ganzen Menschheit einverleibt hat. Geschichte schaffen also nicht die kriegerischen Völker, sondern die *dichterischen*, nicht die Menschenmasse entscheidet, sondern die Menschlichkeit in diesem Sinne schöpferischen Anspruchs.

Man lasse mich da Skandinavien als Beispiel nehmen, das für Europa eigentlich schon am Rande, im äußeren Radius liegt und dessen Schicksale seit Hunderten Jahren, seit Karl XII., auf die Gestaltung Europas kriegerischimperialistisch nicht mehr eingewirkt haben. Aber dennoch, mit welcher Plastik und Realität sind uns allen im Binnenlande diese Länder gegenwärtig, wie kennen wir ihre Geschichte, ihre Kulturleistungen und ihre Gegenwart, einfach dadurch, daß die skandinavische Literatur um die Wende des Jahrhunderts ganz Europa eroberte, daß Schweden, daß Norwegen eine Zeit das unbestrittene Primat der Erzählerkunst besessen haben und ihre Literatur die führende in Europa gewesen ist. Wir kennen dank Strindberg, dank der Selma Lagerlöf, dank Werner von Heidenstam und zahllosen anderen das soziale, das historische, das soziologische, das ethische Seelentum Schwedens als Miterlebende einfach deshalb, weil hier Dichter zu uns sprachen, weil die historische und die Kulturgeschichte dieses Landes uns nicht trocken und unplastisch, sondern in der gesteigerten und schönsten Form, eben als Dichtwerk, zugebracht wurde. Auch die an Bewohnerzahl ärmeren, die politisch oder militärisch nicht so bedeutsamen Nationen können sich welthistorisch genauso sichtbar machen, und wir Österreicher empfinden mit gleichem Stolz, daß es gar nicht nötig ist, politisch herausfordernd, nationalökonomisch besonders reich und stark zu sein, um mit seinem eigenen kulturellen Leben der großen Welt wichtig zu werden. Es genügt, wenn durch Musik dem Atem eines Volkes Schwingung gegeben, wenn sein Dasein der Welt eingängig gemacht wird, weil jener geheimnisvolle dichterische Akzent ihm zugeteilt ist, der alles Vorhandene eigentlich erst wesentlich und wirklich macht. Immer, ich wiederhole es, ist die Geschichte dort am stärksten, oder richtiger, sie lebt überhaupt wahrhaft erst dort, wo sie dichterische Größe erreicht, und es ist darum die höchste Leistung eines Volkes, wenn es ihm gelingt, möglichst viel von seiner *nationalen* Geschichte in *Weltgeschichte* zu verwandeln, wenn es seinen privaten, völkischen Mythos in einen Weltmythos zu erheben vermag. Immer kommt es also im Letzten darauf an, wieviel eine einzelne Nation an Schöpferischem der ganzen Menschheit gibt.

Hoffen wir, daß die Stunde nicht mehr fern ist, wo die Völker einzig in diesem Sinne des Einander-Gebens wetteifern werden, wo nicht durch Gewalt, sondern durch seine künstlerische Begabung eines das andere von seiner Daseinsberechtigung überzeugen kann, und die Geschichte, statt weiter nur eine Ballade unaufhörlicher Kriege zu sein, anheben wird als hymnisches Heldengedicht gemeinsamen Aufstiegs.

Ich habe versucht, die Geschichte als die „Werkstatt Gottes“, als eine Kunstkammer ohnegleichen, als ein Archiv der erhebendsten und erregendsten Dokumente darzustellen. Aber das soll nicht geschehen sein, um uns zugunsten der Vergangenheit ungerecht zu machen gegen unsere lebendige Gegenwart. Freilich unsere Gegenwart macht es uns nicht leicht, sie zu lieben; selten ist es einer Generation auferlegt gewesen, in einer so gespannten und überspannten Zeit zu leben wie in der unseren, und wir haben wohl alle manchmal das gleiche Verlangen, einen Augenblick auszuruhen von der Überfülle der Geschehnisse, Atem zu holen in der unablässigen politischen Bestürmung durch die Zeit. Aber gerade wenn wir Weltgeschichte kennen, wenn wir sie lieben, so können wir Mut fassen in der Gegenwart, indem wir uns erinnern, daß *auf die Dauer* nichts Widersinniges geschieht, daß alles, was auch in früheren Epochen die Zeitgenossen erst zwecklos und sinnlos anmutete, später, von einem höheren Aspekt gesehen, eine schöpferische Idee offenbarte oder einen metaphysischen Sinn. So sind auch alle unsere Verwirrungen und Bedrängnisse von heute Wellen und Wogen, die etwas Neues und Zukünftiges uns entgegenbringen – nichts ist vergebens gelebt. Jeder Augenblick ist, noch während wir das Wort aussprechen, schon Vergangenheit geworden, es gibt keine Gegenwart, die nicht sofort Geschichte wird, und so sind wir alle als Figuranten und Mitspieler einem noch in voller Entwicklung befindlichen Drama ständig eingemengt: warten wir mit Spannung und Ehrfurcht auf seine Lösung. Wer die Geschichte als ein Dichterisch-Sinnvolles liebt, der muß auch die Gegenwart und seine eigene Existenz als ein Sinnvolles betrachten, und damit wächst in allen Widrigkeiten in uns das Bewußtsein, daß wir jeder, schaffend und handelnd und schreibend, ein Lebensziel erfüllen, jeder ein anderes und doch alle dasselbe, jenes äußerste und zeitüberwindende, für das Goethe die unvergängliche Formel gefunden hat: „Uns zu verewigen sind wir ja da.“

Georg Huemer

Biographie als legitime Form der Geschichtsschreibung

Zu Stefan Zweig: „Die Geschichte als Dichterin“[1]

„Denn dieser großen Dichterin Geschichte ist keine Art der Technik und der Kunst fremd, in jeder gibt sie unseren Kunstformen das entscheidende Exempel.“ (S. 183)[2]

Geschichte tritt bei Stefan Zweig als poeta doctus, als Dichterin auf. Meist sei sie „nur Tatsachenchronik, ungeformter Weltstoff, nüchterne Aufeinanderfolge logisch begründeter Geschehnisse“ (S. 179), dann aber ist sie wieder voll Spannung, voller „heroische[r], dichterische[r] Augenblicke“ (S. 179). Geschichte ist für Stefan Zweig ein Palimpsest, sie hat fragmentarischen Charakter, kann, etwa in Gestalt einer Biographie, „niemals das volle totale Bild eines Menschen, sondern bloß ein[en] Schatten seines wahren Wesens“ wiedergeben (vgl. S. 184). Es ist die Aufgabe des Künstlers, diese Leerstellen zu füllen, wobei Zweig dafür plädiert, Phantasie besonders an jenen Stellen einzusetzen, an denen Geschichte vieldeutig ist. Geschieht das aber ohne Achtsamkeit, kommt es zur „biographie romancée“ (S. 186), deren plakative Weise, ein Leben in groben Zügen zu umreißen, er verurteilt:

> In diesen romanhaften Biographien besteht der Kunstgriff darin, die sogenannten ‚kleinen‘ Züge wegzuretuschieren, die heroischen und interessanten zu verstärken. Aber auf diese Art und Weise entstehen Plakate und keine seelischen Porträts im Sinne der großen Meister. (S. 186)

Stefan Zweig legte selbst großen Wert darauf, solche „seelischen Porträts“ im Literarischen zu schaffen. Der Vergleich zwischen Lebensbeschreibung

1 Der Aufsatz wurde posthum von Richard Friedenthal ediert. Vgl. Stefan Zweig: „Die Geschichte als Dichterin“. In: ders.: *Zeit und Welt. Gesammelte Aufsätze und Vorträge 1904–1940.* Hg. v. Richard Friedenthal. Stockholm 1943, S. 363–388.

2 In Klammern angeführte Seitenangaben im Text beziehen sich auf den vorliegenden Band.

und Malerei findet sich an mehreren Stellen in seinem Werk. Auch im Vorwort zu seiner Sammlung, in der er drei Schriftsteller – Hölderlin, Kleist und Nietzsche – in kurzen biographischen Essays darstellt, verwendet Stefan Zweig dieses Bild:

> Ich suche keine Formeln des Geistigen, sondern ich gestalte Formen des Geistes. Und wenn ich in meinen Büchern immer mehrere solcher Bilder bewußt zusammenrücke, so geschieht dies einzig in der Art eines Malers, der seinen Werken gerne den richtigen Raum sucht, wo Licht und Gegenlicht wirkend gegeneinanderströmen und durch Pendants die erst verborgene, nun aber offenbare Analogie des Typus in Erscheinung tritt. Vergleich scheint mir immer ein förderndes, ja ein gestaltendes Element, und ich liebe ihn als Methode, weil er ohne Gewaltsamkeit angewendet werden kann.[3]

Der ‚schlechten' Art, Geschichtliches im Rahmen einer „biographie romancée" (S. 186) zu erdichten, stellt er sein Ideal von Biographie entgegen:

> Hier ziehe ich persönlich die historisch getreue Darstellung vor, die auf jedes Fabulieren *verzichtet* [...] Die getreue Biographie erfindet nichts dazu, sondern deutet nur das Vorhandene aus [...] Durch diesen Verzicht aber wird die streng sachliche und historische Biographie doch nicht bloß zu einer sterilen Dokumentensammlung, zu einem kalten Nachberichten. (S. 186)

Und Zweig nennt seine präferierte Methode:

> Allerdings, wer Geschichte verstehen will, muß Psychologe sein, er muß eine besondere Art des Lauschens, des sich Tief-in-das-Geschehnis-Hineinhorchens besitzen und eine wissende Fähigkeit der Unterscheidung der historischen *Wahrheiten*. (S. 186)

Dennoch vermag die Orientierung an Fakten, seien sie auch psychologisch ausgeleuchtet, nach Zweig nicht zu genügen. Ein wichtiges Element von Geschichtsschreibung, aber auch ein Mittel um Herrschaft zu legitimieren, gehe weit über reine Tatsachendeutung hinaus:

> Völker und Menschen brauchen eben Legenden, ja ich wage sogar zu sagen, es gehört zum Wesen des großen Mannes, daß er eine dichterische Aura um sich trägt, daß er eine Legende sich schafft, daß immer und immer wieder die Nachwelt versucht, seine Gestalt dichterisch neu umzuformen oder psychologisch zu deuten. (S. 188)

---

3 Stefan Zweig: „Einleitung". In: ders.: *Der Kampf mit dem Dämon. Hölderlin, Kleist, Nietzsche.* Hg. u. mit einer Nachbemerkung versehen v. Knut Beck. Frankfurt/M. 2007, S. 11–25, hier S. 11.

Dem Einzelschicksal stellt Stefan Zweig das der Nation gegenüber. Durch Geschichte werden nicht nur die Lebenszeugnisse einzelner Menschen transportiert, sondern für Zweig steht „eine Nation [...] um so stärker im geistigen Weltraum, je dichterischer sie ihr historisches Wesen und ihre Entwicklung der ganzen Welt dargestellt hat." Es sind nicht die kriegerischen Völker, die Geschichte schaffen, sondern die dichterischen, konstatiert Zweig und nennt exemplarisch Skandinavien, gewiss auch ein Reflex auf die andauernde Rezeption von Autoren wie Ibsen und Strindberg in der ersten Hälfte des 20. Jahrhunderts (vgl. S. 188f.).

Den Abschluss seiner Überlegungen stellen behutsam formulierte Gedanken zu seiner Gegenwart dar. Hier wird der Entstehungshorizont, die 30er Jahre des 20. Jahrhunderts, am deutlichsten, wenn es heißt:

> Freilich unsere Gegenwart macht es uns nicht leicht, sie zu lieben; selten ist es einer Generation auferlegt gewesen, in einer so gespannten und überspannten Zeit zu leben wie der unseren, und wir haben wohl alle manchmal das gleiche Verlangen, einen Augenblick auszuruhen von der Überfülle der Geschehnisse, Atem zu holen in der unablässigen politischen Bestürmung durch die Zeit. (S. 190)

Dennoch bleibt Zweig, und das ist bemerkenswert, seiner geschichtsteleologischen Überzeugung treu, dass „*auf die Dauer* nichts Widersinniges geschieht"; erst später gelinge es bisweilen, den Sinn historischer Ereignisse auszumachen:

> Aber gerade wenn wir Weltgeschichte kennen, wenn wir sie lieben, so können wir Mut fassen in der Gegenwart, indem wir uns erinnern, daß *auf die Dauer* nichts Widersinniges geschieht, daß alles, was auch in früheren Epochen die Zeitgenossen erst zwecklos und sinnlos anmutete, später, von einem höheren Aspekt gesehen, eine schöpferische Idee offenbarte oder einen metaphysischen Sinn. (S. 190)

Aufbau

„Die Geschichte als Dichterin" weist eine Struktur auf, die sich in ihrem Aufbau an der antiken Rhetorik orientiert. Die fünf Elemente – captatio benevolentiae, narratio, argumentatio, confirmatio und conclusio – lassen sich genau erkennen. Rhetorisch sichert sich Zweig die Aufmerksamkeit, indem er seine Leser und sich selbst zum „wir" vereint, gleich zu Beginn heißt es: „Unsere allererste Begegnung mit Geschichte geschah in der Schule." (S. 177) Der Gebrauch des Possessivpronomens zieht einen engen Kreis um Autor und Leser, die durch diesen rhetorischen Griff vor allem affektiv vereinnahmt werden: Stefan Zweig spielt mit den Erinnerungswelten seines Publikums.

Der Aufmerksamkeit seines Publikums gewiss, widmet sich Zweig nun der Darstellung des Problems: Geschichte sind Fakten, Daten, Geschichte ist Bildung. Dieses wohlbekannte, vertraute Geschichtsbild, das „uns" schon in der Schulzeit begegne, ergänzt er durch einen neuen, überraschenden Einfall: Geschichte ist mehr, sie ist eine Dichterin, kein Künstler kann sie in ihrem Erfindungsreichtum übertreffen. Diese entscheidende These Zweigs wird im Folgenden mit Argumenten belegt. Rhetorisch greift er dabei auch möglichen Einwänden seiner Leserschaft vor, indem er immer wieder mit großem Pathos auf selbstgestellte Fragen reagiert. So entsteht der Eindruck eines Zwiegesprächs, die Verbindung Autor-Text-Publikum wird gefestigt.

Die These, Geschichte sei eine Dichterin, wird durch etliche Berühmtheiten, die Stefan Zweig nennt, untermauert. Durchgehend klingende, vor allem männliche Namen historischer Persönlichkeiten führt er an, dieselben, die auch in vielen seiner anderen Reden auftauchen, besonders prominent treten hier Karl der Große und Napoleon auf. Dann wiederum spricht Zweig bevorzugt von Nationen, die dem humanistischen Bildungsideal seiner Zeit entsprechen.

Es sind gleichsam zwei Säulen, die den Aufsatz tragen, einerseits die der kanonischen klassischen Bildung – andererseits Zweigs persönliche Einstellung als Reflex auf zeitgenössische Einflüsse, die jedoch sehr behutsam kommentiert werden. Die stärkste persönliche Stellungnahme findet sich in der conclusio, hier begründet Zweig, warum er das politische Zeitgeschehen nicht kommentieren will – und erhöht dadurch den intendiert apolitischen und zeitlosen Charakter seines Essays.

Entstehung des Aufsatzes

Der Aufsatz entstand im Zuge von Vorbereitungen für den geplanten XVII. P.E.N.-Kongress in Stockholm im September 1939, der aufgrund des Kriegsausbruches nicht stattfinden konnte.[4] Stefan Zweig gehörte zu

4 Eine ausführliche Rekonstruktion der Geschichte des österreichischen P.E.N.-Clubs hat Roman Roček vorgelegt. In seinem Buch widmet er mehrere Kapitel den Emigrantenschicksalen und geht dabei auch auf Stefan Zweig (Kapitel „Selbstmord Europas") ein. Vgl. Roman Roček: *Glanz und Elend des P.E.N. Biographie eines literarischen Clubs*. Wien, Köln, Weimar 2000, bes. S. 172–178. Stefan Zweigs Rolle in der österreichischen und internationalen P.E.N.-Vereinigung kann durchaus ambivalent gesehen werden. Er gehörte zwar zu den ersten deutschsprachigen Mitgliedern, äußerte sich aber auch immer wieder kritisch. Innerhalb des P.E.N. konnte Stefan Zweig vor allem seiner pazifistischen Gesinnung Ausdruck verleihen. Noch im Exil trat er öffentlich für den P.E.N. auf, so auch am 15. Mai 1941 anlässlich der Gründung eines European P.E.N. Centre in New York, als er sich explizit über die Tragik der

jenen Schriftstellern, die das Übel, das die Machtergreifung der Nationalsozialisten mit sich bringen sollte, bereits früh erkannten, und die nötigen Schritte setzten, um eine zumindest halbwegs gesicherte Existenz im Ausland führen zu können. Bereits 1933 begann Zweig, seinen Wohnort von Salzburg nach London zu verlegen, doch etliche Verpflichtungen und organisatorische Planungen erschwerten die Durchführung. Beeindruckende Mahnmale dieses Aufbruchs stellen Zweigs umfangreiche Bibliothek und seine Handschriftensammlung dar, deren Stücke teilweise hastig verkauft werden mussten und schließlich über halb Europa verstreut lagen. Erst im März 1936 konnte er den Polizeibeihörden den abgeschlossenen Wechsel seines Wohnortes melden. Im selben Jahr hielt er einen Vortrag auf dem Kongress des Internationalen P.E.N. in Buenos Aires, dem letzten, an dem er teilnehmen sollte. Seinem Freund und Vertrauten Romain Rolland, dem französischen Schriftsteller und Nobelpreisträger, berichtet er:

> Ich war zum PEN-Kongreß in Argentinien. Das ist nichts für mich. Ich habe kaum das Wort ergriffen – das ist ein ‚Völkerbund' der Literatur, schöne Worte und viel persönliche Eitelkeit. Ganz interessant, das einmal zu beobachten. Aber ich habe wenig Lust, derlei ein zweites Mal mit anzusehen. Man akklamiert allen Rednern, auch wenn sie Gegenteiliges vertreten, man speist und läßt sich photographieren: vielleicht hat es einen Wert, daß die Leute, die nicht so klar sehen, sich von solchen Vereinigungen viel versprechen; es ist ja ein Glück, daß man sich noch einmal um einen Tisch zusammenfinden kann. Wer weiß, vielleicht war es das letzte Mal.[5]

Seine Befürchtung sollte sich bewahrheiten. Aufgrund des Kriegsausbruches wurde der nächste P.E.N.-Kongress, der in Stockholm stattfinden sollte, kurzfristig abgesagt. Stefan Zweig hatte vor, an diesem teilzunehmen, er dürfte seine kritische Haltung etwas revidiert haben.

Der vorliegende Essay bildete textuell die Grundlage für seinen geplanten Vortrag. Er baut auf Überlegungen[6] auf, die in einige Jahre vorher in ge-

---

Verfolgten aussprach: „Es ist an uns heute […] inmitten einer verstörten und halb schon vernichteten Welt den Glauben an die moralische Kraft, das Vertrauen in die Unbesiegbarkeit des Geistes trotz allem und allem [sic] unerschütterlich aufrechtzuerhalten." Vgl. Stefan Zweig: „In dieser dunklen Stunde". In: ders.: *Die schlaflose Welt. Gesammelte Aufsätze und Vorträge aus den Jahren 1909–1941.* Frankfurt/M. 1983, S. 276–278, hier S. 278. Dass der P.E.N.-Club über Zweigs Tod hinaus Bedeutung für sein Schaffen haben sollte, ist durch zahlreiche Bemühungen seitens einiger Mitglieder der Vereinigung, sein Werk präsent zu halten, belegt.

5 Stefan Zweig: „Brief an Romain Rolland Ende September 1936" [Poststempel 28.9.1936]. In: *Romain Rolland/ Stefan Zweig. Briefwechsel 1910–1940*, Bd. 2. 1924–1940. Berlin 1987, S. 635–636, hier S. 635.

6 Vgl. Stefan Zweig: „Die Geschichte als Dichterin". In: *Neues Wiener Tagblatt*, 22.11.1931, S. 2–3. Eine Woche später, am 28. November 1931, erschien ein Beitrag im Feuilleton des *Neuen Wiener Tagblattes* anlässlich des 50. Geburtstages des „in aller Welt berühmten Öster-

druckter Form vorlagen: Am 22. November 1931, kurz vor seinem 50. Geburtstag, findet sich ein kurzer, kaum zwei halbe Seiten umfassender Artikel im Feuilleton des *Neuen Wiener Tagblattes*, der den Titel „Die Geschichte als Dichterin“ trägt. Die wichtigsten Ideen, die auch in der Rede für Stockholm wiederkehren, werden hier schon dargelegt. Auch spielt Zweig mit denselben Allegorien, etwa der Geschichte als einer großen Erzieherin. Bemerkungen über das politische Zeitgeschehen finden sich allerdings noch nicht in der Fassung von 1931. Geschichte wird hier vor allem als pädagogisch bildende Instanz begriffen und zugleich als Werkzeug des Künstlers.

Es handelt sich dennoch ohne Zweifel um eine Vorfassung des späteren Aufsatzes. Die Verfahrensweise, Stoffe, Motive, ja ganze Textabschnitte wiederzuverwenden, wandte Stefan Zweig öfters an. Gerade seine biographischen Schriften – exemplarisch sei hier nur die monumental konzipierte und posthum erschienene Biographie über Balzac[7] angeführt – nehmen ihren Anfang oft bei kleineren Veröffentlichungen.

Kontextualisierung

„Die Geschichte als Dichterin“ kann auch als Manifest des Biographen Stefan Zweig[8] gelesen werden: Geschichte widmet sich für Zweig vor allem dem Leben großer Männer. Er sieht in ihnen Figuren, Spieler und Gegenspieler, die wie auf einem Spielbrett aufeinandertreffen – und den spannenden, besonderen Charakter einer Epoche ausmachen. Doch gerade darin liegt auch das Prekäre der allegorischen Rede von der Geschichte als Dichterin: Sie entbindet die realen historischen Akteure der Verantwortung, indem sie diese zu Figuren einer von unbekannter Hand geschriebenen Dichtung macht. Die im 19. Jahrhundert vertretene Auffassung, dass Historie vor allem die

---

reichers“. Vgl. dazu Moritz Scheyer: „Stefan Zweig. Zum fünfzigsten Geburtstag.“ In: *Neues Wiener Tagblatt*, 28.11.1931, S. 2–3, hier S. 2.

7 Vgl. Stefan Zweig: *Balzac. Eine Biographie*. Hg. u. mit einem Nachwort versehen v. Richard Friedenthal. Durchgesehen u. mit einer Nachbemerkung versehen v. Knut Beck. 14. Aufl. Frankfurt/M. 2004 (= Fischer Taschenbuch 2183).

8 Stefan Zweigs Rolle als Biograph hat in der Geschichte der Biographie wesentlichen Stellenwert. Unter den zahlreichen Arbeiten, die ihn als typischen Vertreter der ‚modernen Biographie‘ hervorheben, sind die biographietheoretischen Arbeiten von Helmut Scheuer und Christian von Zimmermann zu nennen. Vgl. das Kapitel „Die moderne Biographie. Emil Ludwig und Stefan Zweig“ in Helmut Scheuer: *Biographie. Studien zur Funktion und zum Wandel einer literarischen Gattung vom 18. Jahrhundert bis zur Gegenwart*. Stuttgart 1979, S. 151–230; Christian von Zimmermann: *Biographische Anthropologie. Menschenbilder in Lebensgeschichtlicher Darstellung (1830–1940)*. Berlin 2006 (Quellen und Forschungen zur Literatur- und Kulturgeschichte, Bd. 41), bes. S. 248–255 u. S. 274–348.

Geschichte einiger berühmter hervorragender Menschen ist, lässt sich auch in weiteren Abhandlungen Zweigs und in seinen Biographien wiederfinden.[9]

Weiterführende Literatur

Berthold, Werner: „Der deutsche PEN-Club im Exil 1933–1940. Bericht aus ungedruckten Materialien der Deutschen Bibliothek". In: Günther Pflug, Brita Eckert u. Heinz Friesenhahn (Hg.): *Bibliothek – Buch – Geschichte. Kurt Köster zum 65. Geburtstag*. Frankfurt/M. 1977, S. 531–557.

Peitsch, Helmut: *‚No Politics'? Die Geschichte des deutschen PEN-Zentrums in London 1933–2002*. Göttingen 2006 (= Schriften des Erich Maria Remarque-Archivs, Bd. 20).

Pflug, Günther (Hg.): *Der deutsche PEN-Club um Exil. 1933–1948. Eine Ausstellung der Deutschen Bibliothek Frankfurt am Main*. Frankfurt/M. 1980 (= Sonderveröffentlichungen der Deutschen Bibliothek, Bd. 10).

Roček, Roman: *Glanz und Elend des P.E.N. Biographie eines literarischen Clubs*. Wien, Köln, Weimar 2000.

Scheuer, Helmut: *Biographie. Studien zur Funktion und zum Wandel einer literarischen Gattung vom 18. Jahrhundert bis zur Gegenwart*. Stuttgart 1979, bes. S. 151–230.

Zimmermann, Christian von: *Biographische Anthropologie. Menschenbilder in Lebensgeschichtlicher Darstellung (1830–1940)*. Berlin 2006 (= Quellen und Forschungen zur Literatur- und Kulturgeschichte, Bd. 41), bes. S. 248–255 u. S. 274–348.

Zweig, Stefan: „Die schlaflose Welt. Aufsätze und Vorträge aus den Jahren 1909–1941". In: ders.: *Gesammelte Werke in Einzelbänden*. Hg. u. mit einer Nachbemerkung vers. v. Knut Beck. Frankfurt/M. 1983.

9 Etliche biographischen Schriften Stefan Zweigs lassen sich in einem ‚Diskurs der Größe' verorten. Vgl. dazu etwa Wilhelm Hemecker und Georg Huemer: „‚Weltbildner' – Stefan Zweigs Essay über Balzac". In: *Die Biographie – Beiträge zu ihrer Geschichte*. Hg. v. Wilhelm Hemecker unter Mitarbeit v. Wolfgang Kreutzer. Berlin, New York 2009, S. 253–271.

Leo Löwenthal

Die biographische Mode*[1]

[1955]

Die Biographie (von fachwissenschaftlichen Arbeiten der Geschichtsschreibung ist dabei nicht die Rede), welche in der Zeit nach dem ersten Weltkrieg in immer zunehmendem Maße sich neben den herkömmlichen Gattungen der Belletristik als Artikel des gehobenen literarischen Massenkonsums behauptet, mag an eine Einrichtung der großen Warenhäuser erinnern. Dort findet man in weitläufigen Kellergeschossen Warenmassen aus sämtlichen Abteilungen des Hauses angesammelt, die nicht mehr mit der Mode Schritt gehalten haben und unterschiedslos, ob sie ursprünglich an den übervölkerten Ständen der Bänder- und Knöpfeabteilung oder in der heiligen Stille des Luxusmöbellagers zum Verkauf standen, nunmehr im gleichen Raum um verhältnismäßig billiges Geld abgegeben werden. In diesen Kellern findet man alles auf einmal; das Prinzip, das die Waren dort eint, ist das Bedürfnis nach beschleunigtem Absatz, nach gewaltsam forciertem Massenkonsum. Die Biographie ist das Lager sämtlicher gängiger Kulturgüter; sie sind alle nicht mehr ganz neu, alle nicht mehr so, wie sie ursprünglich gemeint waren, es kommt auch nicht mehr so genau darauf an, ob von der einen Sache mehr und von der anderen Sache relativ wenig da ist.

---

* Leo Löwenthal: „Die biographische Mode". In: *Sociologica. Aufsätze, Max Horkheimer zum sechzigsten Geburtstag gewidmet.* Frankfurt/M., Stuttgart 1955 (= Frankfurter Beiträge zur Soziologie, Bd. 1), S. 363–386.

1 Der hier publizierte Beitrag ist der Teil eines umfangreichen, bereits 1938 abgeschlossenen Manuskripts. Er behält seine Aktualität als Beitrag zur Erkenntnis der modernen Massenkultur und ihrer gesellschaftlichen Implikationen. Der Autor hat später auch amerikanisches Biographienmaterial analysiert: Biographies in Popular Magazines, in: Radio Research 1942–1943, herausgegeben von Paul F. Lazersfeld und Frank Stanton, New York 1944.

Das freilich stellt sich erst heraus, wenn man dem Material auf den Leib rückt: mit nahezu statistischer Genauigkeit wird immer wieder dasselbe Zeug zusammengetragen und ungefähr in der gleichen Aufmachung geliefert. Von der Außenseite sieht es freilich ganz anders aus. Die Biographien gebärden sich, als ob sie in der geistigen Welt das darstellten, was die exklusiven und teuren Fachgeschäfte für die reichen Leute in der Welt der materiellen Konsumgüter sind. Der Vergleich bezeichnet die gesellschaftliche Atmosphäre, in welche die moderne historische Biographie gehört: die der faktischen Armut und des scheinbaren Reichtums. Sie erhebt den Anspruch, den Stein der Weisen für alle Geschichts- und Lebenslagen gleichsam im Plural zu besitzen; aber es zeigt sich dann, daß das kunterbunte Durcheinander der Allgemeinurteile und Rezepte in Wahrheit Ausdruck völliger Ratlosigkeit ist.

Seit 1918 bereits ist die politische Biographie die klassische Emigrationsliteratur des deutschen Bürgertums. Gewiß ist sie weder auf den deutschen Sprachkreis beschränkt noch erst nach dem ersten Weltkriege aufgetreten. Schon Nietzsche spricht von „unserer an die biographische Seuche gewöhnten Zeit“[2]. Die gängigsten deutschen biographischen Schriftsteller haben sich in Übersetzungen auch außerhalb ihrer Landes- und Sprachkreise Riesenerfolge zu schaffen gewußt, und die französische und englische Sprache hat während der letzten Jahrzehnte viele eigene Beiträge geliefert. Aber nirgends läßt sich eindeutiger Konstruktion und soziale Rolle dieser Literatur ablesen als am deutschen Material.

Die Analyse der Popular-Biographie ist unter diesen Umständen vor allem ein Beitrag zur Analyse ihrer Leserschicht, ein Beitrag zur Kritik der geistigen Kultur des späten Liberalismus. Es gilt zu zeigen, in welcher Weise Willkür und Widerspruch jeden Anspruch auf Theorie zerstörten, ja, wie letzten Endes diese Literatur eine Karikatur der Theorie ist. Es ist nicht bloß die Rolle des idealistischen Systems, welche die Popular-Biographie – ein kümmerliches Spätprodukt – zu vertreten hat; zugleich repräsentiert sie den großen Roman. In den Aufstiegsperioden des Bürgertums, in denen die Gattung des Erziehungsromans die erzählende Literatur charakterisiert, steht das Individuum in einem durchsichtigen Wechselspiel zwischen seinen eigenen Anlagen und Tendenzen und der Umwelt; das Material, welches die Substanz und die Folie des einzelnen Schicksals bedeutet, entnimmt der Schriftsteller einer exakten Phantasie – Phantasie, weil mit der seltenen Ausnahme einiger mehr für die Oberfläche und das Kolorit verwandten Daten Gegenständlichkeiten und Figuren ersonnen sind; exakt, weil im Ergebnis

2 Nietzsche, Werke, 2. Abt., Band X, Die Philosophie im tragischen Zeitalter der Griechen (Fragment, Frühjahr 1873), Stuttgart 1922, S. 26.

solcher dichterischen Einbildungskraft die gesellschaftliche und psychologische Realität so widergespiegelt wird, wie sie die soziale Schicht des Schriftstellers und seiner Leser sieht. Wilhelm Meister, Illusions Perdues, David Copperfield, Education Sentimentale, Der Grüne Heinrich, Anna Karenina – diese Romane sind in ihrer Rezeption nicht nur begleitet von dem sozialpsychologischen Massenphänomen eines „déjà vu", sie betreiben darüber hinaus die Bestätigung und Rettung des Individuums, indem die Bürde wie das Glück der ersonnenen Einzelexistenz in einer nachvollziehbaren Weise unmittelbar vom Leser erfahren wird. In diesen Kunstwerken sind immer eine bestimmte Welt und bestimmte, in sich konsistente Individuen gegeben, genau in der gleichen Weise, in der die wissenschaftliche Geschichtsschreibung seit der Aufklärung stets die Realität konzipiert hat: als ein mit dem Schicksal der lebenden und lesenden Zeitgenossen verbundener und verstehbarer Zusammenhang von Subjekten. In diesem Sinne besteht in der Tat eine unmittelbare Beziehung zwischen wissenschaftlichem und literarischem Realismus und der Theorie der Gesellschaft: wo jener die Sorge um das Subjekt formuliert, will diese die Bedingungen seines Glücks entwerfen.

Die Biographie ist wie die Fortsetzung so zugleich die Umkehrung des Romans. Die Dokumentation im bürgerlichen Roman hatte die Funktion der Rohstoffe. Ganz anders in der Popular-Biographie: dort vertreten die Dokumentationen, jenes Riesengepränge aus fixierten Daten, Ereignissen, Namen, Briefen usw., die Stelle von sozialen Verhältnissen, die zu Fesseln des Individuums geworden sind; das Individuum ist gleichsam nur noch ein typographisches Element, ein Kolumnentitel, der sich durch die Erzählung der Bücher schlängelt, ein Anlaß bloß, der dazu dient, ein bestimmtes Material hübsch zu gruppieren. Was auch immer anderes, wie zu zeigen ist, die Biographen über ihre Helden proklamieren: diese sind keine mehr, sie haben kein Schicksal, sie sind bloße Funktionen des Geschichtlichen.

Die Begriffe von Geschichte und Zeit, die höchsten Prinzipien der Historie, sind in der Biographie verdinglicht, eine Art versteinerter Anthropologie, sachliche, fast starre Gegenständlichkeiten, denen bestimmte Eigenschaften zukommen. Wenn es heißt: „Gleichgültig gegen den innersten Willen des Einzelnen stößt oft der stärkere Wille der Geschichte Menschen und Mächte in ihr mörderisches Spiel" (34/S. 117.)[3], oder auch: „die erhabenen Atemzüge der Geschichte bestimmen den Rhythmus der Epoche zuweilen auch gegen den Willen des Genius, der sie belebt" (20/S. 423.), wenn die Geschichte, „die ernsteste der Göttinnen, ungerührt und unbestechlichen

3 Ein numeriertes Verzeichnis der zitierten Biographien befindet sich am Schluß des Artikels. Wir verweisen im Text auf diese Biographien unter Angabe der betreffenden Nummer.

Blicks ... die Tiefe der Zeiten“ überschaut „und ... mit eherner Hand ohne Lächeln und Mitleid Geschehnis zur Gestaltung“ formt (29/S. 147.), wenn Geschichte, die „vielleicht fürchterlichste und entbehrungsreichste Seefahrt, ... die ewige Chronik menschlichen Leidens“ (33/S. 373.), „fast immer dem Sieger Recht gibt wider den Besiegten“ (33/S. 217.), wenn sie „im letzten Sinne auf Gewalt fußt“, wenn sie „weder moralisch noch unmoralisch“ (28/S. 270.) handelt („Man finde sich damit ab“, dekretiert der die Weltvernunft verkörpernde Biograph, was ihn aber nicht stört, gelegentlich auch die Geschichte den „Richter unseres Tuns“ [34/S. 476.] zu nennen ...), wenn sie gar es sich manchmal erlaubt, „aus den Millionenmassen der Menschheit eine einzelne Gestalt“ zu wählen, „um an ihr eine weltanschauliche Auseinandersetzung plastisch zum Austrag zu bringen“ (28/S. 134.) – dann nimmt sie die Züge eines übermächtigen Robot an, der aber kaum das Resultat menschlicher Produktion zu sein scheint, sondern mit erheblichem Getrampel und in unbegreiflicher Willkür die Menschen vor sich herjagt.

Verglichen mit der Phantasie von Filmproduzenten und technokratischen Träumern ist freilich dieser Robot recht armselig. Die Aufzählung seiner Eigenschaften ist seine angemessene Interpretation: er ist ein Cliché – auch dort, wo es ums Konkrete geht. Was zum Beispiel den Erasmus betrifft, so beginnt es damit: „Instinktiv wählte die Zeit richtig“, in ihm „sieht die Zeit das Symbol der still, aber unaufhaltsam wirkenden Vernunft“ (37/S. 98f.); während seines Lebens: „die Zeit zwingt ihn hinein in das Getümmel zur Rechten und zur Linken“ (37/S. 20.); und am Ende: „aber täusche Dich nicht, alter Mann, Deine wahre Zeit ist vorbei ...“ (37/S. 165.). Es versteht sich von selbst, daß von dem Perioden- und Jahrhunderten-Cliché ausgiebiger Gebrauch gemacht wird. Das Mittelalter „mit seiner Verdüsterung“ (34/S. 34.) „ist grausam und gewalttätig“ (34/S. 510.); wenn es vorüber ist, haben wir „eine Jahrhundertwende, die zur Zeitwende wird“ (37/S. 32.). Es gibt das „große und zwiespältige 19. Jahrhundert“ (4/S. 10.) mit „den Menschen des 19. Jahrhunderts“ (4/S. 22.), welches „seine Jugend nicht liebt“ (29/S. 25.); und vom 17. Jahrhundert heißt es: „Das wunderliche Jahrhundert, dessen Kind sie [Christine von Schweden] im Guten und im Bösen war, starb mit ihr“ (25/S. 410.).

Die Geschichtsschreibung der europäischen Geisteswissenschaften hatte für solchen Pomp weder Raum noch Zeit. Sie wollte belehren, um durch die Vergangenheit eine Gegenwart besser zu begreifen, in der es bestimmte Arbeiten zu verrichten gab – sei es auch nur die Arbeit, neue Philologen oder Historiker mit geschliffenen Werkzeugen auszurüsten, um die vergangene menschliche Praxis zu erforschen. Was freilich das letztere betraf, war die Historie dem Zorn Nietzsches ausgesetzt, der hier – auf dem äußerst progressiven Vorposten einer bürgerlichen Theorie der Geschichte – unerbittlich der

Verbindung des Wissens um die Vergangenheit mit der Praxis einer höheren Vernunft das Wort redete. In seiner Spätzeit hat er sich freilich häufig mit der Vorstellung gequält, daß es eigentlich um die Menschen geschehen sei, daß man „die schlechte Grundbeschaffenheit eines jeden Menschenlebens schon darin erkennt, daß keines verträgt, aufmerksam und in nächster Nähe betrachtet zu werden"[4]. Der geschichtliche Fatalismus, der das Bürgertum bereits ergriff, längst bevor der autoritäre Staat seine Praxis wurde, ließ ihn wiederholt bemerken, daß keiner der Durchschnittsmenschen, daß nichts, „was sich heute als ‚guter Mensch' fühlt", fähig wäre, „eine Biographie" zu ertragen[5]. Ihren gegenwärtigen Vertretern hat er damit gewiß das richtige Urteil auf Vorschuß überliefert. Sie zaubern einen geschichtlichen Raum herbei, um den sie genau Bescheid zu wissen vorgeben; man wird versichert, daß „die Geschichte" oder „das Jahrhundert" dies oder jenes mache, dies oder jenes an sich habe, und das geschichtliche Subjekt erscheint als bloßes Produkt. Damit spiegelt die Popular-Biographie – wenn auch in schiefer Form – die Realität wider: an den bürgerlichen Mittelschichten, ihren Literaten und den Konsumenten ihrer Erzeugnisse vollzieht sich in der Tat in immer zunehmendem Maße jener eherne Rhythmus der Weltgeschichte, jener unbarmherzige Zeitgeist, so, daß das „Allgemeine", von dem jene Kategorien in Phrasen sprechen, das Besondere der Individualität vernichtet. Es wird in der Biographie darüber hinweggeredet; wenn auch der Spiegel schief hängt, in den der Leser schaut, so findet er doch etwas von seiner eigenen historischen Substanz wieder. Die Qualitäten der Geschichte sind hier etwa so beschrieben, wie die Person des Führers und der mit ihm wirklich regierenden Elite zu kennzeichnen wären: mitleidlos, gleichgültig, nur dem Erfolg zugewandt; mit dem Willen und der nötigen Apparatur ausgerüstet, Entscheidungen, welche die überwältigende Majorität betreffen, auszusprechen und zu vollziehen. Die erstarrte Anthropologie des Geschichtlichen nimmt die starren Züge der autoritären Herren an. Solche Geschichtsphilosophie verrät ein gesellschaftliches Lebensgefühl, das sich jederzeit einer höchsten Kommandogewalt unterworfen weiß; deren Regeln, gleichsam das Exerzierbuch der Geschichte, sind in unzähligen generalisierenden Behauptungen enthalten, mit denen die biographische Literatur angefüllt ist.

Der Biograph ist der Lieferant der Soziologie für Massenkonsum. Was hier getrieben wird, ist die Karikatur jener induktiven Methode, die sich aus einer Reihe von Beobachtungen zuverlässige Spielregeln des Menschenlebens durch alle seine Zeiträume hindurch zusammenzubrauen sucht. Die

---

4 a.a.O.

5 Nietzsche, Zur Genealogie der Moral, Werke, 1. Abt., Bd. VII, Stuttgart 1921, S. 453. Vgl.: Der Wille zur Macht, Werke, 2. Abt., Bd. XVI, Leipzig 1911, S. 417.

politische Soziologie der Biographen ist das „gesunkene Kulturgut" einer um Gesetze bemühten Sozialforschung. Sie arbeitet mit kunstgewerblichen Mitteln; charakteristisch dafür ist das Wörtchen „immer", ein Favorit aus Stefan Zweigs Sprachschatz, das irgendwelchen Folgerungen aus zufälligen Befunden den Adel des Normativen verleiht. Was war, war immer so, ist so, und so wird es bleiben – ist die Weisheit wie bei jeder generalisierenden Methode so auch ihrer populären Ableger. Zum großartigen Konzept des Molochs Geschichte gehört der common sense der soziologischen Betrachtung, genau so wie zur religiösen Formel auf der ersten Seite des Hauptbuches die nüchternen Ziffern der folgenden Blätter.

Die vornehmlichsten Themen der Popular-Biographie sind Politik, Macht und die Typologie der Führer. Die Art und Weise, in der von der politischen Machtapparatur und ihren Mechanismen die Rede ist, stammt aus dem Gesichtswinkel des Zuschauers, der halt nichts dran machen kann und sich mit der Beobachtung begnügt. Diese Biographen gebärden sich, als ob sie eigentlich die ganze Sache nichts angehe und sie sich's nicht in ihren kühnsten Träumen einfallen ließen, daß sie selbst etwas dabei zu suchen hätten. Dafür gibt es den allgemeinen Trost: „ein Mensch, der sich der Politik verschworen, gehört nicht mehr sich selbst und muß anderen Gesetzen gehorchen als den heiligen seiner Natur" (34/S. 42.). Es verbirgt sich hinter bald großen, bald zynischen Worten die spießbürgerliche Ohnmacht, daß die Politik den Charakter verderbe. Sie „ist allezeit die Wissenschaft des Widersinns. Ihr widerstreben die einfachen, die natürlichen, die vernunftmäßigen Lösungen" (34/S. 28.). Sie ist so verdinglicht wie der Begriff der Geschichte: „Der einzelne Mensch ist für sie nicht vorhanden, er zählt nicht gegenüber den sichtlichen und sachlichen Werten des Weltspiels" (34/S. 25.). Wer mit ihr zu tun hat, berührt Pech. „Wie es Politiker immer tun müssen: er hatte mit Gott konkordiert" (3/S. 253.). Von solchem Menschenschlag ist dann auch nichts anderes zu erwarten, als daß er nach wenig erhabenen Maßstäben handelt: wir erfahren „das ewige und immer wiederkehrende Schauspiel ..., daß Politiker immer feige werden, sobald sie den Wind umspringen fühlen" (35/S. 493.). (Wie wichtig der Biograph seine Mission nimmt, die Gesetze des sozialen Lebens zu entdecken, zeigt sich hier übrigens an den Pleonasmen, die so wenig zum „kultivierten" Schriftsteller gehören: es muß ewig, immer wiederkehrend und noch einmal immer sein.) Es ist ein armseliges Handwerk: so ist zum Beispiel „das Klügste, was ein raffinierter Politiker tun kann: er verschwindet" (34/S. 146.).

Das Wesen des Politischen wird mit hämischen Augen betrachtet; aber dies ist nur ein Aspekt. Dahinter verbirgt sich das notwendig psychologische Korrelat des Ressentiments, die heimliche Verliebtheit in den Erfolg, den man im Bewußtsein herabzieht: zur Soziologie des Politikers gehört das liebevolle Verweilen bei einer Phänomenologie der Macht. Aus der Perspektive des Voyeurs ist die Reflexion anläßlich des russisch-napoleonischen Vertrages verständlich: „Man fühlt, wenn Zwei die Welt verteilen, muß es am Schluß zum Kampf der Beiden kommen" (20/S. 275.). „Es ist zwar nur ein ewiges Verhängnis der Menschheit, daß ihre denkwürdigsten Taten fast immer befleckt sind von vergossenem Blut und gerade den Härtesten das Größte gelingt" (33/S. 218.); aber Macht ist eben ein so überzeugendes Phänomen, daß sie Anerkennung erzwingt. Der gleiche gesellschaftliche Verdrängungsmechanismus, welcher in Begriffen wie Geschichte, Zeit, Politik Verdinglichungen konstruiert, so daß sie als Reflex von sozialen Herrschafts- und Knechtschaftsbeziehungen nicht mehr erkennbar sind, fetischisiert auch den menschlichen Inhalt des Begriffs der Macht. So heißt es etwa: „Die Macht verspricht, auch wenn sie schweigt und nichts verspricht" (22/S. 23.), „... eine Macht kann sich durchsetzen, aber nicht verraten" (3/S. 175.). In dieser Sphäre erstarrt der Biograph so weit, daß er oft nur in Tautologien zu sprechen weiß: „Der Sieg will sein Recht, und immer wandelt es sich zu Unrecht für den Besiegten" (34/S. 386.). „Die Geschichte schiebt den äußeren Vorteil meist den Machtmenschen zu" (28/S. 270.). Wie ein Knabe in einem Gemisch von Neid und Bewunderung auf die Muskeln des Athleten starrt, in der gleichen heimlichen Verlegenheit blicken die Biographen auf die Sphäre der Tat, Stärke und Macht. „Immer sind aus den Quadern der Härte und des Unrechts die großen Staatsgebäude gebaut" (34/S. 521.), „für Machtlose gibt es kein Mitleid" (34/S. 351.). Rührselig ist die Rede von der „Ohnmacht jedes rein geistigen Krieges gegen die Übermacht einer geharnischten und gepanzerten Diktatur", von der „Aussichtslosigkeit seines Unterfangens" (28/S. 10.), „... immer wird, wer gegen die Machthaber und Machtausteiler der Stunde das Wort erhebt, wenig Gefolgschaft erwarten dürfen bei der unsterblichen Feigheit unseres irdischen Geschlechts" (28/S. 13.).

Ebenso beredt ist die Sprache, wo es um das soziologische Lieblingsthema Individuum und Gesellschaft geht. Denn hier ist die Gelegenheit, von den allgemeinen Gesetzen der Führerpersönlichkeiten zu sprechen. Die Unparteiischkeit versteht sich dabei von selbst: „Mussolini ist ein Mann von der feinsten Höflichkeit, wie alle echten Diktatoren" (1/S. 35.). Es ist auch kein einfaches Geschäft: „Es gehört zur Tragik aller Despoten, daß sie den unabhängigen Menschen selbst dann noch fürchten, wenn sie ihn politisch machtlos und mundtot gemacht haben" (28/S. 273.). Besonders gilt das von revolutionären Führern einschließlich der religiösen Fanatiker: „Das ist eines der Geheimnisse fast aller Revolutionen und das tragische Geschick ihrer Führer; sie lieben alle nicht das Blut und sind doch zwanghaft genötigt, es zu vergießen" (32/S. 61.). Was das Verhältnis der Gesellschaft zur Diktatur betrifft, so gibt es bestimmte Regeln für die Vorgeschichte, für den Beginn, für den Höhepunkt und für den Abstieg. Vorher: „Jede Welterneuerung, jede völlige Umpflügung versucht es zunächst mit den gemäßigten Reformatoren statt mit den rabiaten Revolutionären" (37/S. 98f.). Ein bißchen später: „Alle Diktaturen beginnen mit einer Idee" (28/S. 65.). Wenn es dann soweit ist: „Jedesmal hat am Anfang einer Diktatur ... der Widerstand eine gewisse Wucht" (28/S. 49.). Nachher dann: „Immer können Diktatoren nach dem restlosen Triumph eher der Humanität ihr Recht lassen und viel leichter die freie Rede verstatten nach der Sicherung ihrer Macht" (28/S. 239.). Aber schließlich: „Nie kann die Menschheit oder ein Teil von ihr, eine einzelne Gruppe, die Diktatur eines einzigen Menschen lange ertragen, ohne ihn zu hassen" (32/S. 96.), „Diktaturen bedeuten im großen Plane der Menschheit nur kurzfristige Korrekturen" (28/S. 327.).

Im Untergeschoß dieses geistigen Warenhauses findet sich alles. Wie in einem Kaleidoskop erblickt man jetzt eine machiavellistische Soziologie der Politik, erblickt man im nächsten Moment eine utopische Konzeption in der Geschichte. Es ist für die gesellschaftliche Funktion dieser Biographen besonders kennzeichnend, daß sie die beiden Konzeptionen in sich vereinigt. Während aber der frühere Verlauf der divergenten geschichtsphilosophischen Interpretationen in einem erkennbaren Zusammenhang mit den Interessen kämpfender sozialer Gruppen steht, ist das Kunststück, das Unvereinbare zu vereinen, für eine soziale Situation sehr charakteristisch, in der die Biographen gedeihen. Mit der pessimistischen Perspektive findet sie sich ab, indem sie sie teils magisch beschwört und kategorisiert, als ob das Wissen um ihre ewig wiederkehrenden Formen sie für das betroffene Individuum ungefährlich mache, oder indem sie den zynischen Beobachter spielt, den es eigentlich nicht betrifft; und der Optimismus kommt durch die Versicherung zustande, daß schließlich doch das Gute siege. Dieser Pluralismus von Standpunkten wird uns immer wieder begegnen; er gehört zu einer Haltung, der eigentlich nichts mehr ernst ist, die bestimmt jedenfalls den Geist nicht mehr ernst nimmt. Ihre letzte Weisheit ist der Relativismus.

Die optimistische Soziologie läuft auf verschiedenen Bahnen. Die erste, die des geringsten Widerstandes, ist die, nach der es eben zwei verschiedene Menschentypen gibt: den schlechten, den Politiker, und den guten, den Moralistischen, den Geistigen. „Gleichgültig, wie man die Pole dieser ständigen Spannung benennen will – ... diese Namen drücken im Grunde eine letzte allerinnerlichste und persönlichste Entscheidung aus, was richtiger sei für jeden einzelnen – das Humane oder das Politische, das Ethos oder der Logos, die Persönlichkeit oder die Gemeinsamkeit. Diese immer wieder notwendige Abgrenzung zwischen Freiheit und Autorität bleibt keinem Volke, keiner Zeit und keinem denkenden Menschen erspart" (28/S. 14.).

Ein Nebengeleise bildet die Vorstellung, daß es vielleicht doch so etwas wie eine Versöhnung der „politischen“ und „moralischen“ Haltung geben könnte. Emil Ludwig, der die Spezialitäten der Goethe-Mottos und des realpolitischen common sense pflegt, ist hier vor allem zu zitieren. Man liest dort: „Mit dem Willen zur Macht ohne Idee der Zeit läßt sich auf die Dauer so wenig regieren, wie mit den Ideen ohne Willen zur Macht“ (16/S. 335.). In lapidaren Worten zeigt ihm „die Legende dieses Lebens [Masaryks], daß Politik auch heute noch auf ethischer Grundlage möglich ist und daß eine moralische Natur sich im Besitze der Macht nicht zu verdunkeln braucht“ (15/S. 73 f.).

Das Hauptinteresse der Soziologen der Politik, wenn sie als Soziologen der Moral sprechen, ist jedoch auf den Nachweis gerichtet, daß eben schließlich wieder das Gute siegt. Das wird in einer solchen stereotypen und pathetischen Weise hergesagt, daß es sowohl an die moralischen Trostsprüchlein auf Waschlappen und Poesiealben wie an gewisse Schlagertexte erinnert, es könne ewig nicht so weitergehen, und es komme auch mal wieder anders. Bescheiden, wenn auch nicht gerade richtig, ist noch eine Äußerung wie, daß „in einem Schicksal [es ist wieder von Masaryk die Rede] die Logik abzulesen“ sei, „mit der ein anständiger Mensch erntet, was er sät“ (15/S. 15.). Aber Zweig vor allem hat reicheres Register. Wie in einem Song „Die Vernunft“ überschrieben klingt es: „Manchmal, wenn die anderen trunken toben, muß sie schweigen und verstummen. Aber ihre Zeit kommt, immer kommt sie wieder“ (37/S. 25.). „Aller Fanatismus wider den Geist zielt aber notwendig ins Leere“ (27/S. 410.).

So charakteristisch wie für progressive Tendenzen des liberalistischen Denkens die moralphilosophischen Systeme sind, die zu einer kritischen Waffe gegen das Bestehende werden können, so charakteristisch ist für den Rückzug aus der Sphäre der Praxis die Behauptung, daß Wahrheit und Freiheit im Laufe der Geschichte immer wieder obenauf sind. „Toskana verteidigte das ewige Gefühl der Freiheit. Dieses Ideal der Freiheit überlebt das Dasein aller losgelassenen Gewalten. Ein Tag der Freiheit zerbricht Pyramiden der Sklaverei, die für die Ewigkeit in den Himmel zu ragen scheinen. Die Freiheit kommt immer wieder, liebkost die Menschen, zeigt ihnen ihre Würde, den Gott in ihrem Busen, und prüft die Schwerter“ (23/S. 341.); oder ganz monumental: „Die Wahrheit siegt immer wieder … Die Wahrheit siegt am Ende immer! Nur die das wissen, sind gefeit gegen die scheinbar ewig siegreiche Niedertracht“ (8/S. 326.).

Zum allgemeinen Teil dieses Scheinsystems einer Sozialphilosophie gehört schließlich noch das Problem von Natur und Geschichte. Seine Behandlung geschieht im Sinn eines schlechten Monismus. Er entspricht jener tiefen Depression und Müdigkeit, jenem Ruin der Initiative, welche den gegenwärtigen Zustand breitester Schichten des Bürgertums, vor allem in Mitteleuropa, charakterisiert. Seine Geschichte beginnt mit einer rapiden, ungehemmt fortschreitenden Eroberung der außermenschlichen Natur im Dienst des Menschen; in der Gegenwart demonstriert die historische Praxis, wie die Naturbeherrschung immer mehr in den Dienst der Beherrschung des Menschen, seiner Unterwerfung und Vernichtung tritt. Es ist an anderer Stelle darauf hingewiesen worden, daß entscheidende Tendenzen der neueren Belletristik, daß vor allem ihr Naturbegriff die Resignation der Beherrschten vor einer technischen Apparatur spiegelt, welche für das Massenschicksal immer gleichgültiger, ja, immer gefährlicher wird[6]. Die Art, mit der in der biographischen Literatur bald von der angeblichen Identität natürlicher und historischer Gesetze gesprochen wird, bald die Naturphänomene zu clichéhaften Vergleichen des Menschenlebens herhalten, ist die Wiederaufnahme jenes resignierenden Naturpantheismus. Die Komplementärerscheinung zur Verewigung des Gegensatzes von Macht und Ohnmacht, von böser Politik und edler Moral, von erzener Welthistorie und hilflosem Humanismus ist die Verewigung und „Verinnerlichung“ des geschichtlichen und natürlichen Daseins. Die schemenhafte Existenz der Natur gehört zu einer schemenhaften gesellschaftlichen Existenz. Hierher passen eben solche Bemerkungen aus Natur und Geisteswelt, die von den gleichen ewigen Gesetzen sprechen. Da gibt es die Analogien, wie etwa die von der Erhaltung der Kraft: „... kein moralischer Einsatz von Kraft geht jemals völlig im Weltall verloren“ (28/S. 27.). Da gibt es das Trägheitsgesetz: „Immer unterschätzten die politischen Ideologen den Widerstand, der in der Trägheit der menschlichen Materie begründet ist“ (28/S. 50.). Da gibt es die Elemententafel: „Die Zahl der menschlichen Motive ist gegeben wie die der Elemente und kann durch die Forschung nur in ihrer Verwandtschaft oder Fremdheit mit und gegen andere erkannt werden“ (12/S. 64.). Da gibt es die Bilder aus der Biologie: wir erhalten „einen Beitrag zu einer noch ausständigen und sehr notwendigen Biologie des Diplomaten“ (32/S. 11.). Wir erfahren vom „Instinkt der Lebewesen, die sich häuten“ (8/S. 217.); davon, daß „jedes Organ in einem irdischen Leibe ... instinkthaft“ begehrt, „seinen naturgewollten Sinn voll auszuleben“ (28/S. 71.).

Hinter dieser Vermengung von außer- und innermenschlicher Natur steckt auch wieder die Flucht vor der Theorie. Es ist die Befriedigung des Erklärungsbedürfnisses nach dem Prinzip des geringsten Widerstandes. Das Bild, der Vergleich, die Analogie vertritt die Stelle des Gedankens. Nichts

---

6 Vgl. Leo Lowenthal [sic], Knut Hamsun. Zur Vorgeschichte der autoritären Ideologie, in: Zeitschrift für Sozialforschung, VI. Jahrg., 1937, S. 307 f.

leuchtet auf, man gibt sich rasch zufrieden. Da ist das Menschenleben wie ein Gewässer: „Man sieht dem fröhlich dahineilenden Fluß nicht an, daß er sich hinter der Biegung zur Klamm verengt" (8/S. 72.), oder: „Nun, da der Sturzbach sich längst zum Strom geweitet, da große Schiffe die Schätze der Erde auf seinem leitenden Bande tragen und er nähert sich dem Weltmeer, wo seine Wasser sich bald mit aller Welt Wassern mischen werden" (20/S. 291.). Und wie überall dieses Denken aus Ohnmacht zur Verdinglichung getrieben wird, so dringt sie hier in die Naturanalogie ein; Natur ist nur eine andere Ausdrucksweise für die Übermächtigkeit der Geschichte: „Aber noch einmal bäumt sich der Gegenwille der Natur empor, als weigerte sie sich, ihr letztes Geheimnis leichthin preiszugeben" (33/S. 229.); „Elisabeth und Maria Stuart völlig polare Typen ... gleichsam als hätte es der Natur gefallen, einmal eine große welthistorische Antithese in zwei großen Gestalten bis in die letzte Einzelheit kontrapunktisch durchzuführen" (34/S. 114.).

Diese gesellschaftlichen Befunde von bloß phantasierter Macht und gleichzeitiger realer Ohnmacht erhalten eine letzte Bestätigung. Es gibt geradezu mystische Züge in dieser Literatur, bei denen alles und jedes in ein großes graues Einerlei eingeht. Es ist die Mystik des späten bürgerlichen Relativismus, den die Opfer mit den Herren teilen[7]. Für diese ist es der angemessene Ausdruck für die Aufrechterhaltung der Macht um jeden Preis; jene bekennen in nahezu masochistischer Weise, wie wenig sie von ihrem Denken, von der Anwendung des Geistes, dem es mit seinen Intentionen ernst ist, selber noch halten. Hier ist der Ort, wo der geistesgeschichtliche Ursprung der modernen Biographik seinen gesellschaftlichen Sinn offenbart. Sie stammt aus der Lebensphilosophie[8], welche mit ihrer radikalen Abkehr von den strengen Regeln des philosophischen Systemdenkens und in ihrer ebenso entschiedenen Gegenstellung gegen jede Kritik der politischen Ökonomie den brutalen Vitalismus der autoritären Praxis hat vorbereiten helfen, wie sehr auch immer die Kronzeugen dieses irrationalistischen Selbstmords des Bürgertums innerlich und äußerlich von der Nutzanwendung ihrer Theorie in der Geschichte in Schrecken gehalten sind. In der

7 Darüber vgl. Max Horkheimer, Der neueste Angriff auf die Metaphysik, in: Zeitschrift für Sozialforschung, VI. Jahrg., 1937, S. 33.

8 Ganz mit Recht bemerkt Troeltsch in einer Kritik des Verhältnisses Diltheys zur Geschichte: „Und ging er von da zum rein psychologischen Erleben des inneren Werdezusammenhangs fort, so gab es ... günstigenfalls nur das Prinzip der Biographie, wie diese ja überhaupt in Diltheys Schaffen eben deshalb eine so große Rolle spielt und jede größere Entwicklung unter seinen Händen in kleine Biographien zerfällt, so daß er keine seiner großen Arbeiten in sich selber abzuschließen vermochte." (Ernst Troeltsch, Gesammelte Schriften, Band III, Erstes Buch, Kap. 3, Tübingen 1922, S. 521.)

für sie typischen Weise findet sich in der biographischen Literatur dieser historische Relativismus wieder. Manchmal verbirgt er sich hinter einem Aufbau von Versicherungen, daß es bei den Gegenständen, über die sie schreiben, um die letzten Dinge gehe – jenem Aufbau von Großartigkeit und Großzügigkeit, der nur Ratlosigkeit heißen sollte. Wie vom unendlichen Lebensstrom, der immer in Bewegung ist und doch stets dasselbe bleibt, wird vom Urhaften, Ewigen und Letzten geplaudert. Wir hören vom „ewigen Menschen" (30/S. 377.), vom „ewigen Zug der Menschen nach dem ewigen Ziel" (6/S. 26.), vom „urewigen Menschen aus dem vergänglichen Leib des Kulturmenschen" (31/S. 148.), von Freiheit und Gerechtigkeit, den „beiden Urkräften" (36/S. 254.), den „Urtrieben der menschlichen Triebwelt" (37/S. 18.), da gibt es den „Urgrund von Lincolns Melancholie" (18/S. 125.), wie überhaupt aus naheliegenden Gründen das Urhafte des Politikers seinen besonderen Zauber hat.

Aber es gibt auch Äußerungen, die noch unmittelbarer dem relativistischen Denk- und Sprachstil der Lebensphilosophie entnommen sind. „Der Mensch ist ein pausenloser Wanderer" (6/S. 24.); für den Menschen ist „schließlich das Höchste: unendliche Fülle des Lebens" (29/S. 70.). Dieser Irrationalismus verklärt das Gefühl auf Kosten des Denkens wie darum auch auf Kosten der Moralität. Es ist geradezu sinnlos, „einen dermaßen von seiner Leidenschaft überwältigten Menschen [wie Maria Stuart] moralisch beurteilen zu wollen" (34/S. 223.). Der Lebensstrom heißt auch bisweilen Schicksal: „Aber dies ist des Schicksals Neigung, gerade den Großen ihr Leben in tragischen Formen zu gestalten. An den Stärksten erprobt es seine Kräfte, stellt steil den Widersinn der Geschehnisse gegen ihre Kräfte, durchwirkt ihre Jahre mit geheimnisvollen Allegorien, hemmt ihre Wege, um sie im Rechten zu bestärken. Es spielt mit ihnen, aber erhabenes Spiel: denn Erlebnis ist immer Gewinn" (36/S. 11.). Die Redeweise vom Spiel ist aufschlußreich. Sie gehört zur relativistischen Ästhetisierung der Geschichte. Auch sie ist eine Maskierung der Ohnmacht, der erzwungenen Rolle des Zuschauers. Emil Ludwig hat sie aufs naivste preisgegeben: „Wenn sich die Schicksale kühner Menschen zu verwirren beginnen, verdoppelt sich die Schönheit ihres Anblicks" (10/S. 245.).

Die Biographen sind ausgezogen, um das Königreich der höchsten Wahrheiten zu erobern. Bei Kleinigkeiten haben sie sich nicht aufgehalten – sie sind auf ein Imperium des Geistes aus, in dem die Rätsel des Geschichtlichen, der Zeit, der Natur, des Wesens der Politik, der Moral, des Lebens überhaupt gelöst sind. Zurück kommen sie mit einer Kräuter- und Käfersammlung. In der Sphäre der höchsten Abstraktionen fühlen sie sich zu Hause wie der Positivist im Reich der sogenannten Fakten. Bei ihnen vertreten die Allgemeinheiten die Stelle der Fakten; sie eilen von Konstatierung zu Konstatierung (bei Stefan Zweig gibt es geradezu das Gegenstück zum „Protokollsatz": es sind die mit „immer" eingeleiteten Sentenzen), indem sie sich aus bekannten Gefilden der Philosophie und der Sozialwissenschaften die divergierendsten generalisierenden Aussagen zusammentragen. Aus diesen unechten Tatsächlichkeiten, die weder die empirische Realität spiegeln noch ihr theoretisches Bild bestimmen, wird ein Schleier gewoben, der aus Geschichte Mythologie macht. Diese Mythologie hat keine Bedeutung. Anders in der George-Schule: in den Prinzipien ihrer Auswahl der Helden und Künder wirkt ein Moment bestimmend, welches ein gesellschaftlicher Index der Sekurität ist: der Geschmack. Jene Schule hat Luxusgüter solcher Art produziert, daß sie zur Feier einer saturierten gesellschaftlichen Elite angemessen beitragen könnten. Sie trägt noch das Erbteil von Kampf und Aktion, die vorgenommenen Zielen gilt und sich nicht beirren läßt: sie kennt die Auswahl und weiß die Tür zu öffnen und zu schließen. Die moderne Biographik hingegen ist wahllos, weil sie ratlos ist. So vielfach, wie ihre Mythen der Allgemeinheit, so beliebig sind ihre Griffe in das Reservoir vergangener Menschenleben. Als ob alles und jeder gerade gut genug wäre, um die Konsistenz des Individuums zu rechtfertigen, an die man nicht mehr glaubt, purzeln Feldherrn, Dichter, Polizeichefs, Monarchen, Komponisten, Entdecker und Religionsstifter in einen großen Topf, aus dem Zufall und Konjunktur sie dann herauslesen. Die Geschichte und ihr Inhalt wird zum Anlaß eines welthistorischen Geschwätzes; sein Signum ist der Relativismus einer Schicht, die nichts ernst nimmt und die nicht mehr ernst genommen wird.

Daß es so bestellt ist, erfährt eine Bekräftigung durch die Reversibilität. Neben der Spekulation über das Allgemeine als des eigentlich Mächtigen steht unversöhnt die Anpreisung des Individuellen. Neben einer Gesinnung, die sich einer absoluten Notwendigkeit, einem radikalen Determinismus kosmisch-geschichtlicher Gesetze und soziologischer Regeln zu unterwerfen scheint, steht in glatter unauffälliger Unvereinbarkeit der Hymnus der Individualität. Das Fürchten darf nicht verlernt werden. Wie die generellen Sätze, denen man sich geradezu mit Hingebung entgegenwirft, die Angst produzieren, umsonst gelebt zu haben, ja, eigentlich gar keine Existenz zu besitzen, wenn es nichts Verbindliches gibt, an das man sich halten kann, so lebt die Anbetung des Einzigartigen und Außerordentlichen der Individualität aus dem gleichen Grunde in der Sorge, nur ein verwehendes Stäubchen zu sein. Der Hymnus des Individuellen, der jetzt zu belegen ist, gibt den Spiegel bloßen Scheins, reflektiert die krampfhafte Bemühung, in der Wunschphantasie eine Autonomie und Beständigkeit – die Persönlichkeit – bestätigt zu wissen, die jenes Allgemeine beständig zertritt.

Wie scheinhaft freilich dieses Reich der Freiheit ist, verrät sich rasch. Das Zeichen der Superlative, das es als seine Fahne hat, wirkt lächerlich.

Alles, was dem Biographen unter die Finger kommt, schwemmt zu einem künstlichen Koloß auf, die Menschen genau so wie das sonstige Material, mit dem er hantiert. Man blättert im Katalog eines Versandgeschäftes, das auf großen Absatz bedacht sein muß. Alles ist das Beste, das Teuerste, die nie wiederkehrende Gelegenheit. Was der Mensch aus sich macht, was aus den Menschen geschehen könnte, die Entfaltung seiner Kräfte, das ihm eigentümliche Glück, zu dem ihn seine Wünsche treiben können, sein menschliches Wesen wird zu einem Etikett, zu einer kommerziell gemachten und dann patentamtlich geschützten Besonderheit, die nichts Besonderes mehr ist, weil es mit allem und allen geschieht.

Das Exquisite der Persönlichkeit als Massenartikel soll deshalb sinnfällig durch das Mittel gemacht werden, das es verdient: durch den Katalog.

Kataloge der Superlative

Personenregister

Barthou: „Der bedeutendste Staatsmann Europas" (5/S. 16.)
Bismarck: „Die beiden stärksten deutschen Politiker jener Epoche" (nämlich B. und Lassalle) (9/S. 268.)
Burckhardt: Seine „Griechische Kulturgeschichte, das tiefste, was wir über die Griechen haben" (12/S. 16f.)
Calvin: „der finsterste Gottesbote Europas" (4/S. 11.)
Cäsar: „Der klügste Römer" (10/S. 49.)
Cleopatra: „Die klügste Frau ihrer Epoche" (10/S. 250.)
Cosimo di Medici: „Der mächtigste Mann im bürgerlichen, unkriegerischen Gewand, der reichste Bankier der Welt" (23/S. 7.)
Francis Drake: „einer der ‚genialsten' der Nachfahren und Nachfolger Magellans" (33/S. 217.)
Elisabeth von England: „diese merkwürdigste aller Frauen" (34/S. 457.)
Erasmus: „der erste – und eigentlich der einzige" deutsche Reformator (37/S. 20.)
Fouché: „die geistige Gattung dieses allermerkwürdigsten politischen Menschen" (32/S. 332.)
– „vollkommenster Machiavellist der Neuzeit" (32/S. 10.)
– „psychologisch interessantester Charakter seines Jahrhunderts" (32/S. 10.)
– „der vollendetste Intrigant der politischen Bühne" (32/S. 29.)
– „unzuverläßlichster Charakter und verläßlichster Diplomat" (32/S. 254.)
Lloyd George: „schlaueste, gewandteste, wunderbarste unter den heutigen Staatsmännern" (13/S. 180.)
Hindenburg: „berühmteste deutsche Soldat der letzten Epoche" (16/S. 9.)
John Knox: „vielleicht der vollendetste Typus des religiösen Fanatikers" (34/S. 83.)
Lenin: „der lauterste, doch zugleich kälteste Fanatiker unserer Epoche" (14/S. 96.)
Leonardo da Vinci: „An Fülle der Gesichte bleibt Leonardo einzig" 14/S. 596.)
Leopold von Belgien: „die einzige Persönlichkeit ersten Ranges unter allen Kronenträgern Europas" (2/S. 215.)

Ludendorff: „während des Krieges die interessanteste Gestalt und die gefährlichste“	(16/S. 196.)
Luther: „Von allen genialen Menschen ... vielleicht der fanatischste, der unbelehrbarste, unfügsamste und unfriedsamste“	(37/S. 190.)
Magellan: „der größte Seefahrer der Geschichte“	(33/S. 297.)
– „die größte Tat der Seefahrt aller Zeiten“	(33/S. 330.)
Maria Stuart: Ihre Tat „vielleicht eines der vollkommensten Beispiele“ für das Verbrechen aus Leidenschaft	(34/S.259.)
– „Vielleicht keine Frau, die in so abweichender Form gezeichnet worden wäre“	(34/S. 7.)
Marie Antoinette: „eine der schönsten“ Tragödien „dieses ungewollten Heldentums“	(35/S. 9.)
Masaryk: der „größte homo europaeus“	(15/S. 8.)
Mussolini: „im Gespräch der natürlichste Mensch von der Welt“	(19/S. 37.)
Napoleon: „dieser erste Feldherr seiner Periode“	(20/S. 171.)
– „um das Kleinste besorgt, weil er das Größte will“	(20/S. 48.)
– „die glühende Jugend Europas“ findet „als Vorbild und Warnung keinen Größeren als ihn, der unter allen Männern des Abendlandes die stärksten Erschütterungen schuf und litt“	(20/S. 676.)
Nietzsche: „der hellste Genius des Geistes“	(29/S. 243.)
Plutarch: „der modernste unter allen Porträtisten“	(14/S. 11.)
Rathenau: „Als Zeitkritiker ... nach Nietzsche fast ohne Konkurrenz“; „vom edelsten Geschmack“	(14/S. 140.)
Romain Rolland: „immer wird er durch Beziehung den Gewaltigsten verbunden“	(36/S. 28.)
Stanley: „das einleuchtendste, sinnfälligste Beispiel eines Helden“	(2/S. 95.)
– „er vollbrachte die verwegenste und erfolgreichste Reportage“	(2/S. 85.)
Freiherr vom Stein: „ein deutscher Mann, der beste, den die Nation in ihrem Sturz und ihrer Befreiung erzeugt hat“	(20/S. 403.)
Talleyrand: „Vollendetheit dieses Lebens als der größten dem Menschen möglichen Leistung“	(3/S. 347.)
Tolstoi: „der Mächtigste ... der Gewaltigste des russischen Landes“	(30/S. 232.)
– „der menschlichste aller Menschen“	(30/S. 234.)
– „das neunzehnte Jahrhundert weiß kein Widerspiel ähnlich urweltlicher Vitalität“	(30/S. 242.)

Der Katalog der Größe ist zugleich ein Katalog von Monaden. Das Abgeschlossene der bürgerlichen Existenz, die radikale Fremdheit gibt eine unendliche Skala von lebenden Wesen bis hinaus zu einem Spezifikum, das nicht mehr überbietbar ist. Die Verdinglichung des Menschen hat sich in ein Register von Eigenschaften auseinandergelegt, an denen diese Ware Mensch gemessen wird, so daß jede dann ein besonderes Stück einer Warengattung repräsentiert. Was man selber gerade an Hand hat, wird als das Unvergleichbare angeboten. Es ist eine Travestie der Entwicklung des Menschengeschlechts. Wo das Denken abgedankt hat, das es mit dieser Entwicklung und ihren Tendenzen zu tun hat, muß die Seele herhalten. Wenn der Biograph von ihr spricht, legt er gleichsam verzückt den Finger an den

Mund, weil es hier ums Heiligste geht (aber verkauft muß werden). Das Innerste und das Tiefste sind gerade gut genug, wo zwischen wahr und falsch nicht mehr unterschieden werden kann:

Seelische Verfassung

Unruhe : sein „innerster Punkt"	(9/S. 90.)
Hindenburg: ihm bleiben „die tiefsten Erschütterungen der Seele erspart"	(16/S. 86.)
Jeder Künstler hat ein „innerstes Gesetz"	(31/S. 81.)
Der Mensch „hört zutiefst immer seine eigene" Stimme	(36/S. 104.)
Tolstois Selbstkritik: er stößt „hart bis ins innerste Herz"	(30/S. .)
Tolstois „innerster Wille"	(30/S. 375.)
Eine Weltanschauung besitzt „innerste Kraft"	(32/S. 111.)
Maria Stuart „glaubt zutiefst an bessere Tage nicht mehr"	(34/S. 370.)
– „Immer enthüllt erst die Leidenschaft in einer Frau die innerste Seele"	(34/S. 41.)
– „Sich ganz einzusetzen..., ist das innerste Seelengeheimnis" Stuarts	(34/S. 92.)
Die Geschichte: „gleichgültig gegen den innersten Willen des Einzelnen"	(34/S. 117.)
Elisabeths „Aufschrei ... aus dem Weiblichsten, dem Tiefsten, dem Ehrlichsten ihres Herzens"	(34/S. 199.)
Erasmus ersehnt für die Menschheit „zutiefst" den Frieden	(37/S. 222.)
Castellios „tiefstes Gefühl seiner Menschlichkeit"	(28/S. 13.)
Toleranz gegen Intoleranz: „eine letzte allerinnerlichste und persönlichste Entscheidung"	(28/S. 14.)
Magellan bei einer Revision seiner Mannschaft: „mit innerlichster Prüfung jedes einzelnen"	(33/S. 156.)
Der herrische Wille des Schicksals ist stärker „als eines Menschen inbrünstigster Wunsch"	(33/S. 164.)
Magellans Plan „im Eis nüchternster Überlegung gehärtet"	(33/S. 209.)
– „Immer ist der Genius eines Menschen zugleich seine innerste Gefahr"	(33/S. 275.)
Napoleons Schicksal: „vom innersten Gefühl seiner Seele bedingt"	(20/5. 203.)
Marie Antoinettes „allergeheimster Gedanke ist", so bald wie möglich wegzuschicken	(35/S. 381.)

Zum Reißerischen gehört die nie wiederkehrende Gelegenheit. Wenn in der Sphäre des Generellen das Wörtchen „immer" regiert, ist bei der Individualität mit dem [sic] Partikel „nie" zu arbeiten. Das charakterisiert ja eben das tief widerspruchsvolle Wesen der hier in Rede stehenden Mentalität, daß die Momente ihres Widerspruchs in weihevoller und unauffälliger Weise gepaart sind.

Einzigartige Handlung

Napoleon „hält eine Totenfeier, wie sie nie größer ein Liebender seiner verewigten oder für ewig getrennten Geliebten gebracht hat"	(20/S. 347.)

„Nie glüht eine Idee reiner als in dem einsamen Bekenner" (36/S. 260.)
„Nie sah Europa seit den Tagen der Renaissance einen reineren Aufschwall des Geistes, ein schöneres Geschlecht" (29/S. 25.)
„Nie war in ähnlich kurzer Zeit eine ähnlich herrliche Hekatombe von Dichtern, von Künstlern geopfert als um jene Zeitwende, die Schiller, ahnungslos des eigenen nahen Geschicks, noch mit rauschendem Hymnus gegrüßt. Nie hielt das Schicksal verhängnisvollere Lese reiner und früh verklärter Gestalten. Nie netzte den Altar der Götter so viel göttliches Blut" (29/S. 26f.)
„Nie hat eine Frau auf Erden dieser mächtigen Frau auf Erden so fürchterlich die Wahrheit gesagt, wie die Gefangene aus ihrem Kerker" (34/S. 434.)
„Nie hat eine verurteilte Frau künstlerischer und hoheitsvoller sich dem Tode bereit gemacht" (34/S. 503.)
„Nie vielleicht hat ein großer Religionsstifter den Menschen in seiner Würde so erbärmlich tief hinab gestoßen" (28/S. 78.)
Nietzsches Herbst 1888: „Vielleicht ist nie in einem so engen Zeitraum von einem einzigen Genius so viel, so intensiv, so ununterbrochen, so hyperbolisch und radikal gedacht worden" (29/S. 310.)

Die bisher vorgelegten Kataloge der Individualisierung haben ein Merkmal gemeinsam: Das Besondere ist zugleich das Überlegenere. Dieses ganze Reich des Superlativistischen ist ein Wunschtraum der freien Wirtschaft. Jedem kommt es darauf an, an die Spitze der Pyramide zu kommen, und wenn es gar nicht mehr höher hinauf geht und alle Konkurrenten aus dem Feld geschlagen sind, ist das denkbar höchste Ziel für eine einzelne Existenz in dieser Ordnung erreicht. Der Individualismus des Superlativs, die Orgie, die geradezu damit getrieben wird, weist den wirklich gesellschaftlichen Sinn solcher Anschauung und Redeweise aus; zur Verklärung der Macht gehört ein schlechter Individualismus, der auf der Ausschließlichkeit des Besitzes einer Qualität beruht. Hinter der Elite der historischen Helden verbirgt sich der verdrängte Wunsch, zur Elite der Mächtigen der Gegenwart zu gehören. Übrigens steckt bereits hinter dem Trieb, Biographien zu schreiben, die einzelne Person herauszugreifen und das ganze historische, metaphysische, psychologische, kulturelle Arrangement um sie herum zu gruppieren, ein auf Ausschließlichkeit und Eigenbesitz bedachter Egoismus. Die Biographie drückt den Wunsch des Biographen aus, eine Biographie selbst zu leben, den Wunsch, einer zu sein, der es im Konkurrenzkampf geschafft hat.

Die Mythen der früheren Menschheit sprechen die Entzweiung des Natürlichen und Geschichtlichen aus; die clichéhaften Mythen, welche die Biographen von ihren Lieblingen berichten, bleiben auf die innermenschliche Entzweiung bezogen. Jeder Mensch sein eigener Mythos, ließe sich saloppperweise der Sachverhalt referieren. Hier ist ein alphabetisches Register von

Schablonen, zusammengestückelt aus dem Sprachschatz von Götter- und Heldensagen, von Weltgeschichte und Lyrik:

Mythos-Register

Balzac: „Als Gott sah, wie ein einzelner Mensch zweitausend Menschen zu schaffen und in Schicksale zu verwickeln wagte, strafte er ihn mit Blindheit und Schicksalen, wie sie der Dichter den Seinen auferlegte" (17/S. 249.)
Beethoven: „Nur mit gesenktem Blick nähert sich deinem Werk der Nachgeborene. Aber mit offenem Auge folgt er deinem Leben: Beethoven, Feuriger, Überwinder" (17/S. 93.)
– „Sein Testament muß immer wieder vollstreckt werden! Immer wieder unzählige Stufen! ... ‚Geschichte' ist für uns künftig: Die Geschichte dieser Stufen" (6/S. 26.)
– „Im Chor der tausend leidenschaftlich Geistesgleichen ... Er schreitet voran als der singende Held" (6/S. 24.)
Bismarck: „der Wanderer" (9/S. 90.)
– „Da wird Bismarck zum Seher" (9/S. 678.)
– „wotanhaft dunkel blickend" (14/S. 57.)
Cäsarion: „der letzte Bote Alexanders, den der alternde Cäsar im Schoß der jungen Königin erschuf, um ihm die Erde zu gewinnen" (10/S. 304.)
Cromwell: „symbolhaft groß das Bild dieses zugleich dem Überweltlichen wie der Erde glühend hingegebenen Menschen Oliver Cromwell" (1/S. 392.)
Dostojewski: „der menschliche Mythos Dostojewskis" (31/S. 148.)
– „Märtyrer seiner selbst, hat Dostojewski sich ans Kreuz geschlagen" (31/S. 215.)
Eugenio: „Wie Donner der Unterwelt grollte es, nur Eugen vernehmbar, im hohen Saale ... Die Posaunen des Weltgerichts lärmten" (24/S. 83.)
– „Vor seinem Antlitz standen die Jahrhunderte wie ein Tag" (24/S. 397.)
Hindenburg: „Und mit der zittrigen Hand eines Greises setzt der geschlagene Riese den weltberühmten Namen unter das Dokument" (16/S. 378.)
Hölderlin: „Als den durchaus Beflügelten nur kann man sich ihn denken, als strahlenden Genius der Frühe, den Tagdichter, dem der Tauglanz des Morgens die Blicke gebadet" (29/S. 150.)
Leonardo: „Sein Leben war ein Zwiegespräch mit der Natur" (14/S. 149.)
Lincoln: „der alles so schwer und verantwortlich, unbestechlich und klar aus sich herausarbeitet, wie Gott seine Statur und sein Gesicht geschaffen hat" (18/S. 113.)
Magellan: „Wunderbar immer im Lauf der Geschichte, wenn sich der Genius eines Menschen dem Genius der Stunde bindet" (33/S. 20.)
– „Aber Held sein heißt: auch gegen ein übermächtiges Schicksal kämpfen. Entschlossen stößt Magellan den Versucher zurück" (33/S. 140.)

Marie Antoinette: „die letzte Spur jener hingeschwundenen Gestalt, die ihrer Zeit die Göttin der Grazie und des Geschmacks, dann aber die geprüfte und die erwählte Königin alles Leidens gewesen ist“ (35/S. 629.)
Masaryk: „Masaryks Charakter ... eine monumentale Einfachheit. Man könnte ihn einer natürlichen Quelle vergleichen, über der ein doppeltes Bogentor gewölbt wurde“ (15/S. 63.)
Napoleon: „Unter den Menschen ist Napoleon von Talleyrand gestürzt worden; unter den Dämonen nur von der eigenen Hand“ (20/S. 107.)
– „mit der Hand eines Halbgottes“ (20/S. 123.)
– Seine Züge nähern sich „mit mystischer Gewalt“ denen des (20/S. 229.)
– „im Wurf eines Halbgottes“ (20/S. 244.)
– „Wie sich die Fäden zur Legende spinnen!“ (20/S. 482.)
– „Eine große Sage geht zu Ende“ (20/S. 537.)
Nietzsche: „Erst der Durchbruch der dämonischen Natur ... verwandelt sein Schicksal in einen Mythus“ (29/S. 288.)
Rhodes: Über sein Grab: „Wie ein Häuptling ruht er hier, der Sohn eines Londoner Pfarrers. So könnte Napoleon ruhen“ (14/S. 91.)
Romain Rolland: „Es ist ein mystischer Sinn in diesem Ruhm Romain Rollands, wie jedem Geschehnis seines Lebens“ (36/S. 46.)
Stanley: „Ein Heldenlied ist zu singen wie von Urbeginn der Zeiten“ (2/S. 85.)
– „Der Satan der Kautschukhölle ... so steht er und so bleibt er zwischen Unschuld und Schuld bis zum jüngsten Gericht“ (2/S. 298.)
Tolstoi: „Er hat es leicht gehabt, bis er die unermeßliche Aufgabe sich stellte: nicht nur sich selbst, sondern die ganze Menschheit durch sein Ringen um Wahrheit zu retten. Daß er sie unternahm, macht ihn zum Helden, zum Heiligen fast“ (30/S. 234.)
Tschaikowsky: „Er ist nicht einer der Größten aus dem großen Geschlecht – bei weitem nicht. Aber wir spüren und wissen doch, daß er ganz in die Gesellschaft der Erlauchten gehört. Wir fanden ihn gesegnet mit ihrer Schöpferkraft und beladen mit ihrer Melancholie“ (21/S. 287.)
Verdi: „die Sage von einem Menschen“ (26/Vorbericht.)

Alle diese mythischen Etiketts geben gar keinen genau angebbaren Sinn. Aus diesen erstarrten Heldenleben spricht keine geschichtliche Bewegung, sondern nur die Unsicherheit und Zweideutigkeit der gegenwärtigen Existenz.

Die Dunkelheit des individuellen Schicksals wird um nichts erhellt, wenn sie mit beliebig auswechselbaren Sinnzeichen versehen wird. Über ihre schlechte Zufälligkeit wird hinweggeredet, indem sie als freie Notwendigkeit im historischen Helden erscheint. Es ist immer wieder dasselbe: wo von der Individualität die Rede ist, scheint ein Reich der Freiheit aufzublühen, und in Wirklichkeit findet sich ein Massenartikel. Diese Artikel sind Menschen, die über nichts mehr selbst zu bestimmen haben. In der Ideologie nennt man das dann: „Geheimnis“.

Geheimnis- Liste

Bismarck: „Auf der Höhe der Gefahren“ spürt er „geheimnisvoller Schickung nach“ (9/S. 303.)
Elisabeth: „Geheimnis, wie schwer diese durch ihre Liebesunfähigkeit verkümmerte, die ihrer Unfruchtbarkeit grausam bewußte Frau gelitten haben muß“ (34/S. 198f.)
Fonseca: „Vielleicht ist er sich im geheimen bewußt seiner welthistorischen Schuld, einen Columbus verfolgt zu haben“ (33/S. 115.)
Fouché: „das letzte Machtgeheimnis ..., daß er zwar immer die Macht will, ... ihm aber ... das Bewußtsein der Macht selbst genügt“ (32/S. 30.)
– „noch in die kalte Erde nimmt er eifersüchtig seine Geheimnisse mit, um selbst Geheimnis zu bleiben“ (32/S. 332.)
Lenin: „Hier liegt ein Teil seines Geheimnisses, der erste Schlüssel seines Erfolges: so klar und kalt auf dem Gipfel der Macht zu bleiben, ist nur einem Manne der reinen Idee gegeben, zugleich einem vollen Realisten, den keine Phantasie verführt“ (14/S. 95f.)
Lincoln: Eine Rede öffnet „Blicke in geheime Grotten seiner Seele“ (18/S. 100.)
Magellan: „immer aber wird der Mensch, der ein Geheimnis in sich birgt und die Kraft hat, es jahrelang hinter den Zähnen zu verpressen, den natürlich Zutraulichen, den Geheimnislosen unheimlich. Von Anfang an hat Magellan aus dem Dunkeln seines Wesens heraus sich Widerstand geschaffen“ (33/S. 75.)
Napoleon: Darin, daß er ein Sohn der Revolution ist, „liegt ein Teil seiner geheimnisvollen Wirkung“
(20/S. 172.)
Der Nil: „Wasserscheide ... Im Laufe jener Seelenwanderung der Ströme hat sie gewechselt, und noch heute bleibt sie geheimnisvoll ungewiß“
(11/S. 33.)
Ursprung hervorragender Menschen: „Um den Ursprung hervorragender Menschen ballt sich das gleiche Geheimnis, das uns zuweilen aus den Bildnissen großer Meister anschaut“
(8/S. 11.)
Genius: „geheimnisvoll verwandelt der Genius frühe Anregung in späte zeitüberdauernde Wirklichkeit“
(34/S. 304.)
„Geheimnis aber wirkt schöpferisch“
(34/S. 7.)
Schicksal: „Doch gehört es zu den Unheimlichkeiten des Schicksals, daß man die zugehörige Wirklichkeit nicht voll erfassen und überprüfen kann“
(4/S. 307.)
Geschichte: „Dunkle und krumme Wege geht oft die Geschichte“
(34/S. 523.)
Geist der lebendigen Entwicklung: „Denn immer weiß der Geist der lebendigen Entwicklung, was uns zunächst als grober Rückschritt erschreckte, für seine geheimnisvollen Zwecke zu nützen“
(28/S. 326.)

Leben: „Immer erst enträtselt der Tod das letzte Lebensgeheimnis einer Gestalt“
(33/S. 343.)
Natur: „Aber dies bleibt ja allezeit eines der tiefsten Geheimnisse der Natur, daß die Pole der äußersten Empfindung einander berühren“
(34/S. 236.)
Kunst: „das Geheimnis der Kunst in folgende herrliche Formel“ von gefaßt (folgt ein Zitat)
(26/Vorbericht.)
Ruhm: „wunderbar das Geheimnis des Ruhms, wunderbar seine ewige Vielfalt“
(36/S. 45.)
Gift: „Aber dies ist allzeit ein Geheimnis des Giftes –, daß es Heilkraft in sich schließt, wenn man es künstlich destilliert und seine verborgenen Kräfte zusammenpreßt“
(32/S. 96.)
Hygiene: „Die großen geheimnisvollen Vorbedingungen zum Aufbau einer systematischen Hygiene und sozialen Krankheitsbekämpfung waren erfüllt“
(4/S. 17.)

Eine letzte Verklärung erfährt dieser schlechte Individualismus, indem seine eigentlichen Kainszeichen beim Namen genannt und so beschworen werden: die Einsamkeit der Existenz und die sinnlose Form ihres Sterbens.

Schablonen von Einsamkeit und Tod

Beethoven: „ein Ausländer auf der Erde“	(6/S. 9.)
Bismarck: „mit der strömenden Wärme des Einsamen“	(9/S. 74.)
Cromwell: „Immer einsamer wird es um Cromwell, je höher er steigt“	(1/S. 346.)
Erasmus: „Abseits vom Schlachtfeld, keiner Armee angehörig, von beiden befehdet, ist er gestorben, einsam, allein. Einsam, jedoch – dies das Entscheidende – unabhängig und frei“	(37/S. 23f.)
Eugenio: „Es wiederholt sich, was sich stets wiederholt hat und bei jedem wiederholen muß, der dazu verurteilt ist, wie ein leuchtendes Gestirn hoch über den anderen einsam zu sein“	(24/S. 368.)
Leonardo: „im Schweigen dieses ewig einsamen Mannes“	(14/S. 149.)
Lincoln: „die große Einsamkeit, die ihn mitten unter den Menschen umgibt“	(18/S. 245.)
Magellan: „die innere Tragik dieses einsamen Menschen“	(33/S. 344.)
Marie Antoinette: „weil sie allzu lange allein sein wollte in ihrem Glück, wird sie einsam sein in ihrem Unglück“	(35/S. 161.)
– „Wie sie an ihn in äußerster Einsamkeit, so denkt er an sie im gleichen Augenblick“	(35/S. 610.)
Napoleon: „Der Mann auf dem Felsen, die Hände auf dem Rücken, starrt über die Fläche. Seine Einsamkeit ist groß“	(20/S. 541.)
Rathenau: Es ist vom „Eichensarg des Einsamen“ die Rede	(14/S. 144.)
Romain Rolland: „will ... eine Brüderschaft aller Einsamen dieser Erde“	(36/S. 105.)
Wilson: „Aus diesem Fluch naturgesetzter Einsamkeit ...“	(14/S. 137.)

*

Beethoven: „Der Dulder reißt den Wundverband auf, weist seine Wunden, wünscht sich ins Grab. Ecce Homo!" (6/S. 9.)
Cromwell: (Es herrscht ein Gewitter) „Schaudernd hört das Volk das gigantische Ringen der guten und bösen Geister um die Seele des Protektors in den Lüften, dumpf ahnt es einen großen Zusammenhang zwischen dem himmlischen und dem irdischen Chaos, zwischen dem Ringen des Sterbenden und den Mächten des Unendlichen" (1/S. 383.)
Erasmus: „im Tiefsten ruft ihn ein anderer: der Tod" (37/S. 218.)
Lenin: „In diesem Sinn eines praktischen Idealisten hat Lenin ein neues Muster aufgestellt für eine kühne, einsame, selbstlose Bahn. Mit seinem Leben hat er sie bezahlt. Er lacht nicht mehr." (14/S. 110.)
Leopold: „Nicht lange mehr. Keiner darf hier ins Liebesnest eintreten. Aber da nähert sich einer, den niemand abweist, und im kleinen Palmenpavillon springt das Tor auf" (2/S. 352.)
Maria Stuart (nach Ermordung): „Die Toten schlafen nicht gern allein in ihrer Tiefe, immer fordern sie jene zu sich, die sie hinabgestoßen, immer senden sie Angst und Grauen als Herolde voraus" (34/S. 220.)
– „Genau wie ihre Schicksalsschwester Marie Antoinette begreift sie erst im Angesicht des Todes ihre eigentliche Aufgabe" (34/S. 487.)
– „Und die sich im Leben feindlich gemieden und nie einander ins Auge gesehen, nun ruhen sie endlich schwesterlich nebeneinander im gleichen heiligen Schlaf der Unsterblichkeit" (34/S. 524.)
Tolstoi: „ein erhabenes Symbol, fügt der Tod sich vollkommen seiner Künstlerhand" (30/S. 375.)
Tschaikowsky: „Sein letzter Tag aber bringt sein tiefstes Abenteuer: er bringt den Ausflug in das Reich des Todes" (21/S. 320.)

Der Katalog der Todesmysterien steht mit innerem Recht am Ende nicht nur der Übersicht über die krampfhaften Bemühungen, die Substantialität des Individuums zu retten, sondern dieses ganzen Abschnitts, der es mit dem Allgemeinen und dem Besonderen als dem eigentümlichen – wenn auch in sich widerspruchsvollen – Substrat des Geschichtlichen zu tun hatte. Der Relativismus ist nur selten das manifeste Glaubensbekenntnis dieser Literatur, aber latent ist er stets vorhanden; ja, in der uneingestandenen und unbewußten Form, in der er im wesentlichen hier auftritt, in diesem Schwanken und beliebigen Wechsel zwischen dem Generellen und dem Individuellen wird seine spezifische Rolle für den späten Liberalismus deutlich: er hat nichts vom bewußten Zynismus der Herren, sondern lebt aus dem Bedürfnis, die Ratlosigkeit der Besiegten zu bemänteln. Der geheimnisvolle Schritt der Weltgeschichte oder das geheimnisvolle Begebnis beim Sterbenden, die Durchsichtigkeit der Gesetze des politischen Handelns und die dunkle mythische Färbung des Einzelschicksals sind Erklärungsweisen, die gewiß nicht in einer Theorie zu vereinen sind, aber sich sehr wohl zu einer Ideologie zusammenfügen, welche die eigene Vernichtung negieren will. Der Ästhetizismus der neunziger Jahre, die sogenannte Stimmung des fin de siècle, ist noch ein Inbegriff an Aktivität, gemessen an der Müdigkeit und Schwäche, welche von diesen späten Epigonen ausgeht. In der von ihnen vorgelegten Kollektion der Unvergänglichkeit des Vergänglichen, in ihrem Irrgarten von Superlativen und Einzigartigkeiten, zu dem kein Denken einen Wegweiser gibt, sind die Schriftsteller wie die Leser in gleicher Weise verloren.

Zitierte Biographien

1	Heinrich Bauer	Oliver Cromwell, München/Berlin 1937.
2	Ludwig Bauer	Leopold der Ungeliebte, Amsterdam 1934.
3	Franz Blei	Talleyrand, Berlin 1932.
4	Martin Gumpert	Dunant, New York/Toronto 1938.
5	Wilhelm Herzog	Barthou, Zürich 1938.
6	Hermann Kesser	Beethoven der Europäer, Zürich 1937.
7	Hermann Kesten	Ferdinand und Isabella, Amsterdam 1936.
8	Erich Kuttner	Hans von Marées, Zürich 1937.
9	Emil Ludwig	Bismarck, Berlin 1927.
10		Cleopatra, Amsterdam 1935.
11		Der Nil, Amsterdam 1935.
12		Die Kunst der Biographie, Paris 1936.
13		Führer Europas, Amsterdam 1934.
14		Genie und Charakter, Berlin 1925.
15		Gespräche mit Masaryk, Amsterdam 1935.
16		Hindenburg, Amsterdam 1935.
17		Kunst und Schicksal, Berlin 1927.
18		Lincoln, Berlin 1930.
19		Mussolinis Gespräche, Berlin/Wien/Leipzig 1932.
20		Napoleon, Berlin 1926.
21	Klaus Mann	Symphonie Pathétique, Amsterdam 1935.
22	Valeriu Marcu	Das große Kommando Scharnhorsts, Leipzig 1928.
23		Machiavelli, Amsterdam 1937.
24	Walter von Molo	Eugenio von Savoy, Berlin 1936.
25	Alfred Neumann	Königin Christine von Schweden, Amsterdam 1936.
26	Franz Werfel	Verdi, Berlin/Wien/Leipzig 1924.
27	Stefan Zweig	Begegnung mit Menschen, Büchern, Städten; Wien/Leipzig/Zürich 1937.
28		Castellio gegen Calvin, Wien/Leipzig/Zürich 1936.
29		Der Kampf mit dem Dämon, Leipzig 1925.
30		Drei Dichter ihres Lebens, Leipzig 1928.
31		Drei Meister, Leipzig 1920.
32		Joseph Fouché, Leipzig 1929.
33		Magellan, Wien/Leipzig/Zürich 1938.
34		Maria Stuart, Wien/Leipzig/Zürich 1935.

35 Marie Antoinette, Leipzig 1932.
36 Romain Rolland, Frankfurt a.M. 1921.
37 Triumph und Tragik des Erasmus von Rotterdam, Wien 1935.

Esther Marian

Stereotypisierung des Individuellen

Zu Leo Löwenthal: „Die biographische Mode"

Leo Löwenthal war zwischen 1926 und 1949 zuerst in Frankfurt, dann im Schweizer und amerikanischen Exil Mitarbeiter des ‚Instituts für Sozialforschung', für dessen *Zeitschrift für Sozialforschung*, deren leitender Redakteur er war, 1938 „Die biographische Mode" entstand. Selbst schon ein Auszug aus einem umfangreicheren Manuskript,[1] wurde der Aufsatz von der Redaktion zunächst abgelehnt und verschwand dann für viele Jahre in der Schublade. Dass das Institut einen Text zurückstellte, war an sich nichts Ungewöhnliches. Zu seiner Arbeitsweise gehörte es, in seinem Auftrag verfasste Arbeiten im Kreis der Mitarbeiter detailliert zu diskutieren, und es kam durchaus vor, dass dabei gegen eine Publikation entschieden wurde. Meist geschah dies aus politisch-taktischen Gründen, aber oft auch, weil ein Text den Ansprüchen des Instituts nicht genügte, das im Sinne einer Neubegründung kritischer Gesellschaftstheorie äußerste Präzision und Dichte, Kompatibilität mit den bislang erarbeiteten Erkenntnissen und eine kompositorische Durchgestaltung verlangte. Gelegentlich war das Institut auch der Ansicht, ein Autor bleibe hinter seinen eigenen avanciertesten Ideen zurück, und drang deswegen auf grundlegende Überarbeitung eines Textes, wie im Fall von Walter Benjamins unpubliziertem erstem Aufsatz über Baudelaire.[2] Nichts hiervon traf jedoch auf Löwenthals „Die biographische Mode" zu.

1 Vgl. Leo Löwenthal: „Die biographische Mode" im vorliegenden Band, S. 199–222, Fußnote 1, sowie Leo Löwenthal: „Die biographische Mode". In: Nachlass Leo Löwenthal, Universität Frankfurt/Archivzentrum, LLA: B159:1–2. Es ist unklar, ob die gekürzte Fassung bereits 1938 fertig vorlag oder erst später erstellt wurde; generell veröffentlichte die Zeitschrift aber keine Essays in Buchlänge.

2 Walter Benjamin: „Das Paris des Second Empire bei Baudelaire". In: ders.: *Gesammelte Schriften*, Bd. 1. Hg. v. Rolf Tiedemann u. Hermann Schweppenhäuser. Frankfurt/M. 1991, S. 511–604.

Der Grund für die Entscheidung gegen den Abdruck war laut Löwenthal ein anderer, nämlich „Courtesie" gegenüber den Autoren der kritisierten Biographien, an erster Stelle Emil Ludwig und Stefan Zweig[3]: das Institut habe „keine deutschen Juden im Exil kränken" wollen.[4] Für einen Kreis von Intellektuellen, der sonst selbst die engsten Freunde und Mitarbeiter mit schärfster Kritik nicht verschonte, war eine solche Rücksichtnahme höchst ungewöhnlich. Halb entschuldigend fügt Löwenthal hinzu: „Wir haben sie dann später doch gekränkt!"[5] Diese Kränkung fand jedoch nicht zu ihren Lebzeiten statt: Stefan Zweig nahm sich 1942 im brasilianischen Exil das Leben und Emil Ludwig starb 1948 in der Schweiz.

Im Dezember 1954 schrieb Theodor W. Adorno, inzwischen mit dem Institut nach Frankfurt zurückgekehrt, an den in den USA verbliebenen Löwenthal, hinsichtlich der Biographienarbeit sei er „unbedingt der Ansicht, daß sie erscheinen soll".[6] Nicht nur halte er es für wichtig, dass Löwenthal im ersten Heft der geplanten neuen Folge der 1941 eingestellten Zeitschrift *acte de présence* mache, sondern er halte die Sache auch nach wie vor für aktuell:

> Diese Literatur ist unausrottbar; die Liebe des deutschen Volkes zu Stefan Zweig und Emil Ludwig hat ohne alle Frage die Juden überlebt, und die biographischen Aufsätze, welche die Illustrierten [sic] Zeitschriften überschwemmen (oft immer noch solche über Nazigrößen) sind in weitem Maße Derivate dieser Literatur, Abhub des Abhubs. Was Du zu diesen Dingen zeigst, ist so schlagend, daß man darauf nicht verzichten sollte, und die Sache hat auch methodisch ihre Wichtigkeit insofern, als sie eine sehr legitime Parodie auf das offizielle Verfahren der content analysis darstellt. Sätze von der Form ‚Nie hat eine Frau geliebt wie...' zu zählen, das ist Quantifizierung am richtigen Ort.[7]

Zwar kam es nicht zur Neugründung der Zeitschrift, doch Löwenthals Text erschien 1955 im ersten Band der Buchreihe „Frankfurter Beiträge zur Soziologie", der den Titel *Sociologica* erhielt und Max Horkheimer, dem Leiter des Instituts, zum 60. Geburtstag gewidmet wurde.[8] Eine englischsprachige

---

3 Vgl. die entsprechenden Beiträge im vorliegenden Band, S. 133–154 und S. 177–190.

4 Leo Löwenthal: „‚Mitmachen wollte ich nie'. Gespräch mit Helmut Dubiel". In: Leo Löwenthal: *Schriften*, Bd. 4. Hg. v. Helmut Dubiel. Frankfurt/M. 1984, S. 271–298, hier S. 291f. sowie Leo Löwenthal: „Erinnerung an Theodor W. Adorno". In: Löwenthal: *Schriften*, Bd. 4, S. 74–87, hier S. 81f.

5 Ebd., S. 82.

6 Theodor W. Adorno: Brief an Leo Löwenthal, v. 2.12.1954. In: Löwenthal: *Schriften*, Bd. 4, S. 174–176, hier S. 175.

7 Ebd.

8 Leo Löwenthal: „Die biographische Mode". In: *Sociologica. Aufsätze, Max Horkheimer zum*

Fassung folgte zwölf Jahre später unter dem Titel „German Popular Biographies: Culture's Bargain Counter" in einer Festschrift für Herbert Marcuse.[9]

Die erste Fußnote weist darauf hin, dass der Autor „später", also nach 1938, „auch amerikanisches Biographienmaterial analysiert" hat. „Biographies in Popular Magazines"[10], gewissermaßen das Schwesterwerk von „Die biographische Mode", hatte in den USA im Kontext der Debatte über qualitative und quantitative Methoden in der Sozialwissenschaft einiges Aufsehen erregt.[11] Die Arbeit ging auf eine Anregung Paul Lazarsfelds zurück, Löwenthals Vorgesetztem im Bureau of Applied Social Research, der von dem unveröffentlichten Aufsatz wusste und Löwenthal fragte, ob er „Interesse hätte, so etwas im Rahmen der amerikanischen Literatur zu machen".[12] Sie untersuchte Kurzbiographien in den damals populären Zeitschriften *Saturday Evening Post* und *Collier's* und rückte im Unterschied zur Studie über die deutschen Biographien die Verlagerung des Interesses von klassischen Unternehmer- und Pionierfiguren auf Ikonen aus der Sphäre der Konsumtion und organisierten Freizeitgestaltung ins Zentrum der Analyse. Dennoch gehören beide Arbeiten in denselben Zusammenhang und es ist kein Zufall, dass sie in Löwenthals *Schriften* unmittelbar nacheinander abgedruckt wurden, zusammen mit einem Aufsatz über den Führerkult im Nationalsozialismus, „*Exkurs.* International Who's Who 1937".[13]

---

sechzigsten Geburtstag gewidmet. Frankfurt/M., Stuttgart, 1955 (= Frankfurter Beiträge zur Soziologie. Im Auftrag des Instituts für Sozialforschung hg. v. Theodor W. Adorno u. Walter Dirks, Bd. 1), S. 363–386.

9 Leo Löwenthal: „German Popular Biographies: Culture's Bargain Counter". In: *The Critical Spirit. Essays in Honor of Herbert Marcuse.* Hg. v. Kurt H. Wolff u. Barrington Moore, Jr. unter Mitarbeit v. Heinz Lubasz, Maurice R. Stein u. E.V. Walter. Boston 1967, S. 267–283.

10 Leo Löwenthal: „Biographies in Popular Magazines". In: *Radio Research 1942–1943.* Hg. v. Paul F. Lazarsfeld u. Frank N. Stanton. New York 1944, S. 507–548, 581–582.

11 Löwenthal zufolge lobte Robert Merton, einer der führenden amerikanischen Soziologen, diese Arbeit als eines der wenigen Beispiele für eine gelungene Synthese „von europäischer theoretischer Einstellung und amerikanischer empirischer Forschung". Löwenthal: „Mitmachen", S. 293.

12 Ebd., S. 292.

13 Leo Löwenthal: „Die biographische Mode". In: ders.: *Schriften*, Bd. 1. Hg. v. Helmut Dubiel. Frankfurt/M. 1980, S. 231–257; Leo Löwenthal: „Der Triumph der Massenidole". In: ders.: *Schriften*, Bd. 1, S. 258–300 sowie Leo Löwenthal: „Exkurs. International Who's Who 1937". In: ders.: *Schriften*, Bd. 1, S. 301–305. Die Erstveröffentlichung der deutschen Übersetzung des Aufsatzes über die amerikanischen Zeitschriftenbiographien ist: Leo Löwenthal: „Der Triumph der Massenidole". In: ders.: *Literatur und Gesellschaft. Das Buch in der Massenkultur.* Neuwied, Berlin 1964, S. 196–243. Diese Version enthält, anders als die Version in den *Schriften*, auch einen Anhang zu Unterschieden zwischen den untersuchten Zeitschriften *The Saturday Evening Post* und *Collier's* (S. 238f).

Dieser Zusammenhang, der sie erst als kritisch-theoretische Arbeiten durchsichtig werden lässt, ist die Frage nach dem Verschwinden des Individuums nach dem Ende der liberalen Epoche, die zu den Leitfragen des Instituts gehörte und auch hinter Arbeiten wie „Egoismus und Freiheitsbewegung“ von Max Horkheimer, Herbert Marcuses „Über den affirmativen Charakter der Kultur“ oder dem Kulturindustriekapitel der *Dialektik der Aufklärung* stand.[14] Löwenthal selbst hat immer wieder auf die Bedeutung dieser Frage für seine Biographie-Studien hingewiesen:

> Es war einst der theoretische Traum unseres engsten Kreises, nach den Studien über Autorität eine gemeinsame Arbeit über alle Aspekte des Verfalls des Individuums in der bürgerlichen Gesellschaft anzufertigen. [...] So betonte Adorno zum Beispiel immer wieder den leeren Kult der sogenannten Persönlichkeit und die Anrufung des vermeintlich autonomen Individuums im Zeitalter des Monopolkapitalismus. Ich selbst habe diese Frage in meinen eigenen Studien zum literarischen Genre der Populär-Biographie weiterverfolgt, das selbst vorgibt, individueller Besonderheit Tribut zu zollen, in Wirklichkeit aber gerade die wahre Bedeutung des Besonderen pervertiert.[15]

Das Interesse hieran war nicht rein theoretisch, sondern entsprang der Einsicht, dass der Verlust der Fähigkeit der Individuen zu eigenständigen Erfahrungen, zu Kritik und autonomen Entscheidungen aufs engste mit dem Übergang der liberal verfassten bürgerlichen Gesellschaft in den Nationalsozialismus zusammenhing und mit diesem Verlust zugleich die Aussicht auf „einen wahrhaft menschlichen Zustand“[16] im Verschwinden begriffen war. Die Kritik der umfassenden Stereotypisierung, wie sie in der *Dialektik der Aufklärung* und auch von Löwenthal geleistet wird, war, anders als immer wieder unterstellt wird,[17] kein kulturkonservatives Lamento über das Ende der bürgerlichen Kunst, sondern eine Intervention zur Rettung ihres kritischen Potentials. Über Kunst heißt es bei Löwenthal, diese sei

---

14 Max Horkheimer: „Egoismus und Freiheitsbewegung. Zur Anthropologie des bürgerlichen Zeitalters“. In: ders.: *Gesammelte Schriften*, Bd. 4. Hg. v. Alfred Schmidt. Frankfurt/M. 1988, S. 9–88; Herbert Marcuse: „Über den affirmativen Charakter der Kultur“. In: ders.: *Schriften*, Bd. 3. Frankfurt/M. 1979, S. 186–226; Theodor W. Adorno und Max Horkheimer: „Kulturindustrie. Aufklärung als Massenbetrug“. In: dies.: *Dialektik der Aufklärung. Philosophische Fragmente*. Frankfurt/M. 1998 (= Fischer Wissenschaft), S. 128–176.

15 Leo Löwenthal: „Adorno und seine Kritiker“. In: ders.: *Schriften*, Bd. 4, S. 59–73, hier S. 63.

16 Adorno u. Horkheimer: *Dialektik der Aufklärung*, S. 1.

17 So auch in Franklin C. West: „‚World Historical Chatter‘. Leo Löwenthal's Critique of German Popular Biography“. In: *Zeitschrift für Literaturwissenschaft und Linguistik* 27 (1997) H. 105, S. 159–168, hier S. 167. West kritisiert viele Details an Löwenthals Essay, verfehlt dessen kritische Intention aber völlig.

> die Botschaft der Spannung, des gesellschaftlich nicht Erlösten, [...] das große Reservoir des geformten Protestes gegen das gesellschaftliche Unglück, der die Möglichkeit des gesellschaftlichen Glücks durchschimmern läßt. [...] Das Wichtigste an bürgerlicher Kunst ist, daß sie das Schicksal des Individuums in der modernen Gesellschaft unter der Perspektive seiner Bedrohung schildert.[18]

Wenn an die Stelle des großen Romans eine stereotype Biographik tritt, in der diese Spannung nicht mehr existiert, sondern durch die gleichzeitige Eliminierung und Anpreisung des Individuellen ersetzt wird, hat dies Konsequenzen über die engere Sphäre der Literatur hinaus; der Übergang zu einer Gesellschaft, in der das Individuum selbst seinen individuellen Charakter verliert und zum lebenden Stereotyp wird, wird damit *in* der Literatur vollzogen, die hierdurch den Charakter eines „Protestes gegen das gesellschaftliche Unglück" verliert und dieses nicht mehr anficht, sondern zu seiner Verewigung beiträgt. Nur so wird Löwenthals Bemerkung gegenüber Helmut Dubiel verständlich, „das Thema" seiner „Arbeiten über die biographische Mode" sei letztlich die Unmöglichkeit „eines Bündnisses zwischen Sozialisten und aufgeklärten Liberalen, die das Unheil in Deutschland hätten verhüten können"[19] – wobei zu bemerken ist, dass die explizit antiindividualistischen Sozialisten, mit denen Löwenthal sich hier identifiziert, mindestens ebensosehr von dessen Kritik getroffen werden wie Spätliberale vom Schlage Emil Ludwigs, Stefan Zweigs und ihrer Leser. Auch bezogen sich diese Überlegungen, anders als Dubiel meint, nicht nur auf das Fehlen einer genuin liberalen Tradition in Deutschland – obwohl die Manuskriptfassungen von „Die biographische Mode", anders als der publizierte Text, noch explizit auf die Unterschiede zwischen Deutschland und den westlichen Demokratien Bezug nehmen.[20] Das zeigt u.a. die Studie über die amerikanischen Zeitschriftenbiographien: genau wie in *Dialektik der Aufklärung* geht es hier um die Selbstzerstörung dieser Tradition, die von Anbeginn Tendenzen enthält, die es möglich machten, dass in den USA, dem klassischen Land des Liberalismus und dem Asylland des Instituts, ein Übergang zu faschistischen Formen und ein außenpolitisches Bündnis mit dem Nationalsozialismus in den Bereich des Denkbaren rückte.

---

18 Löwenthal: „Mitmachen", hier S. 284.

19 Ebd., S. 279.

20 Vgl. Leo Löwenthal: „Die biographische Mode". In: Nachlass Leo Löwenthal, Universität Frankfurt/Archivzentrum, LLA: B159:1, S. 3. Randbemerkung von fremder Hand, S. 4: „das berechtigt noch nicht von einem wesentlich deutschen Phänomen der Nachkriegsges. zu sprechen. Vgl. S. 3!" Vgl. auch S. 94, wo dem „Weltbild der Biographen" wenig Widerstandskraft gegen den in Europa sich vollziehenden „Feldzug gegen den Geist" zugesprochen wird, sowie die entsprechenden Stellen im zweiten Manuskript (LLA: B159:2).

Beide Studien Löwenthals zur Populärbiographik befassen sich daher mit deren Stereotypie und der Verwandlung der gegebenen gesellschaftlichen Verhältnisse in unverrückbare Tatsachen wie auch mit der unverbunden daneben stehenden, scheinbar ungebrochen individualistischen Anpreisung der Einzigartigkeit des jeweiligen Helden. Während sich die Affirmation der Ohnmacht des Individuums in den amerikanischen Biographien am augenfälligsten im Rückzug in die Konsumsphäre äußert – und damit in einer Form, in der laut Löwenthal trotz allem implizit „the dream of a future mankind" enthalten ist „who might center its interests around happiness not in the harshness of work and labor but in the enjoyment of sensual goods in the broadest meaning of the term"[21] –, nimmt sie in den untersuchten deutschen Biographien die Gestalt eines „welthistorischen Geschwätzes" (S. 211)[22] an, das die Vernichtung des Besonderen der Individualität durch den „Rhythmus der Weltgeschichte" (S. 203), als welcher das seiner selbst nicht mächtige, blindwütig agierende Kollektiv dessen Gliedern gegenübertritt, als überhistorische Konstante bejaht und mit ewig wiederkehrenden Naturvorgängen in eins setzt. Die Helden dieser Biographien sind als „bloße Funktionen des Geschichtlichen" konzipiert, welches Züge eines „übermächtigen Robot" aufweist (S. 202), der in der Mitleidlosigkeit seiner Entscheidungen den faschistischen Führern gleicht (S. 203). Während so die Nichtigkeit des Individuums affirmiert wird, wird zugleich kompensatorisch über sie „hinweggeredet" (S. 203), indem versichert wird, dass stets das Gute siege, und ein Hymnus auf das Individuelle angestimmt wird. Dieses scheinbar Individuelle ist jedoch so stereotyp, dass sich die immer gleichen Phrasen, mit denen es beworben wird, in einer Reihe von „Kataloge[n] der Superlative" auflisten lassen (S. 212–222). Unter den Titeln „Personenregister", „Seelische Verfassung", „Einzigartige Handlung", „Mythos-Register", „Geheimnis-Liste" und „Schablonen von Einsamkeit und Tod" hat Löwenthal „mit großem Gusto"[23] die Klischees versammelt, die die Einzigartigkeit des jeweiligen Helden besingen. Dieser Gusto ist die Genugtuung über die gelungene Rache an einer Literatur, die das Individuum degradiert, indem sie es auf eine Weise feiert, die

> die Entfaltung seiner Kräfte, das ihm eigentümliche Glück, [...] sein menschliches Wesen [...] zu einem Etikett [werden lässt], zu einer kommerziell gemachten und dann patentamtlich geschützten Besonderheit, die nichts Besonderes mehr ist, weil es mit allem und allen geschieht. (S. 212)

21 Leo Löwenthal: Brief an Max Horkheimer, v. 3.2.1942. In: ders.: *Schriften*, Bd. 4, S. 246–247, hier S. 247.

22 In Klammern angeführte Seitenangaben im Text beziehen sich auf den vorliegenden Band.

23 Löwenthal: „Mitmachen", S. 291.

Die Rache liegt darin, dass die Lächerlichkeit des Weihevollen, scheinbar Exquisiten der biographischen Klischees durch deren pietätlose Auflistung vorgeführt wird, die ihre Stereotypie und Reklamehaftigkeit kenntlich werden lässt. Durch ihre kritische Funktion unterscheiden sich die Kataloge der Superlative von der bloß positivistischen Faktensammlung, die sie parodieren und die von Löwenthal en passant in beiden Aufsätzen kritisiert wird.

In vieler Hinsicht ist Löwenthals Biographiekritik eine Fortsetzung der Biographiekritik seines Freundes Siegfried Kracauer[24], so wie auch das Kulturindustriekapitel der *Dialektik der Aufklärung* den vor 1933 erschienenen Aufsätzen Kracauers in der *Frankfurter Zeitung* wesentliche Einsichten verdankt, ohne ihn beim Namen zu nennen. Die Wahllosigkeit, mit der die Populärbiographen allen und jeden porträtieren, das Hinwegreden über die Entindividualisierung und das im unveröffentlichten Manuskript erwähnte „hilflose Herumgreifen nach irgendeinem Halt in jenem reissenden Strom der Geschichte“[25] werden schon bei Kracauer thematisiert, der den Aufschwung der Biographie genau wie Löwenthal als Antwort auf die Krise bürgerlicher Subjektivität interpretiert. Dennoch ist Löwenthals „Die biographische Mode“ keine bloße Wiederholung der Motive von Kracauers „Die Biographie als neubürgerliche Kunstform“. Das Biographiethema bedurfte der Neubearbeitung, auch weil bei Kracauer 1930 die Konjunktur der Biographie noch die Flucht vor einer unausweichlichen und zu bejahenden Entwicklung hin zu einer Kollektivierung des Lebens darstellt, die 1938 durch die einschneidenden Erfahrungen seit 1933 ihrerseits ins Zentrum der Kritik gerückt war. Die bemerkenswerte Tatsache, dass Löwenthal Kracauers Aufsatz unerwähnt lässt, statt sich kritisch auf ihn rückzubeziehen, kann nur mit beträchtlichen Spannungen zwischen dem Institut, besonders Horkheimer, einerseits und Kracauer andererseits erklärt werden, die sich verschärften, als dieser 1937 ein biographisches Experiment publizierte: *Jacques Offenbach und das Paris seiner Zeit.*[26] Das Buch führte zu einem tiefen Bruch in der engen, allerdings auch vorher schon krisengeschüttelten Freundschaft zwischen Kracauer und Löwenthals Kollegen Adorno; dieser sah ebenso wie Walter Benjamin in dem Buch einen Verrat Kracauers an seiner früheren Kritik konformistischer Literatur und kaum mehr als eine Variation der Biographik Zweigs und Ludwigs, von der es sich seinen Worten nach „nur noch durch die Prätention“ unterschied.[27] Manches von dem,

---

24 Vgl. den entsprechenden Beitrag im vorliegenden Band, S. 119–123.
25 Löwenthal: LLA: B159:1, S. 50.
26 Siegfried Kracauer: *Jacques Offenbach und das Paris seiner Zeit.* Amsterdam 1937.
27 Theodor W. Adorno: Brief an Max Horkheimer, v. 12.5.1937. In: Theodor W. Adorno u.

was Löwenthal an Zweig, Ludwig und anderen Biographen kritisiert, trifft implizit auch *Jacques Offenbach*, und möglicherweise ging es bei den „deutschen Juden im Exil“, die das Institut nicht „kränken“ wollte, in erster Linie um Kracauer.[28] Emil Ludwig zu kränken konnten Horkheimer und Adorno 1944 in *Dialektik der Aufklärung* jedenfalls durchaus verantworten.[29] „Die biographische Mode“ kommt im Briefwechsel zwischen Löwenthal und Kracauer nicht vor, was nahelegt, dass Kracauer die Arbeit zunächst nicht zu Gesicht bekam.[30] Auch in der Korrespondenz Adornos mit Kracauer über den im Entstehen begriffenen *Sociologica*-Band bleibt sie ausgespart.[31] Kracauer selbst vermied es, an diesen wunden Punkt zu rühren, als er 1956 Adorno gegenüber Eindrücke von seiner Lektüre des Bandes mitteilte, den er eben erworben hatte.[32] Auf Löwenthals „Biographies in Popular Magazines“ hat er sich mehrfach lobend bezogen.[33] Um so auffälliger ist sein Schweigen über „Die biographische Mode“.

Weiterführende Literatur

Löwenthal, Leo: „‚Mitmachen wollte ich nie‘. Gespräch mit Helmut Dubiel“. In: Leo Löwenthal: *Schriften.* Bd. 4. Judaica, Vorträge, Briefe. Hg. v. Helmut Dubiel. Frankfurt/M. 1984, S. 271–298.

Löwenthal, Leo: „Der Triumph der Massenidole“. In: ders.: *Schriften.* Bd. 1. Literatur und Massenkultur. Hg. v. Helmut Dubiel. Frankfurt/M. 1980, S. 258–300.

Max Horkheimer: *Briefwechsel 1927–1969*, Bd. 1. Hg. v. Chistoph Gödde u. Henri Lonitz. Frankfurt/M. 2003 (= Theodor W. Adorno Briefwechsel, Bd. 4), S. 351–360, hier S. 354.

28 Vgl. Esther Marian: „Individuum und Gesellschaft in Siegfried Kracauers *Jacques Offenbach und das Paris seiner Zeit*“. In: *Die Biographie – Beiträge zu ihrer Geschichte.* Hg. v. Wilhelm Hemecker unter Mitarbeit v. Wolfgang Kreutzer. Berlin, New York 2009, S. 205–250, hier S. 234f.

29 Vgl. Adorno u. Horkheimer: *Dialektik*, S. 151.

30 Vgl. Leo Löwenthal u. Siegfried Kracauer: *In steter Freundschaft. Briefwechsel 1921–1966.* Hg. v. Peter-Erwin Jansen u. Christian Schmidt. Mit einer Einleitung v. Martin Jay. Springe 2003.

31 Vgl. Theodor W. Adorno: Brief an Siegfried Kracauer, v. 1.9.1955. In: Theodor W. Adorno u. Siegfried Kracauer: *Briefwechsel 1923–1966.* Hg. v. Wolfgang Schopf. Frankfurt/M. 2008 (= Theodor W. Adorno Briefe und Briefwechsel, Bd. 7), S. 480–483, hier S. 481.

32 Vgl. Siegfried Kracauer: Brief an Theodor W. Adorno, v. 16.12.1956. In: Adorno u. Kracauer: *Briefwechsel*, S. 488–490, hier S. 488f.

33 Vgl. Kracauer: Brief an Löwenthal, v. 3.5.1958. In: Löwenthal u. Kracauer: *In steter Freundschaft*, S. 205–207, hier S. 206 sowie Siegfried Kracauer: *On the Relation of Analysis to the Situational Factors in Case Studies.* Columbia University, Bureau of Applied Social Research. April 1958, S. 12 (vorhanden im Deutschen Literaturarchiv Marbach, A: Kracauer, 72.3545). Vgl. ferner Siegfried Kracauer: „The Challenge of Qualitative Content Analysis“. In: *Public Opinion Quarterly*, Jg. 16, H. 4, S. 631–642, hier S. 637. In deutscher Übersetzung ist der letztere Text erschienen als: Siegfried Kracauer: „Für eine qualitative Inhaltsanalyse“. In: ders.: *Schriften*, Bd. 5.3. Hg. v. Inka Mülder-Bach. Frankfurt/M. 1990, S. 338–351.

West, Franklin C.: „'World Historical Chatter'. Leo Löwenthal's Critique of German Popular Biography." In: *Zeitschrift für Literaturwissenschaft und Linguistik* 27 (1997) H. 105, S. 159–168.

Jean-Paul Sartre

Die progressiv-regressive Methode* [Auszug]

[1957]

[…]

Bis heute verharren ausnahmslos alle Menschen und Ereignisse innerhalb des Rahmens der *Knappheit*, d. h. in einer Gesellschaft, die noch unfähig ist, sich von ihren Bedürfnissen, also von der Natur zu lösen, und die sich deshalb ihren Techniken und Werkzeugen gemäß definiert; die Zerrissenheit einer von ihren Bedürfnissen niedergedrückten und von einer Produktionsweise beherrschten Kollektivität erzeugt Antagonismen unter den Individuen, aus denen sie sich zusammensetzt; die abstrakten Beziehungen zwischen den Dingen, zwischen Ware und Geld usw. verbergen und bedingen die unmittelbaren Beziehungen der Menschen untereinander; so bestimmen die technische Ausstattung, die Warenzirkulation usw. das ökonomische und soziale Werden. Ohne diese Prinzipien – keine historische Rationalität. Aber ohne lebende Menschen keine Geschichte. Der Gegenstand des Existentialismus, das ist – auf Grund des Versagens der Marxisten – der einzelne Mensch im sozialen Feld, in seiner Klasse, inmitten von Kollektivgegenständen und den anderen einzelnen Menschen, ist das entfremdete, verdinglichte, mystifizierte Individuum, so wie Arbeitsteilung und Ausbeutung es gemacht haben, jedoch ankämpfend gegen die Entfremdung mit verfälschten Instrumenten

---

* Sartre, Jean-Paul: „Die progressiv-regressive Methode". In: ders.: *Gesammelte Werke in Einzelausgaben*. In Zusammenarbeit m. d. Autor u. Arlette Elkaïm-Sartre begr. v. Traugott König, hg. v. Vincent von Wroblewsky. Philosophische Schriften, Bd. 5. Fragen der Methode. Neu hg. u. m. Anm. vers. v. Arlette Elkaïm-Sartre. Dt. v. Vincent von Wroblewsky. Reinbek bei Hamburg 1999. S. 143–162. [Erstdruck: Sartre, Jean-Paul: „Marksizm i Egzystencjalizm". In: *Twórczosc* XIII, Sonderbd. über Frankreich (1957), S. 33–79. Überarb. frz. Erstausgabe: Sartre, Jean-Paul: „Questions de méthode". In: *Les Temps Modernes* 139 (1957), S. 338–417 u. 140 (1957), S. 658–698.]

und trotz allem beharrlich an Boden gewinnend. Denn die dialektische Totalisierung muß die Handlungen, die Leidenschaften, die Arbeit und die Bedürfnisse ebenso wie die ökonomischen Kategorien umfassen, sie muß gleichzeitig den Handelnden wie das Ereignis in den historischen Komplex einordnen, ihn im Verhältnis zur Richtung des Werdens definieren und genauestens den Sinn der Gegenwart als solcher bestimmen. Die marxistische Methode ist progressiv, weil sie, bei Marx, das Ergebnis langer Analysen ist; heute ist die synthetische Progression gefährlich: die faulen Marxisten bedienen sich ihrer, um das Reale *a priori* zu konstituieren, die Politiker, um zu beweisen, daß das, was geschehen ist, so geschehen mußte, sie können mit dieser reinen *Darstellungs*methode nichts entdecken. Der Beweis: Sie wissen immer schon vorher, was sie finden müssen. Unsere Methode ist heuristisch, sie lehrt uns Neues, weil sie gleichzeitig regressiv und progressiv ist. Ihr erstes Anliegen ist es – ebenso wie für den Marxisten –, den Menschen wieder in seinen Rahmen einzuordnen. Wir erwarten von der allgemeinen Geschichtswissenschaft, uns die Strukturen der gegenwärtigen Gesellschaft, ihre Konflikte, ihre tiefen Widersprüche und die durch diese Momente bedingte Gesamtbewegung zurückzugeben. So haben wir zu Beginn eine totalisierende Kenntnis des betrachteten Moments, aber diese Kenntnis bleibt im Verhältnis zu unserem Untersuchungsgegenstand abstrakt. Sie geht aus von der materiellen Produktion des unmittelbaren Lebens und schließt mit der zivilen Gesellschaft, dem Staat und der Ideologie. Innerhalb dieser Bewegung ist jedoch unser Gegenstand *schon vorhanden* und bedingt durch diese Faktoren in demselben Maße, wie er sie bedingt. Seine Aktion ist also schon in die betrachtete Totalität eingeschrieben, für uns aber bleibt sie implizit und abstrakt. Andererseits haben wir von unserem Gegenstand eine bestimmte fragmentarische Kenntnis: wir kennen z. B. schon die Biographie Robespierres, insofern sie eine Bestimmung der Zeitlichkeit ist, d. h. eine Folge wohlbekannter Tatsachen. Diese Tatsachen scheinen konkret zu sein, weil sie im Detail bekannt sind, es fehlt ihnen jedoch die *Realität,* weil wir sie noch nicht mit der totalisierenden Bewegung verbinden können.* Diese nicht signifikante Objektivität enthält – ohne daß man sie erfassen kann – die gesamte Epoche, in der sie aufgetreten ist, ebenso wie die vom Historiker rekonstituierte Epoche diese Objektivität enthält. Und doch fallen unsere beiden abstrakten Erkenntnisse auseinander. Bekanntlich bleibt der zeitgenössische Marxist hier stehen: er behauptet, den Gegenstand im historischen Prozeß und den historischen Prozeß im Gegenstand zu entde-

* Eine Fußnote, die im Sinne eines kurzen Exkurses zur Französischen Revolution zu verstehen ist, wurde an dieser Stelle nicht abgedruckt. [Anm. Albert Dikovich]

cken. Tatsächlich ersetzt er das eine und das andere durch einen Komplex abstrakter Betrachtungen, die sich unmittelbar auf Prinzipien beziehen. Die existentialistische Methode will dagegen *heuristisch* bleiben. Sie hat nur ein Mittel, das „Hin-und-Her": Sie bestimmt (beispielsweise) die Biographie progressiv durch das vertiefende Studium der Epoche und die Epoche durch das vertiefende Studium der Biographie. Weit davon entfernt, auf der Stelle zu versuchen, die eine in die andere zu integrieren, hält sie beide getrennt, bis sich der wechselseitige Einschluß von selbst ergibt und der Untersuchung ein vorläufiges Innehalten erlaubt.

Wir wollen versuchen, das Feld des Möglichen, das der Mittel usw. *im Rahmen der jeweiligen Epoche* zu bestimmen. Wenn es sich zum Beispiel darum handelt, den Sinn der historischen Tat Robespierres aufzudecken, werden wir (unter anderem) den Sektor des intellektuellen Instrumentariums bestimmen. Es handelt sich um Leerformen, es sind Hauptlinien, die in den konkreten Beziehungen der Zeitgenossen zum Ausdruck kommen. Außerhalb präziser Akte der Ideenbildung und -verbindung, des Schreibens oder verbaler Bezeichnung hat die Idee der Natur im 18. Jahrhundert kein materielles Sein (noch viel weniger Existenz). Dennoch ist sie real, da jedes Individuum sie für etwas anderes als seinen präzisen Akt als Lesender oder Denkender hält, und zwar insoweit sie ebenfalls der Gedanke ungezählter *anderer* ist; so erfaßt der Intellektuelle seinen Gedanken gleichzeitig als den *seinen* und als den der *anderen;* er denkt *in* dem Gedanken vielmehr als daß dieser *in* seinem Denken ist, und das bedeutet, daß dieser ihm Zeichen seiner Zugehörigkeit zu einer bestimmten (da man ihre Funktionen, ihre Ideologie usw. kennt) und zu einer unbestimmten Gruppe ist (da das Individuum niemals weder alle Mitglieder noch ihre Gesamtzahl kennen wird). Als solches stellt dieses zugleich reale und virtuelle „Kollektiv" – real als Virtualität – ein gemeinsames Instrument dar; das Individuum partikularisiert es ganz unvermeidlich, wenn es sich durch das Kollektiv auf seine eigene Objektivation hin entwirft. Es ist deshalb unerläßlich, die lebende Philosophie als unüberschreitbaren Horizont zu definieren und diesen ideologischen Schemata ihren wahren Sinn zu geben. Es ist ebenso unerläßlich, die intellektuellen Attitüden der Epoche zu untersuchen (z. B. die *Rollen*, von denen viele gleichfalls allgemeine Instrumente sind), indem man gleichzeitig ihren unmittelbaren theoretischen Sinn und ihre weitreichende Wirksamkeit aufzeigt (jede virtuelle Idee und jede intellektuelle Attitüde erscheint als ein sich auf dem Hintergrund realer Konflikte entwickelndes und brauchbares *Unterfangen*). Wir werden diese Wirksamkeit aber nicht wie Lukács und viele andere voreilig beurteilen: Wir erwarten von der *verstehenden* Untersuchung der Schemata und Rollen, uns deren reale, oft vielfältige, widersprüchliche und vieldeutige Funktion offenzulegen, ohne dabei zu vergessen, daß dem historischen Ursprung nach diesem Begriff oder jener Attitüde zunächst eine andere Funktion zukam, die sich in dieser neuen Funktion als veraltete Bedeutung erhält. Die bürgerlichen Autoren haben z. B. den „Mythos vom guten Wilden“[1] benutzt und daraus eine Waffe gegen den Adel gemacht. Es hieße jedoch Bedeutung und Art dieser Waffe vereinfachen, würde man vergessen, daß sie eine Erfindung der Gegenreformation und ursprünglich gegen den unfreien Willen der Protestanten[2] gerichtet war. Auf diesem Gebiet ist es von grundlegender Bedeutung, eine Tatsache nicht zu übersehen, die die Marxisten systematisch vernachlässigen: den Generations*bruch.* Von einer Generation zur anderen können eine Haltung, ein Schema sich schließen, historisches Objekt, Beispiel, in sich geschlossene Idee werden, die man erst wieder öffnen oder von außen nachahmen muß. Man muß wissen, *wie* die Zeitgenossen Robespierres die Idee der Natur rezipiert haben (sie hatten zu ihrer Entstehung nicht beigetragen, sie hatten sie z. B. von Rousseau übernommen, der bald sterben sollte; die Idee hatte gerade infolge des *Bruchs,* dieser Distanz in der Nähe usw. etwas Heiliges an sich). Auf jeden Fall läßt sich das Handeln und Leben des Menschen, den wir zu untersuchen haben, nicht auf diese abstrakten Bedeutungen, diese unpersönlichen Haltungen zurückführen. Im Gegenteil, er verleiht ihnen durch die Art, in der er sich durch sie entwirft, Kraft und Leben. Kommen wir also auf unseren Gegenstand zurück und untersuchen wir seine persönlichen Erklärungen (z. B. die Reden Robespierres) durch das Gitter der Kollektivinstrumente hindurch. Der Sinn unserer Untersuchung muß hier „differentiell“ sein, wie Merleau-Ponty sagen würde. Es ist tatsächlich die *Differenz* zwischen den „Gemeinen“ und der Idee oder der konkreten Haltung der untersuchten Person, ihre Anreicherung, ihr Konkretisierungstypus, ihre Abweichungen usw., die uns *vor allem anderen* über unseren Gegenstand aufklären müssen. Diese *Differenz* konstituiert seine Singularität; insofern das Individuum die „Kollektive“ nutzt, unterliegt es (wie alle Mitglieder seiner Klasse oder seines Milieus) einer sehr allgemeinen Interpretation, die bereits ermöglicht, die Regression bis zu den materiellen Bedingungen zu

1 Der Begriff vom „guten Wilden“ ist in Frankreich seit dem 16. Jahrhundert belegt, er wurde im 18. Jahrhundert vor allem durch Jean-Jacques Rousseau verbreitet und spielt eine Rolle von Michel Eyquem de Montaigne bis Diderot in der Auseinandersetzung zwischen natürlichen und sozialen Werten. [Anmerkung des Übersetzers der deutschsprachigen Ausgabe]

2 Offensichtlich bezieht sich Sartre hier auf Martin Luthers Schrift *De servo arbitrio* [dt. Vom unfreien Willen] von 1525, in: M. Luthers Werke, *Kritische Gesamtausgabe*, Weimar 1908, Nachdruck Graz 1964, Bd. 18, S. 551 ff. Diese Schrift war eine Antwort auf die ein Jahr zuvor von Erasmus von Rotterdam veröffentlichte Abhandlung *De liberio arbitrio* [dt. Vom freien Willen]. Diesem wiederum vorausgegangen war Luthers *Tractatus de libertate christiana* [dt. Von der Freiheit eines Christenmenschen], in: M. Luthers Werke, *Kritische Gesamtausgabe,* Weimar, Nachdruck Graz 1966, Bd. 7, S. 20 ff. [Anm. d. Übers.]

treiben. Soweit seine Verhaltensweisen eine differentielle Interpretation erfordern, müssen wir einzelne Hypothesen im abstrakten Rahmen der allgemeinen Bedeutungen aufstellen. Es ist sogar möglich, daß wir das konventionelle Interpretationsschema zurückweisen und den Gegenstand in eine bisher unbekannte Untergruppe einordnen müssen: das ist, wie wir gesehen haben, bei de Sade der Fall. Soweit sind wir aber noch nicht: Ich möchte festhalten, daß wir an die Untersuchung des Differentiellen mit einem Anspruch auf Totalisierung herangehen. Wir betrachten die Variationen nicht als seltsame Kontingenz, als Zufälle, als unbedeutende Aspekte: ganz im Gegenteil, die Singularität des Verhaltens und der Auffassung ist *vor allem* die konkrete Realität als gelebte Totalisierung, sie ist kein *Merkmal* des Individuums, sie ist das totale in seinem Objektivierungsprozeß begriffene Individuum. Das gesamte Bürgertum von 1790 beruft sich auf *Prinzipien,* als es beabsichtigt, einen neuen Staat aufzubauen und ihm eine Verfassung zu geben. Aber Robespierre steckt während dieser Epoche ganz und gar *in der Art und Weise,* in der er sich auf die Prinzipien bezieht. Ich kenne keine gute Untersuchung über das „Denken Robespierres"; das ist schade: man würde sehen, daß bei ihm das Allgemeine konkret ist (bei den anderen Mitgliedern der verfassungsgebenden Versammlung ist es abstrakt) und mit der Idee der *Totalität* zusammenfällt. Die Revolution ist eine Realität auf dem Wege zur Totalisierung. Falsch, sobald sie zum Stillstand kommt, ja noch gefährlicher – wenn sie Stückwerk bleibt – als die Aristokratie selbst, wird sie wahr sein, wenn sie ihre vollkommene Entwicklung erreicht haben wird. Sie ist eine im Werden befindliche Totalität, die sich eines Tages als gewordene Totalität realisieren muß. Der Rückgriff auf die Prinzipien ist also bei Robespierres die Andeutung einer dialektischen Erzeugung. Es hieße, sich durch die Instrumente und Worte täuschen lassen, wie er es selber tat, wenn man – mit ihm – glauben wollte, daß er die Folgerungen aus den Prinzipien *deduzierte.* Die Prinzipien kennzeichnen eine Richtung der Totalisierung. Robespierres *Denken* war eine aufkeimende Dialektik, die sich für aristotelische Logik hielt. Aber wir glauben nicht, das Denken sei eine privilegierte Bestimmung. Im Falle eines Intellektuellen oder eines politischen Redners nähern wir uns zunächst ihm, weil es im allgemeinen leichter zugänglich ist: es hat sich in gedruckten Worten niedergeschlagen. Die Forderung nach Totalisierung impliziert dagegen, daß sich das Individuum ganz in *allen* seinen Manifestationen wiederfindet. Das will aber keineswegs besagen, es gäbe unter ihnen keine Hierarchie. Was wir sagen wollen ist, daß das Individuum – auf welcher Ebene oder Stufe man es auch betrachtet – immer ein Ganzes ist: Seine Lebenshaltung, sein materielles Bedingtsein finden sich als besondere Undurchsichtigkeit, als Endlichkeit und zugleich auch als Hefe in seinem abstraktesten Denken; umgekehrt aber existiert sein Denken kontrahiert und implizit auch schon auf der Stufe seines unmittelbaren Lebens als Sinn seines Verhaltens. Die tatsächliche Lebensweise Robespierres (seine Kargheit, Sparsamkeit, sein bescheidenes Logieren als kleinbürgerlicher und patriotischer Untermieter), seine Kleidung, seine Aufmachung, seine Weigerung, sich mit jedermann zu „duzen", und seine „Unbestechlichkeit" können ihren vollen Sinn nur in einer bestimmten Politik entfalten, die von bestimmten theoretischen Gesichtspunkten beeinflußt ist (und die sie ihrerseits bedingt). Deshalb muß die heuristische Methode das „Differentielle" (wenn es sich um das Studium eines Menschen handelt) aus dem Blickwinkel der Biographie ins Auge fassen.[3] Wie man sieht, handelt es sich um ein analytisches und regressives Moment. Man kann nichts entdecken, wenn man nicht zunächst soweit wie möglich in die historische Singularität des Gegenstandes eindringt. Ich halte es für nötig, die regressive Bewegung an einem besonderen Beispiel aufzuzeigen.

Nehmen wir an, ich will Flaubert studieren – den man in den Literaturgeschichten als den Vater des Realismus darstellt. Ich erfahre, daß er gesagt hat, „Madame Bovary, das bin ich". Ich entdecke, daß seine feinsinnigsten Zeitgenossen – allen voran Baudelaire mit seinem „weiblichen Temperament" – diese Identifikation geahnt haben. Ich erfahre weiter, daß der „Vater des Realismus" während seiner Orientreise davon träumte, die Geschichte einer mystischen, vom Traum ausgehöhlten Jungfrau aus den Niederlanden zu schreiben, die zum Symbol seines eigenen Kunstkultes geworden wäre. Auf seine Biographie zurückkommend, entdecke ich schließlich seine Abhängigkeit, seinen Gehorsam und sein „relatives Sein", mit einem Wort alle Charakterzüge, die man in seiner Epoche als „weiblich" zu bezeichnen gewohnt war. Schließlich bemerke ich, daß die Ärzte ihn an seinem Lebensabend als alte, nervöse Frau behandelten und daß er sich dadurch irgendwie geschmeichelt fühlte. Dennoch besteht kein Zweifel: Er war *in keiner Weise* ein Homosexueller.[4] Wir müssen uns daher – ohne das Werk, d. h. die

3 Diese vorausgehende Studie ist *unerläßlich*, wenn man die Rolle Robespierres von 1793 bis zum Thermidor 1794 beurteilen will. Es genügt nicht zu zeigen, wie er vom Verlauf der Revolution getragen und getrieben wurde; man muß auch wissen, wie er sich in sie eingeschrieben hat. Oder, wenn man will, gilt es zu zeigen, von welcher Revolution er eine Kurzfassung, eine lebendige Verdichtung darstellt. Und nur diese Dialektik ermöglicht es, den Thermidor zu verstehen. Selbstverständlich darf man Robespierre nicht als einen bestimmten *Menschen* (Natur, geschlossene Wesenheit) betrachten, der von gewissen Ereignissen determiniert wird, sondern muß die offene Dialektik wiederherstellen, die sich von den Einstellungen zu den Ereignissen und wieder zurück bewegt, ohne auch nur einen der besonderen Faktoren zu vernachlässigen.

4 Seine Briefe an Louise Colet zeigen, daß er Narziß und Onanist war; aber er rühmt sich amouröser Leistungen, die wahr sein müssen, weil er sich an die einzige Person wendet, die dafür als Zeuge und Richter in Frage kommt.

literarischen Bedeutungen zu verlassen – fragen, warum sich der Autor (d. h. hier die reine synthetische Aktivität, die „Madame Bovary" erschafft) in eine Frau verwandeln konnte, welche Bedeutung der Metamorphose *an sich* zukommt (was eine phänomenologische Studie der *Emma Bovary* im Buch voraussetzt), wer diese Frau ist (von der Baudelaire sagt, sie besitze die Verrücktheit und den Willen eines Mannes), was Mitte des 19. Jahrhunderts die Umbildung des Männlichen ins Weibliche durch die Kunst bedeutet (man wird in diesem Zusammenhang *Fräulein de Maupin*[5] usw. heranziehen müssen) und schließlich, *wer* Gustave Flaubert *sein muß,* um im Felde des ihm Möglichen die Möglichkeit zu finden, sich als Frau zu zeichnen. Die Antwort ist unabhängig von aller Biographie, weil man dieses Problem auch in Kantischen Termini stellen könnte: „Unter welchen Bedingungen ist die Feminisierung der Erfahrung möglich?" Bei der Beantwortung dieser Frage müssen wir stets daran denken, daß der Stil eines Autors unmittelbar mit einer Weltanschauung verbunden ist: Die Struktur der Sätze, der Absätze, der Gebrauch und die Stellung des Substantivs, des Verbs usw., der Aufbau der Abschnitte und die Merkmale der Erzählung – um nur einige Besonderheiten zu zitieren – verraten verborgene Voraussetzungen, die man *differentiell* bestimmen kann, ohne auf die Biographie zurückzugreifen. Bis dahin gelangen wir jedoch nur zu *Problemen.* Es stimmt, die Intuitionen der Zeitgenossen werden uns helfen können: Baudelaire hat die Identität bestätigt zwischen dem tiefen Sinn der „Versuchung des heiligen Antonius", diesem so überaus „artistischen" Werk, von dem Louis Bouilhet[6] sagte, es sei „ein Durchfall von lauter Perlen", und das in der größten Konfusion die wichtigen metaphysischen Themen der Epoche behandelt (das Schicksal des Menschen, das Leben, den Tod, Gott, die Religion, das Nichts usw.), und jenem der „Madame Bovary", diesem (anscheinend) trockenen und objektiven Werk. Wer also konnte und mußte Flaubert sein, um seine eigene Wirklichkeit in Form eines rasenden Idealismus und eines Realismus, der noch boshafter als unerschütterlich ist, ausdrücken zu können? Wer also konnte und mußte Flaubert sein, um sich im Abstand von einigen Jahren in seinem Werk in Form eines mystischen Mönches und einer entschiedenen und „ein wenig maskulinen" Frau zu objektivieren?

Von da aus muß man zur Biographie übergehen, d. h. zu den von den Zeitgenossen *gesammelten* und von den Historikern *verifizierten* Tatsachen. Das Werk stellt Fragen an das Leben. Man muß aber verstehen, in welchem Sinn: Das Werk ist als Objektivation der Person tatsächlich *vollständiger*

---

5 *Mlle de Maupin*, 1835 erschienener Roman von Theophile Gautier (1811 bis 1872) – Anm. d. Hrsg. [d. deutschspr. Ausg.]

6 Louis Bouilhet, Dichter und Theaterautor, war ein Freund Flauberts. – Anm. d. Hrsg.

und *umfassender* als das Leben. Sicher wurzelt das Werk darin und erhellt es; seine vollkommene Erklärung aber findet es nur in sich selbst. Es ist jedoch noch zu früh, als daß diese Erklärung uns schon deutlich werden könnte. Das Leben wird vom Werk erhellt als eine Realität, deren totale Determination sich außerhalb ihrer selbst findet, in den Bedingungen, denen es seine Entstehung verdankt, wie zugleich in der künstlerischen Schöpfung, die es vollendet und *dadurch vervollkommnet, daß sie es zum Ausdruck bringt.* So wird das Werk – wenn man es durchforscht hat – Hypothese und Untersuchungsmethode zur Erhellung der Biographie: es stellt Fragen und stellt konkrete Episoden als Antworten auf seine Fragen bereit.[7] Aber diese Fragen *befriedigen nicht:* sie sind unzureichend und einseitig in dem Maße, in dem die künstlerische Objektivation nicht zurückführbar ist auf die Objektivation im täglichen Verhalten; es besteht eine Kluft zwischen Werk und Leben. Der Mensch mit seinen menschlichen Beziehungen jedoch – derart erhellt – erscheint uns seinerseits als ein synthetischer Komplex von Fragen. Das Werk hat Flauberts Narzißmus aufgedeckt, seinen Onanismus, seinen Idealismus, seine Einsamkeit, seine Abhängigkeit, seine Weiblichkeit und seine Passivität. Diese Merkmale aber sind ihrerseits für uns Probleme: sie lassen uns *zugleich* soziale Strukturen (Flaubert ist Grundbesitzer, er bezieht Grundrenteneinkommen usw.) und ein *einzigartiges* Kindheitsdrama ahnen. Mit einem Wort: Diese regressiven Fragen liefern uns einen Schlüssel für die Befragung seiner familiären Gruppe als einer vom Kind Flaubert gelebten und verleugneten Realität, und zwar vermittels einer zweifachen Informationsquelle (objektive Zeugnisse über die Familie: Klassenmerkmale, Familientyp, individueller Aspekt; wütend subjektive Äußerungen Flauberts über seine Eltern, seinen Bruder, seine Schwester usw.). Auf dieser Stufe muß man unablässig auf das Werk zurückkommen können, wissend, daß es eine autobiographische Wahrheit enthält, die die (von ihrem Autor manipulierte) Korrespondenz selbst nicht enthalten kann. Aber man muß auch wissen,

---

7 Ich kann mich nicht entsinnen, daß man jemals darüber erstaunt gewesen wäre, daß der normannische Riese sich in seinem Werk als Frau dargestellt hat. Aber ich kann mich auch nicht entsinnen, daß man die Weiblichkeit Flauberts jemals untersucht hätte (seine urwüchsige und „großmäulige" Seite hat in die Irre geführt; das ist aber nur eine Sinnestäuschung, und Flaubert hat es hundertmal wiederholt). Gleichwohl ist die Ordnung ersichtlich: der *logische Skandal*, das ist Madame Bovary, maskuline Frau und feminisierter Mann, lyrisches und realistisches Werk. Dieser Skandal mit seinen eigenen Widersprüchen muß die Aufmerksamkeit auf das Leben Flauberts und auf seine gelebte Weiblichkeit lenken. Man muß ihn in seinen Verhaltensweisen betrachten: und zunächst in seinem sexuellen Verhalten; die Briefe an Louise Colet sind in erster Linie Verhaltensweisen; jeder von ihnen ist ein Moment der Diplomatie Flauberts dieser aufdringlichen Dichterin gegenüber! Wir werden nicht etwa *Madame Bovary* keimhaft in der Korrespondenz finden, sondern wir werden die Korrespondenz völlig durch *Madame Bovary* (und natürlich auch die anderen Werke) erhellen.

daß das Werk *niemals* die Geheimnisse der Biographie enthüllt: Es kann nur das Schema oder der Leitfaden sein, der es erlaubt, sie im Leben selbst zu entdecken. Wenn wir auf dieser Untersuchungsebene die frühe Kindheit berühren als eine Weise, die allgemeinen Verhältnisse dunkel zu leben, bringen wir als Sinn dieses Erlebens das intellektuelle Kleinbürgertum, das sich im Kaiserreich gebildet hat, und seine besondere Weise, die Entwicklung der französischen Gesellschaft zu leben, zum Vorschein. Damit gehen wir wieder zum rein Objektiven zurück, d. h. zur historischen Totalisierung: Die Geschichte selbst, der komprimierte Aufschwung des Familienkapitalismus, die Rückkehr der Grundbesitzer, die Widersprüche des Regimes und das Elend eines noch ungenügend entwickelten Proletariats sind es, die wir befragen müssen. Diese Fragen aber sind *konstituierend* in dem Sinn, in dem die Kantischen Begriffe „konstitutiv“ sind, denn sie ermöglichen, dort konkrete Synthesen zu realisieren, wo wir zunächst nur abstrakte und allgemeine Bedingungen hatten: ausgehend von einer dunkel erlebten Kindheit können wir die wahren Merkmale der kleinbürgerlichen Familien rekonstruieren. Wir vergleichen die Kindheit Flauberts mit der (auf einer „gehobeneren“ sozialen Stufe stehenden) Baudelaires, mit jener der Brüder Goncourt (eine Familie von Kleinbürgern, die gegen Ende des 18. Jahrhunderts geadelt wurden durch den bloßen Erwerb „adeliger“ Ländereien), mit der Louis Bouilhets, usw.; wir untersuchen dabei die realen Beziehungen zwischen den Wissenschaftlern und den Praktikern (wie Vater Flaubert) und den Industriellen (wie der Vater seines Freundes Alfred Le Poittevin). In diesem Sinn bereichert das Studium des Kindes Flaubert als im Besonderen gelebtes Allgemeines die allgemeine Erforschung des Kleinbürgertums von 1830. Vermittels der die einzelne Familiengruppe leitenden Strukturen bereichern und konkretisieren wir die stets viel zu allgemeinen Merkmale der betrachteten Klasse, erfassen wir unbekannte „Kollektive“, beispielsweise das komplexe Verhältnis eines Kleinbürgertums von Beamten und Intellektuellen zur „Elite“ der Industriellen und Grundbesitzer; oder die *Wurzeln* dieses Kleinbürgertums, seinen bäuerlichen Ursprung usw., seine Beziehungen zu den heruntergekommenen Adligen.[8] Auf dieser Stufe werden wir den wichtigsten Widerspruch entdecken, den dieses Kind auf seine Art erlebt hat: den Gegensatz von bürgerlich-analytischem Geist und den synthetischen Mythen der Religion. Auch hier findet sich wieder ein wechselseitiges Hin-und-Her zwischen den einzelnen Begebenheiten, die diese diffusen Widersprüche erhellen (weil sie sie zu einem einzigen vereinigen und zerplatzen

8 Der Vater Flauberts, Sohn eines durch die kaiserliche Verwaltung „ausgezeichneten“ (royalistischen) Dorfveterinärs, heiratet ein Mädchen, das mit dem Adel verwandt ist. Er verkehrt mit reichen Industriellen und kauft Grundstücke.

lassen), und der allgemeinen Bestimmung der Lebensverhältnisse, die es uns erlaubt, die materielle Existenz der betrachteten Gruppen jetzt *progressiv* (weil sie schon untersucht worden sind) zu rekonstruieren. Die Gesamtheit dieses Vorgehens, die Regression und das wechselseitige Hin-und-Her haben uns enthüllt, was ich als Erlebnistiefe bezeichnen werde. Ein Essayist schrieb kürzlich, im Glauben, damit den Existentialismus zu widerlegen: „Nicht der Mensch ist tief, sondern die Welt." Er hat vollkommen Recht, und wir sind ohne Einschränkung seiner Meinung. Man muß nur hinzufügen, daß die Welt menschlich ist, und daß die Tiefe des Menschen die Welt ist und alle Tiefe also nur durch den Menschen in die Welt kommt. Die Erforschung dieser Tiefe ist ein Hinabsteigen vom absolut Konkreten *(Madame Bovary* in den Händen eines Lesers zur Zeit Flauberts, ob nun Baudelaire oder die Kaiserin oder der Staatsanwalt) zu ihren abstraktesten Bedingungen (d. h. zu den materiellen Verhältnissen, dem Konflikt zwischen den Produktionskräften und den Produktionsverhältnissen, insoweit diese Bedingungen in ihrer Allgemeinheit auftreten und sich als von allen Mitgliedern einer unbestimmten Gruppe,[9] d. h. praktisch von *abstrakten* Subjekten erlebte erweisen). Vermittels *Madame Bovary* müssen und können wir einen Einblick in die Bewegungen der Grundrente, die Entwicklung der aufsteigenden Klasse, den langsamen Reifeprozeß des Proletariats gewinnen; alles ist da. Aber die konkretesten Bedeutungen sind auf die abstraktesten Bedeutungen ganz und gar unzurückführbar; das „Differentielle" jeder signifikanten Schicht spiegelt stark vereinfacht und gedrängt das Differentielle der jeweils höheren Schicht wider; es erhellt das Differentielle der tieferen Schicht und dient als Rubrik für die synthetische Vereinigung unserer allgemeinsten Erkenntnisse. Das *Hin-und-Her* trägt dazu bei, das Objekt um die volle historische Tiefe zu bereichern; es bestimmt in der historischen Totalisierung den zunächst noch leeren Ort des Objekts.

Es ist uns auf dieser Untersuchungsebene jedoch nur gelungen, eine Hierarchie heterogener Bedeutungen zu enthüllen: *Madame Bovary,* die „Weiblichkeit" Flauberts, die Kindheit in einem zum Krankenhaus gehörenden Gebäude, die Widersprüche des damaligen Kleinbürgertums, die Entwicklung der Familie, des Eigentums usw.[10] Jede von ihnen erhellt die

---

9 In Wirklichkeit ist das Kleinbürgertum von 1830 eine numerisch bestimmte Gruppe (obwohl es selbstverständlich unklassifizierbare Zwischenstufen gibt, die sie mit den Bauern, den Bürgern und Grundbesitzern verbindet). *Methodologisch* gesehen, bleibt dieses konkrete Allgemeine jedoch immer unbestimmt, weil die Statistiken unzureichend sind.

10 Das Vermögen Flauberts besteht ausschließlich aus Liegenschaften; dieser Rentier von Geburt wurde durch die Industrie ruiniert: am Ende seines Lebens verkauft er seine Ländereien, um seinen Schwiegersohn (Außenhandel, Beziehungen zur skandinavischen Industrie) [Falscher Begriff: Flaubert hatte nie einen Schwiegersohn. Es handelt sich um den ersten Mann seiner

andere, aber ihre Unzurückführbarkeit schafft eine echte Diskontinuität zwischen ihnen; jede dient der vorhergehenden als Rahmen, die eingeschlossene Bedeutung ist jedoch reicher als die einschließende Bedeutung. Mit einem Wort: Wir haben nur die Spuren der dialektischen Bewegung, nicht die Bewegung selbst.

Jetzt – und nur jetzt – können wir die progressive Methode heranziehen: es gilt nun, die anreichernde totalisierende Bewegung wiederzufinden, die jeden Moment vom vorherigen Moment ausgehend hervorbringt, den Schwung, der von den gelebten Undeutlichkeiten ausgeht und zur endgültigen Objektivation führt, mit einem Wort, den *Entwurf*, durch den sich Flaubert, um dem Kleinbürgertum zu entkommen, durch verschiedene Möglichkeitsfelder hindurch zur entfremdeten Objektivation seiner selbst stürzte und sich unabwendbar und unauflöslich zum Autor der *Madame Bovary* und zu eben dem Kleinbürger machte, der zu sein er sich weigerte. Dieser Entwurf hat *einen Sinn*, er ist nicht einfache Negativität, Flucht; durch ihn zielt der Mensch auf die Produktion seiner selbst in der Welt als einer bestimmten objektiven Totalität. Nicht einfach die abstrakte Wahl zu schreiben macht das Besondere Flauberts aus, sondern die Wahl, auf bestimmte Art und Weise zu schreiben, um sich in dieser Weise in der Welt zu manifestieren; es ist, kurz gesagt, die singuläre Bedeutung – im Rahmen der zeitgenössischen Ideologie –, die er der Literatur als Negation seiner ursprünglichen *conditio* und als objektive Lösung seiner Widersprüche gibt. Beim Wiederauffinden des Sinns dieses „Sichlosreißens auf ... hin" wird uns die Kenntnis aller signifikanten Schichten leiten, die er durchschritten hat, die wir als seine Spuren entschlüsselt haben und die ihn bis zur endgültigen Objektivation führten. Da haben wir die Reihe: Von der materiellen und sozialen Bedingtheit bis zum Werk handelt es sich darum, die *Spannung* zu finden, die von der Objektivität zur Objektivität geht, das Gesetz der Entfaltung zu entdecken, wonach eine Bedeutung *durch* die folgende überschritten wird und diese in jener aufbewahrt. In Wirklichkeit handelt es sich darum, eine Bewegung zu erfinden, sie neu zu erschaffen: doch die Hypothese ist unmittelbar verifizierbar; nur diejenige kann gültig sein, die in einer schöpferischen Bewegung die transversale Einheit *aller* heterogenen Strukturen verwirklicht.

Indessen besteht die Gefahr, daß der Entwurf durch die Kollektivinstrumente abgelenkt wird, wie bei de Sade; so entspricht die endgültige Objektivation vielleicht nicht genau der ursprünglichen Wahl. Man muß die regres-

---

Nichte Caroline, Ernest Commanville. – Anm. d. Hrsg.] zu retten. In der Zwischenzeit sehen wir ihn sich oft darüber beklagen, daß die Grundrente geringer sei als die Einkünfte, die ihm dieselben Kapitalien einbringen würden, wenn sein Vater sie in der Industrie angelegt hätte.

sive Analyse wieder aufnehmen, noch genauer vorgehen, das instrumentelle Feld untersuchen, um die möglichen Abweichungen zu studieren, unsere allgemeinen Kenntnisse von den zeitgenössischen Denkmethoden anwenden und sich den gesamten Lebensablauf erneut ansehen, um die Entfaltung der Entscheidungen und der Handlungen, ihre Kohärenz oder scheinbare Inkohärenz zu untersuchen. Der *Heilige Antonius* bringt den ganzen Flaubert in der Reinheit und mit all den Widersprüchen seines Urentwurfs zum Ausdruck: aber der *Heilige Antonius* ist ein Mißerfolg; Bouilhet und Maxime du Camp verurteilen dieses Werk unwiderruflich; man verlangt von ihm, „eine Geschichte zu erzählen". Darin liegt die Abweichung: Flaubert erzählt eine Geschichte, aber er hat darin *alles* untergebracht, Himmel und Hölle, sich selbst, den heiligen Antonius usw. Das monströse und glänzende Werk, das daraus entsteht und in dem er sich objektiviert und entfremdet, ist *Madame Bovary.* So zeigt uns die Rückkehr zur Biographie die Klüfte, Risse und Zwischenfälle und bestätigt zugleich die Hypothese (des Urentwurfs), indem sie die Lebenskurve und ihre Kontinuität enthüllt. Wir werden die Methode existentialistischer Annäherung als eine regressiv-progressive und analytisch-synthetische Methode definieren; sie ist gleichzeitig ein bereicherndes Hin-und-Her zwischen dem Gegenstand (der die ganze Epoche als hierarchisierte Bedeutungen enthält) und der Epoche (die das Objekt in seiner Totalisierung enthält); wenn das Objekt nämlich in seiner Tiefe und seiner Singularität *wiedergefunden ist,* statt außerhalb der Totalisierung zu bleiben (wie es bis dahin der Fall war, und was die Marxisten für seine Integration in die Geschichte hielten), tritt es sofort in Widerspruch zur Totalisierung: mit einem Wort, das einfache inerte Nebeneinanderstellen von Epoche und Gegenstand weicht plötzlich einem lebendigen Konflikt. Wenn man Flaubert bequem als Realisten definiert hat, und wenn man beschlossen hat, daß der Realismus dem Publikum des *Second Empire* entsprach (was erlaubt, eine glänzende, aber völlig falsche Theorie über die Entwicklung des Realismus zwischen 1857 und 1957 aufzustellen), wird man weder dieses seltsame Ungeheuer *Madame Bovary* noch seinen Autor, noch die Leser verstehen können. Kurz, man spielt einmal mehr mit Schatten. Aber wenn man sich die Mühe gemacht hat – in einer langwierigen und schwierigen Untersuchung –, in diesem Roman die Objektivation des Subjektiven und dessen Entfremdung aufzuzeigen, kurz, wenn man es in seinem konkreten Sinn erfaßt, den es auch dann noch bewahrt, wenn es seinem Autor entgleitet, und es *gleichzeitig* von außen auffaßt, als ein Objekt, das man sich in Freiheit entwickeln läßt, dann tritt es plötzlich in Gegensatz zu der objektiven Realität, die es für die öffentliche Meinung, für die Behörden und die zeitgenössischen Schriftsteller besitzt. Das ist der Augenblick, zur Epoche zurückzukehren und beispielsweise folgende höchst einfache Frage zu stellen: Es gab damals eine realistische Schule; Gustave Courbet in der Malerei und Louis Edmond Duranty in der Literatur waren ihre Repräsentanten. Duranty hatte mehrfach seine Lehre dargelegt und Manifeste verfaßt; Flaubert verabscheute den Realismus, und er wiederholte das sein ganzes Leben lang; er liebte nur die absolute Reinheit in der Kunst; *warum* hat die Öffentlichkeit sofort entschieden, Flaubert sei Realist, und warum liebte sie an ihm *diesen Realismus*, d. h. diesen bewundernswerten Bekenntnisschwindel, diese verschleierte Lyrik, diese unterschwellige Metaphysik; warum hat sie als großartigen Frauencharakter (oder als erbarmungslose Beschreibung der Frau) geschätzt, was im Grunde nur ein armer verkleideter Mann war? Man muß sich fragen, *welche Art von Realismus* das Publikum verlangte oder, anders gesagt, welche Art von Literatur es unter diesem Namen forderte und warum es sie forderte. Das letzte Moment ist grundlegend: es ist ganz einfach das der Entfremdung. Durch den Erfolg, den ihm seine Epoche verschaffte, sieht sich Flaubert seines Werkes beraubt, erkennt er es nicht wieder, es ist ihm fremd geworden; damit verliert er seine eigene objektive Existenz. Aber gleichzeitig erhellt sein Werk die Epoche mit neuem Licht; es ermöglicht, der Geschichte eine neue Frage zu stellen: Welcherart war diese Epoche, daß sie *dieses* Buch forderte und daß sie darin trügerischerweise ihr eigenes Bild wiederfand? Hier sind wir bei dem wahren Moment der historischen Handlung oder dem, was ich gern das Mißverständnis nennen würde. Aber das ist nicht der Ort, dieses neue Vorgehen zu entwickeln. Um abzuschließen genügt die Feststellung, daß der Mensch und seine Zeit in die dialektische Totalisierung integriert sein werden, sobald wir gezeigt haben, wie die Geschichte diesen Widerspruch aufhebt.

[...]

Albert Dikovich

Dem „ursprünglichen Entwurf" auf der Spur

Die biographische Hermeneutik Jean-Paul Sartres

„Die Leidenschaft, die Menschen zu verstehen"[1], zog Jean-Paul Sartre (1905–1980) ein Leben lang zur Biographie hin. Sartres biographische Schriften entstanden als Versuche einer Konkretisierung seiner philosophischen Auslegung der ‚menschlichen Wirklichkeit' (fr. realité humaine). Sie basieren methodisch auf den in seinen philosophischen Werken formulierten existenzontologischen Begriffen und individualhermeneutischen Entwürfen und spiegeln somit Entwicklungen auf der philosophisch-konzeptuellen Ebene wider. Während Sartre in seinen frühen Biographien, etwa im biographischen Essay über Charles Baudelaire (*Baudelaire*, 1947), eine hermeneutische Anwendung von existentialphilosophischen Konzepten wie der ‚Unaufrichtigkeit' (fr. mauvaise foi) oder der ‚Urwahl' (fr. choix originel) erprobt, ist die späte Biographik Sartres Teil seiner Bemühungen um eine epistemologische wie auch ideologische Reform des Marxismus. „Was kann man heute von einem Menschen wissen?", lautet die im Vorwort von *Der Idiot der Familie* (fr. *L'idiot de la famille*, 1971–72), formulierte Fragestellung des späten Sartre: Was lässt sich, ausgehend von den Methoden und Erkenntnissen, über die die Wissenschaften vom Menschen verfügen, von einem einzelnen Individuum wissen? Von Gustave Flaubert etwa? Was, bei allem historischen Detailwissen über eine Epoche, vom individuellen Erlebnis derselben? Ist eine biographische Hermeneutik möglich, die bei Anwendung einer Pluralität von Methoden (Marxismus, Psychoanalyse, Strukturalismus, existentialistische Hermeneutik) eine umfassende Kenntnis vom untersuchten Individuum erlaubt, oder läuft ein solches hermeneutisches

---

1 Jean-Paul Sartre: *Saint Genet, Komödiant und Märtyrer.* [Hg. v. Traugott König.] Übers. v. Ursula Dörrenbächer. Reinbek bei Hamburg 1986, S. 219.

Projekt „Gefahr, auf Schichten heterogener und unreduzierbarer Bedeutungen zu stoßen?“[2]

Sartres spätes biographisches Werk wurde als die Summa seiner philosophischen, sozialwissenschaftlichen und literarästhetischen Arbeiten bezeichnet.[3] Dem Stellenwert, den Sartre selbst seinen biographischen Arbeiten zuschrieb – an keinem anderen Werk hatte er so lange und ausdauernd geschrieben wie an *Der Idiot der Familie*, entstanden in den letzten zwei schriftstellerisch produktiven Jahrzehnten Sartres bis zu seiner Erblindung 1973 –, steht der Sachverhalt entgegen, dass das umfangreiche, sich durch Polydiskursivität, methodische Elaboriertheit und hermeneutische Brillanz auszeichnende biographische Werk des französischen Philosophen und Schriftstellers nach wie vor zu Unrecht zu den weniger bekannten Teilen seines Œuvres gehört. Neben der monumentalen Flaubert-Biographie, die mit ihren rund 3000 Seiten Fragment geblieben ist, und der erwähnten Biographie über Charles Baudelaire schrieb Sartre über einen weiteren „Großen“ der französischen Literatur des 19. Jahrhunderts: Stéphane Mallarmé (fr. *Mallarmé. La lucidité et sa face d'ombre*, posthum 1986), weiters eine Biographie über seinen Zeitgenossen Jean Genet (fr. *Saint Genet, comédien et martyr*, 1952) und schließlich das aufgrund seines Umfangs nie in seiner ursprünglichen Fassung realisierte Drehbuch zu John Hustons Filmbiographie über Sigmund Freud (fr. *Le Scénario Freud*, posthum 1984), das Huston in einer stark veränderten Version verfilmte, für die Sartre sich weigerte, seinen Namen herzugeben.[4]

Der vorliegende Textausschnitt aus *Fragen der Methode* (fr. *Questions de méthode*, 1957) skizziert das hermeneutische Verfahren, das Sartre in seiner Flaubert-Biographie anwandte. Die späte biographische Methode Sartres ist eine Erweiterung der ‚existentiellen Psychoanalyse‘, die er in seinem philosophischen Hauptwerk von 1943, *Das Sein und das Nichts*, entwickelt hatte. Der Mensch wird, wie ein Grundgedanke der Philosophie Sartres lautet, nicht in eine unveränderliche Bestimmung hineingeboren, sondern verhält sich zu seinem Sein, indem er sich wählt; er existiert als ‚Entwurf‘ seiner selbst, als sich im Ausgang von seiner jeweiligen faktischen ‚Situation‘ auf seine Möglichkeiten hin entwerfendes und handelnd objektivierendes ‚Für-sich-Sein‘. Aufgabe der existentiellen Psychoanalyse, die methodisch

2 Jean-Paul Sartre: *Der Idiot der Familie. Gustave Flaubert 1821–1857. I. Die Konstitution.* Übers. u. hg. v. Traugott König. Reinbek bei Hamburg 1986, S. 7.

3 Vgl. Carol Cosman: „Translator's note“. In: Jean-Paul Sartre: *The Family Idiot. Gustave Flaubert 1821–1857*, Bd. 1. Übers. v. Carol Cosman. Chicago 1981, S. vii.

4 Vgl. Christina Howells: „Sartres existentialistische Biographien“. In: *Über Sartre. Perspektiven und Kritiken.* Hg. v. Thomas R. Flynn, Peter Kampits u. Erik M. Vogt. Wien 2005, S. 97–116, hier S. 107.

den frühen Biographien zu Baudelaire und Jean Genet zugrunde liegt, ist die Auslegung der singulären ‚Seinswahl' einer Person: „Sie ist eine Methode, in streng objektiver Form die subjektive Wahl ans Licht zu bringen, durch die jede Person sich zur Person macht, das heißt sich selbst anzeigen läßt, was sie ist."[5] Die Seinswahl bezeichnet dabei kein in einer unzugänglichen Innerlichkeit verschlossenes psychisches Phänomen; sie kommt im konkreten Handeln einer Person zum Ausdruck und ist dabei nichts diesem Ausdruck Vorgängiges:

> Sie wird keineswegs zunächst in irgendeinem Unbewußten oder auf der noumenalen Ebene vollzogen, um sich *dann* in einer beobachtbaren Haltung auszudrücken, [...] sondern sie ist grundsätzlich das, was sich immer aus der empirischen Wahl als ihr *Jenseits* und die Unendlichkeit ihrer Transzendenz ablesen lassen muß.[6]

Ihren objektiven Ausdruck findet die Seinswahl eines Individuums nach Sartre in einer spezifischen Symbolik, die sich im Laufe seines Lebens in einzelnen Handlungen konkretisiert und die auf der Grundlage eines „vergleichenden Studiums der Verhaltensweisen" zu ‚entziffern' sei:

> Es kommt [...] darauf an, die durch eine Handlung – durch *jede* Handlung – implizierten Bedeutungen herauszufinden und von da zu reicheren und tieferen Bedeutungen überzugehen, bis man auf die Bedeutung trifft, die keine andere Bedeutung mehr impliziert und nur auf sich selbst verweist.[7]

Diese irreduzible Bedeutung, auf welche die Handlungen des Individuums zurückgeführt werden sollen, nennt Sartre den ‚ursprünglichen Entwurf' (fr. projet originel) eines Individuums. In seinen Handlungen richtet sich das individuelle Subjekt intentional auf bestimmte Personen oder Gegenstände der Welt, um durch sein Tun einen bestehenden Zustand zu verändern; es ist also unmittelbar auf ein ‚Außen', auf ein Nicht-Ich gerichtet. Zugleich besitzt jede Handlung – in expliziter oder impliziter, nicht-thematischer Weise – den Aspekt der Selbstbezüglichkeit und ist ein Teil des Prozesses, in dem sich das Subjekt objektiviert. Jede Verhaltensweise eines Individuums ist eine objektive Manifestation seiner Seinswahl; in ihr verhält es sich vermittels seiner Handlung zu sich selbst als Entwurf. Der ursprüngliche Entwurf stellt nun die synthetische Struktur aller partiellen Zwecksetzungen (Entwürfe) und Handlungen eines Subjekts dar, vermittels der die Le-

---

5 Jean-Paul Sartre: *Das Sein und das Nichts. Versuch einer phänomenologischen Ontologie.* Hg. v. Traugott König. Dt. v. Hans Schöneberg u. Traugott König. Reinbek bei Hamburg 1991, S. 985.

6 Ebd., S. 967.

7 Ebd., S. 793.

bensäußerungen eines Subjekts erst in ihrer „wirkliche[n] Konkretisierung" sichtbar werden, „die nur in der Totalität seiner Hinwendung zum Sein sein kann, sein ursprünglicher Bezug zu sich, zur Welt und zum anderen in der Einheit *innerer* Beziehungen und eines grundlegenden Entwurfs."[8] Diese wechselseitige Erhellung von Teilen und Ganzem der Entwurfsstruktur, die erstmals von Wilhelm Dilthey in ein System hermeneutischer Kategorien gefasst wurde[9], ist nicht erst eine hermeneutische Leistung des existentiellen Psychoanalytikers; sie stellt vielmehr die im Laufe des Lebens angesichts jeder neuen Situation und jeder neuen Zielgerichtetheit der Handlungen ständig neu zu leistende Verstehensleistung dar, vermittels derer sich ein Subjekt als personale Identität konstituiert. Der ursprüngliche Entwurf bezeichnet das ursprüngliche Selbstverständnis, das ein Subjekt im Ausgang von seiner Situation entwickelt und das in seinen Handlungen, seinen Beziehungen zur Welt und zu den Mitmenschen zum Ausdruck kommt, ohne selbst aber Produkt einer „erwogenen"[10] Wahl zu sein. Baudelaire beispielsweise, ausgestoßen aus der intimen Verbindung mit der angebeteten Mutter nach deren zweiter Heirat, sieht sich zum Schicksal des Ausgestoßenen und Einsamen verurteilt; ein Selbstbild, in das sich der Dichter nach Sartres Interpretation ein Leben lang „einschließt"[11] und dessen Bestätigung er unablässig sucht. Das Schicksal des Zurückgewiesenen wird zu Baudelaires Art und Weise, die traumatische Erfahrung der Trennung von der Mutter zu deuten und als Moment seines Entwurfs zu *leben*.

> Hier begegnen wir der ‚choix originel', der Urwahl seiner selbst, die Baudelaire getroffen hat, jenem absoluten Engagement, durch das ein jeder von uns in einer bestimmten Situation darüber entscheidet, was er sein wird und was er ist. Verlassen und zurückgestoßen, hat Baudelaire diese Vereinzelung aus eigener Entscheidung auf sich nehmen wollen. Er hat die Einsamkeit für sich gefordert, damit sie wenigstens von ihm selber komme und ihm nicht auferlegt werde. Infolge der jähen Enthüllung seiner individuellen Existenz hat er *empfunden*, daß er ein *Anderer* war,

8 Ebd., S. 966.

9 Vgl. den entsprechenden Beitrag im vorliegenden Band, S. 59–71, sowie Wilhelm Dilthey: „Die Kategorien des Lebens". In: ders.: *Gesammelte Schriften*, Bd. 7. Der Aufbau der geschichtlichen Welt in den Geisteswissenschaften. Hg. v. Bernhard Groethuysen Stuttgart 1965, S. 228–245. Ob und inwieweit Sartre Diltheys Schriften studiert hat, ist nicht bekannt. Sicher ist aber eine indirekte Rezeption der Dilthey'schen Philosophie über die Heidegger-Lektüre und über die geschichtsphilosophischen Schriften seines Freundes Raymond Aron. Vgl. Monika Schulten: „Ein Vergleich zwischen Diltheys verstehender und Sartres dialektischer Konzeption der Biographie". In: *Das Sartre-Jahrbuch Zwei.* Hg. v. Rainer E. Zimmermann. Münster 1991, S. 13–34, hier S. 14f.

10 Sartre: *Das Sein und das Nichts*, S. 800.

11 Vgl. Jean-Paul Sartre: *Baudelaire. Ein Essay.* Mit einem Vorwort v. Michel Leiris. Dt. v. Beate Möhring. Neu hg. v. Dolf Oehler. Reinbek bei Hamburg 1986, S. 16.

> aber zu gleicher Zeit hat er in Demütigung, Groll und Stolz diese Alterität auf sich genommen und bejaht. Von nun an hat er sich mit trotziger, verzweifelter Aufwallung zu einem Anderen *gemacht*: anders als seine Mutter, anders als seine sorglosen, rohen Kameraden. Er fühlt sich, er will sich einzigartig fühlen, einzigartig bis zum äußersten Genuß des Alleinseins, bis zum Entsetzen.[12]

Die entscheidende Funktion der existentiellen Psychoanalyse ist es nun, den ursprünglichen Seinsentwurf eines Individuums zu rekonstruieren, den dieses selbst nicht zum Gegenstand der Erkenntnis zu machen vermag. „Baudelaires Wahl: das ist *sein* Bewusstsein, das ist *sein* ursprünglicher Entwurf"[13]; koextensiv mit dem Bewusstsein selbst, bleibt der ursprüngliche Entwurf der reflexiven Selbstthematisierung uneinholbar. Um sich in seinem ursprünglichen Entwurf reflexiv zu erfassen, bedürfte das Subjekt der Distanz zu sich selbst; da aber bei ihm Entwurf und Handlung koinzidieren, jeder Akt der Reflexion selbst somit Teil des ursprünglichen Entwurfs ist, bleibt ihm dieser seiner Kenntnis entzogen. Während nun der ursprüngliche Entwurf der Reflexion transzendent ist und jede Selbsterkenntnis fragmentarisch bleibt, ist nach Sartre der existentiellen Psychoanalyse hingegen eine retrospektive Auslegung der in den Lebensäußerungen manifestierten Seinswahl möglich. Der existenzielle Psychoanalytiker betrachtet ein Individuum allein von seinen Objektivationen her; es ist ihm damit in seiner Totalität etwas ‚Gewordenes' und damit objektiv auf einen Entwurf zurückführbar. Als eine biographische Methode, die der Erkenntnis verborgene Momente des Selbstverhältnisses eines Individuums aufzudecken sucht, ist die Hermeneutik des ursprünglichen Entwurfs dabei weit davon entfernt, in „Komplizenschaft"[14] mit dem biographierten Individuum das Leben als eine Sinntotalität, als eine „kohärente und gerichtete Gesamtheit"[15] zu konstruieren, wie dies Pierre Bourdieu in seinem Aufsatz „Die biographische Illusion" unterstellt. Die Komplizenschaft des Biographen mit dem biographierten Subjekt impliziert das Verfolgen eines gemeinsamen Interesses; Sartre geht es hingegen darum, gerade im Gegenzug zu den Selbstzuschreibungen des untersuchten Subjekts zu zeigen, wie diesem die Bedeutung des ursprünglichen Entwurfs entgeht. Die in ihren Thesen sicher anfechtbare Baudelaire-Biographie Sartres bietet hierfür ein gutes Beispiel: Sartre sucht hier aufzuweisen, wie Baudelaire der Sinn seiner Seinswahl, die als Wahl der ‚mauvaise foi' bestimmt wird, unerkannt bleibt, der Wahl, sich selbst seine Möglichkeiten zu verbergen und

12 Ebd., S. 16f.

13 Ebd., S. 53.

14 Pierre Bourdieu: „Die biographische Illusion". In: ders.: *Praktische Vernunft. Zur Theorie des Handelns.* Aus d. Franz. v. Hella Beister. Frankfurt/M. 1998, S. 75–82, hier S. 76.

15 Ebd., S. 75.

schließlich das Leben als unentrinnbares Schicksal vorzuspielen, der Sartre am Schluss der Biographie gleichsam exorzistisch den Satz entgegenstellt: „Die freie Wahl seiner selbst, die der Mensch trifft, ist absolut identisch mit dem, was man sein Schicksal nennt.“[16]

Im Vorfeld der Arbeit an der großen Flaubert-Biographie erfährt diese Hermeneutik des ‚projet originel‘ eine einschneidende methodologische Erweiterung. In einem Interview von 1969 äußert sich Sartre über das mangelhafte methodische Vorgehen in der frühen Biographie zu Jean Genet:

> Die Untersuchung der Bedingtheit Genets durch seine objektive Geschichte ist ganz offensichtlich unzureichend, völlig unzureichend. Die Grundzüge der Interpretation – daß Genet ein Waisenkind unter Vormundschaft der Sozialfürsorge war, das in eine Bauernfamilie gegeben wurde, nichts besaß usw. – bleiben zwar gültig. Aber das alles geschah außerdem um 1925, also in einem bestimmten Kontext, der in dem Buch völlig fehlt. Die Sozialfürsorge und die Situation des Findelkindes sind andererseits spezifische gesellschaftliche Phänomene, und Genet ist ein Produkt des 20. Jahrhunderts; aber von alldem wird in dem Buch nichts erwähnt.[17]

Die „Macht der Dinge“[18], d.h. der objektiven Geschichte über das Individuum, deren Erfahrung Sartre, wie er im selben Interview erzählt, als Soldat im Zweiten Weltkrieg gemacht hatte, erscheint dem Philosophen nun in seinen frühen Biographien nicht angemessen erfasst. Sartre sieht nunmehr den Spielraum des Seinsentwurfs auf „jene kleine Bewegung, die aus einem völlig gesellschaftlich bedingten Wesen einen Menschen macht, der nicht in allem das darstellt, was von seinem Bedingtsein herrührt“[19], eingeschränkt; die Auslegung eines individuellen Entwurfs setzt also eine genaue Bestimmung der herrschenden sozialen Verhältnisse voraus. Zwar ist in *Das Sein und das Nichts* durchaus vom Gewicht der *Faktizität* für den Seinsentwurf des Subjekts die Rede; der Mensch entwirft sich bereits für den frühen Sartre stets im Ausgang von seiner faktischen Situation, in welche auch die Sphäre der gesellschaftlichen Zwänge fällt. Das Konzept der Situation bleibt jedoch in der frühen Philosophie abstrakt und unterbestimmt, die existentielle Psychoanalyse bietet nicht die methodischen Mittel, die eine systematische Erfassung der Situation eines untersuchten Individuums ermöglichen würden. Es ist der Marxismus, der nach Sartres Überzeugung die gültige Analyse der sozio-historischen Situierung des Individuums und der es bestimmenden ge-

---

16 Sartre: *Baudelaire*, S. 118.

17 Jean-Paul Sartre: „Sartre über Sartre. 1969. Interview mit *new left review*“. In: *Sartre über Sartre.* Hg. v. Traugott König. Dt. v. Gilbert Strasmann u.a. Reinbek bei Hamburg 1988, S. 163–187, hier S. 173.

18 Ebd., S. 163.

19 Ebd., S. 165.

sellschaftlichen Zwänge liefert. In *Fragen der Methode* (1957) entwirft Sartre ein die existentialistische Auslegung der menschlichen Entwurfssphäre in die marxistische Geschichts- und Gesellschaftsbetrachtung integrierendes hermeneutisches Modell, das er in seiner sozialphilosophischen Schrift *Kritik der dialektischen Vernunft* (fr. *Critique de la raison dialectique*, Bd. I 1960, Bd. II posthum 1985) und in der großen Flaubert-Biographie realisiert.

Nach Sartre verfügt der Marxismus über eine „totalisierende Kenntnis" (S. 234)[20] der sozio-historischen Bedingungen, die die Lebensvollzüge eines Individuums bestimmen.

Er begnüge sich jedoch damit, die Bedeutung individueller Praxis unmittelbar aus den Analysen der allgemeinen soziologischen und ökonomischen Strukturen abzuleiten. Ein solches Vorgehen sei hermeneutisch unzureichend, wie Sartre anhand folgenden Beispiels erläutert:

> Es besteht kein Zweifel darüber, daß Valéry ein kleinbürgerlicher Intellektueller ist. Aber nicht jeder kleinbürgerliche Intellektuelle ist Valéry. Die heuristische Unzulänglichkeit des heutigen Marxismus ist in diesen beiden Sätzen enthalten. Um den Prozeß zu erfassen, der die Person und ihr Produkt innerhalb einer Klasse und einer gegebenen Gesellschaft zu einem gegebenen historischen Zeitpunkt hervorbringt, fehlt dem Marxismus eine Hierarchie von Vermittlungen.[21]

Ohne eine hermeneutische Methode, die die Kluft zwischen den soziohistorischen Analysen einer Epoche und den Detailkenntnissen über das Leben eines Individuums schließt, bleiben die Erkenntnisse des Marxismus gegenüber dem Individuum als Gegenstand der Biographie abstrakt. Sartre sucht nun eine Individualhermeneutik zu entwerfen, die der Bedingtheit des Individuums durch die sozio-ökonomischen Strukturen seiner Zeit ebenso gerecht wird wie der irreduziblen Singularität seines Entwurfs:

> Ein Mensch ist [...] niemals ein Individuum; man sollte ihn besser ein *einzelnes Allgemeines* [fr. l'universel singulier, A. D.] nennen: [...] Da er durch die einzelne Allgemeinheit der menschlichen Geschichte allgemein und durch die allgemeinmachende Einzelheit seiner Entwürfe einzeln ist, muß er zugleich von beiden Enden her untersucht werden.[22]

Die systematische Auslegung dieser der ‚realité humaine' immanenten Dialektik soll die im vorliegenden Textausschnitt skizzierte ‚progressiv-regressive Methode' leisten. Ausgehend vom Werk als der vollkommensten, aber unmittelbar auf den ihm zugrundeliegenden Entwurf hin opaken Objektivati-

---

20 In Klammern angefügte Seitenangaben im Text beziehen sich auf den vorliegenden Band.

21 Jean-Paul Sartre: *Fragen der Methode*. Neu hg. u. m. Anm. vers. v. Arlette Elkaïm-Sartre. Dt. v. Vincent von Wroblewsky. Reinbek bei Hamburg 1999, S. 64.

22 Sartre: *Der Idiot der Familie I*, S. 7.

on des Autors Gustave Flaubert soll ein Fragehorizont auf die Epoche und die dem Biographen mit Hilfe der „von den Zeitgenossen *gesammelten* und von den Historikern *verifizierten* Tatsachen" (S. 239) zugängliche Lebensgeschichte geöffnet werden, der in einem multidisziplinären, marxistische, soziologische und psychoanalytische Methoden verbindenden Verfahren erkundet wird. Dieses ‚regressiv-analytische' Vorgehen zielt auf die Erfassung der „volle[n] historische[n] Tiefe" (S. 242) des Gegenstandes der Biographie; in einem ‚Hin-und-Her' (fr. va-et-vient) „zwischen den einzelnen Begebenheiten" eines Lebenszusammenhanges und der „allgemeinen Bestimmung der Lebensverhältnisse" (S. 242), die diese bedingen, wird eine Vielheit von hierarchisch aufeinander verweisenden Bedeutungsschichten freigelegt, die sich in Werk und Leben einschreiben; sozio-ökonomische Verhältnisse, soziales Rollengefüge, kulturelle Verkehrsformen, epochenspezifische Ideologeme, Sprachgebrauch, Tradition usw., die die Person verinnerlicht und zugleich in einer singulären Weise in seinen Objektivationen rückentäußert. Es ist daher zugleich eine ‚differentielle' Untersuchung der Art und Weise vorzunehmen, in der die Person durch das Erleben und Verinnerlichen seiner Epoche und ihrer sozialen Realität konstituiert wird; etwa der bestimmten Art und Weise, in der sich in Werk und Leben Paul Valérys das Milieu des „kleinbürgerlichen Intellektuellen" manifestiert.

Mit dieser Differenz ist nun bereits eine Spur der Subjektivität der untersuchten Person bestimmt. „So ist Gustave. So hat man ihn konstituiert", resümiert Sartre in *Der Idiot der Familie* über die der Kindheit Gustave Flauberts gewidmeten regressiven Analysen des ersten Teiles, um dann fortzufahren: „Sicher wird ein Existierender durch keine Bestimmung geprägt, die er nicht durch seine Art, sie zu leben, überschreitet."[23] Das Individuum entwickelt sich im Rahmen der bestehenden sozialen Strukturen und Ideologien; jede seiner Objektivationen trägt den Prägestempel seiner Epoche und kann in dieser Hinsicht als ein ‚fait social' betrachtet werden. Zugleich ist aber keine dieser Objektivationen reduzierbar auf eine bloße Reproduktion des Bestehenden. Die Lebensäußerungen eines Individuums sind verankert in den „Denk- und Aktionswerkzeugen"[24] einer Epoche und dabei ebenso Resultate ihrer differentiellen Anwendung im Akt individueller Sinnschöpfung, sie „konservieren und alterieren"[25] gleichzeitig die sozialen und

---

23 Jean-Paul Sartre: *Der Idiot der Familie. Gustave Flaubert 1821–1857. II. Die Personalisation.* Übers. u. hg. v. Traugott König. Reinbek bei Hamburg 1986, S. 11.

24 Sartre: *Fragen der Methode*, S. 139.

25 Jens Bonnemann: *Der Spielraum des Imaginären. Sartres Theorie der Imagination und ihre Bedeutung für seine phänomenologische Ontologie, Ästhetik und Subjektivitätskonzeption.* Hamburg 2007, S. 475.

ideologischen Strukturen der Epoche. Die in den Objektivationen eines Individuums aufgewiesene Differenz ist also als Objektivierung der individuellen Rückentäußerung und Überschreitung der allgemeinen Struktur zu bestimmen; sie ist nicht aus den Strukturen selbst ableitbar, sondern hat ihren Ursprung im sich innerhalb der Strukturen verwirklichenden Individuum. In der Abfolge seiner Objektivationen manifestiert sich die singuläre Art und Weise eines Individuums, sich im Prozess der ‚Verinnerung' und ‚Überschreitung' der objektiven Gegebenheiten und Einflüsse als Person zu entwerfen:

> In jedem Fall ist die Personalisation beim Individuum nichts anderes als die Überschreitung und Aufbewahrung (Übernahme und innere Negation) dessen, was die Welt aus ihm gemacht hat – und immer noch macht –, innerhalb eines totalisierenden Entwurfs. [26]

Vermittels der ‚progressiv-synthetischen' Methode soll eine ‚approximative' Auslegung des Entwurfs vollzogen werden, die sämtliche in der regressiven Analyse freigelegten Bedeutungsebenen als konstitutive Momente des untersuchten Lebenszusammenhanges in sich integriert; es gilt, den Entwurf des Individuums als das zwischen den allgemeinen konstitutiven Bedingungen und den diese als aufgehobene enthaltenden Objektivationen vermittelnde Moment zu verstehen.

Die Rekonstruktion des Entwurfs bedarf nun der Imagination des Biographen. Die objektiv-analytischen Methoden, die in der regressiven Methode zur Anwendung kommen, haben an der Darstellung des Entwurfs eines Individuums ihre Grenze; die intentionale Struktur, die den bekannten Lebensäußerungen zugrunde liegt, ist selbst nicht gegenständlich gegeben, sondern lässt sich nur im Ausgang von ihren objektiven Manifestationen imaginieren: „Ich imaginierte sein Leben hinter seinen Briefen oder seinen Romanen –, aber es gab da ein ganzes Stück Wahrheit, das mir durch diese Imagination selbst gegeben wurde"[27], berichtet Sartre in einem Interview über die Arbeit am *Flaubert*. Die Fiktion als methodisch kontrolliertes Mittel der hypothetisch-approximativen Rekonstruktion des Entwurfs hat in der Biographie ein wahrheitserschließendes Potential, das sich an der Menge der durch sie zu einem intuitiv einsichtigen Zusammenhang verknüpften Tatsachen bemisst. Die Bedeutung der Fiktion in der biographischen Arbeit

---

26 Sartre: *Der Idiot der Familie II*, S. 15.

27 Jean-Paul Sartre: „Über die geplante Fortsetzung von *Der Idiot der Familie*". Interview mit Michel Sicard, *magazine littéraire*, November 1976. In: ders.: *Was kann Literatur? Interviews, Reden, Texte 1960–1976*. Dt. v. Stephan Hermlin u. a. Hg. v. Traugott König. Reinbek bei Hamburg 1986, S.180–207, hier S. 188.

bewegte Sartre dazu, seine Flaubert-Biographie der Gattung des Romans zuzuordnen; sie sei ein „*wahrer* Roman“[28], das heißt ein sich wissenschaftlicher Methoden bedienender und einem anthropologischen Erkenntnisinteresse verpflichteter literarischer Diskurs.

Weiterführende Literatur

Anselmini, Julie u. Aucagne, Julie: „L'idiot de la famille de Jean-Paul Sartre“. In: *Recherches & travaux* (2007) H. 71.

Frank, Manfred: *Das Sagbare und das Unsagbare. Studien zur deutsch-französischen Hermeneutik und Texttheorie*. Frankfurt/M. 1993 (= Suhrkamp Taschenbuch Wissenschaft, Bd. 317).

König, Traugott (Hg.): *Sartres Flaubert lesen. Essays zu* Der Idiot der Familie. Reinbek bei Hamburg 1980.

Maler, Eduard: *Sartres Individualhermeneutik*. München 1986.

Wannicke, Rainer: *Sartres Flaubert: Zur Misanthropie der Einbildungskraft*. Berlin 1990 (= Reihe Historische Anthropologie, Bd. 10).

28 Sartre: *Sartre über Sartre*, S. 179.

Michel Foucault

Das Leben der infamen Menschen*

[1977]

Dies ist kein Geschichtsbuch. Die Auswahl, die man darin finden wird, hat als Regel nichts Bedeutenderes als meinen Geschmack, meine Lust, eine Emotion, das Lachen, die Überraschung, ein gewisses Erschrecken oder irgendein anderes Gefühl gehabt, bei dem ich mich vielleicht schwer tun würde, seine Intensität zu begründen, jetzt, wo der erste Moment der Entdeckung vergangen ist.

Dies ist eine Anthologie von Existenzen. Leben von wenigen Zeilen oder wenigen Seiten, zahllose Unglücke und Abenteuer, zusammengefasst in einer Hand voll Wörter. Kurze Leben, denen man im Zufälligen von Büchern und Dokumenten begegnet war. *Exempla*, doch – im Unterschied zu denen, die die Weisen im Laufe ihrer Lektüren zusammentrugen – sind dies Exempla, die weniger zum Nachdenken gedachte Lektionen als vielmehr kurze Wirkungen beinhalten, deren Kraft beinahe sofort erlischt. Der Ausdruck „Novelle" dürfte meines Erachtens als Bezeichnung gut passen aufgrund des darin angezeigten Doppelbezugs: auf die Schnelligkeit der Erzählung und auf die Wirklichkeit der berichteten Ereignisse; denn das Gesagte ist in diesen Texten so sehr zusammengedrängt, dass man nicht weiß, ob die Intensität, die sich durch sie hindurchzieht, mehr am Eklat der Wörter oder an der Gewaltsamkeit der Taten hängt, die sich in ihnen drängeln. Einzigartige Leben, die, ich weiß nicht durch welche Zufälle, zu sonderbaren

---

* Foucault, Michel: „Das Leben der infamen Menschen". In: ders.: *Schriften in vier Bänden. Dits et Ecrits*. Bd. 3. 1976–1979. Hg. v. Daniel Defern u. François Ewald unter Mitarbeit v. Jacques Lagrange. Aus dem Frz. v. Michael Bischoff, Hans-Dieter Gondek, u.a. Frankfurt/M. 2003, S. 309–332. [Übersetzer des vorliegenden Aufsatzes: Hans-Dieter Gondek.] [Französische Erstveröffentlichung: „La vie des hommes infâmes", in: *Les Cahiers du chemin* 29, 15. Januar 1977, S. 12–29.]

Dichtungen geworden sind, und genau das habe ich in einer Art Herbarium zusammentragen wollen.

Die Idee dazu ist mir eines Tages gekommen, ich glaube gar, als ich in der Bibliothèque Nationale ein Internierungsregister las, das ganz am Anfang des 18. Jahrhunderts abgefasst worden war. Mir scheint gar, sie ist mir bei der Lektüre von zwei Notizen wie diesen hier gekommen.

Mathurin Milan, eingewiesen ins Spital von Charenton den 31. August 1707: „Sein Wahnsinn war es immer, sich vor seiner Familie zu verbergen, auf dem Land ein unauffälliges Leben zu führen, zu prozessieren, zu Wucherzinsen und auf Nimmerwiedersehen zu leihen, seinen armseligen Geist auf unbekannten Straßen schweifen zu lassen und sich größter Leistungen fähig zu halten."

Juan Antoine Touzard, eingewiesen ins Château de Bicêtre den 21. April 1701: „Apostatischer Rekollekt, aufrührerisch, der größten Verbrechen fähig, Sodomit, gottlos, sofern man das sein kann; das ist ein wahres Monstrum an Abscheulichkeit, das zu ersticken weniger unpassend wäre als es freizulassen."

Ich käme in Verlegenheit, wenn ich sagen wollte, was genau ich empfunden habe, als ich diese Bruchstücke und noch einige weitere las, die ihnen ähnelten. Zweifellos einer dieser Eindrücke, von denen es heißt, sie seien ganz „natürlich", als ob es auch noch andere geben könnte. Und ich gestehe, dass diese „Novellen", die da plötzlich über zweieinhalb Jahrhunderte Schweigen hinweg auftauchten, mich tiefer im Mark erschüttert haben als das, was man gewöhnlich die Literatur nennt, ohne dass ich heute noch sagen könnte, ob mich mehr die Schönheit dieses klassischen, in wenigen Sätzen um zweifellos elende Gestalten herum gewickelten Stils aufgewühlt hat, oder die Maßlosigkeiten, die Mischung aus düsterer Hartnäckigkeit und dem Schmählichen dieser Leben, bei denen man unter den steinglatten Worten die Verwirrung und die Verbissenheit spürt.

Es ist lange her, dass ich für ein Buch derartige Dokumente verwandt habe. Ich habe das damals zweifellos aufgrund dieser Schwingung getan, die ich auch heute noch empfinde, wenn es mir widerfährt, auf diese unendlich kleinen Leben zu stoßen, die in den wenigen, sie niedermachenden Sätzen zu Asche geworden sind. Der Traum wäre gewesen, in einer Analyse ihre Intensität wiederherzustellen. Da es mir an dem erforderlichen Talent fehlt, habe ich lange Zeit bloß die Analyse wiedergekäut, die Texte in ihrer Trockenheit genommen, danach geforscht, welches ihre Daseinsberechtigung war, zu welchen Institutionen oder zu welcher politischen Praxis sie in Beziehung standen; ich wollte in Erfahrung bringen, warum es plötzlich in einer Gesellschaft wie der unseren so wichtig gewesen war, dass ein Anstoß erregender Mönch oder ein schrullenhafter und inkonsequenter Wucherer

„erstickt“ werden (wie man einen Schrei, ein Feuer oder ein Tier erstickt); ich habe nach dem Grund gesucht, weshalb man mit so viel Eifer die armseligen Geister daran hatte hindern wollen, auf unbekannten Straßen umherzuschweifen. Doch die ersten Intensitäten, die mich motiviert hatten, blieben außen vor. Und da Gefahr bestand, dass sie überhaupt nicht in die Ordnung der Ursachen eingehen, da mein Diskurs unfähig war, sie zu tragen, so wie es notwendig gewesen wäre, war es da nicht das Beste, sie in genau der Form zu belassen, in der ich sie erfahren hatte?

Daraus ergab sich die Idee zu dieser ein wenig der Gelegenheit entsprechend erstellten Sammlung. Eine Sammlung, die ohne Hast und ohne klar definiertes Ziel zusammengestellt wurde. Lange Zeit habe ich daran gedacht, sie in einer systematischen Anordnung zu präsentieren, mit einigen grundsätzlichen Erklärungen und auf eine Weise, dass sie ein Minimum an historischer Bedeutung zum Ausdruck bringen könnte. Ich habe darauf aus Gründen verzichtet, auf die ich gleich zurückkommen werde; ich habe mich entschlossen, ganz einfach nur eine gewisse Anzahl von Texten der Intensität wegen zu versammeln, die sie mir zu haben schienen; ich habe ihnen einige Vorbemerkungen mitgegeben, und ich habe sie so verteilt, dass die Wirkung eines jeden – meiner Meinung nach so wenig schlecht wie möglich – bewahrt wird. Mein Unvermögen hat mich zu der frugalen Lyrik des Zitats greifen lassen.

Dieses Buch wird also weniger noch als die anderen das Geschäft der Historiker betreiben. Das Buch einer Laune, ein rein subjektives Buch? Ich würde eher sagen – aber das läuft vielleicht auf dasselbe hinaus -, dass es ein Buch der Konvention und des Spiels ist, das Buch einer kleinen Manie, die sich ihr System gegeben hat. Ich glaube schon, dass das Gedicht von dem launenhaften Wucherer oder das von dem sodomitischen Rekollekten mir durchgehend als Modell gedient haben. Um so etwas wie diese blitzhaften Existenzen, wie diese Lebensgedichte aufzufinden, habe ich mir eine bestimmte Anzahl einfacher Regeln auferlegt:

– dass es sich um Personen handelt, die wirklich existiert haben;
– dass diese Existenzen unauffällig und unglücklich zugleich sind;
– dass sie auf wenigen Seiten oder besser in wenigen Sätzen erzählt werden, so kurz wie möglich;
– dass diese Erzählungen nicht einfach nur merkwürdige oder rührselige Anekdoten darstellen, sondern dass sie auf die eine oder andere Weise (weil sie Klagen, Anprangerungen, Anordnungen oder Berichte waren) wirklich ihren Anteil hatten an der winzigen Geschichte dieser Existenzen, an ihrem Unglück, ihrer Wut oder ihrem ungewissen Wahnsinn,
– und dass aus dem Schock dieser Worte und dieser Leben noch für uns eine bestimmte, aus Schönheit und Schrecken gemischte Wirkung entsteht.

Doch zu diesen Regeln, die willkürlich erscheinen mögen, muss ich mich ein wenig mehr erklären.

*

Ich wollte, dass es sich stets um wirkliche Existenzen handelt, dass man ihnen einen Ort und ein Datum geben kann, dass hinter diesen Namen, die nichts mehr sagen, dass es hinter diesen flüchtigen Wörtern, die wohl auch die meiste Zeit falsch, lügnerisch, ungerecht und maßlos sein können, Menschen, die gelebt haben und die gestorben sind, Leiden, Bosheiten, Eifersüchtigkeiten und Verwünschungen gegeben hat. Ich habe folglich alles daraus verbannt, was Imagination oder Literatur sein konnte: Keiner der unauffälligen Helden, den diese hatten erfinden können, erschien mir so intensiv wie diese Schuhflicker, diese desertierten Soldaten, diese Kleiderhändler, diese Gerichtsschreiber, diese umherziehenden Mönche, alle wuterfüllt, Anstoß erregend oder erbarmungswürdig; und dies zweifellos allein deshalb, weil man weiß, dass sie existiert haben. Ebenso habe ich sämtliche Texte daraus verbannt, die Memoiren, Erinnerungen oder Schilderungen sein mochten, alle diejenigen, die zwar die Wirklichkeit berichteten, aber doch zu ihr den Abstand des Blicks, des Gedächtnisses, der Neugier oder der Belustigung wahrten. Ich habe darauf Wert gelegt, dass diese Texte stets in einem Bezug oder eher noch in der größtmöglichen Zahl von Bezügen zur Wirklichkeit stehen: nicht nur, dass sie sich darauf beziehen, sondern dass sie darin operieren; dass sie ein Stück in der Dramaturgie des Wirklichen sind, dass sie das Instrument einer Rache, die Waffe eines Hasses, eine Episode in einer Schlacht, das Gestenspiel einer Verzweiflung oder einer Eifersucht, ein Flehen oder ein Befehl sind. Ich habe nicht Texte zu vereinen gesucht, die besser als andere wirklichkeitsgetreu wären, die es verdienten, ihres Darstellungswertes wegen erhalten zu bleiben, sondern Texte, die in diesem Wirklichen, von dem sie sprechen, eine Rolle gespielt haben, und die sich umgekehrt, unabhängig von ihrer Ungenauigkeit, ihrer Emphase oder ihrer Heuchelei, von ihm durchquert erweisen: Diskursbruchstücke, die die Bruchstücke einer Wirklichkeit mitführen, von der sie ein Teil sind. Man wird hier nicht eine Sammlung von Porträts zu lesen bekommen: Es sind Fallen, Waffen, Schreie, Gesten, Haltungen, Listen, Intrigen, bei denen die Wörter die Instrumente gewesen sind. Wirkliche Leben sind in diesen wenigen Sätzen „gespielt" worden; ich will damit nicht behaupten, dass sie darin dargestellt werden, sondern dass de facto darin ihre Freiheit, ihr Unglück und häufig ihr Tod, ihr Schicksal jedenfalls, für einen Teil zumindest, entschieden worden sind. Diese Diskurse haben wirklich Leben durchkreuzt; diese Existenzen sind in diesen Worten wirklich gewagt und verloren worden.

Ich wollte auch, dass diese Gestalten selbst unauffällig sind; dass nichts ihnen eine Anlage für irgendeinen Glanz mitgegeben hat, dass sie mit keiner dieser Größen ausgestattet sind, die etabliert und anerkannt sind – die Größe der Geburt, des Vermögens, der Heiligkeit, des Heldentums oder des Genies; dass sie zu jenen Milliarden Existenzen gehören, denen es bestimmt ist, ohne Spur zu vergehen; dass in ihren Unglücken, in ihren Leidenschaften, in diesen Lieben und in diesen Formen von Hass etwas Graues und Ordinäres im Hinblick auf das gewöhnlich für erzählenswürdig Erachtete ist; dass sie dennoch von einer gewissen Glut durchzogen werden, dass sie von einer Heftigkeit, einer Energie, einer Maßlosigkeit in der Bosheit, der Gemeinheit, der Niedrigkeit, der Verbohrtheit oder dem Ungeschick beseelt werden, was ihnen in den Augen ihrer Umgebung und gemessen an ihrer Durchschnittlichkeit eine Art furchtbare oder erbarmungswürdige Größe verlieh. Ich war auf die Suche nach diesen Teilchenarten gegangen, ausgestattet mit umso größerer Energie, je kleiner und schwieriger sie zu entdecken sind.

Damit etwas von ihnen bis hin zu uns gelangt, musste freilich einen Augenblick lang zumindest ein Lichtbündel kommen und sie erhellen. Ein Licht von anderswoher. Das, was sie der Nacht entreißt, in der sie hätten bleiben können und vielleicht auch für immer hätten bleiben müssen, ist die Begegnung mit der Macht: Ohne diesen Zusammenstoß wäre mit Sicherheit kein Wort mehr da, um an ihren flüchtigen Lebensverlauf zu erinnern. Die Macht, die diesen Leben aufgelauert, sie verfolgt hat, die ihre Aufmerksamkeit, und wäre es nur für einen Augenblick, auf ihre Klagen und auf ihren kleinen Radau gerichtet und sie mit einem Prankenhieb gezeichnet hat, sie hat diese wenigen Wörter verursacht, die uns davon bleiben; sei es, dass man sich an sie wenden wollte, um anzuzeigen, zu klagen, zu ersuchen und zu flehen, sei es, dass sie habe eingreifen wollen und dass sie mit wenigen Worten geurteilt und entschieden habe. Alle diese Leben, denen es beschieden war, unterhalb jedes Diskurses zu vergehen und zu verschwinden, ohne jemals gesagt worden zu sein, haben allein an der Stelle ihrer plötzlichen Berührung mit der Macht – kurze, einschneidende, oft rätselhafte – Spuren hinterlassen können. So dass es sicher unmöglich ist, sie sich jemals wieder an sich, so wie sie „im freien Zustand" sein mochten, zu Eigen zu machen; man kann sie nurmehr eingefangen in den Deklamationen, den taktischen Parteilichkeiten und den gebieterischen Lügen aufspüren, die die Spiele der Macht und die Beziehungen zu ihr voraussetzen.

Man wird gegen mich einwenden: Sie haben gut reden, mit stets derselben Unfähigkeit, die Linie zu überschreiten, die Sprache zu hören und verstehbar zu machen, die von anderswoher oder von dort unten kommt; mit stets derselben, von Seiten der Macht getroffenen Auswahl dessen, was sie sagt oder sagen macht. Warum nicht darangehen und diese Leben da hören, wo sie von sich aus sprechen? Doch zunächst einmal, was von dem, was sie in ihrer Gewalttätigkeit oder in ihrem einzigartigen Unglück gewesen sind, was auch immer bliebe uns davon, wenn sie nicht zu einem bestimmten Zeitpunkt die Macht gekreuzt und ihre Kräfte herausgefordert hätten? Ist es schließlich nicht einer der Grundzüge unserer Gesellschaft, dass das Schicksal darin die Form des Verhältnisses zur Macht, des Kampfes mit ihr oder gegen sie annimmt? Der intensivste Punkt der Leben, der Punkt, an dem sich ihre Energie konzentriert, ist eben da, wo sie mit der Macht zusammenstoßen, sich mit ihr herumschlagen, ihre Kräfte zu verwenden oder ihren Fallen zu entgehen versuchen. Die kurzen und schrillen Wortwechsel, die zwischen der Macht und den unwesentlichsten Existenzen hin und her gehen, sind damit für jene zweifellos das einzige Monument, das ihnen je gewährt wurde; es verleiht ihnen, um die Zeit zu durchqueren, das Wenige an Glanz und das kurze Aufblitzen, das sie bis hin zu uns trägt.

Ich habe, kurz gesagt, einige Ansätze zu einer Legende der unauffälligen Menschen versammeln wollen, ausgehend von Diskursen, die sie im Unglück oder im Zorn mit der Macht austauschen.

„Legende", weil darin wie in allen Legenden eine bestimmte Zweideutigkeit des Fiktiven und des Wirklichen hervorgebracht wird. Aber sie wird darin aus umgekehrten Gründen hervorgebracht. Das Legendäre, welches auch immer sein Kern an Wirklichkeit sein könnte, ist letztlich nichts anderes als die Summe dessen, was man darüber sagt. Es ist gleichgültig gegenüber Existenz oder Inexistenz desjenigen, dessen Ruhm es weitergibt. Auch wenn dieser existiert hat, deckt ihn die Legende mit so vielen Wundern zu, verschönert sie ihn mit so vielen Unmöglichkeiten, dass alles oder fast alles so vonstatten geht, als ob er niemals gelebt hätte. Und wenn er rein imaginär ist, bringt die Legende über ihn so viele nachdrückliche Erzählungen bei, dass er die historische Dichte von jemandem annimmt, der existiert hätte. In den Texten, die weiter unten zu lesen sein werden, wird die Existenz dieser Männer und dieser Frauen genau auf das zurückgeführt, was über sie gesagt worden ist; von dem, was sie gewesen sind oder was sie getan haben, hat nichts Bestand, außer in wenigen Sätzen. Hier sorgt die Knappheit und nicht die Weitschweifigkeit dafür, dass Wirkliches und Fiktion einander gleich gelten. Da sie nichts in der Geschichte gewesen sind, in den Geschehnissen oder unter den wichtigen Leuten keine merkliche Rolle gespielt und um sie herum keine Spur hinterlassen haben, auf die man Bezug nehmen könnte, haben sie niemals mehr eine Existenz und werden sie auch keine mehr haben als unter dem prekären Schutz dieser Wörter. Und dank der Texte, die von ihnen sprechen, gelangen sie bis zu uns, ohne mehr Indizes einer Wirklichkeit vorzuweisen, als wenn sie der *Legenda aurea*[1] oder einem Abenteuerroman entstammten. Diese reine Existenz im Wort, die aus diesen Unglücklichen oder diesen Niederträchtigen quasi fiktive Wesen macht, verdanken sie ihrem beinahe erschöpfenden Verschwinden und diesem Glück oder Unglück, das im Zufall wiedergefundener Dokumente einige knappe Worte hat überleben lassen, die von ihnen sprechen oder die sie selbst ausgesprochen haben. Schwarze Legende, aber vor allem nüchterne Legende, reduziert auf das, was eines Tages gesagt wurde und was unwahrscheinliche Begegnungen bis hin zu uns bewahrt haben.

Dies ist damit ein weiteres Merkmal dieser schwarzen Legende. Sie ist nicht wie diejenige, die mit einer gewissen tiefen Notwendigkeit vergoldet wird, kontinuierlichen Wegen folgend übertragen worden. Sie ist von Natur aus ohne Tradition; Brüche, Austilgung, Vergessen, Überkreuzungen, Wiederauftauchen, dadurch allein kann sie zu uns gelangen. Der Zufall führt sie seit Anbeginn. Es brauchte zunächst ein Spiel von Umständen, die gegen alle Erwartung auf das unauffälligste Individuum, auf sein mittelmäßiges Leben, auf letztlich ziemlich gewöhnliche Fehler den Blick der Macht und den Ausbruch ihres Zorns gezogen haben: Der Zufall, der dafür sorgte, dass die Wachsamkeit der Verantwortlichen oder der Institutionen, die zweifellos dazu bestimmt waren, jede Unordnung zum Verschwinden zu bringen, eher dieses als jenes im Sinn behielt, diesen Anstoß erregenden Mönch, diese geschlagene Frau, diesen unverbesserlichen und zornigen dem Trunk Ergebenen, diesen streitsüchtigen Händler, und nicht so viele andere neben ihnen, die nicht weniger Aufsehen erregten. Und dann musste unter so vielen verlorenen und verstreuten Dokumenten dieses und nicht jenes andere bis hin zu uns gelangen und wiederentdeckt und gelesen werden. So dass zwischen diesen Leuten ohne Bedeutung und uns, die wir davon auch nicht mehr haben als sie, keinerlei Bezug einer Notwendigkeit besteht. Nichts machte es wahrscheinlich, dass sie mit ihrem Leben und mit ihrem Unglück eher als andere aus dem Dunkel heraustreten würden. Erfreuen wir uns, wenn wir wollen, darin eine Revanche zu sehen: Der glückliche Zufall, der es gestattet, dass diese absolut ruhmlosen Leute aus der Mitte so vieler Toter immer noch gestikulieren, immer noch ihre Wut, ihren Kummer oder ihre unbezwingliche Entschlossenheit ausdrücken, sich auszulassen, gleicht vielleicht den unglücklichen Zufall aus, der trotz ihrer Durchschnittlichkeit und ihrer Namenlosigkeit den Blitzstrahl der Macht auf sie gezogen hatte.

---

1 [Der Name, den man der Sammlung der Vitae von Heiligen gab, die in der Mitte des 13. Jahrhunderts von dem Dominikanermönch Jacobus de Voragine zusammengestellt wurde: *Legenda Aurea*. Zürich 1982.]

Es sind Leben, so als ob sie nicht existiert hätten, Leben, die nur durch den Zusammenstoß mit einer Macht überleben, die sie einzig hatte vernichten oder zumindest entfernen wollen, Leben, die nur durch die Wirkung mannigfaltiger Zufälle auf uns zurückkommen, das sind die Infamien, von denen ich hier einige Reste versammeln wollte. Es gibt eine falsche Infamie, das ist die, aus der jene Menschen des Schreckens oder des Skandals ihren Vorteil ziehen, wie Gilles de Rais, Guillery oder Cartouche, Sade und Lacenaire welche waren. Scheinbar infam aufgrund der abscheulichen Erinnerungen, die sie hinterlassen haben, der Missetaten, die man ihnen zuschreibt, des ehrfürchtigen Schreckens, den sie verbreitet haben, sind sie in Wirklichkeit Männer der ruhmreichen Legende, selbst wenn die Gründe für dieses Renommee Verkehrungen darstellen gegenüber denen, die die Größe von Menschen ausmachen oder ausmachen sollten. Ihre Infamie ist nur eine Modalität der universalen *fama.* Doch der apostatische Rekollekt und die auf den unbekannten Wegen verirrten armseligen Geister sind infam in aller Strenge; sie existieren nur aufgrund der wenigen schrecklichen Worte, die dazu bestimmt waren, sie für immer des Gedächtnisses der Menschen unwürdig zu machen. Und der Zufall hat gewollt, dass diese Worte, diese Worte allein, Bestand haben. Ihre Wiederkehr nunmehr im Realen geschieht genau in der Form, deretwegen man sie aus der Welt gejagt hatte. Es ist nutzlos, ihnen ein anderes Gesicht zu suchen oder in ihnen eine andere Größe zu vermuten; sie sind nur noch das, wodurch man sie hat niederdrücken wollen: nicht mehr und nicht weniger. So ist die strenge Infamie, diejenige, die weder mit zwiespältigem Skandal noch mit dumpfer Bewunderung vermischt ist, und mit keiner Art von Ruhm eine Verbindung eingeht.

*

Im Verhältnis zu der großen Sammlung der Infamie, die deren Spuren von nahezu überall und aus allen Zeiten zusammentragen würde, verschließe ich nicht die Augen davor, dass die hier vorgelegte Auswahl beschränkt, eng und ein wenig monoton ist. Es handelt sich um Dokumente, die alle auf fast genau dieselben einhundert Jahre zurückgehen, 1660–1760, und die aus derselben Quelle stammen: Archive der geschlossenen Abteilung, der Polizei, der Bittbriefe an den König und der „lettres de cachet“. Unterstellen wir, dass es sich dabei um einen ersten Band handelt, und dass das *Leben der infamen Menschen* sich auf andere Zeiten und andere Orte wird erstrecken können.

Ich habe diese Periode und diese Art Texte aufgrund einer alten Vertrautheit ausgewählt. Doch auch wenn die Vorliebe, die ich für sie seit Jahren hege, nicht zu bestreiten ist, und wenn ich heute noch darauf zurückkomme, so tue ich dies, weil ich darin einen Beginn vermute, auf jeden Fall ein bedeutendes Ereignis, in dem sich politische Mechanismen und Diskurseffekte überschnitten haben.

Diese Texte aus dem 17. und dem 18. Jahrhundert haben (vor allem, wenn man sie mit dem vergleicht, was im Weiteren administrative und polizeiliche Geistlosigkeit sein wird) einen Glanz, sie offenbaren hinter der Biegung eines Satzes eine Pracht und eine Heftigkeit, was zumindest in unseren Augen die Niedrigkeit der Affäre oder die ziemlich schamhafte Kleinlichkeit der Absichten bestreitet. Die erbarmungswürdigsten Leben werden darin mit Verwünschungen oder einer Emphase beschrieben, die den tragischsten angemessen scheinen. Eine zweifellos komische Wirkung; es hat schon etwas Lächerliches, wenn um unbedeutende Verstöße oder derart gewöhnliche Unglücke herum die geballte Macht der Worte und durch sie hindurch die Herrschaft des Himmels und der Erde heraufbeschworen wird: „Niedergedrückt unter dem Gewicht unmäßigsten Schmerzes, wagt es der Ladengehilfe Duchesne in demütigem und hochachtungsvollem Vertrauen, sich Ihrer Majestät zu Füßen zu werfen, um gegen die boshafteste aller Frauen sein Recht zu erflehen ... Welche Hoffnung soll nicht der Unglückselige schöpfen dürfen, den es in die äußerste Not heruntergedrückt hat, und der sich heute an Ihre Majestät wendet, nachdem er alle Wege des sanften Zuspruchs, der Ermahnungen und der Rücksichtnahme ausgeschöpft hat, um eine Frau, die es an jeglichem Gefühl für Religion, Ehre, Redlichkeit und sogar Menschlichkeit fehlen lässt, wieder zu ihrer Pflicht zurückzuführen? So ist, Hoher Herr, der Zustand des Elenden, der es wagt, seine klagende Stimme in den Ohren Ihrer Majestät ertönen zu lassen." Oder noch von dieser sitzen gelassenen Amme, die die Verhaftung ihres Ehemanns im Namen seiner vier Kinder verlangt, „die von ihrem Vater vermutlich nichts als ein schreckliches Beispiel für die Auswirkungen der Ordnungslosigkeit zu erwarten haben. Ihre Gerechtigkeit, Mein Herr, wird ihnen eine derart entehrende Belehrung und mir und meiner Familie die Schmach und die Infamie ersparen und einen bösartigen Bürger, der der Gesellschaft nur Schaden zufügen kann, außerstande setzen, ihr ein Unrecht anzutun." Man wird vielleicht lachen, aber man darf nicht vergessen: Auf diese Rhetorik, die so großsprecherisch nur wegen der Kleinheit der Dinge ist, auf die sie angewandt wird, antwortet die Macht in Worten, die uns kaum maßvoller scheinen; mit dem einen Unterschied freilich, dass in den ihr eigenen Worten der Blitzschlag ihrer Entscheidungen ergeht; und ihre Förmlichkeit lässt sich, wenn schon nicht durch die Bedeutung dessen, was sie bestrafen, so doch zumindest durch die Strenge der Strafe, die sie auferlegen, autorisieren. Wenn man ich weiß nicht was für eine Horoskopstellerin einsperrt, heißt es gleich, „es sind wenige Verbrechen, die sie nicht begangen hat, und keines, zu dem sie nicht fähig wäre. So liegt nicht minder Barmherzigkeit wie Gerechtigkeit darin, die Öffentlichkeit auf immer von einer so gefährlichen Frau zu befreien, die sie bestiehlt, die sie zum Narren hält und die ungestraft seit so vielen Jahren Anstoß erregt." Oder über einen törichten jungen Mann, einen schlechten Sohn und Wüstling: „Er ist ein Ungeheuer an Ausschweifung und Gottlosigkeit ... Er ist alle Laster gewohnt: spitzbübisch, unbelehrbar, ungestüm, gewalttätig, imstande, aus freiem Antrieb seinem eigenen Vater nach dem Leben zu trachten ... stets in Gesellschaft mit Frauen der niedrigsten Prostitution. Alles, was man ihm an seinen Spitzbübereien und seinen Regellosigkeiten vorhält, macht keinen Eindruck auf sein Herz; er antwortet darauf nur mit dem Lächeln eines Niederträchtigen, das seine Verhärtung erkennen lässt und anzunehmen veranlasst, dass er nicht kuriert werden kann." Auf den kleinsten Streich hin ist man bereits im Verabscheuungswürdigen oder wenigstens im Diskurs der Invektive und der Verfluchung. Diese sittenlosen Frauen und diese wutentbrannten Kinder verblassen nicht neben Nero oder Rodogune.[2] Der Diskurs der Macht im klassischen Zeitalter erzeugt wie der Diskurs, der sich an sie wendet, Ungeheuer. Warum dieses so emphatische Theater des Alltäglichen?

Den Zugriff der Macht auf das Gewöhnliche des Lebens hatte das Christentum zu einem großen Teil um die Beichte herum organisiert: die Pflicht, die winzige Welt aller Tage, die banalen Verfehlungen, die gar unscheinbaren, bis hin zum trüben Spiel von Gedanken, Absichten und Begierden reichenden Schwächen regelmäßig am Faden der Sprache entlang vorüberziehen zu lassen; Ritual eines Geständnisses, bei dem derjenige, der spricht, zugleich derjenige ist, über den gesprochen wird; Auslöschung der gesagten Sache eben durch ihre Aussage, doch damit gleichfalls eine Vergrößerung des Geständnisses, das geheim bleiben muss und hinter sich keine andere Spur zurücklassen darf als die Reue und die Werke der Buße. Das christliche Abendland hat diesen erstaunlichen Zwang erfunden, den es jedem auferlegte, alles zu sagen, um alles auszulöschen, noch die kleinsten Vergehen auszuformulieren, in einem ununterbrochenen, verbissenen, erschöpfenden Gemurmel, dem nichts entgehen durfte, das aber nicht einen Augenblick sich selbst überleben durfte. Für Hunderte von Millionen Menschen und über Jahrhunderte hinweg war das Böse genötigt, in der ersten Person in einem obligatorischen und flüchtigen Geflüster sein Geständnis abzulegen.

Nun stellte sich allerdings ab einem Zeitpunkt heraus, der sich auf das Ende des 17. Jahrhunderts ansetzen lässt, dass dieser Mechanismus von einem anderen eingerahmt und umfasst wurde, der ganz anders funktionier-

2 [Pierre Corneille: *Rodogune, Princesse des Parthes*. Paris 1647; dt.: *Rodogune, Prinzessin aus Parthien*. Wolfenbüttel 1691; *Rodogyne*. Frankfurt/M. 1962.] (Anm. d. Übers.)

te. Eine administrative und nicht mehr religiöse Anordnung; ein Aufzeichnungsmechanismus und nicht mehr einer des Verzeihens. Das angestrebte Ziel war dennoch dasselbe. Teilweise zumindest: eine Diskursivierung des Alltäglichen, ein Durchgang durch das unendlich kleine Universum der Unregelmäßigkeiten und der unbedeutenden Verstöße. Das Geständnis jedoch spielt darin nicht die hervorragende Rolle, die das Christentum ihm vorbehalten hatte. Für diese Erfassung verwendet man, und zwar systematisch, alte Vorgehensweisen, die aber bis dahin nur lokal eingesetzt wurden: die Anprangerung, die Klage, die Untersuchung, den Bericht, die Bespitzelung und das Verhör. Und alles das, was auf diese Weise gesagt wird, wird schriftlich aufgezeichnet und zusammengetragen, bildet Dossiers und Archive. Die einmalige, augenblickliche und spurlose Stimme des Bußgeständnisses, die das Übel auslöschte, indem sie selbst erlischt, wird fortan von mannigfaltigen Stimmen weitergetragen, die sich in einer ungeheuren Dokumentenmasse niederschlagen und so durch die Zeit hindurch gleichsam das unaufhörlich wachsende Gedächtnis aller Übel der Welt bilden. Das kleinste Übel des Elends und der Verfehlung wird nun nicht mehr durch die kaum hörbare vertrauliche Mitteilung zum Himmel emporgeschickt, sondern wird auf Erden in der Form geschriebener Spuren akkumuliert. Es stellt sich so eine ganz andere Art von Bezügen zwischen der Macht, dem Diskurs und dem Alltäglichen her, eine ganz andere Art und Weise, diese zu lenken und zu formulieren. Für das gewöhnliche Leben entsteht so eine neue Inszenierung.

Ihre ersten archaischen, aber bereits komplexen Instrumente kennt man: Es sind die Bittschriften, die „lettres de cachet" an den König oder die Anordnungen des Königs, die verschiedenartigen Einsperrungen, die polizeilichen Berichte und Entscheidungen. Ich werde nicht auf diese bereits bekannten Dinge, sondern nur auf bestimmte Aspekte eingehen, die der eigentümlichen Intensität und einer Art Schönheit gerecht werden können, die diese hastigen Bilder mitunter umhüllen, in denen armselige Menschen für uns, die wir sie aus so großer Entfernung wahrnehmen, das Gesicht der Infamie angenommen haben. Die „lettre de cachet", die Internierung, die allgemein gewordene Gegenwart der Polizei, das alles lässt gewöhnlich nur an den Despotismus eines absoluten Monarchen denken. Aber es ist deutlich zu sehen, dass diese „Willkürmaßnahme" eine Art öffentlicher Dienst war. Die „Anordnungen des Königs" schlugen sich nur in den seltensten Fällen unverhofft, von oben nach unten ergehend, als Zeichen des Zorns des Monarchen nieder. Die meiste Zeit wurden sie gegen jemanden aus der eigenen Umgebung erbeten, den eigenen Vater und die eigene Mutter, einen der eigenen Verwandten, seine Familie, seine Söhne oder Töchter, seine Nachbarn, mitunter gegen den Pfarrer des Ortes oder einen Würdenträger; man ersuchte dringend darum, als ob es sich um irgendein großes Verbrechen handelte, das den Zorn des Herrschers verdient hätte, wegen irgendeiner obskuren Familiengeschichte: verhöhnte oder geschlagene Ehemänner, verschwendetes Vermögen, Interessenkonflikte, unbelehrbare junge Leute, Spitzbübereien oder Trinkgelage, und all die kleinen Unordentlichkeiten des Verhaltens. Die „lettre de cachet", die sich als der ausdrückliche und partikuläre Wille des Königs ausgab, einen seiner Untertanen außerhalb der Bahnen der regulären Justiz einsperren zu lassen, war nur die Antwort auf dieses von unten kommende Verlangen. Aber sie wurde demjenigen, der sie verlangte, nicht ohne weiteres gewährt; eine Untersuchung musste dem vorausgehen, dazu bestimmt, über das Wohlbegründete des Verlangens zu entscheiden; sie sollte darlegen, ob diese Prasserei oder jenes Trinkgelage oder diese Gewalttätigkeit und jene Ausschweifung wirklich eine Inhaftnahme verdienten, und unter welchen Bedingungen und für wie lange: eine Aufgabe für die Polizei, die dazu Zeugnisse, Spitzelberichte und dieses ganze zweifelhafte Geraune einsammelte, das jeden mit Nebel umhüllt.

Das System „Lettre de cachet" – Einschließung war nur eine recht kurze Episode: kaum mehr als ein Jahrhundert und vom Ort her allein auf Frankreich beschränkt. Das ändert nichts an seiner Bedeutung innerhalb der Geschichte der Mechanismen der Macht. Es gewährleistet nicht den spontanen Einbruch der königlichen Willkür in das alltäglichste Element des Lebens. Es gewährleistet vielmehr die nach komplexen Kreisläufen und in einem ganzen Spiel von Anträgen und Antworten erfolgende Verteilung. Missbrauch des Absolutismus? Vielleicht, wenn auch nicht in dem Sinne, dass der Monarch schlicht und einfach seine eigene Macht missbrauchen würde, sondern in dem Sinn, dass jeder für sich, zu seinen eigenen Zwecken und gegen die anderen, die ungeheure Größe der absoluten Macht nutzen konnte: eine Art Verfügbarmachung der Mechanismen der Souveränität, eine demjenigen erteilte Möglichkeit, der geschickt genug ist, sie zu ergreifen und ihre Wirkungen zu seinem Vorteil umzuwenden. Daraus ergibt sich eine bestimmte Anzahl von Konsequenzen: Die politische Souveränität schaltet sich auf der elementarsten Stufe des Gesellschaftskörpers ein; von Untertan zu Untertan – und es handelt sich mitunter um die demütigsten –, zwischen den Mitgliedern ein und derselben Familie, in den Nachbarschafts-, Interessen- und Zunftbeziehungen, den Beziehungen von Rivalität, Hass und Liebe lassen sich über die traditionellen Waffen der Autorität und des Gehorsams hinaus die Ressourcen einer politischen Macht zur Geltung bringen, die die Form des Absolutismus hat; jeder, wenn er nur das Spiel zu spielen weiß, kann für den anderen zu einem schrecklichen und gesetzlosen Monarchen werden: *homo homini rex;* eine ganze politische Kette wird sich mit dem Webmuster des Alltäglichen verflechten. Doch immer noch muss man sich, zumindest für einen Augenblick, diese Macht zu Eigen machen, sie kanalisieren, sie einfangen und sie in die gewollte Richtung lenken; man muss sie, um zu seinem eigenen Vorteil von ihr Gebrauch zu machen, „verführen"; sie wird zugleich zum Objekt der Begehrlichkeit und zum Objekt der Verführung; sie ist also begehrenswert, und dies in eben dem Maße, wie sie absolut furchtbar ist. Die Intervention einer grenzenlosen politischen Macht in das alltägliche Verhältnis wird so nicht nur annehmbar und vertraut, sondern zutiefst erwünscht, doch nicht ohne dass sie in der Sache zum Thema einer verallgemeinerten Furcht wird. Es gibt keinen Grund, über diese Schräglage erstaunt zu sein, die die traditionell mit der Familie verbundenen Zugehörigkeits- und Abhängigkeitsbeziehungen nach und nach für die administrativen und politischen Kontrollen freigab. Und auch nicht erstaunt zu sein, dass die maßlose Macht des Königs, die so inmitten der Leidenschaften, der Wütereien, des Elends und der Niederträchtigkeiten funktionierte, trotz oder eher gerade aufgrund ihrer Nützlichkeit zum Gegenstand der Verabscheuung werden konnte. Diejenigen, die „lettres de cachet" beanspruchten, und der König, der sie gewährte, waren in der Falle ihrer Komplizenschaft gefangen: Erstere verloren mehr und mehr ihre traditionelle Stärke zum Vorteil einer administrativen Macht; und was ihn betrifft, so wurde er dadurch, dass er sich alle Tage in so viele Hassgeschichten und Intrigen eingemischt hatte, hassenswert. So wie der Graf von Chaulieu, ich glaube, in den *Mémoires de deux jeunes mariées*,[3] sagte, hat die Französische Revolution, indem sie dem König den Kopf abschlug, sämtliche Familienväter enthauptet.

Von all dem möchte ich für den Augenblick das Folgende festhalten: Mit diesem Dispositiv aus Bittschriften, „lettres de cachet", Inhaftierung und Polizei wird eine Diskursunendlichkeit entstehen, die das Alltägliche in allen Richtungen durchquert und sich dem unendlich kleinen Bösen bedeutungsloser Leben annimmt, allerdings auf eine vom Geständnis absolut verschiedene Weise. In den Netzen der Macht werden entlang recht komplexer Kreisläufe die Streitigkeiten in der Nachbarschaft, die Auseinandersetzungen zwischen Eltern und Kindern, die Uneinigkeiten unter Eheleuten, die Exzesse des Weins und des Sexes, die öffentlichen Zänkereien und wohl auch heimliche Leidenschaften eingefangen. Damit war gleichsam ein gewaltiger und allgegenwärtiger Aufruf zur Diskursivierung sämtlicher Regungen und all dieser kleinen Leiden gegeben. Ein Gemurmel beginnt aufzusteigen, das kein Halten kennen wird: Es ist das, wodurch die individuellen Verschieden-

---

3 [Anspielung auf die Äußerungen des Grafen von Chaulieu, berichtet in dem „Brief von Madame Chaulieu an Madame de l'Estorade". In: Henri de Balzac: *Mémoires de deux jeunes mariées*. Paris 1856, S. 59: „Indem die Revolution Ludwig XVI. den Kopf abschlug, schlug sie sämtlichen Familienvätern den Kopf ab"; dt.: „Memoiren zweier Jungvermählter". In: *Die menschliche Komödie I*. München 1998, S. 359.]

heiten des Verhaltens, die Schändlichkeiten und die Geheimnisse durch den Diskurs den Zugriffen der Macht dargeboten werden. Der Irgendjemand gehört nicht länger dem Bereich des Schweigens, des umlaufenden Gerüchts oder des flüchtigen Geständnisses an. All diese Dinge, die das Gewöhnliche ausmachen, die bedeutungslose Einzelheit, die Dunkelheit, die glanzlosen Tage, das gemeine Leben können und müssen gesagt – besser: geschrieben – werden. Sie sind eben in dem Maße beschreibbar und umschreibbar geworden, wie sie von den Mechanismen einer politischen Macht durchquert werden. Lange Zeit hatten sie es nicht verdient, ohne dass man sich darüber lustig machte, wie die Taten der Großen mitgeteilt zu werden; allein das Blut, die Geburt und die Leistung gewährten das Recht auf Geschichte. Und wenn es mitunter dazu kam, dass die einfachsten Menschen zu einer Art Ruhm gelangten, so lag irgendein außergewöhnlicher Fall vor – der Glanz einer Heiligkeit oder die Ungeheuerlichkeit einer Schandtat. Dass es in der Ordnung aller Tage so etwas wie ein zu lüftendes Geheimnis geben und dass das Unwesentliche auf eine gewisse Weise wichtig sein konnte, blieb so lange ausgeschlossen, bis auf diese winzigen Turbulenzen der blanke Blick der Macht fallen würde.

Geburt also einer außerordentlichen Möglichkeit zum Diskurs. Ein bestimmtes Wissen vom Alltäglichen hat daran zumindest von seinem Ursprung her einen Anteil und mit ihm ein Verständnisraster, welches das Abendland über unsere Gesten, über unsere Seins- und Handlungsweisen zu legen begann. Doch nötig war dazu die zugleich wirkliche und virtuelle Allgegenwart des Monarchen; es war nötig, ihn sich recht nahe bei allen diesen Miseren, recht aufmerksam für den kleinsten dieser Verstöße vorzustellen, derentwegen man es unternahm, ihn zu ersuchen; es war nötig, dass er selbst gleichsam mit einer Art physischer Ubiquität ausgestattet erschien. In seiner ersten Gestalt war dieser Diskurs über das Alltägliche voll und ganz dem König zugewandt; er richtete sich an ihn, er musste sich in die großen rituellen Zeremonien der Macht einfügen, er musste deren Gestalt annehmen und deren Zeichen anlegen. Das Banale konnte nur in einem Machtverhältnis gesagt, beschrieben, beobachtet, erfasst und bezeichnet werden, das von der Figur des Königs heimgesucht wurde – von seiner wirklichen Macht und vom Phantasma seiner Stärke. Daher die einzigartige Form dieses Diskurses: Er erforderte eine ausschmückende, schmähende oder flehende Sprache. Jede dieser kleinen Geschichten aller Tage musste mit der Emphase seltener Ereignisse berichtet werden, welche würdig sind, die Aufmerksamkeit der Monarchen auf sich zu ziehen; die große Rhetorik musste diese sich um nichts drehenden Affären umkleiden. Niemals wieder sollten später weder die düstere Administration der Polizei noch die Dossiers der Medizin oder der Psychiatrie zu derartigen Sprachwirkungen zurückfinden. Manchmal dient ein prunkvolles Wortgebäude dazu, eine dunkle Niedertracht oder eine kleine Intrige zu erzählen; manchmal zermalmen einige kurze Sätze einen Elenden und schicken ihn ins Dunkel seiner Nacht zurück; man findet aber auch die ausführliche Erzählung von Unglück, auf flehentliche und unterwürfige Weise berichtet: Der politische Diskurs der Banalität konnte nicht anders als feierlich sein.

Aber es tritt an diesen Texten noch ein anderer Effekt von Unstimmigkeit zutage. Oft geschah es, dass die Anträge auf Inhaftierung von Leuten von sehr niedrigem Stand gestellt wurden, die des Lesens und des Schreibens wenig oder gar nicht kundig waren; sie selbst mit ihren mageren Kenntnissen oder an ihrer Stelle ein mehr oder weniger gewandter Schreiber stellten, so gut sie konnten, die Formeln und Satzwendungen zusammen, die sie für erforderlich hielten, sowie man sich an den König oder an die Hohen Herren wandte, und sie vermischten sie mit ungelenken und heftigen Worten, Ausdrücken ungehobelter Art, von denen sie sicher annahmen, sie könnten ihren Bittschriften mehr Kraft und Wahrheit geben; so tauchten in förmlichen und gestelzten Sätzen neben wirren Worten rüde, ungelenke und schlecht klingende Ausdrücke auf; und in die obligatorische und rituelle Sprache waren Äußerungen von Ungeduld, Wut, Zorn, Leidenschaft, Groll und Aufbegehren eingeflochten. Eine wilde Schwingung und entsprechende Intensitäten stürzen die Regeln dieses gewundenen Diskurses um und kommen mit ihren eigenen Ausdrucksweisen ans Licht. So spricht die Frau von Nicolas Bienfait: Sie „nimmt sich die Freiheit, Euer Gnaden in äußerster Demut darzulegen, dass besagter Nicolas Bienfait, Zustellkutscher, ein sehr verdorbener Mann sei, der sie totschlägt und der alles verkauft, und bereits seine zwei Frauen hat sterben lassen, von Ersterer hat er sein Kind in ihrem Leib getötet, die zweite nach ihr hat er, nachdem er verkauft und gegessen hat, durch seine schlechten Behandlungen an Schwindsucht sterben lassen, und hätte sie gar noch am Vorabend ihres Todes erdrosseln wollen ... Von der dritten möchte er das Herz auf dem Grill essen, ohne weitere Morde, die er begangen hat; Euer Gnaden, ich werfe mich Euer Hochwürden zu Füßen, um Eure Barmherzigkeit anzuflehen. Ich hoffe auf Eure Güte, dass Ihr mir zur Gerechtigkeit verhelft, denn mein Leben ist jeden Augenblick in Gefahr, ich werde nicht aufhören, zum Herrn für die Erhaltung Eurer Gesundheit zu beten ..."

Die Dokumente, die ich hier versammelt habe, sind homogen; und sie laufen in hohem Maße Gefahr, monoton zu erscheinen. Sie alle funktionieren indessen im Unstimmigen. Unstimmigkeit zwischen den berichteten Dingen und der Art und Weise, wie sie gesagt werden; Unstimmigkeit zwischen denen, die klagen und flehen, und denen, die über sie alle Macht haben; Unstimmigkeit zwischen dem winzigen Bereich der aufgeworfenen

Probleme und dem ungeheuren Aufwand an eingesetzter Macht; Unstimmigkeit zwischen der Sprache der Zeremonie und der Macht und der der Wut oder der Ohnmacht. Dies sind Texte, die in Richtung Racine oder Bossuet oder Crébillon schauen; aber sie führen eine ganz volkstümliche Wildheit, ein ganzes Elend und eine Gewaltsamkeit, eine ganze „Niedrigkeit", wie man sagte, mit sich, die keine Literatur jener Zeit hätte aufnehmen können. Sie lassen Bettler, arme oder einfach nur mittelmäßige Leute auf einer seltsamen Bühne erscheinen, auf der sie Aufstellung nehmen und großsprecherisch ihre Stimmen erschallen lassen, auf der sie sich in Tuchfetzen kleiden, die ihnen notwendig sind, wenn sie möchten, dass man ihnen auf dem Schauplatz der Macht Aufmerksamkeit entgegenbringt. Sie lassen mitunter an eine armselige Truppe von Gauklern denken, die sich, so gut es eben geht, mit irgendwelchen einst kostbaren Lumpen herausputzen, um vor einem Publikum von Reichen zu spielen, das sich über sie lustig machen wird. Bis auf das eine, dass sie ihr eigenes Leben spielen, und vor Mächtigen, die darüber entscheiden können. Gestalten von Céline, die sich in Versailles Gehör verschaffen wollen.

Es wird ein Tag kommen, an dem all das Unstimmige ausgelöscht sein wird. Die Macht, die auf der Ebene des alltäglichen Lebens ausgeübt werden wird, wird nicht mehr die eines nahen und fernen, allmächtigen und launenhaften Monarchen sein, Quelle aller Gerechtigkeit und Objekt irgendwelcher Verführung, politisches Prinzip und magische Kraft zugleich; sie wird durch ein feines, differenziertes, kontinuierliches Netz gebildet werden, in dem die verschiedenartigen Institutionen der Justiz, der Polizei, der Medizin und der Psychiatrie einander ablösen. Und der Diskurs, der sich nun ausbilden wird, wird nicht mehr die alte künstliche und ungelenke Theatralität haben; er wird sich in einer Sprache entwickeln, die vorgeben wird, die Sprache der Beobachtung und der Neutralität zu sein. Das Banale wird sich gemäß dem wirkungsvollen, aber grauen Raster der Administration, des Journalismus und der Wissenschaft analysieren lassen, außer man sucht seinen Ruhm und Glanz etwas weiter fernab von dort in der Literatur. Im 17. und im 18. Jahrhundert ist man im noch rauhen und barbarischen Zeitalter, in dem es alle diese Vermittlungen nicht gibt; der Körper der Elenden steht dem des Königs fast direkt gegenüber, und ihr Aufruhr seinen Zeremonien; es gibt auch keine allgemeine Sprache mehr, sondern einen Zusammenstoß zwischen den Schreien und den Ritualen, zwischen den Verstößen, die man mitteilen will, und der Strenge der Formen, denen man folgen muss. Daraus ergeben sich für uns, die wir von ferne dieses erste Erscheinen des Alltäglichen im Code des Politischen betrachten, eigentümliche blitzartige Erkenntnisse, etwas Schreiendes und Intensives, das sich im Weiteren verlieren wird, sobald man aus diesen Dingen und aus diesen Menschen „Affären", vermischte Nachrichten oder Fälle macht.

*

Welch bedeutender Moment, bei dem eine Gesellschaft der anonymen Masse der Leute Worte, Wendungen und Sätze, Sprachrituale lieh, damit sie über sich selbst sprechen können – öffentlich und unter der dreifachen Bedingung, dass dieser Diskurs in einem klar definierten Machtdispositiv adressiert und in Umlauf gebracht wird, dass er den bis dahin kaum wahrnehmbaren Grund der Existenzen erscheinen lässt und dass er ausgehend von diesem winzigen Krieg der Leidenschaften und der Interessen der Macht die Möglichkeit zu einer souveränen Intervention gibt. Das Ohr von Denys war eine kleine, recht elementare Maschine, wenn man sie mit dieser hier vergleicht. Da die Macht mit Sicherheit locker und leicht niederzureißen wäre, wenn sie nichts anderes tun würde als überwachen, ausspionieren, überraschen, verbieten und bestrafen; aber sie stachelt an, ruft hervor und bringt hervor; sie ist nicht einfach nur Auge und Ohr, sie macht handeln und sprechen.

Diese Maschinerie ist zweifellos wichtig gewesen für die Ausbildung neuer Wissensarten. Sie ist außerdem einer ganzen neuen Ordnung der Literatur nicht fremd. Ich möchte damit nicht behaupten, dass die „lettre de cachet" den Ursprung unerhörter literarischer Formen darstellen würde, sondern dass in der Wende des 17. und des 18. Jahrhunderts die Bezüge zwischen dem Diskurs, der Macht, dem alltäglichen Leben und der Wahrheit auf eine neue Weise geknüpft wurden und darin auch die Literatur eingebunden war.

Die Fabel ist dem Wortsinn nach das, was es verdient, gesagt zu werden. Lange Zeit hat in der abendländischen Gesellschaft das alltägliche Leben nur vom Fabelhaften durchzogen und verklärt Zugang zum Diskurs erhalten können; es musste durch das Heldentum, die Großtat, die Abenteuer, die Vorsehung und die Gnade und unter Umständen die Missetat aus sich selbst herausgezogen werden; es musste von einem Zug Unmöglichkeit gezeichnet sein. Erst damit wurde es sagbar. Das, was ihm den Zugang verbaute, erlaubte ihm, als Lektion und Exempel zu fungieren. Je mehr die Erzählung aus dem Gewöhnlichen heraustrat, umso mehr Kraft hatte sie, zu verhexen oder zu überreden. In diesem Spiel des „exemplarischen Fabelhaften" war die Gleichgültigkeit gegenüber wahr und falsch folglich grundlegend. Und wenn es dazu kam, dass man es unternahm, die Mittelmäßigkeit des Wirklichen für sich selbst zu sagen, so diente das zu kaum mehr als dazu, einen komischen Effekt hervorzurufen: Allein die Tatsache, dass man darüber sprach, rief Lachen hervor.

Seit dem 17. Jahrhundert hat das Abendland eine ganze „Fabel" des unauffälligen Lebens entstehen sehen, aus dem das Fabelhafte sich verbannt fand. Das Unmögliche oder das Lächerliche sind nicht länger die Bedingung, unter der man das Gewöhnliche erzählen konnte. Es entsteht eine Kunst der Sprache, deren Aufgabe es nicht mehr ist, das Unwahrscheinliche zu besingen, sondern das erscheinen zu lassen, was nicht erscheint – nicht erscheinen kann oder nicht erscheinen darf –, die letzten und die allerkleinsten Grade des Wirklichen mitzuteilen. In dem Moment, da man ein Dispositiv aufstellt, um zu zwingen, das „winzig Kleine" [„l'infime"] zu sagen, das, was nicht gesagt wird, das, was keinen Ruhm verdient, das „Infame" [„l'infâme"] also, bildet sich ein neuer Imperativ aus, der das erschaffen wird, was man die dem literarischen Diskurs des Abendlandes immanente Ethik nennen könnte: Seine zeremoniellen Funktionen werden nach und nach erlöschen; er wird nicht mehr zur Aufgabe haben, auf spürbare Weise den allzu sichtbaren Glanz der Kraft, der Gnade, des Heldentums und der Stärke kundzutun, sondern sich auf die Suche nach dem zu machen, was am schwierigsten zu erkennen ist, nach dem Verborgensten, dem, was sich am schlechtesten sagen und zeigen lässt, und schließlich dem am stärksten Verbotenen und dem Skandalträchtigsten. Eine Art Gebot, den nächtlichsten und den alltäglichsten Teil der Existenz aufzuscheuchen (auf die Gefahr hin, darin bisweilen die feierlichen Gestalten des Schicksals zu entdecken), wird vorzeichnen, was die Falllinie der Literatur seit dem 17. Jahrhundert ist, seitdem sie begonnen hat, Literatur im modernen Sinne des Wortes zu sein. Mehr als eine spezifische Form, mehr als ein wesentlicher Bezug auf die Form, ist dieser Zwang, ich würde sogar sagen, diese Moral für sie bezeichnend und hat bis hin zu uns ihre außerordentliche Bewegung getragen: die Pflicht, die gewöhnlichsten aller Geheimnisse zu sagen. Die Literatur resümiert nicht für sich allein diese große Politik, diese große diskursive Ethik; sie lässt sich auch nicht gänzlich darauf zurückführen; vielmehr hat sie darin ihren Ort und ihre Existenzbedingungen.

Daraus ergibt sich ihr Doppelverhältnis zur Wahrheit und zur Macht. Während das Fabelhafte nur in einer Unentschiedenheit zwischen wahr und falsch funktionieren kann, richtet die Literatur sich in einer Entscheidung für die Nicht-Wahrheit ein: Sie gibt sich explizit als Kunstgriff aus, aber indem sie sich verpflichtet, Wahrheitswirkungen hervorzubringen, die als solche erkennbar sind; die Bedeutung, die man im klassischen Zeitalter dem Natürlichen und der Nachahmung einräumte, ist zweifellos eine der ersten Weisen, dieses Funktionieren der Literatur „in der Wahrheit" zu formulieren. Die Fiktion hat daher das Fabelhafte ersetzt; der Roman macht sich vom Romanesken los und wird sich nur dadurch entwickeln, dass er sich immer vollständiger davon befreit. Die Literatur bildet also einen Teil dieses großen Zwangssystems, wodurch das Abendland das Alltägliche genötigt hat, sich zu diskursivieren; aber sie nimmt darin einen besonderen Platz ein: verbissen das Alltägliche unterhalb seiner selbst zu suchen, die Grenzen zu durchbrechen, brutal oder hinterlistig die Geheimnisse zu lüften, die Regeln und die Codes zu verschieben, das Uneingestehbare sagen zu machen, so wird sie danach streben, sich außerhalb des Gesetzes aufzustellen oder zumindest die Last des Skandals, der Überschreitung oder der Revolte auf sich zu nehmen. Mehr als jede andere Form von Sprache bleibt sie der Diskurs der „Infamie"; es ist an ihr, das Unsagbarste – das Schlimmste, das Geheimste, das Unerträglichste, das Schamloseste – zu sagen. Die Faszination, die seit Jahren Psychoanalyse und Literatur aufeinander ausüben, ist in diesem Punkt bedeutsam. Aber man darf nicht vergessen, dass diese einzigartige Stellung der Literatur nur die Wirkung eines bestimmten Machtdispositivs ist, das im Abendland die Ökonomie der Diskurse und die Strategien des Wahren durchzieht.

Ich sagte zu Beginn, dass ich es gern sehen würde, dass man diese Texte auch wie „Novellen" liest. Das war sicher zu viel gesagt; niemand würde sie je der geringsten Erzählung von Tschechow, von Maupassant oder von James gleichstellen. Weder „Quasi-" noch „Unter-Literatur", ist sie noch nicht einmal der Ansatz zu einem Genre; sie ist in der Ordnungslosigkeit, im Lärm und in der Pein die Arbeit der Macht an den Leben, und der Diskurs, der daraus entsteht. *Manon Lascaut*[4] erzählt eine der hierher gehörenden Geschichten.

4 [Antoine Francois Prévost: *Les Aventures du chevalier Des Grieux et de Manon Lascaut*. Amsterdam 1733; dt.: *Geschichte der Manon Lascaut und des Ritters Desgrieux*. Leipzig 1756; *Manon Lascaut*. Frankfurt/M. 1987.]

Hannes Schweiger

Die Macht der Archive

Zu Michel Foucault: „Das Leben der infamen Menschen“

Michel Foucaults Text war als Einleitung zu einer nie realisierten Anthologie gedacht, die die Lebensbeschreibungen ‚infamer‘ Menschen aus den Archiven der Bastille und der geschlossenen Abteilung des Hôpital général in Paris enthalten sollte. Aus diesem Projekt wurde schlussendlich die Buchreihe *Les vies parallèles* im Verlag Gallimard, in der das von Michel Foucault herausgegebene Dossier zu den Memoiren von Herculine Barbin, herausgegeben von Foucault,[1] und *Le cercle amoureux d'Henri Le Grand*, herausgegeben von Jean-Paul und Paul-Ursin Dumont, erschienen.[2] Der Buchreihe folgte 1982 eine Sammlung von Dokumenten zu Internierungsfällen, die Menschen betrafen, die auf Betreiben ihrer Familienmitglieder mit Hilfe von *lettres de cachet* angeklagt worden waren.[3] Diese Publikationen sowie der hier abgedruckte Text stehen im Kontext von Foucaults langjähriger Archivrecherche zu den Lebensläufen und Geschichten „von diskriminierten, marginalisierten, zum Schweigen gebrachten, verstoßenen und gefallenen, lächerlichen und abstoßenden, oft auch für sie selber unerträglichen Menschenleben“[4]. Foucault eröffnet mit dem Begriff ‚infam‘ ein weites Bedeutungsspektrum: von unbekannt, nicht ruhmreich über niedrig, minder, verrufen bis zu den Niederträchtigkeiten, von denen in den Dokumenten, aus denen er die Lebensgeschichten zu rekonstruieren plante, die Rede ist.[5]

---

1 Herculine Barbin und Michel Foucault: *Über Hermaphrodismus*. Hg. v. Wolfgang Schäffner u. Joseph Vogl. Frankfurt/M. 1998 [frz. 1978].

2 Vgl. Walter Seitter: „Nachwort“. In: Michel Foucault: *Das Leben der infamen Menschen*. Hg. u. übers. v. Walter Seitter. Berlin 2001, S. 49–75, hier S. 49–51.

3 Arlette Farge und Michel Foucault (Hg.): *Familiäre Konflikte: Die ‚Lettres de cachet‘. Aus den Archiven der Bastille im 18. Jahrhundert*. Frankfurt/M. 1989 [frz. 1982].

4 Seitter: „Nachwort“, S. 51.

5 Vgl. ebd., S. 58–60.

Foucault entwirft in seiner Einleitung ein Gegenprojekt zur traditionellen Biographik, die ihr Augenmerk in erster Linie jenen Figuren schenkte, welche durch ihre Werke und ihr Handeln deutliche Spuren im kollektiven Gedächtnis hinterlassen hatten. Gerade die Nicht-Prominenz der Figuren war für Foucault im Fall der geplanten Anthologie ein wesentliches Auswahlkriterium, wollte er doch,

> dass sie mit keiner dieser Größen ausgestattet sind, die etabliert und anerkannt sind – die Größe der Geburt, des Vermögens, der Heiligkeit, des Heldentums oder des Genies; dass sie zu jenen Milliarden Existenzen gehören, denen es bestimmt ist, ohne Spur zu vergehen. (S. 261)[6]

Foucault verweist darauf, auf welche Weise auch „Durchschnittsexistenzen" Spuren hinterlassen können: wenn sie nämlich in Konflikt mit dem Gesetz, mit einer Macht ausübenden Instanz kommen. Was die ‚infamen' Menschen „der Nacht entreißt, in der sie hätten bleiben können und vielleicht auch für immer hätten bleiben müssen, ist die Begegnung mit der Macht: Ohne diesen Zusammenstoß wäre mit Sicherheit kein Wort mehr da, um an ihren flüchtigen Lebensverlauf zu erinnern." (S. 261) Festgehalten wird das Ereignis dieses Zusammenstoßes in den historischen Dokumenten, die allein die Existenz der ‚infamen' Menschen bezeugen. An diesen Leben „vollzieht sich in singulärer Weise die (souveräne) Unterscheidung von nacktem Leben und politischer beziehungsweise sozialer Existenz", wie Hubert Thüring in seinen Überlegungen zu Foucault und zu Giorgio Agambens *Homo sacer* feststellt. Das nackte Leben ist aber nicht etwas Natürliches oder Ursprüngliches, das dem sozialen Leben vorausgeht, sondern beide werden „erst von der Unterscheidung hervorgebracht".[7]

Institutionen der Macht führen zu dieser Unterscheidung; Macht heißt bei Foucault aber nicht Unterdrückung, sondern sie ist etwas, das „die Dinge durchläuft und hervorbringt, Lust verursacht, Wissen formt und einen Diskurs produziert; man muss sie als ein produktives Netz ansehen, das weit stärker durch den Gesellschaftskörper hindurchgeht als eine negative Instanz, die die Funktion hat zu unterdrücken."[8] Macht verfügt in Foucaults Verständnis „nicht nur über die grundlegende Möglichkeit, Dinge sprach-

---

6 In Klammern angeführte Seitenangaben im Text beziehen sich auf den vorliegenden Band.

7 Hubert Thüring: „Für eine Literatur des infamen Lebens. Überlegungen zu Foucault und Agamben". In: *Zoopolitik*. Hg. v. Meinhard Rauchensteiner u. Walter Seitter. Berlin, Wien 2003, S. 143–154, hier S. 151.

8 „Gespräch mit Michel Foucault". In: Michel Foucault: *Schriften in vier Bänden. Dits et Ecrits*, Bd. 3. 1976–1979. Hg. v. Daniel Defern u. François Ewald unter Mitarbeit v. Jacques Lagrange. Aus dem Frz. v. Michael Bischoff, Hans-Dieter Gondek u.a. Frankfurt/M. 2003, S. 187–213, hier S. 197.

lich zu bezeichnen, ihnen Bedeutungen beizumessen oder sie qua Zensur zu tabuisieren, sondern sie produziert die Dinge in ihrer Materialität als wirkliche und gesellschaftlich wirksame Sozialfaktoren".[9] Foucaults Faszination für Fallgeschichten und für die Reste der Lebensgeschichten ,infamer' Menschen rührt in erster Linie daher, von diesen Dokumenten ausgehend die Mechanismen und Wirkungsweisen der Macht und die Disziplinierung des Menschen durch Institutionen untersuchen zu können. Damit ist eine Analyse des Diskurses möglich, „die zugleich Tatsachenanalyse und politische, also strategische Analyse ist"[10].

Nach über 200 Jahren im Dunkel der Archive erhalten die Aufzeichnungen aber auch eine literarische Qualität. Foucault liest sie wie Novellen, Anekdoten oder Erzählungen, die ihn „tiefer im Mark erschüttert haben als das, was man gewöhnlich die Literatur nennt" (S. 258). Die Wirkung der Texte oszilliert zwischen „Schönheit und Schrecken" (S. 259), es liegt also sowohl ästhetischer Genuss als auch der Schrecken des Verbrechens, des Wahnsinns, des Monströsen und der Wut in ihnen. bewundert gleichermaßen die „Schönheit" des Stils, die er in den Quellen entdeckt, und die „Maßlosigkeiten" der aufgezeichneten Leben (S. 258). Diese Leben haben zwar tatsächlich existiert, dennoch lesen sich ihre Reste im Archiv wie „Texte von vollkommener Künstlichkeit, Fiktionen der schreibenden und zuschreibenden Macht". Im fiktionalen Charakter der Quellen wird die Nähe der Biographik zum Roman bzw. zu erzählerischen Kleinformen wie Novelle, Legende und Anekdote deutlich, und es stellt sich die Frage:

> Was ist Historie (oder historische Biographie), was Literatur, wenn [...] die anonyme Schriftführung der Macht Texte, nämlich Viten, entstehen lässt, die einzig und allein ihre ontologische Unterschiedsbehauptung – das Wirklich-gewesen-sein ihrer Subjekte – noch von den Erzeugnissen der literarischen Phantasie zu unterscheiden erlaubt?"[11]

Ausgehend von Foucaults Interesse an den ,gewöhnlichen' Lebensläufen lassen sich in biographietheoretischer Hinsicht Verbindungen zum Feld des *Life Writing* herstellen, das neben der Biographik unterschiedliche Formen autobiographischen Schreibens wie Memoiren, Tagebücher, Briefe etc. bein-

9 Hannelore Bublitz: „Macht". In: *Foucault-Handbuch. Leben – Werk – Wirkung*. Hg. v. Clemens Kammler, Rolf Parr u. Ulrich Johannes Schneider unter Mitarbeit v. Elke Reinhardt-Becker. Stuttgart, Weimar 2008, S. 273–277, hier S. 274.

10 Michel Foucault (Hg.): *Der Fall Rivière. Materialien zum Verhältnis von Psychiatrie und Strafjustiz*. Frankfurt/M. 1975, S. 11.

11 Ulrich Raulff: „Das Leben – buchstäblich. Über neuere Biographik und Geschichtswissenschaft". In: *Grundlagen der Biographik. Theorie und Praxis des biographischen Schreibens*. Hg. v. Christian Klein. Stuttgart, Weimar 2002, S. 55–68, hier S. 59.

haltet. Im *Life Writing* gilt die Aufmerksamkeit gerade auch jenen Lebengeschichten, die nicht aufgrund ‚großer' Taten oder Werke, nicht aufgrund der sozialen Stellung der jeweiligen Personen als herausragend gelten. In diesem Sinne können beispielsweise kollektivbiographische Ansätze dazu dienen, die Lebensgeschichten von Menschen aufzuzeichnen, die bislang nicht für biographiewürdig erachtet wurden und die keine individualbiographische Darstellung zu rechtfertigen scheinen. Ausschlaggebend für eine solche Form der biographischen Vernachlässigung sind Kanonisierungsprozesse und die Maßstäbe, mit denen die Bedeutung individuellen Lebens gemessen wird und die von einer Vielzahl an Faktoren wie Geschlecht, Macht, ethnische Zugehörigkeit oder Vorhandensein biographischer Quellen bestimmt werden. Kollektivbiographien stellen die Kategorie der biographischen ‚Größe' radikal in Frage. Foucaults Anthologie sollte eine solche kollektivbiographische Sammlung sein, die der Heroisierung des Individuums in der traditionellen Biographik zuwiderläuft.

Sozialgeschichtsschreibung, Mikrogeschichte, Feminismus und postkoloniale Theorien stellen die größten Herausforderungen des traditionellen Begriffs von Größe und damit von ‚Biographiewürdigkeit' dar. Historische Größe oder Bedeutung wurde gerade in den Geschichtswissenschaften seit den 1970er Jahren durch die verstärkte Hinwendung zu *Oral History*, Alltagsgeschichte, Mikrogeschichte und Volkskultur für obsolet erklärt. Sowohl in theoretischer Hinsicht als auch in der konkreten Forschungsarbeit ist ‚Biographiewürdigkeit' nicht mehr an die Bestimmung historischer Größe gebunden.

Für die Frage der ‚Biographiewürdigkeit'[12] – und dies zeigt Foucault – ist die Quellenlage entscheidend. Um als biographisches Objekt in Frage zu kommen, müssen Quellen vorhanden sein, eine Person muss Spuren in den Archiven hinterlassen haben.[13] In der Geschichte der Biographik wurden immer wieder Versuche unternommen, auch jene Lebensgeschichten zu (be) schreiben, die nur sehr spärlich in den Archiven dokumentiert sind und zu denen kaum Quellen existieren. Unter den berühmtesten Beispielen solcher detektivischer biographischer Arbeit finden sich Carlo Ginzburgs *Der Käse und die Würmer. Die Welt eines Müllers um 1600* und Alain Corbins *Auf den Spuren eines Unbekannten*. In seiner Einleitung stellt Ginzburg für die 1970er Jahre einen Wandel des Interesses in den Geschichtswissenschaften

---

12 Vgl. Hannes Schweiger: „Biographiewürdigkeit". In: *Handbuch Biographie. Methoden, Traditionen, Theorien*. Hg. v. Christian Klein. Stuttgart, Weimar 2009, S. 32–36.

13 Vgl. Bernhard Fetz: „Der Stoff, aus dem das (Nach-)Leben ist. Zum Status biographischer Quellen". In: ders. (Hg.): *Die Biographie – Zur Grundlegung ihrer Theorie*. Unter Mitarbeit v. Hannes Schweiger. Berlin, New York 2009, S. 103–153.

fest: Waren früher in erster Linie die Taten von Herrschern von Interesse, so wendete man sich nun immer stärker ‚gewöhnlichen', ‚durchschnittlichen' Menschen zu, die verschwiegen oder ignoriert worden waren.[14]

Foucault wollte für die geplante Anthologie Quellen aus dem Zeitraum 1660 bis 1760 auswählen. Als Grund dafür nennt er einerseits sein wiederkehrendes Interesse für diese Zeit, aber auch deren Signifikanz für den Prozess einer „Diskursivierung des Alltäglichen" (S. 267) durch Instanzen der Macht. Er geht davon aus,

> dass in der Wende des 17. und des 18. Jahrhunderts die Bezüge zwischen dem Diskurs, der Macht, dem alltäglichen Leben und der Wahrheit auf eine neue Weise geknüpft wurden und darin auch die Literatur eingebunden war. (S. 273)

Foucault sieht als „Diskurs der ‚Infamie'" *par excellence*, denn „es ist an ihr, das Unsagbarste – das Schlimmste, das Geheimste, das Unerträglichste, das Schamloseste – zu sagen." (S. 275) Der Zugang zum Diskurs war in der „abendländischen Gesellschaft" lange Zeit jenen Lebensgeschichten vorbehalten, die „vom Fabelhaften durchzogen" waren. Das alltägliche Leben „musste durch das Heldentum, die Großtat, die Abenteuer, die Vorsehung und die Gnade und unter Umständen die Missetat aus sich selbst herausgezogen werden; es musste von einem Zug Unmöglichkeit gezeichnet sein. Erst damit wurde es sagbar." (S. 273) Im 17. und 18. Jahrhundert ändert sich dies in zunehmendem Maße und auch die ‚infamen' Leben hinterlassen ihre Spuren im Archiv. Ausschlaggebend dafür sind eben jene Mechanismen der „Diskursivierung des Alltäglichen", beispielsweise durch Polizeiprotokolle, Krankenberichte oder Anklageschriften. Alois Hahn spricht in diesem Zusammenhang von so genannten Biographiegeneratoren, die nicht nur zur Produktion biographischer Quellen führen, sondern auch für die Konstituierung einer „Identität-für-Sich", einer „Rückbesinnung auf das eigene Dasein" verantwortlich sind. Beispiele solcher Biographiegeneratoren können z.B. „die Beichte oder die Psychoanalyse, das Tagebuch oder Memoiren, aber auch bestimmte Formen der medizinischen Anamnese oder des Geständnisses vor Gericht" sein.[15] Sie führen dazu, dass auch ‚gewöhnliche' Leben aufgezeichnet werden, wenngleich nur in rudimentärer Form.

---

14 Carlo Ginzburg: *Der Käse und die Würmer. Die Welt eines Müllers um 1600.* Aus dem Italienischen v. Karl F. Hauber. Frankfurt/M. 1983; vgl. auch Alain Corbin: *Auf den Spuren eines Unbekannten. Ein Historiker rekonstruiert ein ganz gewöhnliches Leben.* Aus dem Frz. v. Bodo Schulze. Frankfurt/M., New York 1999.

15 Alois Hahn: *Konstruktionen des Selbst, der Welt und der Geschichte.* Frankfurt/M. 2000, S. 100. Ausführlich setzt sich Hahn mit dem Biographiegenerator Beichte auseinander, vgl. ebd., S. 197–236.

Foucaults Text ist auch deswegen in biographietheoretischer Hinsicht zentral, weil er die Frage nach der Bedeutung der Archive für die Praxis biographischer Arbeit stellt. Ein Biograph/eine Biographin kann darin eine Aufgabe sehen, die Erinnerung an vergessene Lebensgeschichten wieder wachzurufen und sie der Anonymität der Geschichte zu entreißen. Sie kann sich gerade auch jenen Geschichten zuwenden, die nicht auf den Höhepunkt eines als bedeutend erachteten Werkes oder einer die Zeitläufte verändernden Tat zusteuern. Sie kann sich dem alltäglichen Leben zuwenden und die Biographie damit auch als Methode der Sozialgeschichtsschreibung nutzen. In jedem Fall wird die Funktion der Archive, das kollektive Gedächtnis zu prägen und darüber zu entscheiden, wer in welcher Hinsicht überhaupt Gegenstand einer Biographie werden kann, ausschlaggebend sein.

‚Biographiewürdigkeit' ist somit keine Eigenschaft des oder der Biographierten, sondern das Ergebnis von Kanonisierungsprozessen und ihren Gegenbewegungen. Die Biographie kann eine Lebensgeschichte überhaupt erst ‚biographiewürdig' und damit bedeutsam werden lassen, indem sie sie darstellt. Auf diese Weise können Biographien nicht nur der Tradierung eines Kanons dienen, sondern diesen auch in Frage stellen oder einen (beispielsweise feministischen oder postkolonialen) Gegenkanon etablieren. Die Frage nach der ‚Biographiewürdigkeit' macht deutlich, wie sehr die Entscheidungen eines Biographen/einer Biographin – von der Wahl der darzustellenden Lebensgeschichte(n) über die Auswahl der Quellen bis hin zur Art der Darstellung – in diskursive Formationen eingebunden und in Wechselwirkung mit Fragen der Macht, der Herrschaft, der sozialen Verhältnisse, der Geschlechterverhältnisse und des kulturellen Gedächtnisses stehen. Die Biographie verfügt grundsätzlich über ein demokratisierendes Potential: Sie kann vergessene Leben wieder in Erinnerung rufen; sie kann die scheinbar bedeutungslosen Lebensgeschichten durchschnittlicher, ‚infamer' Menschen zur Darstellung bringen und ihnen auf diese Weise ‚Biographiewürdigkeit' verleihen.

Foucaults Faszination für die biographischen Dokumente ‚infamer' Menschen liegt in der Intensität, die in ihnen steckt und sie „zu sonderbaren Dichtungen" macht. In dieser Intensität und in der Verdichtung von Lebensgeschichten in wenigen Sätzen liegt eine biographische Wahrheit jenseits des Faktischen. In ihnen pulsieren Schmerz, Aufbegehren, Zorn und „eine ganz volkstümliche Wildheit", die „Unstimmigkeit" erzeugt: „Unstimmigkeit zwischen denen, die klagen und flehen, und denen, die über sie alle Macht haben; […] Unstimmigkeit zwischen der Sprache der Zeremonie und der Macht und der der Wut oder der Ohnmacht." (S. 272) Foucaults Interesse an biographischen Dokumenten ‚infamer' Menschen richtet sich auf diese Unstimmigkeiten, in denen die „Arbeit der Macht an den Leben" sichtbar wird, die „Ordnungslosigkeit", „Lärm" und „Pein" erzeugt (S. 275).

Weiterführende Literatur

Fetz, Bernhard: „Der Stoff, aus dem das (Nach-)Leben ist. Zum Status biographischer Quellen". In: ders. (Hg.): *Die Biographie – Zur Grundlegung ihrer Theorie.* Unter Mitarbeit v. Hannes Schweiger. Berlin, New York 2009, S. 103–153.

Seitter, Walter: „Nachwort". In: Michel Foucault: *Das Leben der infamen Menschen.* Hg. u. übers. v. Walter Seitter. Berlin 2001, S. 49–75.

Thüring, Hubert: „Für eine Literatur des infamen Lebens. Überlegungen zu Foucault und Agamben". In: *Zoopolitik.* Hg. v. Meinhard Rauchensteiner u. Walter Seitter. Berlin, Wien 2003, S. 143–154.

Wolfgang Hildesheimer

Die Subjektivität des Biographen*

[1981]

Dieser Vortrag hatte zuerst einen anderen Titel, nämlich: *Der Biograph als Autobiograph.* Bei der ersten Niederschrift unterlief mir eine Fehlleistung; ich schrieb: *Der Biograph als Ant-*, war also daran zu schreiben: *Antibiograph.* Dazu möchte ich sagen, daß dieses Unwort, wie es vielfach, wenn auch meist in guter Absicht, auf mein Mozartbuch angewandt wurde, natürlich nicht von *mir* stammt, sondern von der Kritik. Die Kritik bediente sich auch des Wortes *Entmythologisierung,* das ich selbst niemals angewandt hätte, denn es wurde ja nicht geschrieben, um Mythen abzubauen, sondern um die Mythologen und Mythographen anzufechten und ihren und meinen Helden so darzustellen, wie meine Vorstellungskraft es mir diktierte.

Dazu möchte ich übrigens betonen, daß ich das Wort *Biographie* für ein unglückliches Wort halte. Denn sinngetreu hätte es ja darzustellen, was die *Biologie* erforscht hat. Aber *Monographie* ist ein ebenso mißlungenes Wort, denn es hätte das darzustellen, was die *Monologie* erforscht hat, die es zwar – weiß der Himmel! – gibt, nicht aber als literarische oder wissenschaftliche Kategorie. Jedenfalls habe ich mein Mozartbuch niemals als Biographie empfunden, denn die Absätze bezeichnen *weniger* die Entwicklung des Themas, als die verschiedenen Sichten auf ein nicht erschöpfbares Phänomen.

Das Buch wurde im Jahr 1977 fertig. Es war ihm eine lange Arbeitszeit vorausgegangen. Wenn ich die Essays in ihren verschiedenen Fassungen dazurechne, waren es sechs Jahre. Dennoch stammt auch das Klappentextwort *Lebensbuch* nicht von mir, zumal da ich gar nicht weiß, was ein Lebensbuch ist.

---

* Wolfgang Hildesheimer: „Die Subjektivität des Biographen". In: ders.: *Das Ende der Fiktionen. Reden aus fünfundzwanzig Jahren.* Frankfurt/M. 1984, S. 123–138.

Der Arbeit an *Mozart* gingen zwei größere Arbeiten voraus, Romane, wenn man so will. Ich selbst würde sie *Monologe* nennen, aber, wie gesagt, der Monolog ist keine literarische Gattung. In diesen beiden Büchern war die Identifikation des Helden mit mir selbst ausgeprägt und wohl auch evident. Nicht daß ich selbst erlebt hätte, was der Ich-Erzähler erlebt und erzählt und verschweigt – dazu enthalten diese Bücher zuviele unwahrscheinliche äußere Umstände und Begebenheiten –, aber ich habe seine Erfahrungen im Geist vorerlebt oder nacherlebt. Im ersten der beiden Bücher, *Tynset,* liegt der Ich-Erzähler im Bett und monologisiert vor sich hin, unterbrochen von einem nächtlichen Gang durch sein Haus. Am Morgen verspürt er keinerlei Lust aufzustehen, und in dieser Verfassung verläßt ihn der Leser. Im zweiten Buch, *Masante,* hat er sich *doch* wieder aufgemacht, und zwar zweimal. Aus seinem früheren Wohnsitz, der eine große Ähnlichkeit mit dem meinigen hat, ist er nach Italien gezogen und hat dort einen Bauernhof, der *Masante* heißt. So hieß der Bauernhof, der zehn Jahre lang mir gehörte. Aber von dort hat er sich *wieder* aufgemacht, in einer mächtigen und zwingenden Anwandlung von Fatalismus, zu einer zufällig gewählten Station am Rand der Wüste. Sie heißt *Meona.* Den Namen habe ich gewählt, weil er mir gut klang, wie der eines irischen Mädchens. Es gibt eine Siedlung in Israel, die *Meoná* heißt. Aber hier ist das Geschehen nicht angesiedelt, sondern in der Nähe eines Kibuzzes, der *Yòtvata* heißt. Dazu ist zu sagen, daß alle von mir dargestellten Geschehnisse, wirklich oder fiktiv, sofort atmosphärisch und topographisch an bestimmten Orten angesiedelt sein müssen. Das heißt, diese Festlegung vollzieht sich automatisch, und oft schon war ein Ort oder eine Atmosphäre Ausgangspunkt einer Erzählung oder Fixpunkt einer Fiktion. So ist seltsamerweise Mozarts Tod für mich in seinem Salzburger Geburtszimmer angesiedelt. Und dieses ganz und gar irrige Bild ist aus meiner visuellen Vorstellung nicht mehr zu verscheuchen. Ähnlich geht es mir mit Namen. Sie bilden sich *mit* einer Person, oft schon vorher, und sie sind dann nicht mehr von ihr zu trennen, selbst wenn mir geeignetere Namen einfallen.

Wie auch immer: von diesem Ort *Meona* geht der Ich-Erzähler bei einem Sandsturm in die Wüste, verliert dort die Richtung und kehrt nicht mehr zurück. Während also am Ende des Buches *Tynset* mein Ich noch lebte, wenn auch nicht gern, so hatte ich es am Ende des Buches *Masante* im wahren Sinne des Wortes in die Wüste geschickt.

Nun also hatte ich kein Ich mehr. Dadurch war denn auch mein Erzählen am Ende. Denn als Erzähler konnte und könnte ich niemals objektiv sein, weshalb es sich denn auch für mich verboten hat, etwa einen wirklichen Roman zu schreiben, in dem *ich* nicht als Hauptfigur und als Auslöser allen Geschehens vorkomme. Ich habe mich niemals für einen Romancier gehalten. Es wäre mir niemals möglich gewesen, *eine* der Konstellationen eines Romanes durchzuspielen, deren es ja nur eine beschränkte Anzahl geben *kann,* und die heute – nicht zuletzt durch die Psychoanalyse – untypisch für menschliches Verhalten geworden sind.

Mit Mozart habe ich mich mehr oder minder aktiv beschäftigt, seit ich als Schüler zuerst seine Klaviersonaten, dann seine Violinsonaten zu spielen versucht habe. Aber ich erinnere mich nicht an die Art der Beschäftigung. Erinnerungen daran werden mir hin und wieder von außen zugetragen. So schrieb mir ein englischer Freund vor ein paar Jahren, kurz vor seinem Tod: „Weißt Du noch, wie wir uns kennenlernten? Du sprachst intensiv über die *Zauberflöte*, und ich fragte mich, wie ernst Du es damals meintest." Ich erinnere mich natürlich nicht mehr an dieses Gespräch und weiß daher nicht, wie ernst ich es meinte; es muß etwa vor fünfundvierzig Jahren stattgefunden haben. Ich erinnere mich noch nicht einmal, aufgrund welcher Eigenschaften oder gar Verdienste mir der Bayerische Rundfunk im Mozartjahr 1956 den Auftrag erteilte, den Mozartvortrag zu halten, der alsbald meine zunehmende Beschäftigung mit Mozart veranlaßte und gewissermaßen zum Kern des Buches wurde. Jedenfalls gingen dem Buch diverse Erweiterungen des Vortrags und Essays voraus, die aufzuzählen nicht mehr interessieren kann und mich selbst auch nicht mehr interessieren.

Ich habe also den Ursprung dieser Arbeit als Willensakt vergessen. Er muß jedoch damals mit meinem Wunsch zusammengehangen haben, etwas oder jemanden *außerhalb* der Möglichkeiten einer Selbstidentifikation zu interpretieren. Dazu kam das schon erwähnte mangelnde Vertrauen in die Aussagekraft von Fiktionen. Um es kraß und überspitzt zu formulieren: Für mich ist der zeitgenössische Roman gleich Trivialroman.

Ich beschäftigte mich also zunehmend mit Mozart, mit dem Wunsch, diesmal einen *großangelegten* Essay über ihn zu schreiben. Zum inneren Diktat aber wurde der Wunsch erst, nachdem ich die seriöse musikologische Sekundärliteratur gelesen hatte. Der domestizierte Mozart, der mir aus ihr entgegentrat, entsprach *nicht* dem dionysischen Mozart, wie ich ihn – wahrscheinlich im Überschwang des Widerspruchswillens – sah. Heute sehe ich ihn sowohl dionysisch als auch apollinisch, sofern ich ihn *überhaupt* sehe. Und immer natürlich war ich abgestoßen von dem didaktischen Wunschdenken der Biographen, die ihn an ihrer eigenen Erlebnis- und Erfahrungs-Skala maßen und ihn entsprechend deuteten. Dennoch – so denke ich heute – kann auch der Wunsch zur *Korrektur* dieses Mozartbildes nicht der *einzige* Anstoß gewesen sein, denn damals meinte ich, daß in Wirklichkeit kein ernsthafter Leser, Mozarthörer oder Interpret mehr an dieses im neunzehnten Jahrhundert gemalte Bild glaubte. Noch während des Schreibens der ersten Fassung meinte ich, offene Türen einzurennen. Später, als ich die

Reaktion auf das Buch prüfte, stellte ich fest, daß ich so manche geschlossene Tür noch nicht einmal habe *öffnen* können. Einer der primären Anlässe muß daher wohl gewesen sein: die Herausforderung, das Rätsel für mich *selbst* zu lösen, das heißt, dem Geheimnis des Kreativen, vor allem des Überbegabten auf die Spur zu kommen. Ich bin ihm so nahe gekommen, daß ich das Rätsel in seiner Größe zwar erkannte, aber von einer Lösung kann die Rede nicht sein. Dieses Scheitern war freilich eingeplant, und meine Hoffnung ist, manchem potentiellen Biographen zwar nicht das *Scheitern* beigebracht zu haben, denn das beherrscht er nur allzu gut, aber vielleicht das *Gewahrwerden* dieses Scheiterns. Schon in der Einleitung habe ich so manchen Entmutigungsversuch unternommen, wie etwa diesen:

„Da nun aber gemeinhin zwischen der Psyche des Genies und der des Interpreten wenig Affinität besteht, sollte der Interpret die Erkenntnisse der Psychoanalyse, und zwar einer an sich selbst erfahrenen, anwenden. Denn sie hat ihn gelehrt, den Grad seiner Beziehung *zu* und der Identifikation *mit* seinem Gegenstand zu bestimmen und zu regulieren, somit den positiven wie den negativen Affekt so weit wie möglich auszuschalten. Weiterhin hat sie ihn gelehrt, die typischen Reaktionen der Psyche in all ihren Möglichkeiten bis in die tiefsten Traumata zwar als probates Werkzeug der Erkenntnis parat zu haben, nicht aber die potentielle Reaktion der eigenen Seele als Maßstab anzuwenden."

Ich zeigte diesen Absatz einer befreundeten Analytikerin, die sagte: „Schön wär's natürlich, wenn das so einfach wäre" – das heißt: wenn der Psychoanalytiker so allmächtig wäre. Natürlich sah ich, daß ich hier im Glauben an die Psychoanalyse zu weit gegangen war. Dennoch habe ich den Absatz stehengelassen, und zwar aus didaktischen Gründen. Nach *meiner* Erfahrung muß man den Stoff zu Überzeugungsversuchen ein wenig dehnen, damit der Leser ihn versteht, ja, damit er ihn überhaupt zur *Kenntnis* nimmt. Noch nicht einmal das war hier der Fall. Während die differenzierenden und analytischen Leser an dieser Formulierung keinen Anstoß nahmen, wahrscheinlich weil hier mein Wunschdenken in einer Richtung lief, die auch sie anerkannten oder gar erwünschten, hat die Schar der verknöcherten Altmozartianer die Forderung gar nicht erst zur Kenntnis genommen, obgleich ich sie in einem kurz darauf folgenden Satz der Einleitung zu verdeutlichen versucht habe:

„Ich begebe mich also bewußt in Abhängigkeit vom Leser, nicht nur in seinem Vorstellungsvermögen, sondern auch in seinem Vorstellungswillen. Denn natürlicherweise hört die Macht der Überzeugungskraft dort auf, wo auf der anderen Seite der eherne Wille zum Unverständnis herrscht, das heißt: die automatische Abwehrreaktion vor einer dargebotenen Erkenntnis, bevor diese vom Willen des potentiellen Empfängers geprüft ist. Gehen wir den Ursachen einer solchen rezeptiven Versagung nach, so können wir ihr nur dort Gültigkeit zuerkennen, wo ihr Träger sich mit derselben Materie befaßt hat, aber darin zu einem anderen Resultat gelangt ist. Wir erkennen sie aber nicht an, wo sie als Reaktion dessen erscheint, der sich eben nun einmal an ein anderes oder gegenteiliges Bild gewöhnt hat, an das er so fixiert ist, daß er sich nicht mehr davon trennen kann oder will, und daher jede Korrektur der alten, als schön erkannten, Lösung zurückweist. Es gilt demnach für den Leser nicht nur die Wahrhaftigkeit dieses Versuches zu prüfen, sondern auch seinen eigenen Willen, ein vorgefaßtes Bild abzustreifen."

In der ersten Fassung meines Buches steht dann der Satz: „Ich rate dem Leser, diesen Absatz *zweimal* zu lesen." Als ich diesen Text meiner Frau zeigte, sagte sie, so könne der Absatz nicht enden, ich verärgere damit den Leser, der sagen würde: Schließlich kann ich wohl doch noch *lesen!* Natürlich hatte sie recht darin, daß ich den Leser verärgern würde, und daß er behaupten würde, *lesen* zu können. Nur behaupten es die meisten zu Unrecht, die Mehrzahl der Leser kann eben *nicht* lesen. Dort wo ein Text Bewältigung erfordert, indem er alte Vorstellungen zu löschen versucht, versagt *und* versagt *sich* der Leser. Es fehlt ihm nicht nur der Wille, sondern auch der Wille zum Willen.

Manchmal empfinde ich, daß es zwischen dem Analysierten und dem Nicht-Analysierten keine Möglichkeit der Verständigung gibt. Mit der Bezeichnung *der Analysierte* meine ich noch nicht einmal den durch psychoanalytische Therapie Geheilten, sondern den, dem sie, *über* die eigene Person hinaus, Einblicke in die menschliche Seele vermittelt hat. Denn für den einigermaßen geschulten und intelligenten Analysand enthält seine Analyse gleichsam Elemente einer Lehranalyse, indem sie, sich den Pfad hinab ins Unbewußte ertastend, Nebenwege aufzeigt, das heißt: das, was hätte sein können, aber in diesem Falle nicht ist. So vermittelt sie denn auch die wesentliche Erkenntnis, daß die Begriffe *gut* und *böse* einen anderen Stellenwert enthalten, als den allgemein angewandten, daß also die *sogenannten* positiven und negativen Eigenschaften eines Menschen einander durchdringen, wenn nicht gar notwendig machen. Diese Erkenntnis macht übrigens den zwischenmenschlichen Verkehr nicht etwa leichter, sondern eher schwerer, denn sie erfordert dort Toleranz, wo wir lieber intolerant geblieben wären. Das Unangenehme an einem Gegenüber wird leider dadurch nicht angenehmer, daß wir den Ursprung kennen.

Mehr als einer der Musikfachleute, die mein Mozartbuch gelesen haben, behaupteten, ich hätte Mozart als einen *schmutzigen* oder *unreinen* Menschen dargestellt, wobei natürlich keiner von ihnen die Definition der Wörter *schmutzig* und *unrein* mitlieferte. Dieses große Unbehagen der *Sauberen* und *Reinen* wurde mitunter geradezu militant. Bei einem Vortragsabend im

Rahmen des großen Mozartfestes in Hamburg 1978, bei dem zwei Musikologen zum Thema *Hildesheimer und die Mozartforschung* referierten – was sie gesagt haben, weiß ich nicht, ich war nicht eingeladen, und auf einen Bericht habe ich verzichtet –, stand während der anschließenden Diskussion ein Herr auf – man hat mir gesagt, wer es gewesen sei, aber ich habe es vergessen –, erklärte sich als offiziellen Vertreter des Mozarteums Salzburg und sagte, er wolle hiermit dokumentieren, daß das Mozarteum mein Buch einmütig ablehne. Wie eine solche Einmütigkeit zustande kommt, weiß ich nicht. Vielleicht in einer Abstimmung.

Ich habe diese Fälle aus der Wirkungsgeschichte meines Buches erwähnt, weil sie zu meinem Thema gehören. Ich hatte diese Reaktion natürlich vorausgesehen. Wo es mir also nicht gelingen wollte, das Lesepublikum zu Verbündeten gegen eine Schar Unverbesserlicher zu machen, machte ich meinen Helden zum Verbündeten, der dieses Mißverständnis weder herausgefordert noch verdient hat. Auf meine Methode komme ich zurück.

Freud sagt: „Jeder Biograph ist auf eigentümliche Weise an seinen Helden fixiert." Diesen Satz habe ich immer als eine Binsenwahrheit betrachtet, bis mir klar wurde, daß uns der Inhalt dieser Aussage ohne Freud vermutlich gar nicht bewußt geworden wäre. In meinem neuen Buch *Marbot* gehe ich weiter, indem ich behaupte, daß der Biograph, je tiefer er in die Seele seines Helden zu dringen scheint, allmählich von dem Gefühl überkommen wird, von diesem Helden *erwählt* worden zu sein. Die Periode des *Schreibens* hat für mich denn auch in den intensiven Phasen gegen Ende einer Arbeit immer etwas durchaus Unwirkliches, die Gestalten kommen mir nah, nehmen mich so in Besitz, daß ich die reale Gegenwart darüber nur mangelnd zur Kenntnis nehme: ein überaus romantischer Vorgang, dem ich mich jedoch um wesentliches lieber aussetze, als in der Realität zu bleiben. In einer solchen Phase wählte mich Mozart zum Anwalt und zum Verteidiger dessen, was Biographen – ich zitiere – *kindisch, infantil, allzu menschlich, allzu ausgelassen, grob-humorvoll, gepfeffert, nicht salonfähig, geschmacklos* etc. nennen, *oder* was sie kurzerhand auslassen, womit sie Mozart verwischen oder zu einem *noch* rätselhafteren Fragment reduzieren, als er ohnehin schon ist und war. Mozarts Wahl erschien mir insofern gerechtfertigt, als ich mir darüber im klaren war, daß es keine biographische Objektivität *gibt,* das heißt, daß *ich* ein Gesetz durchzuführen mich bemühte, nach dem man seine Subjektivität nicht nur einzugestehen hat, sondern auch zu ihr stehen und sie immer wieder betonen soll. So wurde mein Buch zum Resultat der *Vorstellungs*kraft, nicht zu verwechseln mit *Einbildungs*kraft.

Überdies wurde mir mit dem Fortschreiten der Arbeit klar, daß mein Buch nicht zuletzt ein Arbeits- und Rechenschafts-Bericht über die Schreibperiode werde, eine Art ‚action writing'. Ich wollte, daß der Leser mir nicht nur glaube, sondern daß er die Gedankengänge durchlaufe, die mich zu meinen Schlüssen geführt haben. Ich habe alles versucht, um zu überzeugen. Mein Plural war nicht etwa der *maiestatis*, und auch nicht *modestiae*, sondern ich erfand den Pluralis *concordiae*, eine List also, einen Überredungsversuch, der so viel besagen will wie: Im Grunde bist Du, Leser, mit meiner Aussage einverstanden. Wenn Du es noch nicht spürst, so wirst Du es schließlich, nach Aufnahme meiner Argumentation, *doch* spüren. Aber wie gesagt, es können nicht alle Leser lesen, und so scheiterte denn auch der Versuch, den sogenannten ‚eingefleischten' Altmozartianer oder Biographieleser zu überzeugen, sofern ich ihn *überhaupt erreichte*. Er war an das tradierte Bild gebunden und nicht gewillt, sich das meine anzueignen, weil ihm meine Art der Sicht und der daraus sich folgernden Methode der Entschlüsselung fremd, ja, suspekt war. Denn er lehnt die Psychoanalyse ab, und erst recht als Hilfsmittel und Korrektiv der Biographik. Nach *meiner* Erfahrung sind die heftigsten Ablehner der Psychoanalyse immer diejenigen, die ihrer am dringendsten bedürfen – aber das ist ein anderes Thema.

Der typische Biograph – und man sage nicht etwa, daß es ihn nicht gebe! – neigt dazu, Primärquellen, wie vor allem zeitgenössische Protokolle, gerade dort anzuzweifeln, sogar schlankweg zu verschweigen, wo das Außergewöhnliche, das unverständlich Exzentrische, das Unheimliche oder Unbehagliche an seinem Helden allzu stark in Erscheinung treten, wo es ihm daher nicht gelingt, ein Ereignis oder Erlebnis, eine Handlung oder eine Reaktion oder einen Gedanken nachzuvollziehen. Dabei müßte er einsehen, daß gerade *hier* am genauesten zwischen Dichtung und Wahrheit, zwischen Wahrscheinlichem und Übertreibung unterschieden werden kann. Denn es gibt Verhaltensweisen, die *niemand* erfindet. So der auf Aussagen von Sophie Haibl sich stützende Bericht des Staatsrats Nissen über Mozarts unstetes, quecksilbriges, manchmal beinahe spastisch sich gebendes Verhalten. Wie er zum Beispiel „in der Früh' beim Händewaschen" seine Hände reibend hin- und herhüpft oder stolziert und dabei die Hacken aneinanderschlägt. Oder der Bericht von Caroline Pichler, wie Mozart in *einem* Moment hinreißend auf dem Klavier phantasiert, im *nächsten* auffährt, über Tisch und Stühle springt und wie eine Katze miaut. Nur eine einzige Mozartbiographie erwähnt diese Verhaltensvariationen und hält die Berichte denn doch für stark übertrieben. Die anderen Biographen erwähnen nichts davon, sie nehmen meist abnormale Handlungen nicht zur Kenntnis, lassen sie daher kurzerhand aus. Und keiner von ihnen hat sich je gefragt, ob der pedantische und völlig phantasielose Herr Nissen oder die trockene Chronistin Caroline Pichler solch außergewöhnliches Betragen hätten erfinden können. Natürlich hätten sie es *niemals* gekonnt. Der Schauspieler Joseph Lange, Mozarts Schwager, ein überaus ernsthafter und glaubhafter Mann, der Mozarts närrisches, mitunter Anstoß erregendes Verhalten vor allem während der Entstehungszeit seiner größten Werke schildert, wird von den späteren Biographen ignoriert.

Ich selbst – und hier liegt beinah so etwas wie aktiver Identifikationszwang – habe meinen Helden nachzumachen versucht, habe, beim Händewaschen hin- und herlaufend, die Hacken aneinandergeschlagen, habe wie eine Katze miaut – über Tische bin ich nicht gesprungen, denn es dürfte sich bei Frau Pichler um niedrige Ziertischchen gehandelt haben –, und mir erscheinen solche Handlungen überaus plausibel, wahrscheinlich sogar *notwendig* als ausgleichende Reflex-Symptome einer intensiv kreativen Natur in ihren kreativsten Perioden. Ich wurde also zu Mozart, mit dem mich zu messen natürlich Unfug und Unsinn wäre, dessen Lebensäußerungen ich jedoch, sofern sie sich nach außen *so* deutlich mitteilten, nachfühlen zu können meinte. Und ich denke, daß dies eine wesentliche Vorbedingung für jede Biographie ist: nicht nur die Fixierung an das Objekt, sondern größtmögliche Annäherung durch den Versuch der Identifikation. Doch gerade das hat kein mir bekannter Biograph vollzogen, alle haben sie das sogenannte Negative zurückgewiesen, als handle es sich um eine Zumutung. Wenn man dann ihren *eigenen* Biographien nachgeht, so vermitteln sie mitunter überraschende Aufschlüsse. Der amerikanische Beethovenbiograph Thayer, auf dessen Werk sich, was den *Menschen* Beethoven betrifft, *alle* späteren Beethovenbücher aufbauen, mußte die Arbeit daran kurz nach Fertigstellung des dritten Bandes aufgeben, da er nach *einer* Stunde der Beschäftigung mit seinem Helden unerträgliche Kopfschmerzen bekam, während er andere Arbeiten unbehelligt zu Ende führen konnte. So ist sein Werk unvollendet geblieben. Die Ursache dieser Erscheinung ist unschwer zu erkennen. Er war in der Herstellung seines Beethovenbildes auf Wahrheiten gestoßen, gegen die er sich in seinem Inneren sträubte, die er andererseits nicht aus der Welt schaffen konnte. Sein Beethovenbild war zerstört, und dies nach mehreren Rettungsversuchen, die sich etwa folgendermaßen lesen:

„Als Johann“ (der Bruder) „mit Vorwürfen und Schmähungen in sein“ (Ludwigs) „Zimmer trat, geriet er“ (Ludwig) „ebenfalls in Zorn, und es folgte eine Szene“ – (‚Gedankenstrich‘), „bei der wir den Vorhang fallen lassen. Leider war dieselbe entehrender für Ludwig, wie“ (!) „für Johann.“

Hier also ging es Thayer um nichts Geringeres als die Ehre. Und schließlich hat er wohl eingesehen, daß er, hätte er das Buch fertiggeführt, allzu oft den Vorhang hätte fallen lassen müssen. Er gab die Arbeit an seinem Lebenswerk auf.

Beethovens Leben ist denn überhaupt nur fragmentarisch überliefert. Wäre es das nicht, so hätte sich hier die unvergleichliche case history zur Psychopathologie eines genial Überbegabten ergeben. Schon sein erster Biograph, Anton Schindler, hat zwei Drittel seiner Konversationshefte vernichtet, weil sie dem Beethovenbild, wie er es zu überliefern gedachte, im Wege standen. Kein einziger Biograph erwähnt denn auch, daß Beethoven einen Nachttopf unter dem Klavier stehen hatte, dessen er sich während der Arbeit bediente, und der Gedanke, daß er dies auch während der Niederschrift der neunten Sinfonie getan haben *könnte*, erschien als ein Gedanke, dem man nicht nachgehen durfte. Keiner erwähnt, daß er, auch in Gesellschaft, in sein Taschentuch spuckte und das Sputum betrachtete. Niemand hat den – tatsächlich grausigen – Befund bei der Sektion seines Leichnams auch nur angedeutet. Denn die Biographen haben befürchtet, ihren Helden durch Weitergabe solcher Einzelheiten kleiner zu machen, da er ihnen selbst nicht mehr makellos erschien. So haben sie *Wunsch*bilder, also *falsche* Bilder, hergestellt.

Kant masturbierte jeden Tag, „um" wie er meinte, „einen klaren Kopf zu haben". Macht ihn das kleiner, oder reduziert es ihn gar zu einer, wenn auch nur partiell, verächtlichen Figur? Ich kenne die Kantbiographien nicht, aber die Mozartbiographen hätten mit *ja* antworten müssen, hätten sie den Tatbestand nicht verdrängt. Mit einer solchen Affirmation oder Unterschlagung geben sie selbst einen wesentlichen Teil ihres Inneren preis, von dem der Leser aber nichts wissen will, außer ob sie sich ihrer Subjektivität bewußt sind oder nicht. Vor allem verwischen sie – und dies vielleicht noch nicht einmal bewußt, sondern verdrängend – die sehr scharfen Grenzen zwischen Objektivität und Subjektivität, also zwischen Mitteilung und Meinung, zwischen Interpretation und Spekulation, auf die es in der Biographie ankommt.

Ich habe in der Einleitung zu meinem Mozartbuch meine Subjektivität so deutlich erklärt wie nur möglich, und habe später im Text jede Möglichkeit wahrgenommen, sie nicht nur zu betonen, sondern mich stets wieder zu ihr zu bekennen. Ich habe sie als einzig richtige Methode dargestellt, einen solchen Stoff zu bewältigen. Ich habe versucht, den Leser zu überzeugen, daß nur durch Intersubjektivität ein objektives Bild des Gegenstandes entstehen kann, eine Bilanz aller Darstellungen. Nur eben bedürfte es dazu anderer Biographen, nämlich solcher, die durch eine Psychoanalyse gegangen, denen daher auch die geheimen Regungen der Seele eines Menschen bekannt sind. Überdies aber sollten es solche sein, die selbst kreativ tätig sind, die daher von der äußeren Freiheit und der inneren Unfreiheit dessen wissen, der Kunstwerke schafft. Wohlgemerkt: Ich spreche jetzt nicht von der Qualität der Kunstwerke, sondern von dem inneren kreativen Zwang. Delacroix hat gesagt: „Die meisten Bücher über Künstler stammen von solchen Leuten, die selbst keine Künstler sind. Daher alle die falschen Vorstellungen." Dasselbe könnten die großen Vertreter aller künstlerischen Disziplinen gesagt haben, sofern sie selbst die Wurzeln ihres Künstlertums hätten ergründen wollen. Zu diesen gehörte Mozart nicht.

Auch ich würde daher als Vorbedingung zum Schreiben einer Biographie bestimmen, daß der Schreibende selbst schöpferisch tätig, also ein Künstler sein müsse, damit er sich von der alles dominierenden Rolle der Tätigkeit im Leben seines Objektes eine Vorstellung machen kann. Der Zeichner Horst Janssen, der übrigens ein ebenso hervorragender Schriftsteller ist, schrieb mir einmal: „Die Leute können sich eben nicht vorstellen, daß ich *immer* zeichne."

Günter Grass hat einmal gesprächsweise gesagt: „Schriftsteller ist man nur von Mal zu Mal." Damit wollte er nicht etwa sagen, daß er in den Perioden zwischen zwei großen Arbeiten nicht Schriftsteller, sondern – sozusagen – ‚nur Mensch' sei, sondern daß der Beruf – oder wenn man so will, die Berufung – niemals vom zu verarbeitenden *Stoff* erzwungen sei, wie beim Journalisten, sondern von einem durch den Stoff entzündeten inneren *Vorgang,* der die Auswahl treffe, den Ausdruck erst ermögliche und plötzlich zeitweise oder für immer ausbleiben könne. Dem pflichte ich bei.

Biograph ist aber nun *wirklich* kein Beruf. Der Biograph ist ein Schriftsteller, der, wenn überhaupt, dann nur einmal ausschert, um über eine Gestalt zu schreiben, die ihn lange schon rezeptiv beschäftigt oder sogar lange sein Denken und Fühlen bestimmt haben mag, über die, und seine Beziehung zu ihr, er sich Klarheit zu verschaffen sucht. Er hat nur *eine einzige* solche Gestalt, höchstens eine in allen Disziplinen, die er darstellen will, um dann als *Biograph* wieder zu verstummen. Ich spreche nicht von der Wirklichkeit, sondern von einem Idealzustand. Denn ich bin der festen Ansicht, daß, wer *eine* Gestalt nach der *anderen* abhandelt, sich seiner Glaubwürdigkeit begibt.

Sie sehen also, daß nicht nur das Bild meines Helden subjektiv ist. Meine Ansichten über die Möglichkeit seiner Darstellung mögen manchem als geradezu subversiv erscheinen. Denn genaugenommen müßte eine solche Bindung an eine einzige Figur zu einer Art der Glorifizierung führen, wie sie für jeden Leser unzumutbar wäre. Aber gerade hier gewinnt die Rolle der Psychoanalyse ihre entscheidende Bedeutung. Denn erst sie schafft für den designierten Gelegenheitsbiographen jene Distanz, die nach der Selbst-Identifikation – gleichsam als Katharsis – eine Loslösung ermöglicht, so daß er in der Lage ist, sich selbst weitgehend zu objektivieren. Bitte verstehen Sie das nicht als einen Widerspruch! Der Biograph bleibe immer eingedenk seiner Subjektivität: dem *Helden* gegenüber. Mit Objektivierung meine ich hier, daß er, der *Biograph,* sich *selbst* als einen sieht, der sich von Vorurteil und Affekt weitgehend freigemacht hat, und der wohl einen Schritt näher zur Einschätzung *seiner selbst* gekommen ist als andere, vor allem als jene, denen er sich mitteilt. So forderte denn auch die Arbeit an meinem Mozartbuch ein Hineinversetzen nicht nur in die Seele des Helden, sondern auch in die des Lesers, zum Beispiel dessen, der mein Buch als empörend empfand.

Mozarts sexuelle Phantasie, seine stark zur Koprolalie neigende Anal-Erotik waren leicht anhand seiner eigenen Dokumentation zu demonstrieren. Was weniger leicht war, erschien mir, dem *Leser* dafür das Verständnis, ja, überhaupt die Hinnahme, und damit das richtige Lesen überhaupt beizubringen. Es ist mir denn auch nur partiell gelungen. Was der Leser nicht wissen will, verdrängt er entweder sofort, oder er macht den Vermittler, also den Biographen für sein Unbehagen an allen sogenannten negativen Eigenschaften des Helden verantwortlich. Der Biograph wird für ihn identisch mit dem verunstalteten Objekt – ein psychischer Prozeß, der allen Seelenkundigen hinlänglich bekannt sein dürfte.

Mein Mozartbuch ist daher mein einziges Buch, bei dessen Entstehen ich an den Leser gedacht habe. Was mir vorher und nachher beim Schreiben gleichgültig war, nämlich ob ich verstanden werde, war mir beim Schreiben dieses Buches von entscheidender Wichtigkeit, nicht um meinetwillen, sondern um Mozarts willen. Denn gänzlich vorstellen kann ich ihn mir auch nicht, und wenn es mir gelungen ist, etwas von dieser Unvorstellbarkeit zu vermitteln, zu demonstrieren, daß Mozart *nicht* einer von uns ist, dann ist mein Buch gelungen.

Cornelia Nalepka

Kalkuliertes Scheitern als biographische Maxime

Zu Wolfgang Hildesheimer: „Die Subjektivität des Biographen“

Der Aufsatz Hildesheimers[1] stellt einen Kommentar des Autors zu seinem 1977 erschienenen Buch *Mozart*, dessen Rezeption, den darin angewandten Arbeitsweisen sowie seiner Sichtweise auf das Schreiben von Biographie dar.

Als das *Mozart*-Buch erschien, hatte sich Wolfgang Hildesheimer bereits seit Jahrzehnten mit dem Phänomen Mozart beschäftigt, wie er in der Einleitung vermerkt.[2] Der Zeitpunkt des Erscheinens jedoch fällt in eine Zeit, als sich in Deutschland die literarische Strömung der ‚Neuen Subjektivität‘ formte. Im Gegensatz zu einer system- und gesellschaftskritisch engagierten Literatur der 68er-Bewegung ging es dabei um Privatheit und Selbsterfahrung der Schreibenden, verknüpft mit fortschritts- und geschichtspessimistischen Tendenzen. Mit verantwortlich für das Entstehen dieser Strömung dürften die wirtschaftliche Rezession, aber auch die Erkenntnis der Aussichtslosigkeit auf strukturelle Veränderungen im politisch-gesellschaftlichen System gewesen sein, sodass sich nach der Aufbruchsstimmung der 1960er Jahre eher ein Klima der Angst breit machen konnte. Zunehmende politische Kontrolle des öffentlichen Dienstes, des Lehr- und Hochschulbereichs sowie verschärfte Zensurbestimmungen in Folge des RAF-Prozesses führten bei vielen Autorinnen und Autoren zu einer Resignation gegenüber dem politischen Establishment und gesellschaftlichen Hierarchien, welche in der Literatur eine Suche nach Authentizität und eine verstärkte Betonung der Subjektivität mit sich brachte.

1 1981 entstanden, wurde dieser Text erstmals am 30. Jänner 1982 auf der Tagung „Literaturwissenschaft und Psychoanalyse“ an der Universität Freiburg i. Br. als Vortrag gehalten.

2 Wolfgang Hildesheimer: *Mozart*. Frankfurt/M. 1977, S. 7.

Hildesheimer selbst glaubte nicht mehr an historische Gewissheiten. In einem im selben Jahr wie das *Mozart*-Buch erschienenen Gespräch über das *Ende der Fiktion* verdeutlicht er, wie viel seine tiefe Skepsis gegenüber bereits existierenden Biographien Mozarts mit seinem Geschichtspessimismus zu tun hat: Er betont, dass er „praktisch nichts glaub[t], was über bedeutende Leute geschrieben wird, zumindest über bedeutende Leute bis zum Beginn des 19. Jahrhunderts, weil wir uns in Menschen dieser Zeit nicht hineinversetzen können."[3] Doch was bedeutet diese geschichtspessimistische Haltung Hildesheimers für das Schreiben von Biographie? Der Autor negiert die Möglichkeit, sich als Biograph mit der Person zu identifizieren, über welche geschrieben wird, und gesteht dem Phänomen Mozart zu, ein unverständliches zu bleiben.[4] Er sieht sich auf seine eigene Subjektivität zurückgeworfen: Das sich durch sein Werk ziehende Generalthema sei er selbst, „[e]in potentielles Ich", zwar ohne explizit autobiographischen Charakter, aber es gehe „immer um Dinge, die mir potentiell geschehen könnten".[5] Die Möglichkeit wird in der Beschreibung der Wirklichkeit mit berücksichtigt. Diese Einstellung hängt mit Hildesheimers Sicht der Grundsituation des Menschen im 20. Jahrhundert zusammen, dem die Welt die Antwort auf seine Fragen verweigert, womit auch die Literatur keine verbindlichen Aussagen über die Wahrheit mehr liefern kann, weshalb der Autor das Ende der Fiktion gekommen sieht. In seinem 1975 gehaltenen Vortrag *The End of Fiction* setzt er die kollektive Realität als Ausgangspunkt des Schriftstellers um über „misery, madness and crime"[6] in der Welt nachzudenken und fährt fort:

> But can he write about it? He cannot. All he can do is to construct a subjective fictitious model of a singular case which *he* may regard as typical of our condition. But this case, being invented and therefore artificial, will never even reflect that part of reality it is meant to represent, and to those who have actually experienced it, the sufferers, it must appear as a terrible simplification of a terrible subject. The attempts of literature, including the littérature engagée, to master our situation by setting fictitious models, have failed [...].[7]

Die erlebte Realität in eine analoge Wirklichkeit der Literatur zu transponieren, erfordere vom schreibenden Ich eine Objektivierung seiner selbst als Teil

---

3 Hanjo Kesting: „Das Ende der Fiktion". Gespräch mit Wolfgang Hildesheimer. In: *Dichter ohne Vaterland.* Gespräche und Aufsätze zur Literatur. Hg. v. Hanjo Kesting. Berlin, Bonn 1982, S. 52–68, hier S. 53.

4 Ebd., S. 67.

5 Ebd., S. 54.

6 Wolfgang Hildesheimer: „The End of Fiction". In: ders.: *Das Ende der Fiktionen. Reden aus fünfundzwanzig Jahren.* Frankfurt/M. 1984, S. 103–122, hier S. 110.

7 Ebd.

dieser Realität, sodass es sich in seiner jeweiligen Situation als modellhaftes Subjekt zu erkennen gibt.[8] Hildesheimer spricht der Literatur die Möglichkeit ab, Realität einsichtig machen zu können. Dabei kommt für ihn die Biographie der Fiktion gerade dann nahe, wenn sie in der Verbindung von enzyklopädischer Dokumentation mit scheinbar unbegrenztem Einfühlungsvermögen hermeneutische Rekonstruktionsarbeit leisten will und unter Bezugnahme auf Fakten und Quellen eine Authentizität suggeriert, um so schon die rein historische Distanz zum Objekt (von der intellektuellen oder psychischen ganz zu schweigen) mit falscher Unmittelbarkeit und Nähe zu überbrücken,[9] anstatt sich einzugestehen, dass die ‚biographische Wahrheit' nicht zu haben ist. Wahrheit, Deutung und Rekonstruktion können immer nur subjektiv sein.

Einen weiteren bemerkenswerten Aspekt in diesem Aufsatz stellt das Verhältnis zwischen Leben und Werk einer biographierten Persönlichkeit dar: Hildesheimer siedelt „die ganze schöpferische Kraft von Mozart im Bereich des Unbewußten und dem Biographen grundsätzlich Unzugänglichen an"[10] und weist so alle Hypothesen über Bezüge zwischen Leben und Werk ab. Dies widerspricht der bis heute gängigen biographischen Praxis, Wechselbeziehungen zwischen Leben und Werk kreativer Personen nachzeichnen oder aufdecken zu wollen. Doch die Trennung zwischen Leben und Werk bedeutet in Hildesheimers Fall auch, nicht dem Trugschluss aufzusitzen, das Werk als primäres Medium der Selbstoffenbarung misszuverstehen und vermeintliche Attribute der Person daraus abzuleiten.[11]

Als Schutz vor dem unter früheren Mozart-Biographen weit verbreiteten Fehler, den Komponisten an der eigenen Erlebnis- und Erfahrungsskala zu messen und zu deuten (S. 287), dient Hildesheimer die Psychoanalyse, auf die er in seinem Aufsatz größten Wert legt. So empfiehlt er diese an sich selbst erfahrene Methode in der Einleitung zum *Mozart*-Buch auch als Mittel für den Biographen, um „den Grad seiner Beziehung *zu* und der Identifikation *mit* seinem Gegenstand zu bestimmen und zu regulieren, somit den positiven wie den negativen Affekt so weit wie möglich auszuschalten."[12] Es

8 Walter Bohnacker: „Biographie als Dokumentation. Über Wolfgang Hildesheimer". In: *Literaturwissenschaftliches Jahrbuch* 29 (1988), S. 189–217, hier S. 193f.

9 Ebd., S. 196.

10 Oscar van Weerdenburg: „Hildesheimers Mozartbuch. Eine psychoanalytische Biographie neueren Stils". In: *Text und Kritik* [Wolfgang Hildesheimer] (1986) H. 89/90, S. 63–68, hier S. 64.

11 Bohnacker: Biographie als Dokumentation, S. 200.

12 Hildesheimer: *Mozart*, S. 10.

sind also nicht die Tatsachen der Identifikation oder des Affekts an sich zu verneinen, jedoch müssen sie mit Hilfe der Psychoanalyse bewusst gemacht und reguliert werden – auch im Dienste der Sichtbarmachung der Subjektivität des Biographen. Hildesheimer gesteht jedem Schriftsteller idealerweise nur die einmalige intensive Beschäftigung mit einer Gestalt, nur die einmalige Einnahme der Rolle des Biographen zu. Dadurch scheint die Gefahr der Glorifizierung virulent zu werden, doch verhindere die Psychoanalyse eine Glorifizierung des biographischen Gegenstandes:

> [d]enn erst sie schafft für den designierten Gelegenheitsbiographen jene Distanz, die nach der Selbstidentifikation – gleichsam als Katharsis – eine Loslösung ermöglicht, so daß er in der Lage ist, sich selbst weitgehend zu objektivieren [...] sich *selbst* als einen [zu sehen], der sich von Vorurteil und Affekt weitgehend freigemacht hat und der wohl einen Schritt näher zur Einschätzung *seiner selbst* gekommen ist als andere [...]. (S. 294)[13]

Und hier ist man im Kern der Subjektivität des Biographen, einer Subjektivität, die zu leugnen in Hildesheimers Augen keinen Sinn ergibt, sondern welche, gerade im Gegenteil, betont werden muss. Die Grundvoraussetzung eines biographischen Unternehmens ist nach Hildesheimer die Tatsache, dass sich der Biograph seiner Subjektivität bewusst ist (S. 290) und diese dem Leser möglichst klar macht. Auf dieser Einsicht basierend wurde sein *Mozart*-Buch zum Resultat der – subjektiven – *Vorstellungs*kraft, die nicht zu verwechseln ist mit *Einbildungs*kraft (S. 290). Zugleich ist es nach Ansicht Hildesheimers auch ein Arbeits- und Rechenschaftsbericht über die Schreibphase, damit ihm der Leser nicht nur glaubt, sondern auch die Gedankengänge durchlaufen kann, die ihn zu seinen Schlüssen geführt haben (S.290f.).

Hildesheimers Meinung nach kann nur durch Intersubjektivität ein objektives Bild des Gegenstandes entstehen, wofür allerdings eine selbst erfahrene Psychoanalyse sowie die eigene kreative Tätigkeit des Biographen Voraussetzungen seien (S. 293). Diesen Ansatz weiterführend, hat van Weerdenburg festgestellt: „Es ist die Aufgabe des Biographen, diesseits der Kluft zwischen dem Subjekt und dem Objekt der Biographie gemeinsame Deutungsmuster der verschiedenen Rezipienten transparent zu machen und darüber hinaus die eigene Rezeption als Mittel der (subjektiven) Erkenntnis zu handhaben.“[14]

Hildesheimers Skepsis allen biographischen Unternehmungen gegenüber zeigt sich auch in der Abneigung, sein Buch als Biographie zu betrachten, da

---

13 In Klammern angeführte Seitenangaben im Text beziehen sich auf den vorliegenden Band.
14 van Weerdenburg: „Hildesheimers Mozartbuch“, S. 65.

doch seine Teile „weniger die Entwicklung des Themas, als die verschiedenen Sichten auf ein nicht erschöpfbares Phänomen" (S. 285) beinhalteten. Die Unvorstellbarkeit Mozarts als nicht erschöpfbares Phänomen, aber auch die historische Distanz will Hildesheimer nicht zugunsten einer phantasievollen Schließung von Lücken oder Tilgung von unangenehmen, heutigen Lesern vielleicht schwer verständlichen Aspekten verdrängen, sondern im Gegenteil, betonen. So sieht er es als ein Ziel seines Buches, etwas von der Unvorstellbarkeit Mozarts zu vermitteln anstatt zu behaupten, es sei möglich, ihn sich vorzustellen (S. 295). Diese Unvorstellbarkeit macht sich auch in einem einkalkulierten Scheitern bemerkbar bei dem Versuch, dem Geheimnis des Kreativen, des Überbegabten auf die Spur zu kommen. Zwar habe er das Rätsel in seiner Größe erkannt, doch von einer Lösung könne keine Rede sein. Sinn der Sache sei es jedoch, manchem potentiellen Biographen das *Gewahrwerden* dieses Scheiterns beizubringen (S. 288).

Deutlich wird, dass Hildesheimer sein Buch als Kritik an der damals vorherrschenden Biographik, aber auch als Vorbild für potentielle Biographen sehen möchte: Einkalkuliertes Scheitern beim Darstellungsversuch eines kreativen Genies, die Einsicht in die Unvorstellbarkeit des Phänomens Mozart und das Eingeständnis und stetige Betonen der eigenen Subjektivität – damit entfernt sich Hildesheimer weit von den Sicht- und Arbeitsweisen der meisten Biographen. Fazit: Es gibt keine biographische Objektivität (S. 290).

Weiterführende Literatur

Bohnacker, Walter: „Biographie als Dokumentation. Über Wolfgang Hildesheimer". In: *Literaturwissenschaftliches Jahrbuch* 29 (1988), S. 189–217.

Hildesheimer, Wolfgang: *Mozart.* Frankfurt/M. 1977.

Hildesheimer, Wolfgang: „The End of Fiction". In: ders.: *Das Ende der Fiktionen. Reden aus fünfundzwanzig Jahren.* Frankfurt/M. 1984, S. 103–122.

Kesting, Hanjo: „Das Ende der Fiktion. Gespräch mit Wolfgang Hildesheimer". In: *Dichter ohne Vaterland. Gespräche und Aufsätze zur Literatur.* Hg. v. Hanjo Kesting. Berlin, Bonn 1982, S. 52–68.

Światłowska, Irena: „Das ‚Vierte Buch' über Mozart von Wolfgang Hildesheimer". In: *Mozarts literarische Spuren.* Hg. v. Lucjan Puchalski. Wien 2008, S. 241–250.

Pierre Bourdieu

Die biographische Illusion*

[1986]

Die Lebensgeschichte ist ein *common sense*-Begriff, der in das wissenschaftliche Universum eingeschmuggelt wurde; zunächst sang- und klanglos bei den Ethnologen, später dann, und nicht ohne lautstarke Kommentare, bei den Soziologen. Spricht man von Lebensgeschichte, setzt man mindestens voraus, und das ist nicht nichts, daß das Leben eine Geschichte ist und daß ein Leben immer zugleich die Gesamtheit der Ereignisse einer als Geschichte verstandenen individuellen Existenz und die Erzählung von dieser Geschichte ist. Genau das meint der *common sense*, das heißt die Umgangssprache, die das Leben als Weg, Straße, Bahn samt Kreuzungen (Herkules zwischen Sünde und Tugend) beschreibt oder als Wanderung, also als Fahrt, Lauf, *cursus*, Übergang, Reise, gerichteten Verlauf, lineare, in nur eine Richtung gehende Bewegung („Mobilität") mit einem Beginn („Eintritt ins Leben"), verschiedenen Etappen, einem Ende im doppelten Sinn von Endpunkt und Ziel („er wird seinen Weg machen" bedeutet, er wird Erfolg haben, Karriere machen), Ende der Geschichte. Stillschweigend wird damit eine bestimmte Philosophie der Geschichte (gleich Abfolge von historischen Ereignissen) akzeptiert, die mit einer bestimmten Philosophie der Geschichte (gleich historische Schilderung), kurz, mit einer bestimmten Theorie der Erzählung impliziert ist, Historiker-Erzählung oder Romancier-Erzählung, das macht hier keinen Unterschied, Biographie oder Autobiographie vor allem.

---

* Pierre Bourdieu: „Die biographische Illusion". In: ders.: *Praktische Vernunft. Zur Theorie des Handelns*. Aus dem Frz. v. Hella Beister. Frankfurt 1998, S. 75–83. [Diese Übersetzung folgt dem Wiederabdruck in: *Raisons pratiques. Sur la théorie de l'action*. Paris 1994, S. 81–89, nicht dem Erstdruck in *Actes de la recherche en sciences sociales* 62/63 (1986), S. 69–72.]

Ich möchte – ohne Anspruch auf Vollständigkeit – versuchen, einige Voraussetzungen dieser Theorie deutlich zu machen. Die erste wäre, daß „das Leben" ein Ganzes darstellt, eine kohärente und gerichtete Gesamtheit, die als einheitlicher Ausdruck einer subjektiven und objektiven „Intention", eines „Entwurfs" aufgefaßt werden kann und muß: Sartres Begriff des „Entwurfs" formuliert nur explizit eine Hypothese, die implizit auch in den gewöhnlichen Biographien und ihrem „schon", „von nun an", „von frühester Kindheit an" usw. oder in den „Lebensgeschichten" mit ihrem „immer schon" („immer schon habe ich die Musik geliebt") steckt. Dieses wie eine Geschichte (gleich Erzählung) ablaufende Leben hat – nach einer chronologischen Ordnung, die auch eine logischen Ordnung ist – einen Anfang, einen Ursprung im doppelten Sinne von Ausgangspunkt, Beginn, aber auch Urgrund, *raison d'être*, erste Ursache, und ein Ende, das auch ein Ziel ist, eine Vollendung (*telos*). Die biographische oder autobiographische Erzählung, etwa die des Befragten, der sich vor einem Interviewer „ausspricht", breitet Ereignisse aus, die, ohne daß immer und in allen Fällen die chronologische Reihenfolge strikt eingehalten wird (wer jemals Lebensgeschichten erhoben hat, weiß, daß die Befragten streng kalendarisch gesehen ständig den Faden verlieren), einer Neigung oder einem Anspruch folgen, unter dem sie sich zu Sequenzen gliedern, die über intelligible Relationen miteinander verknüpft werden. In gewisser Weise besteht beim Subjekt wie beim Objekt der Biographie (beim Interviewer und beim Befragten) das gleiche Interesse, das *Postulat des Sinns der* – erzählten und implizit jeder – *Existenz* zu akzeptieren.

Man geht wohl nicht fehl in der Annahme, daß hinter der autobiographischen Erzählung immer zumindest teilweise ein Interesse an der Sinngebung steht, am Erklären, am Auffinden einer zugleich retrospektiven und prospektiven Logik, einer Konsistenz und Konstanz, um derentwillen intelligible Relationen wie die von Wirkung und Ursache zwischen aufeinanderfolgenden Zuständen hergestellt werden, die damit zu Etappen einer notwendigen Entwicklung erhoben sind. (Und dieser Profit an Kohärenz und Notwendigkeit ist wahrscheinlich auch der Ursprung des je nach Position und Verlauf variablen Interesses der Befragten an dem biographischen Unternehmen.[1]) Der Neigung, sich zum Ideologen des eigenen Lebens zu machen, indem man in Abhängigkeit von einer Globalintention bestimmte *signifikante* Ereignisse auswählt und Verknüpfungen zwischen ihnen herstellt, die geeignet scheinen, ihr Eintreten zu begründen und ihre Kohärenz zu gewährleisten, solche etwa, wie sie implizit geschaffen werden, wenn man Ereignisse als Ursachen oder, häufiger noch, als Zwecke setzt – dieser Nei-

1 Vgl. Francine Muel-Dreyfus: *Le Métier d'éducateur*. Paris 1983.

gung also kommt die natürliche Komplizenschaft des Biographen entgegen, der in jeder Hinsicht, angefangen bei seinen Dispositionen des Berufsinterpreten, geneigt ist, diese künstliche Sinnschöpfung zu akzeptieren.

Bezeichnenderweise fiel die Abkehr von der linearen Erzählstruktur des Romans mit dem Fragwürdigwerden einer Auffassung vom Leben als einer sinnvollen – im doppelten Sinne von Etwas-Bedeuten und Auf-etwas-gerichtet-Sein – Existenz zusammen. Dieser doppelte Bruch, für den Faulkners Roman *Schall und Wahn* steht, kommt mit voller Deutlichkeit in jener Definition des Lebens als Anti-Geschichte zum Ausdruck, die Shakespeare am Ende von *Macbeth* gibt: „…; ein Märchen ist's, erzählt von einem Blöden, voller Klang und Wut, das nichts bedeutet." Vielleicht huldigt man überhaupt nur einer rhetorischen Illusion, einer gemeinsamen Vorstellung von der Existenz, die von einer ganzen literarischen Tradition unablässig verstärkt wurde und wird, wenn man eine Lebensgeschichte produziert und das Leben als eine Geschichte behandelt, das heißt als kohärente Erzählung einer signifikanten und auf etwas zulaufenden Folge von Ereignissen. Darum ist es nur logisch, wenn man diejenigen um Beistand bittet, die mit dieser Tradition auf eben dem Terrain zu brechen hatten, auf dem sie zu ihrer exemplarischen Vollendung kam. Wie Alain Robbe-Grillet sagt, „hängt das Auftreten des modernen Romans genau mit dieser Entdeckung zusammen: das Wirkliche ist unzusammenhängend, aus grundlos nebeneinander gestellten Elementen gebildet, von denen jedes einzigartig ist und die umso schwieriger zu fassen sind, als sie ständig unvorhergesehen, ungelegen, zufällig auftauchen".[2]

Die Erfindung einer neuen literarischen Ausdrucksform macht *a contrario* deutlich, wie willkürlich die traditionelle Vorstellung vom Romandiskurs als einer kohärenten, Totalität behauptenden Geschichte und die mit dieser rhetorischen Konvention implizierte Philosophie der Existenz ist. Nun muß man sich dieser Philosophie der Existenz, die von dieser rhetorischen Revolution nach Ansicht einiger ihrer Urheber nicht zu trennen ist, nicht unbedingt anschließen.[3] Um die Frage nach den sozialen Mechanismen, die dieser gewöhnlichen Erfahrung des Lebens als Einheit und Totalität den Boden bereiten und die Rechtfertigung liefern, kommt man aber in keinem Falle herum. Wie nämlich sollte man, ohne die Grenzen der Soziologie zu überschreiten, auf die alte empiristische Frage nach der Existenz eines nicht

2 Alain Robbe-Grillet: *Der wiederkehrende Spiegel.* Aus dem Französischen von Andrea Spingler. Frankfurt/M. 1986.

3 „All das ist Wirkliches, das heißt fragmentarisch, flüchtig, unnütz, so zufällig gar und so vereinzelt, daß jede Begebenheit in jedem Augenblick wie beliebig erscheint und jede Existenz letzten Endes bar der geringsten einigenden Bedeutung" (A. Robbe-Grillet, ebd.).

auf die Rhapsodie der Einzelempfindungen reduzierbaren Ichs antworten? Gewiß läßt sich im Habitus das aktive, nicht auf die passiven Wahrnehmungen reduzierbare Prinzip der Vereinheitlichung der Praktiken und Vorstellungen finden (das heißt, das historisch entstandene, also historisch bedingte Äquivalent jenes Ichs, dessen Existenz man, laut Kant, postulieren muß, um die in der Anschauung gegebene Synthese der verschiedenen Sinneseindrücke und die Verknüpfung der Vorstellungen im Bewußtsein zu erklären). Aber diese praktische Identität teilt sich der Anschauung nur in Gestalt der unerschöpflichen und unfassbaren Aneinanderreihung ihrer Erscheinungsformen mit, so daß die einzige Art, sie als solche zu fassen zu bekommen, vielleicht doch darin besteht, zu versuchen, sie in der Einheit einer sie zur Summe rundenden Erzählung festzuhalten (wozu die verschiedenen mehr oder weniger institutionalisierten Formen der „Selbstdarstellung", der Vertraulichkeit usw. berechtigen).

Die soziale Welt, die gerne Normalität mit Identität gleichsetzt, die sie als das Sich-gleich-Bleiben eines verantwortlichen, das heißt vorhersehbaren oder zumindest – nämlich wie eine gut aufgebaute (im Gegensatz zu der von einem Idioten erzählten) Geschichte – intelligiblen Wesens versteht, bietet alle möglichen Institutionen zur Ich-Summierung und Ich-Vereinheitlichung an und auf. Am offensichtlichsten ist natürlich der Eigenname, der „feste Designator" bzw. „Bezeichnungsausdruck", um mit Kripke zu sprechen, „der in allen möglichen Welten dasselbe Objekt benennt", konkret also ein Objekt in verschiedenen Zuständen desselben sozialen Felds (diachronische Konstanz) oder in verschiedenen Feldern zum selben Zeitpunkt (synchronische Einheit über die Vielzahl der eingenommenen Positionen hinweg).[4] Und mit Recht sieht Ziff, der den Eigennamen als „einen festen Punkt in einer sich bewegenden Welt" bezeichnet, in den „Taufriten" die notwendige Form der Identitätszuweisung.[5] Durch den Eigennamen, diese ganz eigentümliche Form des *Benennens*, wird eine gleichbleibende und dauerhafte soziale Identität gesetzt, die für die Identität des biologischen Individuums in all den möglichen Feldern einsteht, in die es als *Akteur* hineingerät, das heißt in allen seinen möglichen Lebensgeschichten. Der Eigenname „Marcel Dassault" steht zusammen mit der biologischen Individualität, deren sozial festgesetzte Form er darstellt, dafür ein, daß die verschiedenen sozialen *Akteure*, welche die Erscheinungsformen – als Unternehmer, Chef eines Pressekonzerns, Abgeordneter, Filmproduzent usw. – dieser Individua-

4 Vgl. Saul A. Kripke: *Name und Notwendigkeit*. Frankfurt/M. 1993; sowie Pascal Engel: *Identité et Référence*. Paris 1985.

5 Vgl. Paul Ziff: *Semantic Analysis*. Ithaka 1960, S. 102–104.

lität in verschiedenen Feldern sind, über die Zeit hinweg eine Konstanz und über die sozialen Räume hinweg eine Einheit aufweisen; und nicht zufällig ist die diese Identität beglaubigende Unterschrift, das *signum authenticum*, die juristische Bedingung dafür, daß die mit diesem feststehenden Individuum verbundenen Eigenschaften von einem Feld ins andere, das heißt von einem Akteur auf den anderen transferiert werden können.

Als Institution ist der Eigenname der Zeit und dem Raum wie auch den orts- und zeitbedingten Variationen entzogen: Damit sichert er den benannten Individuen über alle Veränderungen und alle biologischen und sozialen Fluktuationen hinweg die *nominale Konstanz*, die Identität im Sinne von Identität mit sich selbst, *constantia sibi*, welche die soziale Ordnung verlangt. Und man begreift, daß in vielen sozialen Universen die heiligsten Pflichten, zu denen man sich selbst gegenüber gehalten ist, die Form von Pflichten annehmen, die man dem Eigennamen schuldet (der zumindest zum Teil, nämlich als *Familienname*, immer auch ein durch einen Vornamen spezifizierter gemeinsamer Name ist). Der Eigenname ist der sichtbare Beleg für die Identität seines Trägers über die Zeit und über die sozialen Räume hinweg, Grundlage der Einheit dieses Trägers in der Abfolge seiner Erscheinungsformen und der sozial anerkannten Möglichkeit, diese Erscheinungsformen zu einem Ganzen zusammenzufassen und aktenkundig werden zu lassen, als *curriculum vitae*, *cursus honorum*, Eintrag im Strafregister, Nachruf oder Biographie, lauter Formen der Erfassung, die durch das Verdikt, das sie über eine vorläufige oder endgültige Bilanz fällen, das Leben als fertiges Ganzes setzen.

Als „fester Designator" ist der Eigenname die Form schlechthin der von den Einsetzungsriten vollzogenen willkürlichen Setzung: Benennung und Klassifizierung bringen klare, absolute, den umständebedingten Besonderheiten und individuellen Zufällen gegenüber indifferente Gliederungen in das Unscharfe und Fließende der biologischen und sozialen Realitäten. Daraus erklärt sich, daß der Eigenname keine Eigenschaften bezeichnen kann und keine Information über das vermittelt, was er benennt: Da das, was er bezeichnet, immer nur eine zusammengewürfelte und disparate Rhapsodie aus sich ständig verändernden biologischen und sozialen Eigenschaften ist, käme allen Beschreibungen eine Gültigkeit nur in den Grenzen eines Stadiums oder eines Raums zu. Mit anderen Worten, nur um den Preis einer gewaltigen Abstraktion kann er als Beweis für die Identität der *Person* als einer sozial feststehenden Individualität dienen. Daran erinnert der ungewöhnliche Gebrauch des Eigennamens mit dem bestimmten Artikel bei Proust („le Swann de Buckingham Palace", „l'Albertine d'alors", „l'Albertine caoutchoutée des jours de pluie"), eine komplexe Wortverbindung, die zugleich das „jähe Offenbarwerden eines vielfachen, aufgesplitterten Subjekts" und die Permanenz der sozial durch den Eigennamen zugewiesenen Identität über die Vielzahl der Welten hinweg zu Ausdruck bringt.[6]

Somit ist der Eigenname der Träger (man möchte fast sagen, die Substanz) dessen, was man den *Personenstand* nennt, das heißt jenes Bündel der einer Person anhaftenden Eigenschaften (Nationalität, Geschlecht, Alter usw.), die zivilrechtlich wirksam sind und durch die vom Standesamt vollzogenen Akte scheinbar nur aktenkundig gemacht, tatsächlich aber *gesetzt* werden. Als Produkt dieses Setzungsritus ist er das eigentliche Objekt aller nachfolgenden Setzungs- oder Benennungsriten, mit deren Hilfe die soziale Identität konstruiert wird: Diese (oft öffentlich und feierlich vollzogenen) staatlich kontrollierten und garantierten *Zuweisungsakte* sind auch starre, das heißt für alle möglichen Welten geltende Bezeichnungen, die eine regelrechte *offizielle Beschreibung* jener die historischen Fluktuationen transzendierenden sozialen Wesenheit entwickeln, welche die soziale Ordnung mit Hilfe des Eigennamens setzt; sie alle nämlich beruhen auf dem Postulat der Konstanz des Nominalen, die bei allen Benennungsakten und allgemeiner allen juristischen Akten mit langfristig bindender Wirkung vorausgesetzt wird, ob *Zertifikate*, die eine Fähigkeit (oder Unfähigkeit) irreversibel bescheinigen, ob langfristig bindende Verträge wie Kredit- oder Versicherungsverträge, ob Maßnahmen der Strafjustiz, denn die Voraussetzung jeder Verurteilung ist die Behauptung der über die Zeit hinweg konstanten Identität der Person, die das Verbrechen begangen hat, und der Person, die die Strafe verbüßt.[7]

Alles spricht für die Annahme, daß sich die erzählte Lebensgeschichte umso mehr dem amtlichen Modell der amtlichen Selbstdarstellung – Personalausweis, Familienbuch, *curriculum vitae*, offizielle Biographie – und der ihr zugrundeliegenden Philosophie der Identität annähert, je näher man den offiziellen Fragestellungen der von Amts wegen eingezogenen Erkundigungen kommt – deren Grenzfall die gerichtliche oder polizeiliche Ermittlung ist – und je ferner man damit zugleich dem intimen Austausch zwischen vertrauten Menschen und der Logik der *Vertrautheit* rückt, die auf jenen geschützten Märkten gilt, auf denen man unter sich ist. Auch auf die besondere Ausdrucksform, die der Diskurs über sich selbst darstellt, finden die Gesetze Anwendung, die die Produktion der Diskurse in der Relation

6 Eugène Nicole: „Personnage et rhétorique du nom". In: *Poétique* 46 (1981), S. 200–216.

7 Die eigentliche biologische Dimension der Individualität – die sich bei der Festlegung des Personenstands in Form der *besonderen Kennzeichen* und des Paßphotos niederschlägt – unterliegt Variationen je nach Zeit und Ort, das heißt je nach den sozialen Räumen, und ist damit eine viel weniger verläßliche Basis als die rein nominale Definition. (Zu den Variationen der körperlichen *Hexis* entsprechend den sozialen Räumen lese man Sylvain Maresca: „La représentation de la paysannerie. Remarques ethnographiques sur le travail de représentation des dirigeants agricoles". In: *Actes de la recherche en sciences sociales* 38 (Mai 1981), S. 3–18.)

zwischen einem Habitus und einem Markt regeln; und formal wie inhaltlich wird die Lebensgeschichte je nach der sozialen Beschaffenheit des Marktes variieren, auf dem sie angeboten werden soll – wobei ganz unvermeidlich die Befragungssituation selber zur formalen und inhaltlichen Determinierung des Diskurses beiträgt. Das eigentliche Objekt des Diskurses aber, das heißt die *öffentliche* Darstellung, und damit Offizialisierung, einer *privaten* Darstellung des eigenen Lebens impliziert einen Mehraufwand an spezifischen Zwängen und Zensurmaßnahmen (deren Grenzfall die gesetzlichen Strafen darstellen, die auf die Annahme einer falschen Identität oder auf das unbefugte Tragen von Orden und Ehrenzeichen stehen). Und alles spricht für die Annahme, daß die Gesetze der amtlichen Biographie weit über die offiziellen Anlässe hinaus Anwendung finden, und zwar vermittelt über die in die Befragung eingehenden unbewußten Voraussetzungen (etwa das Streben nach chronologischer Darstellung und was sonst alles der Darstellung des Lebens als Geschichte inhärent ist); vermittelt auch über die Befragungssituation selbst, deren Variationsbreite ja, je nach der objektiven Distanz zwischen dem Interviewer und dem Befragten und auch je nach der Fähigkeit des ersteren zur „Manipulation" dieser Beziehung, von der sanften Form der amtlichen Ermittlung, wie sie die soziologische Befragung ohne Wissen des Soziologen meist darstellt, bis zur vertraulichen Mitteilung gehen kann; vermittelt schließlich über die mehr oder weniger bewußte Vorstellung, die sich der Befragte, abhängig von seiner mittelbaren oder unmittelbaren Erfahrung mit ähnlichen Situationen (Interview mit einem berühmten Schriftsteller oder Politiker, Prüfungssituation usw.), von der Befragungssituation macht und die seinem ganzen Versuch der Selbstdarstellung oder, besser noch, Selbstproduktion zur Orientierung dient.

Die kritische Analyse der kaum untersuchten und kaum beherrschten sozialen Prozesse, die ohne Wissen des Wissenschaftlers bei der Konstruktion des untadeligen Artefakts „Lebensgeschichte" am Werke sind, ist kein Selbstzweck. Sie führt dazu, daß nunmehr der Begriff *Verlauf* als eine Abfolge von *Positionen* konstruiert wird, die ein und derselbe Akteur (oder ein und dieselbe Gruppe) in einem selber im Werden begriffenen und einem ständigen Wandel unterworfenen Raum einnimmt. Der Versuch, ein Leben als eine einmalige und sich selbst genügende Abfolge von Ereignissen zu verstehen, deren einziger Zusammenhang in der Verbindung mit einem „Subjekt" besteht, dessen Konstanz nur die eines Eigennamens sein dürfte, ist ungefähr so absurd wie der Versuch, eine Fahrt mit der U-Bahn zu erklären, ohne die Struktur des Netzes zu berücksichtigen, das heißt, die Matrix der objektiven Relationen zwischen den verschiedenen Stationen. Die biographischen Ereignisse sind als ebenso viele *Plazierungen* und *Platzwechsel* im sozialen Raum zu definieren, das heißt, genauer, in der Abfolge der verschiedenen Zustände der Distributionsstruktur der verschiedenen Kapitalsorten, die in dem betreffenden Feld im Spiel sind. Die Richtung der Bewegungen, die von einer Position zur anderen führen (von einem Verlag zum anderen, einer Zeitschrift zur anderen, einem Bistum zum anderen usw.), bestimmt sich ganz offensichtlich aus der objektiven Relation zwischen der Richtung dieser Positionen zum betreffenden Zeitpunkt innerhalb eines gerichteten Raums. Mithin kann man einen Verlauf (das heißt das *soziale Altern*, das, obwohl mit dem biologischen Altern unvermeidlich einhergehend, doch unabhängig von ihm ist) nur dann verstehen, wenn man zuvor die Abfolge der Zustände des Felds konstruiert hat, in dem er sich vollzogen hat, also die Gesamtheit der objektiven Relationen, die den betreffenden Akteur – zumindest in einer gewissen Anzahl relevanter Zustände des Felds – mit der Gesamtheit der im selben Feld tätigen und mit demselben Raum des Möglichen konfrontierten anderen Akteuren verbindet. Diese vorherige Konstruktion ist als wissenschaftlich exakte Beschreibung der mit dem Eigennamen bezeichneten *Persönlichkeit* auch die Voraussetzung jeder wissenschaftlich exakten Evaluierung dessen, was man ihre *soziale Oberfläche* nennen kann, das heißt die Gesamtheit der Positionen, die zu einem gegebenen Zeitpunkt gleichzeitig von einer sozial feststehenden biologischen Individualität eingenommen werden, die als Träger einer Gesamtheit von Attributen und Zuschreibungen agiert, die sie in die Lage versetzen, als wirkender Akteur in verschiedenen Feldern tätig zu werden.[8]

8 Die Unterscheidung zwischen konkretem und konstruiertem Individuum, wirksam handelnder Person, kehrt wieder in der Unterscheidung zwischen der in einem Feld wirksam handelnden Person und der *Persönlichkeit* als einer biologischen Individualität, die durch die Benennung sozial eingeführt und der Träger von Eigenschaften und Befugnissen ist, die ihr (in bestimmten Fällen) eine *soziale Oberfläche* sichern, das heißt die Fähigkeit, als handelnde Person in verschiedenen Feldern zu existieren.

Hannes Schweiger

Das Leben als U-Bahnfahrt

Zu Pierre Bourdieu: „Die biographische Illusion"

Pierre Bourdieus Aufsatz[1] wurde sowohl in der kulturwissenschaftlichen Biographik als auch in der sozialwissenschaftlichen Biographieforschung rezipiert und kontroversiell diskutiert. Von begeisterter Zustimmung bis zu vehementer Ablehnung reichten die Reaktionen. Die Rede vom illusionären Charakter linearer und kohärenter biographischer Erzählungen, die auf der Vorstellung eines stabilen Subjekts beruhen, hat mittlerweile im Bereich der Biographik sprichwörtlichen Status erreicht. Häufig beschränkt sich die Bezugnahme auf Bourdieus Aufsatz aber auf das Schlagwort von der biographischen Illusion; eine detaillierte Auseinandersetzung mit seiner Argumentation und seiner Kritik an einer unreflektierten Praxis biographischer Forschung und ihren Prämissen bleibt meist aus.

Die beiden Kommentare, die der deutschsprachigen Erstveröffentlichung nachgestellt sind, markieren zwei wichtige Positionen in der Rezeption dieses Textes und werden hier stellvertretend dargestellt: Eckart Liebau sieht einen wesentlichen Aspekt der Methode Bourdieus darin, dass er nach den Interessen, die mit bestimmten Praktiken einhergehen, und nach den

1 Der vorliegende Text wurde 1986 im französischen Original unter dem Titel „L'illusion biographique" in der 1979 von Pierre Bourdieu gegründeten Zeitschrift *Actes de la recherche en sciences sociales* veröffentlicht. 1990 erschien er in der Übersetzung des Pädagogen und Soziologen Eckart Liebau in *BIOS. Zeitschrift für Biographieforschung und Oral History*, zusammen mit einem Kommentar des Übersetzers und einer kritischen Replik des Historikers Lutz Niethammer. Der Wiederabdruck in dem Grundlagenwerk *Biographische Sozialisation*, herausgegeben von Erika Hoerning, ist neben den zahlreichen Bezugnahmen eines der Indizien für den kanonischen Status des Textes. Er wurde auch in Bourdieus Band *Praktische Vernunft. Zur Theorie des Handelns* (dt. 1998, fr. 1994) aufgenommen und bildet dort einen der beiden Anhänge zum Kapitel „Für eine Wissenschaft von den kulturellen Werken". Der in dieser Sammlung abgedruckte deutschsprachige Text folgt der Übersetzung Hella Beisters in *Praktische Vernunft.*

Strukturen, in die sie eingebettet sind, fragt: im vorliegenden Text also nach den Interessen, die mit der Konstruktion einer Lebensgeschichte verbunden sind.[2] Bourdieu, so Liebau, ist ein moderner, kein postmoderner Autor. Er spricht daher nicht von der Fragmentarisierung der Person, vom Verlust des Ich in der Moderne, sondern bleibt in den Grenzen der Soziologie und fragt nach den sozialen Mechanismen, aus denen sich die Rede von einem kohärenten und sinnvollen Lebensganzen speist. Für die Konstruktion einer Lebensgeschichte sind unter anderem der Eigenname – er verleiht dem Individuum die von der sozialen Ordnung verlangte „*nominale Konstanz*" (S. 307)[3] – und der Apparat an damit verbundenen sozialen Mechanismen entscheidend. Ihnen widmet sich Bourdieu in seinem Aufsatz ausführlich und betont, dass diese Analyse kein Selbstzweck sei, sondern dazu führen solle, den Begriff der Lebensgeschichte durch den des Verlaufs bzw. der Laufbahn zu ersetzen.

An die Stelle einer kohärenten und zielgerichteten Erzählung eines Lebens soll die Rekonstruktion der Laufbahn, d.h. der Serie von Positionen treten, die nacheinander von demselben Akteur im sozialen Raum eingenommen werden, der sich selbst immer weiter entwickelt. Ziel muss aus seiner Sicht sein, die „*Plazierungen* und *Platzwechsel* [eines Akteurs/einer Akteurin] im sozialen Raum" (S. 309) zu rekonstruieren, was nur möglich ist, wenn die Beziehungen des/der Einzelnen zu den anderen AkteurInnen und die Beschaffenheit des Feldes, in dem er/sie sich bewegt, beschrieben werden.[4] Diese theoretische Forderung stellt die konkrete biographische Arbeit vor große Herausforderungen, vor allem in arbeitsökonomischer Hinsicht, und scheint nur schwer einlösbar zu sein.

Aus Eckart Liebaus Sicht sind weiters folgende Aspekte des Bourdieu'schen Aufsatzes zentral: Erstens wird in der Gegenüberstellung von Lebensgeschichte und Laufbahn Bourdieus Versuch deutlich, den Gegensatz zwischen Subjektivismus und Objektivismus zugunsten einer Praxeologie und damit einer Rekonstruktion der (auto-)biographischen Alltagspraxis zu überwinden. Und zweitens muss der Forscher/die Forscherin, um zu einer angemessenen Erkenntnis zu kommen, sich selbst in den Prozess der wis-

---

2 Eckart Liebau: „Laufbahn oder Biographie? Eine Bourdieu-Lektüre". In: *BIOS* (1990) H. 1, S. 83–89, hier S. 84.

3 In Klammern angeführte Seitenangaben im Text beziehen sich auf den vorliegenden Band.

4 Vgl. zum Begriff der Laufbahn u.a. Werner Fuchs-Heinritz u. Alexandra König: *Pierre Bourdieu. Eine Einführung*. Konstanz 2005, S. 194–201. Vgl. generell zu den für Bourdieus Ausführungen zentralen Konzepten Habitus, Feld, Kapital, Sozialer Raum und Laufbahn v.a. Gerhard Fröhlich u. Boike Rehbein (Hg.): *Bourdieu-Handbuch. Leben – Werk – Wirkung*. Stuttgart, Weimar 2009.

senschaftlichen Objektivierung miteinbeziehen.[5] Diese Forderung nach der Selbstreflexion der Biographin/des Biographen ist in der Biographietheorie mittlerweile weit verbreitet, eingelöst wird sie aber in der biographischen Praxis nur selten oder in beschränktem Maße. Aus Liebaus Sicht enthält Bourdieus Text jedenfalls viel Potential für eine selbstkritische Auseinandersetzung mit biographischen Grundfragen.

Im Unterschied zu Liebau hält Lutz Niethammer in seiner kritischen Replik das Bourdieus Ausführungen zugrunde liegende Habituskonzept für zu wenig praxisnah und bezeichnet es als untauglich dafür, die Beziehungen zwischen individuellem und kollektivem Gedächtnis als Praxis zu erforschen. Kern der Kritik Niethammers an Bourdieu ist aber, dass dieser der geschichtswissenschaftlichen Praxis nicht gerecht werde und geschichtsphilosophische Annahmen kritisiere, die längst überholt seien. Er führt die massenbiographische Forschung oder die *Oral History* an, denen es nicht darum gehe, „die Sinnkonstruktion der Quelle durch Nacherzählung zu verstärken oder schlüssiger zu machen, sondern ihre konstruktiven Elemente, ihre Erfahrungsabhängigkeit und einen Pluralismus einschlägiger Typen herauszupräparieren" und dabei „ihren naiven Sinntransfer" zu destruieren.[6]

Niethammer betont, dass die Bearbeitung von Lebensgeschichten nicht das einzige, aber ein wichtiges Arbeitsinstrument ist, um beispielsweise den Durchgang des Einzelnen durch wechselnde Strukturen zu untersuchen. Die Erforschung von Lebensgeschichten sei ein wichtiger Weg der Erkenntnisgewinnung – was Bourdieu im Übrigen auch gar nicht leugnen würde.

> Dabei können Lebensgeschichten auf die interaktiven Interessen, denen sie ihre Entstehung verdanken, geprüft und in (anders oft nicht erlebbare) faktische Daten und Verweise, in narrativ erinnerte Erkenntnismoleküle sowie in Sinnkonstruktionen oder Erfahrungsaussagen zerlegt und diese mit Zeitschichten kultureller Deutungsmuster der umgebenden Gesellschaft verglichen werden.[7]

Niethammer schließt mit dem Vorwurf an Bourdieu, die Methoden der Biographieforschung zu simplifizieren und ihr eine Naivität zu unterstellen, die sie nicht habe:

> [Z]u sagen, daß die soziologische und historische Biographieforschung im wesentlichen nur darauf abhebe, den subjektiven Sinn der Quellen zum objektiven Sinn der Gesellschaft zu verdichten, ist eine Illusion über die Biographieforschung.[8]

5 Liebau: „Laufbahn oder Biographie?", S. 88f.

6 Lutz Niethammer: „Kommentar zu Pierre Bourdieu: Die biographische Illusion". In: *BIOS* (1990) H. 1, S. 91–93, hier S. 92.

7 Ebd., S. 92f.

8 Ebd., S. 93.

Die Kritik an Bourdieu, wie sie von Seiten Niethammers, aber auch von anderen vorgebracht wurde,[9] verfehlt insofern ihr Objekt, als sie teilweise auf Missverständnissen beruht, wie seine FürsprecherInnen betonen. In ihrer Studie zur lebensgeschichtlichen Relevanz von Geheimnissen verteidigt Mitra Keller Bourdieu mit dem Hinweis auf die verzerrende oder schlicht falsche Darstellung seiner Fragen und Thesen durch seine KritikerInnen:

Bourdieu wird häufig unterstellt, dass er biographische Erzählungen als schlichte Illusion des Erzählenden betrachte. Bourdieus eigentliche Überlegungen zielen aber vielmehr auf die Fragen, welcher Voraussetzungen es bedarf, damit jemand sein Leben als Geschichte erzählen kann, und welche Auswirkungen sich bei der anschließenden Analyse manifestieren können, wenn diese Voraussetzungen vom Interpret nicht berücksichtigt werden. Er verweist also auf das Problem, dass in die Analyse des Forschers immer auch eigene Deutungsmuster einfließen, was eine kritische Hinterfragung dieser Vorannahmen durch den Forscher zur Folge haben sollte.[10]

Dabei geht es nicht nur um die individuellen blinden Flecken einer Biographin/eines Biographen, sondern um wissenschaftstheoretische Grundfragen und um die Erkenntnisinstrumente, die es zu hinterfragen gilt. Dies betont auch Steffani Engler in ihrer detaillierten Analyse des Aufsatzes von Bourdieu im Rahmen ihrer biographietheoretischen und methodischen Vorüberlegungen zu einer Studie, in der sie sich mit den Karrieren von UniversitätsprofessorInnen beschäftigt. Sie kommt in ihrer Zusammenschau der kritischen Auseinandersetzungen mit Bourdieu zu dem Schluss, dass die KritikerInnen auf eine dualistische Denkweise rekurrieren, die eine Gegenüberstellung von Subjekt und Objekt, von Realität und Fiktion voraussetzt. Damit wiederholen sie jene Denkform, die Bourdieu kritisiert und mit seinen Überlegungen zu überwinden versucht.[11] Bourdieu wird irrtümlicherweise unterstellt, er betrachte biographische Erzählungen als von der Wirklichkeit losgelöst und als reine Illusion. Damit wird sein eigentliches Anliegen verkannt. Engler paraphrasiert Bourdieus zentrale Fragestellungen wie folgt:

---

9 Vgl. für einen Überblick zu den Reaktionen auf Bourdieus Aufsatz von Steffani Engler: *„In Einsamkeit und Freiheit"? Zur Konstruktion der wissenschaftlichen Persönlichkeit auf dem Weg zur Professur.* Konstanz 2001, S. 56–69.

10 Mitra Keller: *Geheimnisse und ihre lebensgeschichtliche Bedeutung. Eine empirische Studie.* Berlin 2007, S. 132.

11 Engler: *„In Einsamkeit"*, S. 69.

> *Was geschieht, wenn das Leben als Geschichte erzählt wird? Welche praktischen Dinge und Voraussetzungen ermöglichen es, das Leben als Geschichte zu erzählen? Was geschieht, wenn von den professionellen Interpreten diese Voraussetzungen nicht berücksichtigt werden?*[12]

Bourdieu stellt die Frage nach den „sozialen Mechanismen“, die der „gewöhnlichen Erfahrung des Lebens als Einheit und Totalität den Boden bereiten und die Rechtfertigung liefern“ (S. 305). Diese Frage „bricht mit der selbstverständlichen Vorstellung eines gegebenen Ich, gegebener Subjektivität, Individualität eines Lebens mit gegebenem Sinn etc. – wie es in der Biographieforschung weit verbreitet ist“.[13] Bourdieu macht die Notwendigkeit deutlich, die Voraussetzungen und gesellschaftlichen Bedingungen zu analysieren, die dazu führen, das Leben als Geschichte zu erzählen.[14]

Ausgehend von einer knappen Rekapitulation des Aufsatzes von Bourdieu sieht Christian Klein aus literaturwissenschaftlicher Perspektive in dessen Habituskonzept eine Möglichkeit, der biographischen Trias von Leben, Werk und Gesellschaft gerecht zu werden. Aus seiner Sicht wurde Bourdieu vor allem mit seinen *Regeln der Kunst* „zu einem Fels in der biographietheoretischen Brandung [...], an dem auch Literaturwissenschaftler Halt und Schutz suchen vor dem scharfen Gegenwind“.[15] Zugleich zählt für ihn Bourdieu zu den wenigen SozialwissenschaftlerInnen, deren Konzepte, Theorien und Überlegungen für eine kulturwissenschaftliche Biographik relevant erscheinen. Der Begriff des Habitus ist äußerst vielschichtig und eine der zentralen Denkfiguren der Soziologie Bourdieus. „Im allgemeinsten Sinne ist mit Habitus die Haltung des Individuums in der sozialen Welt, seine Dispositionen, seine Gewohnheiten, seine Lebensweise, seine Einstellungen und seine Wertvorstellungen gemeint.“[16] Die soziale Welt ist Bourdieu zufolge in Felder strukturiert, in denen Akteure bestimmte, veränderliche Positionen einnehmen. Für ihre spezifische Position und die Möglichkeiten zur Positionsveränderung ist unter anderem ihr Habitus ausschlaggebend. Mit Hilfe des Habitusbegriffs lässt sich aus Kleins Perspektive die Dialektik von Persönlichem und Sozialem fassen – eine der Grundfragen biographietheoretischer Überlegungen. Und Klein schlägt auch eine Brücke

12 Ebd. [Kursivierung im Original.]
13 Ebd., S. 78.
14 Vgl. ebd., S. 95.
15 Christian Klein: „Lebens*be*- als Lebens*er*schreibung? Vom Nutzen biographischer Ansätze aus der Soziologie für die Literaturwissenschaft“. In: ders. (Hg.): *Grundlagen der Biographik. Theorie und Praxis des biographischen Schreibens*. Stuttgart 2002, S. 69–85, hier S. 75.
16 Fuchs-Heinritz u. König: *Bourdieu*, S. 113.

von Bourdieu zu Performanzkonzepten, mit deren Hilfe der Blick auf die Verfahren der Inszenierung einer Lebensgeschichte – sowohl durch den/die Biographierten selbst als auch durch die Biographin/den Biographen. Seine entscheidende Schlussfolgerung aus Bourdieus Kritik ist die „Einsicht, dass es wenig sinnvoll ist, ein Leben rekonstruieren zu wollen, ohne dessen eigene Konstruktionsgesetze reflektieren zu wollen".[17] Notwendig ist daher nicht nur, dass die Biographin/der Biograph die eigene Position und den eigenen Anteil an der Konstruktionsleistung der Lebensgeschichte reflektiert, sondern auch ihre/seine erkenntnistheoretischen und forschungsmethodischen Grundlagen befragt.

Auch wenn es sich bei Pierre Bourdieus Aufsatz primär nicht um den Versuch einer theoretischen Bestimmung von Biographie handelt, setzt er dennoch wichtige Impulse für die Auseinandersetzung mit zentralen Themen der biographischen Theorie wie auch ihrer Praxis: mit dem dialektischen Verhältnis von Individuum und Gesellschaft, mit der Rolle des Biographen/der Biographin im biographischen Konstruktionsprozess, mit Biographien als Erkenntnismittel und Forschungsgegenstand in den Sozialwissenschaften, mit der Alltagspraxis biographischen Erzählens, mit den sozialen Mechanismen biographischer Erfahrung und mit Fragen der Darstellbarkeit einer Lebensgeschichte.

Weiterführende Literatur

Engler, Steffani: *„In Einsamkeit und Freiheit"? Zur Konstruktion der wissenschaftlichen Persönlichkeit auf dem Weg zur Professur*. Konstanz 2001.

Klein, Christian: „Lebens*be*- als Lebens*er*schreibung? Vom Nutzen biographischer Ansätze aus der Soziologie für die Literaturwissenschaft". In: *Grundlagen der Biographik. Theorie und Praxis des biographischen Schreibens*. Hg. v. Christian Klein. Stuttgart 2002, S. 69–85.

Liebau, Eckart: „Laufbahn oder Biographie? Eine Bourdieu-Lektüre". In: *BIOS* 1 (1990), S. 83–89.

Niethammer, Lutz: „Kommentar zu Pierre Bourdieu: Die biographische Illusion". In: *BIOS* 1 (1990), S. 91–93.

17 Klein: „Lebens*be*- als Lebens*er*schreibung?", S. 85.

Anne-Kathrin Reulecke

„Die Nase der Lady Hester"

Überlegungen zum Verhältnis von Biographie und Geschlechterdifferenz* [1993]

> *„… nur keine Story!, auf keinen Fall eine Story zulassen!, das Äußerste ein Erzählverlauf, nie Lebenslauf, also keine Geschichte, keine Lebensgeschichte, da sind zu viele Auslassungszeichen, viele Löcher, das Licht der Sterne, das Licht der Sonne bricht durch diese Löcher hindurch, das Leben vergeht, zieht sich zurück, aber die Löcher bleiben zurück …"*
>
> *(Friederike Mayröcker)*

Gender und Genre

Die Frage, ob die Biographie ein männliches Genre sei, ist Zeichen ihrer eigenen Geschichtlichkeit. Sie wäre vor fünfzehn Jahren innerhalb eines wissenschaftlichen Diskurses nicht gestellt worden. Feministisch orientierte Ansätze innerhalb der Literaturwissenschaft versuchen seit etwa Mitte der siebziger Jahre, die bis dahin vorausgesetzte (und bis heute immer wieder postulierte) Geschlechtsneutralität von Literaturproduktion, -betrieb und -wissenschaft in Frage zu stellen. Eine ihrer Thesen ist, daß die unter dem Mantel der Universalität verborgene „verschwiegene Differenz"[1] der Geschlechter die Grundvoraussetzung für eine „homosexuelle", d.h. „männli-

---

* Anne-Kathrin Reulecke: „„Die Nase der Lady Hester'. Überlegungen zum Verhältnis von Biographie und Geschlechterdifferenz". In: *Biographie als Geschichte*. Hg. v. Hedwig Röckelein. Tübingen 1993, S. 117–142.

1 Vgl. Marianne *Schuller*, Die Nachtseite der Humanwissenschaften. Einige Aspekte zum Verhältnis von Frauen und Literaturwissenschaft, in: Die Überwindung der Sprachlosigkeit. Texte aus der neuen Frauenbewegung, hg. v. Gabriele *Dietze*, Darmstadt und Neuwied 1979, S. 31–50.

che" Kultur ist. Die Universalität bildet somit die Kehrseite der Bestimmung des weiblichen Geschlechts als anderes, sekundäres. Jede Theorie eines Subjekts also, jede Theorie über Sprache und ihre Funktionsweisen, so auch jede Theorie über literarische Genres, die sich als allgemeingültig versteht, erscheint in diesem Licht.

Die Anfänge feministischer Untersuchungen galten jedoch zunächst der sozialgeschichtlich motivierten Rekonstruktion der „realen" Lebenssituation von Frauen, ihrer Funktion im Reproduktionsbereich und ihrer gleichzeitigen „Abwesenheit" in der Kulturproduktion. Neben der fehlenden Teilhabe von Frauen an den sinnstiftenden Diskursen, z.B. der Literatur, wurde die offensichtlich systematische Verdrängung der dennoch existierenden literarischen Produkte von Frauen auf ihre möglichen Ursachen hin untersucht. Die ersten Ergebnisse der noch nicht abgeschlossenen empirischen Quellensuche brachten eine solche Fülle literarischer Texte zum Vorschein, daß das Bild der „a-literarischen" Frauen modifiziert und auch als Resultat von Tradierungs- und Publikationsmechanismen gelesen werden muß.[2] Einen weiteren Angelpunkt wissenschaftlichen Interesses bildet die Re-Lektüre philosophischer und literarischer Diskurse, in welchen „Weiblichkeit" definiert und „Weiblichkeitsmuster" und „Frauenbilder" entworfen werden. Gretchen und Kätchen, Lulu und Lilith, schöne Seele und femme fatale – all diese Figuren sind deutlich geworden als Wunsch- und Angstphantasien ihrer männlichen Schöpfer.[3] Pointierter formuliert: Literatur wurde erkannt als der hervorragende Ort, an welchem „Weiblichkeit" und „Männlichkeit" als Effekte symbolischer Strukturen gebildet werden.

Eine weitergehende These besagt, daß Literatur nicht nur positiv Bilder von Weiblichkeit bestimmt, sondern in literarischen Genres wirksame Sinn- und Subjektkonzepte als Momente männlicher Selbstpräsentation transportiert. Nicht zuletzt die Tatsache, daß auch weibliche Autorinnen Frauenbilder reproduzieren oder sich in tradierte – als universell gültig deklarierte – Diskurse einschreiben, erinnert an den komplizierten Ort, den Frauen in der symbolischen Ordnung einnehmen. Versuchen sie literaturgeschichtlich sanktionierte Gattungen für sich in Anspruch zu nehmen, reproduzieren sie die in diesen wirksamen Mechanismen des Ausschlusses

---

2 Vgl. u.a.: Frauen – Literatur – Geschichte. Schreibende Frauen vom Mittelalter bis zur Gegenwart, hg. v. Hiltrud *Gnüg* und Renate *Möhrmann*. Stuttgart 1985 und Deutsche Literatur von Frauen, 2 Bde., hg. v. Gisela *Brinker-Gabler*. München 1988.

3 Vgl. Inge *Stephan*, „Bilder und immer wieder Bilder ...". Überlegungen zur Untersuchung von Frauenbildern in männlicher Literatur, in: Die verborgene Frau, hg. v. Inge *Stephan* und Sigrid *Weigel*. Berlin/W. 1983, S. 15–35.

von Weiblichkeit.[4] Zugleich ist deutlich geworden, daß Gattungen, die als Äußerungsformen des „Subjektiven“ gelten und die abseits der durch Regelpoetiken bestimmten „großen Gattungen“ stehen, bevorzugt von weiblichen Autorinnen gewählt werden. Daß Ablehnung, Nachahmung, produktive Verwendung oder Weiterentwicklung von Genres nicht genuin „weiblich“ oder „männlich“ sind, vielmehr schon Ergebnis einer sich historisch vollziehenden Trennung der Geschlechter und der damit verbundenen unterschiedlichen Wahrnehmungs- und Erlebniswelten, beschreiben Untersuchungen zum Verhältnis von „gender“ und „genre“. Bis zum gegenwärtigen Zeitpunkt sind vor allem die Gattungen „Roman“[5], „Literarischer Brief“[6] und „Autobiographie“[7] auf ihr Verhältnis zur Geschlechterdifferenz befragt worden, eine Auseinandersetzung mit der Gattung „Biographie“ ist erst in den Anfängen begriffen.[8]

Schon ein oberflächlicher Blick auf Literaturgeschichten, Verlagsprogramme und auf exemplarische Beispiele macht Biographien kenntlich als Texte von Männern über Männer.[9] Die auf der Hand liegende Antwort, die

---

4 Vgl. Sigrid *Weigel*, Der schielende Blick. Thesen zur Geschichte weiblicher Schreibpraxis, in: *Stephan/Weigel*, Verborgene Frau (wie Anm. 3), S. 83–137.

5 Helga *Meise*, Die Unschuld und die Schrift. Deutsche Frauenromane im 18. Jahrhundert. Neuauflage Frankfurt/M. 1992. Untersuchungen zum Roman von Frauen um 1800, hg. v. Helga *Gallas*/Magdalena *Heuser*. Tübingen 1990.

6 Barbara *Hahn*, „Weiber verstehen alles à la lettre“. Briefkultur im beginnenden 19. Jahrhundert, in: *Brinker-Gabler*, Deutsche Literatur (wie Anm. 2), S. 13–27. Die Frau im Dialog. Studien zur Theorie und Geschichte des Briefes, hg. v. Anita *Runge/Liselotte Steinbrügge*. Stuttgart 1991.

7 Vgl. u.a. Jutta *Kolkenbrock-Netz*/Marianne *Schuller*, Frau im Spiegel. Zum Verhältnis von autobiographischer Schreibweise und feministischer Praxis, in: Entwürfe von Frauen, hg. v. Irmela *von der Lühe*. Berlin/W. 1982, S. 154–174. Eva *Meyer*, Autobiographie der Schrift. Basel – Frankfurt/M. 1989. Marianne *Vogt*, Autobiographik bürgerlicher Frauen. Zur Geschichte weiblicher Selbstbewußtwerdung. Würzburg 1981.

8 Vgl. einige Einzelstudien zum Thema: Sandra *Frieden*, „Falls es strafbar ist, die Grenzen zu verwischen“: Autobiographie, Biographie und Christa Wolf, in: Vom Anderen und Vom Selbst. Beiträge zu Fragen der Biographie und Autobiographie, hg. v. Reinhold *Grimm*/Jost *Hermand*. Königstein/Ts. 1982, S. 153–166; Barbara *Hahn*, Der nahe Andere und das ferne Ich. Eine Skizze zu biographischen und autobiographischen Texten von Frauen aus der Weimarer Republik, in: Feministische Studien 2 (1985), S. 54–61; Eva *Meyer*, Was heißt biographisches Denken?, in: Autobiographie der Schrift. Basel – Frankfurt/M. 1985, S. 41–64.

9 Als Beispiel sei an dieser Stelle eine einfache, empirische Stichprobe gemacht. Das Gesamtverzeichnis aller Taschenbücher des Rowohlt-Verlages verzeichnet 1991 für seine erfolgreiche Taschenbuchreihe „bildmonographien“ 367 Titel. Von diesen befassen sich 24 Biographien mit weiblichen Personen. Die interne Aufteilung der einzelnen Sparten liest sich wie folgt:

Literatur:	147	insges.	/	11	über	Frauen
Religion:	25	„	/	1	„	„
Pädagogik.	6	„	/	1	„	„
Philosophie:	39	„	/	1	„	„

soziale Realität von Frauen gebe keinen Stoff für Biographien her, die sich zumindest im 18. und 19. Jahrhundert der Schilderung des Besonderen und der Ausnahmepersönlichkeit verschrieben haben, ist nicht vollständig befriedigend. Der Ausschluß von Frauen als Gegenstand von Biographien und die marginale Bedeutung, die Frauen in den Biographien über Männer eingeräumt wird, sind weniger Ausdruck einer außertextuellen historischen Realität; vielmehr kann die Biographie – so meine These – als bedeutendes *Medium* dieses Ausschlusses gesehen werden. Der angedeutete theoretische Hintergrund, vor dem sich Geschlechterdifferenz und Gattung, „gender" und „genre" bewegen, die Geschichte ihrer Konstitution als Gegenstand literaturwissenschaftlicher Untersuchungen und die Entwicklung selbständiger Parameter soll deutlich machen, daß die auf Eindeutigkeit abzielende Frage „Ist die Biographie ein männliches Genre?" differenziert werden muß. So soll auch eine methodische Problematik aufgezeigt werden, die sich aus dem komplizierten Feld der Geschlechterdifferenz ergibt: Einerseits gibt es eine Geschichte sozial verfestigter „Geschlechteridentitäten" („Die Geschichte von Frauen"), andererseits erlauben die bisherigen Forschungsergebnisse den Schluß, daß Geschlechteridentitäten als substantielle Identitäten nicht existieren und nur als Effekt kulturell formierter Geschlechterzuschreibungen zu verstehen sind.[10] Es ergibt sich also das Problem, einen Zusammenhang auf der theoretischen Ebene zu trennen, der in der Wahrnehmung nicht getrennt ist – und durch die Evidenz des Faktischen „für sich selbst" zu sprechen scheint: die zur Realität gewordene Konstruktion der Geschlechter.

Geschichte / Politik:	49	"	/	5	"	"
Naturwissenschaften:	13	"	/	1	"	"
Medizin/Psychologie:	8	"	/	1	"	"
Kunst:	16	"	/	2	"	"
Musik:	51	"	/	0	"	"
Theater / Film:	13	"	/	1	"	"
Insgesamt	367	"	/	24	"	"

Auch auf seiten der Schreibenden befinden sich die weiblichen Autoren in der Minderzahl: Lediglich 34 Titel wurden von ihnen verfaßt. Vgl. Gesamtverzeichnis aller lieferbaren Taschenbücher, in: Rowohlt-Revue (vierteljährlich erscheinender Prospekt), Herbst 1991.

10 Besonders Vertreterinnen des sog. „Dekonstruktiven Feminismus" erteilen jeglichem Versuch, Weiblichkeit zu essentialisieren, eine Absage. Vielmehr gilt ihr Interesse der „(...) Lektüre der symbolischen Anordnung, in denen Geschlechteridentitäten sich konstituieren, und sie ist als Lektüre dieses Funktionierens, in dem der Schein der Substantialität ausgeht, *dekonstruktiv*; sie ist ein *Re-Reading* im doppelten Sinne des Wieder- und Gegenlesens dieser Konstruktion." Bettina *Menke*, Verstellt – der Ort der „Frau". Ein Nachwort, in: Dekonstruktiver Feminismus. Literaturwissenschaft in Amerika, hg. v. Barbara *Vinken*. Frankfurt/M. 1992, S. 436–476, hier: S. 438 (Herv. i. O.).

Weil „originäre" Selbstverständigungen über Weiblichkeit immer auch vom Rampenlicht männlicher Zuschreibungen bestrahlt werden, verstehen sich große Teile feministischer Kritik als „de-konstruktive" Verfahren. Sie weigern sich, neue Bestimmungen von „Weiblichkeit" einzusetzen und versuchen stattdessen, die Diskurse, in denen „Weiblichkeit" definiert wird, zu durchqueren. Diese kritische Lektüre ergibt sich außerdem dadurch, daß in vielen Bereichen ausschließlich eine „geschlechtsneutral-männliche" Perspektive dominiert. Da also auch eine eigenständige Forschung zum Thema „weibliche" Biographien erst in Anfängen besteht, sollen die fachinternen Untersuchungen zum Thema den Ausgangspunkt für einige thesenhafte Überlegungen bilden.

Biographie und Literaturwissenschaft

Es ist bemerkenswert, daß innerhalb der Literaturwissenschaft bis zum heutigen Tag – gemessen an der ungebrochenen Aktualität von Biographien – nur wenige Untersuchungen zur Biographik zu finden sind. Noch 1985 zieht Helmut Koopmann in seiner Gegenstandsbeschreibung das Fazit, „daß eine allseitig anerkannte Theorie der Biographie bis heute nicht existiert".[11] Allein der Vergleich mit der ausführlichen Forschungsarbeit zu einem benachbarten Genre wie der Autobiographie[12] macht das eigentümliche Fehlen von Untersuchungen zur Biographie sinnfällig. Dies gilt um so mehr, als die Biographie auf eine Tradition bis zur Antike zurückblickt. Daß sie darum „größeren Veränderungen unterworfen gewesen (ist) als andere literarische Formen"[13] kann als Erklärung für das Fehlen endgültiger Typologien, jedoch nicht für das Fehlen literaturhistorischer Untersuchungen gelten. Ein wichtiger Grund mag eher darin liegen, daß sich das Genre „Biographie" wie kein anderes in jener schwer bestimmbaren Grauzone zwischen „fiktiver" Literatur und Geschichtsschreibung bewegt. Es fällt damit in den Gegen-

---

11 Helmut *Koopmann*, Die Biographie, in: Prosakunst ohne Erzählen. Die Gattungen der nichtfiktionalen Kunstprosa, hg. v. Klaus *Weissenberger*. Tübingen 1985, S. 45–65, hier: S. 47.

12 Schon eine kleine Auswahl der wichtigsten Texte kann einen Eindruck davon vermitteln, welche Bedeutung die Gattung der Autobiographie für die Literaturwissenschaft besitzt: Jürgen *Lehmann*, Bekennen – Erzählen – Berichten. Studien zu Theorie und Geschichte der Autobiographie. Tübingen 1988; Günter *Niggl*, Geschichte der deutschen Autobiographie im 18. Jahrhundert. Theoretische Grundlegung und literarische Erfahrung. Stuttgart 1977; Klaus-Detlef *Müller*, Autobiographie und Roman, Tübingen 1976; Manfred *Schneider*, Die erkaltete Herzensschrift. Der autobiographische Text im 20. Jahrhundert. München – Wien 1986; Sylvia *Schwab*, Autobiographik und Lebenserfahrung. Versuch einer Typologie deutschsprachiger autobiographischer Schriften zwischen 1965 – 1975. Würzburg 1981.

13 *Koopmann*, Biographie (Anm. 11), ebd.

standsbereich sowohl der literatur- als auch der geschichtswissenschaftlichen Disziplin. Diese Überschneidung aber, die unübersehbar zur „Gretchenfrage" zwischen den Wissenschaften – nämlich zu dem jeweiligen Begriff von „Wahrheit" – führt, wurde selten als Ausgangspunkt für Auseinandersetzungen genutzt. Auf seiten der Literaturwissenschaft hat erst die Theoriebildung der siebziger Jahre mit ihrer sozialgeschichtlichen Orientierung eine Öffnung zur Geschichtswissenschaft und damit zur Biographie begünstigt. Vor diesem Hintergrund entstanden Untersuchungen, die einerseits auch literarische „Zweckformen" oder „nicht-fiktionale Kunstprosa" als untersuchungswürdig ansahen und andererseits gattungs- oder erzähltheoretische Fragestellungen mit geschichtstheoretischen Diskussionen zu verbinden suchten.

Als Standardwerk gilt immer noch Helmut Scheuers Arbeit „Biographie. Studien zur Funktion und zum Wandel einer literarischen Gattung vom 18. Jahrhundert bis zur Gegenwart" von 1979. Diese ideologiekritisch und literatursoziologisch vorgehende Untersuchung stellt die Entwicklung der Biographie als Bestandteil der „Aufstiegs- und Krisengeschichte des Bürgertums"[14] dar, wobei die erkenntnisleitende Aufgabenstellung darin besteht, das jeweilige Gegenwartsinteresse der Autoren an ihrem Gegenstand und damit die politische Funktion der Biographien aufzudecken.[15] Scheuer rekonstruiert in seiner umfangreichen Habilitationsschrift eine Traditionslinie der Biographik von der Herderschen biographischen Essayistik, Goethes (im „Winckelmann" realisiertem) Harmoniemodell, der historisch-politischen und geistes- und kulturwissenschaftlichen Biographik des 19. Jahrhunderts, über die „Mythographie" des Georgekreises, die „moderne" Biographik Ludwigs und Zweigs bis zur literarischen Biographie der siebziger Jahre unseres Jahrhunderts. Scheuers Ansatz, der sich explizit als literaturwissenschaftlicher versteht, macht zunächst keinen Unterschied zwischen „literarischer" und „historischer" Biographik, deren Quelle ohnehin der biographische Essay des 18. Jahrhunderts ist. Seine Forschungsergebnisse machen auf den Konstruktionscharakter *beider* Formen und die ihnen

---

14 Helmut *Scheuer*, Biographie. Studien zur Funktion und zum Wandel einer literarischen Gattung vom 18. Jahrhundert bis zur Gegenwart. Stuttgart 1979, S. IX (Im folgenden zitiert als: *Scheuer*, Biographie).

15 An dieser Stelle können weder der Forschungsstand zur Biographik innerhalb der Literaturwissenschaft noch die von Scheuer beschriebenen Genreveränderungen der Biographie seit der Aufklärung (samt ihren poetologischen Grundlagen und Varianten) wiedergegeben und angemessen diskutiert werden. Dies ist umso bedauernswerter als eine an Geschlechterverhältnissen orientierte Wissenschaft kein Interesse daran haben kann, kulturelle Formationen zu universalisieren und damit zu enthistorisieren. Da der vorliegende Aufsatz jedoch vor allem Anregungscharakter für die Diskussion biographischer Schreibweisen haben soll, muß auf die differenzierte Diskussion zugunsten des Grundsätzlichen verzichtet werden.

jeweils inhärente Tendenz zu Regelhaftigkeit und Stereotypie aufmerksam. Er nimmt aber seinen „modernen" Ansatz insofern wieder zurück, als er das in der Biographik-Diskussion verfestigte Gegensatzpaar „Wissenschaft/Fiktion" wieder einführt. Dies tut er, wenn er gemäß seinem Konzept eines dialektisch sich vollziehenden Fortschritts einen Entwicklungsbogen konstruiert. In diesem werden die – in poetologischen Äußerungen zu Biographien des 18. und 19. Jahrhunderts artikulierten – Widersprüche zwischen Individuellem und Allgemeinem, Dichtung und Wissenschaft wieder aufgegriffen und erscheinen durch die moderne Biographik der siebziger Jahre in einer historischen Synthese versöhnt.[16] Dies soll hier betont werden, da jeder Ansatz, Texte als (mehr oder minder) direkte Reflexe von Wirklichkeit zu sehen, eine notwendige Verabredung der Kommunikation ist. Andererseits stellt aber genau diese Annahme den „Hebel" dar, die Konstruktionen von „Weiblichkeit", die in die vermeintliche Repräsentation gerade „objektiver" Schreibweisen eingeschrieben sind, unsichtbar zu machen. Insofern ist die Frage nach dem Status von „Wahrheit", die die Biographie auch immer in den Raum stellt, untrennbar von der Frage nach der „Wahrheit der Frau".

Doch zunächst soll Scheuers Hauptthese vorgestellt werden. Sie besteht darin, daß die Biographie das Medium ist, in welchem die bürgerliche Klasse sich über sich selbst verständigt, in welchem jeweils gegenwärtige politische Ziele und Normen in der Projektion auf eine historische Figur artikuliert werden. Die von ihm herausgearbeitete Erkenntnis, daß jede Biographik – jenseits der Intention – strukturell didaktisch ist, disqualifiziert sie jedoch nicht für (literatur-) historische Aussagen, sondern macht sie erst zur Quelle:

> „Mir scheint, daß gerade eine so didaktisch ausgerichtete Literaturgattung wie die Biographie sich mit der Aufstiegs- und Krisengeschichte des Bürgertums korrelieren läßt. Literatur wird damit auch auf ihren Beitrag zum bürgerlichen Bewußtseinsprozeß befragt, und es wird von ihr Auskunft erwartet über eine bürgerliche Identitätsbildung, wie sie nur schwer aus anderen Quellen zu belegen ist."[17]

Die Biographie ist damit nicht objektive Widerspiegelung von historischen Realitäten, sondern vor allem eine „indirekte" Quelle, die Auskunft über die Genese eines – durch den Rekurs auf Geschichtsschreibung – verobjektivierten bürgerlichen Tugendkatalogs gibt.[18]

---

16 „Wissenschaftliche Hypothese und erzählerische Fiktion werden plötzlich vergleichbar, da beide als Erkenntnismittel fungieren, die helfen sollen, die Brücke vom Erkannten und Endlichen zum (Noch-) Nichterkannten und Unendlichen zu schlagen." Helmut *Scheuer*, Biographie. Überlegungen zu einer Gattungsbeschreibung, in: Vom Anderen und vom Selbst. (wie Anm. 8), S. 9–29, hier: S. 23.

17 *Scheuer*, Biographie, S. IX.

18 Ebd. S. 23.

Zugleich – so Scheuer – bedeutet die (Re-) Konstruktion eines fremden Lebenslaufes für das schreibende Subjekt – über den von der Psychoanalyse beschriebenen Mechanismus der Identifikation – den Entwurf und die Festigung eigener Identität. Die Biographie ist somit der Ort, an dem die bürgerliche Klasse zum einen ein imaginäres Museum verkörperter sozialer und politischer Werte installiert und zum anderen durch die Fokussierung und Konturierung einer einzelnen Person das bürgerliche, individuelle Subjekt als handelnden, denkenden und schaffenden „Menschen" reflektiert. Ich möchte nun die Thesen Scheuers verschieben und in Hinblick auf die Kategorie der Geschlechterdifferenz weiterdenken.

Das Subjekt als Effekt von Sprache

Zunächst soll die vorgestellte These dahingehend verändert werden, daß die Biographie nicht nur Ausdruck bürgerlichen Selbstbewußtseins und bürgerlicher Identität ist, sondern privilegiertes *Medium* seiner Konstruktion. Die von Scheuer angedeuteten Beziehungen zwischen Erzählstruktur und der Präsentation „denkwürdiger Personen"[19] eines bürgerlichen Heldenpersonals muß vor dem Hintergrund der – in den letzten Jahren von großen Teilen der deutschen Literaturwissenschaft rezipierten – französischen Texttheorie (Derrida, Lacan, Kristeva) radikalisiert werden. Der Psychoanalytiker Jacques Lacan hat in seinen Arbeiten die in unserer Kultur vorherrschende Vorstellung der „Repräsentation" in Frage gestellt.[20] Sehr verkürzt bedeutet dies, daß Sprache nicht mehr Abbild einer ihr vorgängigen Realität ist. Sprachliche Operationen des „Symbolischen" überziehen vielmehr das erkenntnismäßig nie erreichbare „Reale" mit einem Netz von Signifikanten, dessen Prägung „Bedeutung" hervorbringt. Das Ergebnis dieser sinnstiftenden Vorgänge wird zwar als „imaginär" bezeichnet, doch ihr Effekt ist nichtsdestotrotz realitätsbildend – und hat materielle, soziale und psychische Konsequenzen. Lacan begreift Realität als untrennbar von ihrer sprachlichen Vermittlung, mehr noch: Sie ist das *Ergebnis* sprachlicher Differenzierung. Das Subjekt, das in das symbolische System der Sprache eintritt, erfährt so über die Prägung der Signifikanten eine imaginäre Einheit. Ja, so könnte man sagen, es ist Effekt der Sprache.[21] Ein Beispiel dieser sprachli-

19 Vgl. Brockhaus-Artikel zur Biographie von 1835, zit. n. *Scheuer*, ebd. S. 54.

20 Ich beziehe mich besonders auf: Jacques *Lacan*, Das Drängen des Buchstaben im Unbewußten oder die Vernunft seit Freud (1966), in: Schriften II. Olten 1975, S. 15–60.

21 Vgl. Jacques *Lacan*, Das Spiegelstadium als Bildner der Ichfunktion, wie sie uns in der Psychoanalytischen Erfahrung erscheint. (Bericht für den 16. Internationalen Kongreß für Psy-

chen Strukturierung ist die Funktion des Personalpronomens „Ich", das eine Vielfalt von Leben unter einem Zeichen vereinheitlicht.

Die Funktion der Sprache, die Lacan auf der Ebene der Subjektgenese beschrieben hat, entspricht der Funktion, die auf historischer Ebene bestimmte literarische Formen für die Konstituierung etwa der bürgerlichen Klasse erfüllen. Der Literaturwissenschaftler und Semiologe Roland Barthes hat in seiner Abhandlung „Am Nullpunkt der Literatur" den Roman und die Geschichtsschreibung des 19. Jahrhunderts parallel gesetzt. Beiden Textsorten ist die Konstruktion geschlossener Welten eigen. Ein erzähltechnisches Mittel liegt zum Beispiel im beide verbindenden Gebrauch der Erzählvergangenheit. Sie, so Barthes, „setzt eine konstruierte, durchgearbeitete, losgelöste, auf bedeutungsvolle Linien reduzierte Welt voraus, nicht aber eine geworfene, ausgebreitete, dargebotene Welt. Hinter dem historischen Perfekt verbirgt sich immer ein Demiurg, Gott oder Rezitator."[22]

Die Geschlossenheit historisierender Texte – sei es Roman oder Geschichtsschreibung – entsteht über eine Reihe hierarchisierender Operationen: auktoriale Erzählhaltung, Er-Erzählung, Chronologie, Vergangenheitsform, Vollständigkeit, Kausalität und teleologisches Prinzip. Für den Autor bedeutet der so gestaltete Weltentwurf einen Schöpfungsakt, der rückwirkend im Sinne einer Identitätsstärkung funktioniert – ein Vorgang, den der Rezipient wiederholt, wenn er den Text nachvollzieht. Die nur angedeuteten Thesen zum Verhältnis von Sprache und Subjektkonstitution sind von anderen Autoren weiterentwickelt worden.[23] Entscheidend in diesem Zusammenhang ist die Prägung von durch Erzählhaltungen strukturierten Wahrnehmungsmustern, deren *Effekt* Subjektpositionen sind. Was heißt das für die Biographie?

Nehmen wir die Strukturierung eines Lebenslaufs, wie sie Scheuer für die geistesgeschichtliche Biographie des 19. Jahrhunderts beschrieben hat. Sie besteht in der Dreiteilung des Lebens nach dem Schema: a) Kinder- und Jugendzeit (erste Bildung), b) Lösung von Familie und engerer Heimat, allmähliche Herausbildung der Persönlichkeit und Selbstfindung, Bildungsreisen und Kontakt zur Welt c) Fülle des Lebens, die Erfahrungen gehen ein in das Werk.[24] Vor dem Hintergrund der zitierten Texttheorien bildet diese formale Aufteilung jedoch nicht nur eine an literarischen Mustern orientierte „unrealistische" Idealvorstellung. Sie ist vielmehr die textuelle Struk-

---

choanalyse in Zürich am 17. Juli 1949), in: Schriften I. Frankfurt/M. 1975.

22 Roland *Barthes*, Am Nullpunkt der Literatur (1953). Frankfurt/M. 1982, S. 38.

23 Vgl. besonders: Julia *Kristeva*, Die Revolution der poetischen Sprache. (1974) Frankfurt/M. 1978.

24 *Scheuer*, Biographie, S. 92.

tur, mittels derer eine spezifische Form von Identität als nachträgliche erst hergestellt werden kann. Selbst, wenn kein Lebenslauf – wie unschwer zu erkennen ist – in einer solchen harmonischen Konstruktion restlos aufgeht, so dient sie doch als Wahrnehmungsraster, das die Perspektive auf Leben als „Lebens-Lauf" bestimmt. Was also in der Bio-Graphie sich vollzieht – der Übergang von Leben in Schrift –, findet seine nachträgliche Entsprechung: Es existiert nun ein Muster, nach dem die gelebte und vieldeutige Erfahrung in erzählbare und abgetrennte Phasen – in Geschichte(n) transformiert werden kann. Die abgeschlossene, aufs Ganze zielende Form bildet die ideale Projektionsfläche, auf welcher der Autor und der Leser ihr eigenes Leben abbilden können. Eine solche spiegelbildliche Relation verkennt aber die Differenz, die einen Abstand zum fremden Leben einhielte.

Die hier vorgeschlagene und für unterschiedliche historische Phasen zu differenzierende These lautet daher: Die identitätsstärkenden Mechanismen geschlossener Literaturen (wie z.B. der Roman und die großen Geschichtswerke des 19. Jahrhunderts) potenzieren sich im Falle der Biographien, deren Thema ja explizit geschlossene Lebenskonstruktionen sind und die überdies den Anspruch auf eine „real" stattgefundene Vergangenheit erheben. Formal (als geschlossene Erzählung) und inhaltlich (als Darstellung eines geschlossenen erzählbaren Lebens) wäre sie *das* Sozialisationsmedium des bürgerlichen Subjekts als Bürger und als Subjekt.

Der mögliche Einwand, daß die geschlossenen Formen der Biographik des 19. Jahrhunderts weiterentwickelt worden und heute nicht mehr gültig seien, muß jedoch entkräftet werden. Die im 18. und 19. Jahrhundert stattfindende Ausformung des bürgerlichen Subjekts, des „Menschen", wie sie Michel Foucault für die Humanwissenschaften[25] und Roland Barthes für die Literatur beschrieben haben, hat als Parameter in der Politik oder *in* der Wissenschaft nach wie vor uneingeschränkte Gültigkeit. Wenn auch in der literarischen Moderne durch neue Erzählformen das einheitliche, abgeschlossene Subjekt schon längst verabschiedet worden ist – und auch moderne Biographien der Gegenwart tragen dieser Entwicklung Rechnung –, heißt das nicht, daß sogenannte „vormoderne" Subjektvorstellungen nicht mehr wirksam wären. So zeigt der Blick auf die Biographien, die die Bestsellerlisten füllen, daß weder die dort reproduzierten Vorstellungen vom Subjekt noch die literarischen Präsentationen den Anschluß an neuere literarische oder historische Diskussionen gefunden haben. Darüber hinaus hat die Übertragung der Biographik in das Medium Film die beschriebenen literarischen Genreregeln nur wenig transformiert.

25 Vgl. Michel *Foucault*, Die Ordnung der Dinge. (1966) Frankfurt/M. 1980³.

Der biographische Held als „männlicher“ Held

Im folgenden möchte ich an Scheuers These eine zweite Akzentuierung vornehmen. Sie besagt, daß die Biographie nicht nur konstitutiv für das bürgerliche Subjekt, sondern zugleich konstitutiv für das „männliche“ Subjekt ist. Gemäß der im 19. Jahrhundert geltenden Definition: „der große Mann ist ein solcher, ohne welchen die Welt uns unvollständig schiene“[26], kommen Frauen als Gegenstand von Biographien nur in Ausnahmefällen in Frage. Selten prägten *sie* historische Abläufe in exponierter Funktion als Fürsten, Minister, Dichter und Gelehrte. Wenn wir den Blick aber auf die oben erläuterten Thesen richten und versuchen, die scheinbar zwangsläufige Logik der Repräsentation zu hintergehen, müssen wir die Biographie als den Ort ansehen, der Subjekte zu biographiewürdigen Objekten erst macht. Es geht dabei nicht darum, in einer Wunschprojektion die fehlende Beteiligung der Frauen an der offiziellen Geschichte oder an sinnstiftenden Diskursen zu verleugnen. Es soll sehr deutlich gemacht werden, aufgrund welcher geschlechtsspezifischer Aufteilungen im ökonomischen, sozialen und psychischen Bereich sich das handelnde, bürgerliche, männliche Subjekt profilieren konnte und in welcher Weise Frauen dem „inoffiziellen“, privaten Bereich zugeordnet wurden.

Bevor aber die Frage, warum Frauen die Konturen eines biographischen Objektes nicht ausfüllen konnten, bearbeitet werden kann, muß die vorausgehende textuelle Genese dieser Konturen nachgezeichnet und analysiert werden. Das heißt: Die Konstitution des sich individuierenden Subjektes am Ort seiner kulturellen Konstruktion, die der sozialen Realität vorausgeht, ist zu untersuchen. So ist der Frage nachzugehen, mit welchen Mechanismen aus einer historischen Figur – über die in den meisten Fällen nur Texte und gegebenenfalls Bilder existieren – der männliche Protagonist eines Textes geschaffen wird.

Im vorhergehenden Abschnitt wurden innerhalb eines Textes realisierte Ordnungsoperationen beschrieben, mit denen der Schreibende als Subjekt hervorgebracht wird. Zugleich wurde die in Romanen gestaltete (und in Biographien reproduzierte) Präsentation einer Person, deren Lebensphasen in einem linearen und sinnvollen Zusammenhang stehen, als ein Beispiel dafür genannt, wie das „Subjekt“ innerhalb von Texten präformiert wird. Mit dem Instrumentarium der Erzähltheorie könnte die Spezifik der Personen in Biographien weiter herausgearbeitet werden. So könnten die an literarischen

26 Jacob *Burckhardt*, Weltgeschichtliche Betrachtungen. Frankfurt/M. o. J., S. 155, zit. n. *Scheuer*, Biographie, S. 192.

Texten entwickelten Parameter das erzählte Kontinuum aufbrechen und die Konstitution eines biographischen Helden in ihrer Regelhaftigkeit sichtbar machen:

In welchem Verhältnis zu seiner Umwelt steht das als autonom handelnd beschriebene Subjekt? Welche erzählten Lebensmomente lassen sein Leben bedeutsam werden? Welche Verfahrensweisen produzieren die Einheitlichkeit und Abgeschlossenheit der thematisierten Person? Welche Lebensbereiche werden ausgelassen oder gerafft? Welche Eigenschaften werden unterstrichen? In welcher Weise bezieht sich der Erzähler auf die Innenwelt seines Helden?

Das Ergebnis der – hier nur angedeuteten – Fragestellungen würde eine Geschichte diachron sich wandelnder Charakteristika biographischer Helden darstellen und damit eine Gattungsgeschichte der Biographie als Sozialgeschichte der Subjektbildung einleiten. Aus der Erzähltheorie abgeleitete Fragestellungen können darüber hinaus den Blick auf die Momente von „Weiblichkeit" richten und sowohl explizite als auch in den Text eingewobene Verteilungen von Geschlechterzuschreibungen als Geschlechterzuschreibungen deutlich machen: Welche kompositorische Funktion haben weibliche Personen innerhalb des Textes? Welche Werte und Bilder verkörpern die weiblichen Gestalten? Inwieweit werden sie als Opposition zum Helden beschrieben? Auf welche Weise wird die Existenz von Frauen verschwiegen oder negiert? Welche Momente im Text sind weiblich konnotiert? Diese Liste bildet einen kleinen Ausschnitt aus dem Fragekatalog feministischer Erzähltheorie zur Funktion von Weiblichkeitsmustern, der in den letzten Jahren an literarischen Texten entwickelt worden ist.

Sie sind vor dem Hintergrund theoretischer Überlegungen zur „Dialektik der Aufklärung" zu sehen, die das Subjekt als Effekt von Ausschlußmechanismen Ich-heterogener Momente sehen, die als „weibliche" definiert und auf Frauen projiziert werden. Das Ergebnis dieser historischen Prozedur, die sich in der psycho-sozialen Entwicklung des einzelnen wiederholt, ist als der „identische, zweckgerichtete, männliche Charakter des Menschen"[27] beschrieben worden. Literarische Texte, die diese Ausschlußmechanismen symbolisieren, inszenieren das literarische Subjekt in der Abgrenzung von Bereichen, die weiblich konnotiert werden, z. B. Natur, Materie oder Unbewußtes. Besonders das Genre des Entwicklungsromans, der in „sinnvoller Komposition den inneren und äußeren Werdegang e. Menschen von den Anfängen bis zu e. gewissen Reifung der Persönlichkeit mit psychologischer

27 Max *Horkheimer*/Theodor W. *Adorno:* Dialektik der Aufklärung. (1944) Frankfurt/M. 1982[9], S. 33.

Folgerichtigkeit verfolgt und die Ausbildung vorhandener Anlagen in der dauernden Auseinandersetzung mit den Umwelteinflüssen in breitem kulturellen Rahmen darstellt"[28], ist ein textuelles Gewebe, das ein „männliches" Subjekt, einen literarischen Helden, hervorbringt. Der dort gestaltete Prozeß, der – so eine andere Definition – „den Helden vom Irrtum zur Wahrheit, von labyrinthischer Verworrenheit zur Einheit des Wesens, vom Unbewußten zu klarer Erkenntnis führt"[29], ist sowohl ein Prozeß der Individuation als auch die Ent-Wicklung eines Subjektes aus seiner Umwelt, die gleichzeitig die notwendige Matrix zur Selbst-Darstellung bildet. Diese Matrix (Heimat, Herkunft, Familie u.a.), die vorwiegend weiblich konnotiert ist, bildet damit den notwendigen Hintergrund, vor dem der „männliche" Held als Held und als Mann entsteht. Ergänzend sei erwähnt, daß die verschiedenen Lebensphasen, welche der sich stetig weiterentwickelnde Held durchquert, häufig durch die Beziehungen zu Frauenfiguren gekennzeichnet sind. Diese „verkörpern Ideen bzw. Existenzweisen, mit denen er sich zum Nutzen seiner Bildung auseinandersetzt, um sie dann hinter sich zu lassen."[30]

Aufgrund der angedeuteten Konstruktion des biographischen Helden, die viele Überschneidungen mit literarischen Genres, wie z. B. dem Entwicklungsroman zeigt, soll nun die These aufgestellt werden, daß aufgrund expliziter und impliziter Geschlechterzuschreibungen auch das in einer Biographie inszenierte Leben männliche Markierungen trägt. Der (Um-) Weg über literaturwissenschaftliche Fragestellungen macht die vermeintliche Re-Präsentation von Geschlechteridentitäten in Biographien als imaginierte Geschlechterzuschreibungen à la lettre deutlich.

Die Verknüpfung dieser literarischen Konstruktion mit einem männlichen Namen verweist nicht so sehr auf eine vorgängige Realität, sondern auf eine kulturelle Formation, die – in einer redundanten Bewegung – idealtypisch beschriebene Verhaltensweisen und Identitäten zum einen als männliche markiert und zum anderen auf historische Subjekte männlichen Geschlechts projiziert. So konstruiert die Biographie „sozial imitierbare Charaktere"[31] männlichen Geschlechts, deren Herkunft aus einer *Konstruktion* – durch den Bezug auf die vermeintliche, historische Realität – in Vergessenheit gerät.

---

28 Gero *von Wilpert*, Sachwörterbuch der Literatur. Stuttgart 1979^6, S. 218.

29 H.H. *Borcherdt*, Bildungsroman, in: *Merker/Stammler*, Reallexikon, Berlin 1958^2, S. 175–179.

30 Sigrid *Weigel*, Die Verdopplung des männlichen Blicks und der Ausschluß von Frauen aus der Literaturwissenschaft, in: Topographien der Geschlechter, Reinbek bei Hamburg 1990, S. 234–251, hier: S. 241.

31 Manfred *Schneider*, Herzensschrift (wie Anm. 12), S. 19.

Häufig sind die Spuren des Ausschlusses von „Weiblichkeit" nur als Spuren der Abwesenheit und damit auf indirekte Weise zu erkennen.[32] Und da sich der Ausschluß nicht nur in Mechanismen vollzieht, die mit den Mitteln der Erzähltheorie beschreibbar sind, müssen vielfältige Ebenen in Betracht gezogen werden. Daß u. a. psychoanalytische Kategorien produktiv gemacht werden können, zeigt ein weiterer Blick auf die Geschichte der Biographik.

So wäre dem von Roland Barthes gegebenen Hinweis zum Autor geschlossener Text-Kosmogonien als „Demiurg, Gott oder Rezitator" nachzugehen. Die Beziehung zwischen dem Autor und seinem Werk als Akt einer männlichen Schöpfung ist von der Literaturwissenschaftlerin Sigrid Weigel weitergedacht worden: Die „geistige" Schöpfung bedeutet – so das Ergebnis ihrer Lektüre eines Benjaminschen „Denkbildes" – die Negation von Weiblichkeit, indem Schöpfung als „Ersatz und Überwindung der natürlichen und biologischen Schöpfung"[33] funktioniert. Sie bedeutet gleichzeitig den „Verzehr" von Weiblichkeit, die etwa als inspiratives, aber unsichtbares Moment in das Werk eingeht. Es wäre zu fragen, inwieweit das Erstellen einer Biographie einem männlichen Schöpfungsakt besonderer Art entspricht, da doch der Entwurf einer „lebendigen" Figur den im Text ausgeführten Vorgang einer geistigen Geburt potenziert. Der Biograph, der über seinen Gegenstand „beinahe alles" weiß, läßt diesen im Text wiederauferstehen, indem er ihm – durch das Erschaffen einer Geschichte – Leben „einflößt".

Es ist unter diesem Gesichtspunkt auffallend, daß die Verfasser von Biographien in der Folgezeit nicht selten selber zu Gegenständen von Biographien werden. So schreibt Johann Wolfgang Goethe über Winkelmann, Friedrich Gundolf über Goethe; Georg Forster schreibt über James Cook, Friedrich Schlegel über Georg Forster, Ernst Behler über Friedrich Schlegel und so fort. Die beinahe lückenlose Kette Schreibender und Beschriebener liest sich als Herstellung einer männlichen *Genealogie* und damit einer Traditionslinie, die sich ohne den Beitrag von Frauen reproduziert.

Dies potenziert sich in der geistes- und kulturgeschichtlichen Biographik des 19. Jahrhunderts. Dort wird eine „Gemeinschaft der Toten und Lebendigen"[34] gebildet, in der die Verwandtschaftsverhältnisse nicht mehr über die biologische Reproduktion, sondern über gemeinsame „geistige" Werte hergestellt werden. Es ist deutlich, daß die Tendenz, eine „zweite höhere Erdenwelt" (Burckhardt) zu bilden, nicht nur als enttäuschte Flucht aus

---

32 Vgl. dazu die Thesen Sigrid Weigels in: Sigrid *Weigel*, Rekonstruktion und Re-Lektüre. Die Arbeit von Frauen in der Literaturwissenschaft als Teil einer weiblichen Kulturkritik, in: Topographien (wie Anm. 30), S. 252–263.

33 Sigrid Weigel: Verdopplung (wie Anm. 30), hier: S. 236.

34 Nach einem Ausdruck *Scheuers* (wie Anm. 14), S. 15.

der politischen Realität des 19. Jahrhunderts zu sehen ist, sondern auch als Abwehrmechanismus gegen die Herkunft aus der materiellen Sphäre.

Der Ort von „Weiblichkeit" in Biographik und Biographieforschung

Dem hier beschriebenen Vorgang entspricht eine noch in den zwanziger Jahren dieses Jahrhunderts nachweisbare Tendenz der Biographik, das Leben einer Frau auf ihre physische und sexuelle Realität zu reduzieren. Verkürzt könnte man sagen: Werden männliche Gestalten männlich markiert, zugleich aber als „Menschen" präsentiert, so dominiert in geschilderten Leben weiblicher Figuren das „Weibliche" als Geschlechtliches. Spätestens seit Lytton Stracheys „Elisabeth und Essex" ist das Muster bekannt, die Schilderung von Privatem, ja Intimem, an weiblichen Gestalten zu diskutieren und zu sexualisieren: „(...) treten wir näher – wir werden dieser Majestät nichts zuleide tun, wenn wir ihr unter die Kleider schauen."[35] Historische Frauengestalten werden in Texten häufig als durch ihre „Leidenschaften" bestimmte Frauen beschrieben. Stefan Zweig schreibt über Maria Stuart: „Auch in einer Königin fordert die Frau einmal ihr heiligstes Recht, das Recht zu lieben und geliebt zu werden."[36]

Die beschriebenen weiblichen Personen, die die für die Biographie nötige „Ausnahmeposition" einnehmen, werden häufig innerhalb der Biographie wieder aus dieser Position ausgeschlossen, indem sie „als ganz normale Frauen" geschildert werden. So erscheint in einer ebenfalls von Stefan Zweig verfaßten Biographie die französische Königin Marie Antoinette als „eine laue Seele, ein mittlerer Charakter und, historisch gesehen, anfangs nur als Statistenfigur. Ohne den Einbruch der Revolution in ihre heitere Spielwelt hätte diese an sich unbedeutende Habsburgerin weitergelebt wie hundert Millionen Frauen aller Zeiten (...) sie hätte getanzt, geplaudert, geliebt, gelacht, sich aufgeputzt, Besuche gemacht und Almosen gegeben; sie hätte Kinder geboren und sich schließlich still in ein Bett gelegt, um zu sterben."[37]

Die hier vorgestellten Beispiele wären nicht allzu interessant – erweisen sie sich doch als bekannte Reproduktionen aus dem Repertoire literarischer Frauenbilder –, wenn sie nicht als Bestandteile von Biographien einen un-

---

35 Lytton *Strachey*, Elisabeth und Essex. Eine tragische Historie. Berlin u. a.: Deutsche Buchgemeinschaft o. J., S. 17, zit. n. *Scheuer*, Biographie, S. 173.

36 Stefan *Zweig*, Maria Stuart, S. 90, zit. n. *Scheuer*, Biographie, S. 176.

37 Stefan *Zweig*: Maria Stuart (1935). Marie Antoinette. Bildnis eines mittleren Charakters (1932). Frankfurt/M. 1968, S. 345, zit. n. *Scheuer*, Biographie, S. 186.

gleich größeren Anspruch auf die Schilderung von Realität stellten als Literatur. Literarische Schreibweisen haben darüber hinaus die Möglichkeit, die in ihnen enthaltenen Momente von Repräsentation immer wieder als Effekte von Fiktion sichtbar zu machen.

Ein weiterer Punkt, warum die angeführten Beispiele interessant sind, liegt darin, daß sie (nicht die Deutungen) aus Scheuers Untersuchung stammen. Sie sind allesamt Zitate aus den wenigen Biographien über weibliche Personen, die Scheuer überhaupt heranzieht und näher untersucht. Die Koinzidenz bestimmter Themen mit der Schilderung von weiblichen Personen, die – so ist anzunehmen – in den Primärtexten angelegt ist, wird im wissenschaftlichen Diskurs übernommen. Die Ähnlichkeit der geschilderten Frauen untereinander wird dabei nicht mit ihrem Geschlecht und der Existenz von Weiblichkeitsbildern in Zusammenhang gebracht; sie wird, z.B. bei Stefan Zweig, einfach mit „ähnliche(n) Konstruktionsprinzipien und Typenzeichnungen"[38] erklärt.

Dem so geschulten Blick entspricht, daß Scheuer – wie auch Romein (1948) vor ihm und Koopmann (1985) nach ihm – das überwiegende Fehlen von Biographien weiblicher Autorinnen mit keinem Wort erwähnt und kommentiert. Dies ist umso erstaunlicher, als von den 103 untersuchten Primärtexten kein einziger von einer Frau stammt. Die Biographien von Lily Braun, Lou Andreas-Salomé, Ricarda Huch, Alma Mahler-Werfel und Hannah Arendt oder das diskutierenswerte Experiment einer Biographie in Briefen: Bettine von Arnims „Die Günderode" sollen – im Wissen, daß eine Untersuchung immer auch beschränkend arbeitet – nicht nachträglich eingeklagt werden. Ihre Nennung soll aber diese Beschränkung als regelhafte sichtbar machen. Die Texte weiblicher Autorinnen wie Caroline von Wolzogens Schiller-Biographie (1830), die innerhalb des von Scheuer reproduzierten Kanons dennoch vorkommen, werden ganz nebenbei erwähnt und erscheinen darum auch nicht in der Literaturliste der Primärtexte, sondern sind nur über das Namensregister zu erschließen.

Das geschilderte regelhafte Erscheinen von Frauengestalten in sexuell konnotierten Abschnitten, das Fehlen signifikanter Biographien von Frauen oder ihr „Verschwinden" in den Gängen wissenschaftlicher Verweissysteme stellen sich sicherlich nicht über eine intentionale Zensur her, sie werden eher erklärbar durch die unbewußt funktionierende Übernahme – auch in den Biographien angelegter – Bedeutungshierarchien und Weiblichkeitsmuster. Daß diese Übernahme sich unbewußt vollzieht, hat seinen Grund nicht in einer „fehlerhaften Ausführung", sondern genau in der Anlage der

38 Scheuer, Biographie, S. 176.

Untersuchung, die das Genre „Biographie" als geschlechtsneutrales voraussetzt. Diese Übernahme zutiefst affektbesetzter Muster in den wissenschaftlichen Diskurs ist aber umso wirkungsvoller, als sie in ihm objektiviert und darum in ihrer Wirkung noch potenziert wird. Daß die Thematisierung weiblicher Personen anhand ihres Körpers ungebrochen über mehrere Texte transportiert werden kann, zeigt ein weiteres Beispiel: So zitiert der Literaturwissenschaftler Scheuer den Biographie-Forscher André Maurois, der sich lobend auf Lytton Strachey's [sic] „gelungene" Schilderung der „Nase der Lady Hester" bezieht.[39]

Sigrid Weigel hat in ihren Arbeiten analysiert, auf welche Weise in literarischen Diskursen die Produktion von Weiblichkeitsmustern mit dem Ausschluß von „Weiblichkeit" korreliert. Im Übergang zwischen literarischem und wissenschaftlichem Diskurs – so ihre These – potenziert sich der beschriebene Mechanismus auf besondere Weise:

> „In der Literaturwissenschaft (...) verdoppelt sich der männliche Blick des Literaturbetriebs, indem der Wissenschaftler die Perspektive von Autor und Kritiker übernimmt und damit den mit der Kunstproduktion verbundenen Verzehr von ‚Weiblichkeit' und den Ausschluß von Frauen als Subjekte der Literatur reproduziert."[40]

Damit also der beschriebene Mechanismus und auch die in einer kritischen Lektüre angelegte Tendenz, das Kritisierte zu wiederholen, unterbrochen werden kann, ist an dieser Stelle ein Blickwechsel geboten. So soll der zunächst sinnvolle Weg über die Arbeit eines Exponenten der allgemeinen literaturwissenschaftlichen Biographieforschung beendet werden. Als Grundlage weiterer theoretisierender Aussagen zum Verhältnis von Geschlechterdifferenz und Biographie müßte die Sammlung und Re-Lektüre (oder erste Lektüre) von Texten, die Frauengestalten thematisieren und Texten, die von weiblichen Autorinnen verfaßt wurden, erfolgen.

Frauenbewegung und Biographik

Bis jetzt wurde darüber gesprochen, daß zum einen ein Mangel an Biographien über Frauen und von Frauen besteht, und zum anderen, daß die Konstruktion von Biographien ihren Gegenstand – über die Gleichzeitigkeit kulturell definierter Werte von Männlichkeit und der Verkörperung dieser Werte in den Texten von Biographien – in eine strukturell männliche

---

39 Ebd. S. 175.
40 Sigrid *Weigel*, Verdopplung (wie Anm. 30), hier: S. 236.

Position versetzen. Es soll jedoch nicht unerwähnt bleiben, daß es seit den Anfängen der Frauenbewegung einen gewissen „Boom" gibt, Biographien über Frauen zu rezipieren oder zu schreiben. Das Interesse von Frauen an Biographien über Frauen hat sich dabei zunächst aus dem programmatisch formulierten Anspruch hergeschrieben, das eigene Leben zu klären. So sollten die scheinbar individuellen, „privaten" Erfahrungen von Unterdrückung verobjektiviert und darum als allgemeine und „politisch" relevante deutlich gemacht werden. Die in Frauengruppen artikulierten Erfahrungen des persönlichen Lebens wurden wieder-erkannt als typische Stationen „weiblicher" Lebensläufe. Das eigene Leben wurde wahrgenommen als von männlichen Definitionen präformierte „Biographie". Von dort bedeutete es nur noch einen weiteren Schritt. in die Diskussion eine historische Perspektive einzuführen:

> „Das Interesse an einer solchen Aufarbeitung der eigenen Biographie wurde einerseits durch das Bedürfnis ausgelöst, sich selbst in der heutigen Situation als Frau zu verstehen, andererseits durch das Bedürfnis, die Erfahrung der Müttergeneration nachvollziehen zu können, d.h. die fehlenden historischen Wurzeln im Sinne einer Frauengeschichte zu entdecken."[41]

Die in der Dokumentation zur Tagung „Weiblicher Biographien", die 1981 von der „Geschäftsstelle Frauenforschung" in Bielefeld veranstaltet wurde, formulierte Äußerung macht den persönlich motivierten Blick auf Geschichte und damit eine enge Verbindung sozialpsychologischer und historischer Fragestellungen im damaligen feministischen Diskurs deutlich. Zugleich markiert sie den Anspruch einer explizit parteilichen Wissenschaft. Der „gemeinsame Veränderungswunsch, verankert in der individuellen Biographie"[42] bildete den Ausgangspunkt, die Existenz einer (Literatur-) Geschichte von Frauen sichtbar zu machen und in den wissenschaftlichen Diskurs einzuführen. Es ist deutlich, daß aus den hier angedeuteten Prämissen, eine parteiliche, subjektive und historische „Geschichte der Frauen" zu rekonstruieren, das Genre der Biographie eine bedeutende Funktion einnimmt, scheint in ihm doch auf ideale Weise die Individualgeschichte in die Allgemeingeschichte einzugehen.[43] Besonders in nicht-wissenschaftlichen feministischen Diskursen führte der Wunsch nach Veränderung des eige-

---

41 Erika *Adolphy* u.a., Zur Geschichte der Tagung „Weibliche Biographien", in: beiträge zur feministischen theorie und praxis 7 (1982), S. 5.

42 Ilse *Brehmer*, Historische Genese, Frauenbewegung und die Erforschung des weiblichen Lebenslaufs, in: beiträge (wie Anm. 41), S. 10.

43 Vgl. Maria *Mies*, Weibliche Lebensgeschichte und Zeitgeschichte, in: beiträge (wie Anm. 41), S. 54–60.

nen Lebens dazu, sich in den Leben anderer, „wiederentdeckter" Frauen zu spiegeln.

Besonders Textbeispiele der populären Reihe „Unsere Schwestern von gestern" aus der 1977 gegründeten Frauen-Zeitschrift EMMA können dabei als extremes, darum aber sprechendes Beispiel gelten. Das dort durchgeführte Verfahren, weibliche Geschichte durch auf männliche Subjekte zugeschnittene Genres zu präsentieren, entspricht dabei einer in EMMA artikulierten, dem Gleichheitsanspruch verpflichteten Position der Frauenbewegung. Die Übernahme von Textformen, die Männer als handelnde Subjekte präsentieren, schreibt sich explizit aus dem Anspruch her, die bis dato für Frauen verbotenen Formen der Subjektivierung zu besetzen. Wenn es also über die Frauenrechtlerinnen Anita Augspurg und Lida G. Heymann in einem biographischen Artikel von Ursula Scheu heißt:

> „Erstaunlich ist an bei den Frauen, daß sie trotz dieses leidenschaftlichen und kräftezehrenden Engagements für die Politik nie die anderen Bereiche des Lebens aus den Augen verloren: sie interessierten sich sehr für Kunst und Literatur, bauten selbst Modellbauernhöfe auf und bereisten die Welt. Noch im Alter von 71 und 60 machten sie den Führerschein!"[44],

dann sind wir bei einem für die weibliche Biographik grundlegenden Dilemma angekommen. Hier wird beschrieben, wie es zwei Frauen trotz aller entgegensetzten gesellschaftlichen Normen gelungen ist, sich Eintritt in öffentliche Bereiche wie Politik, Kunst und Wissenschaft zu verschaffen. Die beschriebene Vielseitigkeit läßt auch in den neunziger Jahren unseres Jahrhunderts noch Affekte entstehen, die auf uneingelöste Ansprüche und Wünsche verweisen. Die Funktion solcher biographischen Texte liegt unbestreitbar darin, Beweis einer – zumeist in öffentlichen Darstellungen nicht tradierten – Existenz außerhalb definierter und einschränkender Rollenzuweisungen zu sein. Wenn also die Geschichte der Biographik als „Sozialgeschichte der Personwerdung"[45] anzusehen ist, dann können Frauen zurecht den Personenstatus und die Bildung einer Geschichtsschreibung fordern, zu der die Präsentation des Lebens weiblicher Personen als Subjekte gehört.

Vor dem Hintergrund der oben entwickelten Thesen muß der Versuch, persönliche Identität über Biographien historischer Frauengestalten herzustellen, jedoch kritisch befragt werden. Es wurde gezeigt, daß die Präsentation von Personen in Biographien eines bestimmten Typus untrennbar ist von

---

44 Ursula *Scheu*, unsere Schwestern von gestern: Anita Augspurg und Lida G. Heymann, in: EMMA 6 (1977), zit. n. Das EMMA-Buch, hg. v. Alice *Schwarzer*. München 1981, S. 96–101, hier: S. 101.

45 *Scheuer*, Überlegungen (wie Anm. 16), S. 25.

Mechanismen der Verkennung. Diese Verkennung ist weder durch interne „Verbesserungen" – etwa durch eine immer weitere Anhäufung von Daten oder Material – noch durch die Ersetzung der „Ausnahmepersönlichkeit" durch eine repräsentative Persönlichkeit zu überwinden. Die oben erläuterten und der Biographik inhärenten, literarischen Gesetze machen darüber hinaus aus der präsentierten Person einen literarischen „Helden", dessen Lebensmomente hierarchisierbar und nachvollziehbar werden. Und es ist nicht verwunderlich, daß die oben vorgestellte Form feministischer Biographik – in dem Wunsch, einen historischen Gegen-Entwurf herzustellen – mit den Mechanismen, die aus einem Frauenleben ein „bedeutsames" machen, auch die Mechanismen reproduzieren, die eine Figur in einer strukturell männlichen Position verorten.

So werden die weiblichen Heldinnen als Bestandteil einer wechselhaften, doch im Prinzip teleologisch funktionierenden Geschichte der Frauenbewegung dargestellt und beziehen andererseits erst über die Eingliederung in die konstruierte Ahnenreihe, die manchmal bis in die Steinzeit zurückgeht[46], ihre Bedeutsamkeit. Aber auch die individuelle Geschichte der präsentierten Frau ist zumeist als sukzessive Entfaltung einer hier feministischen Persönlichkeit gestaltet. Die in der Biographie angelegten literarischen Gesetze machen aus der geschilderten Frau einen selbstbewußt handelnden, sich in der Auseinandersetzung mit seiner Umwelt (hier die Männerwelt) individuierenden, literarischen Heros.[47] Daß die mechanische Ersetzung von männlichen Helden durch feministische Heldinnen problematisch ist, läßt sich auch an „Brüchen" *innerhalb* der Texte ablesen. So kann das biographische Kunstmittel, das die Kohärenz eines Lebens darstellen soll, indem die Kindheit einer geschilderten Person im Kern schon die später entfaltete Persönlichkeit in sich trägt, in den Bereich unfreiwilliger Komik geraten. Etwa wenn über Lida G. Heymann behauptet wird, „schon als Kind empörte sie sich, daß das männliche Hauspersonal größere Fleisch- und Butterrationen erhielt als weibliche."[48]

Die der Biographie inhärente und hier erkennbare Tendenz, einen idealen Charakter herzustellen, dessen Züge aus dem Repertoire feministischer Werte zusammengesetzt werden, führt zu einer normativen Stereotypie. Man könnte feministische Biographien darum eher als Quelle für die Klärung eines feministischen „Tugendkatalogs" lesen und damit zum Zwecke heuti-

46 Vgl. Hildegard *Sommerkorn*, Unsere Schwestern von vorgestern: So wild waren die Germaninnen, in: EMMA 12 (1978), zit. n. Das EMMA-Buch (wie Anm. 44), S. 102–108.

47 So wäre genau zu untersuchen, auf Kosten welcher Auslassungen und Ausschlüsse sich seinerseits das Konstrukt der biographischen Heldin herstellt.

48 *Scheu*, Schwestern (wie Anm. 44), S. 99.

ger Selbstverständigung nutzen: Die empirischen Untersuchungen, welche Berufsgruppe, welche Eigenschaften etc. bevorzugt werden, könnten explizit formulierten Vorgabekriterien in einleitenden Äußerungen von biographischen (Sammel-) Bänden gegenübergestellt und analysiert werden. Gemäß einer These des Biographie-Forschers Jan Romein, die besagt, „immer dann, wenn der Mensch zu zweifeln beginnt, d.h. wenn alte Werte wanken, neue aber erst noch gebildet werden müssen, ist die Regsamkeit im biographischen Bereich besonders groß“[49], wird die Bedeutung von Biographien im Diskurs der Frauenbewegung zu deuten sein. Sie macht erklärbar, daß Frauen in einer Zeit, in der traditionelle Werte von Weiblichkeit verunsichert werden, nach Texten suchen, die neue „Identitäten“ anbieten.

Die einfache Ersetzung „männlicher“ durch „weibliche“ Werte, wie sie an einem kleinen Beispiel verdeutlicht wurde, entspricht einem bestimmten feministischen Diskurs, der einerseits Geschlechteridentitäten als Ergebnisse ideologischer Zuschreibungen ansieht, andererseits aber die Mechanismen dieser Zuschreibungen vereinfacht. Dabei wird das komplizierte Zusammenspiel kultureller Systeme, in welchen „männliche“ und „weibliche“ Identitäten hervorgebracht werden, mit anderen Prozessen, die hierarchische Sinnstiftungen vornehmen, verkannt. Die oben geschilderte Koinzidenz eines bürgerlichen Subjektbegriffs mit der Formierung des literarischen Helden und der Kennzeichnung beider Vorstellungen mit männlichen Namen sollte den Versuch darstellen, „Männlichkeit“ zu de-essentialisieren und als Ergebnis textueller Inszenierungen – für die die Biographie ein signifikantes Beispiel ist, darzustellen. Da also in einem solchen Ansatz dem Medium der sprachlichen Präsentation der Vorrang gilt, und die Konstruktion von „Männlichkeit“ untrennbar mit spezifischen literarischen Formationen verbunden ist, muß die oben vorgestellte Form der „Frauenbiographie“ als geeignetes Medium in Frage gestellt werden. Es ist deutlich geworden, daß die Spur vom Begehren nach einem anderen Zustand, die auch in den zitierten Beispielen noch ablesbar ist, sich durch die Übernahme bestimmter textueller Formen in diesen verfestigt und gerinnt. Da es aber nicht darum gehen kann, ein kulturell etabliertes Genre wie die Biographie für weibliche Subjekte auszuschließen, noch dazu, wenn es – wie gezeigt wurde – grundlegende Bausteine für das gesellschaftliche Imaginäre bereitstellt, muß in eine andere Richtung weitergedacht werden. Anstatt also ein Verbot auszusprechen, sollte die spezifische textuelle Struktur der Biographie und die davon abhängende Konstruktion von Männlichkeit zur Diskussion stehen.

---

49 Jan *Romein*, Die Biographie. Einführung in ihre Geschichte und ihre Problematik (1946). Bern 1948, S. 28.

Schlußbemerkung

In den hier vorgestellten Überlegungen wurde besonders eine Form der Biographik ins Zentrum gestellt, die ihren Idealtypus im 19. Jahrhundert entfaltet hat. Gleichwohl aber, so sollte deutlich werden, hat diese Ausprägung eine bedeutende kulturelle „Sozialisationsfunktion" eingenommen und nimmt sie heute noch ein. Ja, sie kann paradoxerweise gar zur Folie einer sich feministisch verstehenden Geschichtsschreibung werden, die sich in expliziter Form einem Gegenentwurf zur offiziellen Historik verschrieben hat. Da eine spezifische, mit literarischen Schreibweisen verknüpfte und männlich markierte Subjektposition die Grundlage dieser Form der Biographik bildet, kann nur eine Arbeit an ihrer sprachlichen Form die herausgearbeitete männliche Markierung de-konstruieren.

Moderne Schreibweisen, die zum Teil von Biographen auch übernommen worden sind, scheinen einen Hinweis in diese Richtung zu geben. Sie haben für das in der Moderne unsicher werdende Konstrukt des Subjekts ein Äquivalent hervorgebracht: Momente der Polyperspektive, der Diskontinuität, der Auflösung von Fabeln und Chronologie etc. haben aus dem selbständig handelnden, kohärent gestalteten Helden eine nur vorübergehend als Identität konturierbare Gestalt gemacht. Häufig wird erst eine solche Schreibweise, die die Richtlinien des realistischen Erzählens überschreitet, als fiktionale erkannt, da in ihr die strukturelle Kluft, die die historische Person von der biographischen Präsentation und das Leben von der Schrift trennt, thematisiert und ins Spiel gebracht wird. „Realistische" Schreibweisen hingegen, die sich im großen und ganzen nach den Modalitäten der Alltagsverständigung (Eindeutigkeit, Logik etc.) richten, werden als nichtfiktionale, objektive betrachtet. Die Geschichtswissenschaft, die sich mit den Möglichkeiten und Grenzen der Biographik auseinandersetzt, ist in besonderem Maße sowohl auf die Existenzberechtigung moderner Schreibweisen als auch auf die Erkenntnis der eigenen wissenschaftlichen Schreibweisen als Schreib-Weisen verwiesen.

Doch auch feministische Biographik, ob sie sich nun als literarische oder historische versteht, kann an den Errungenschaften der literarischen Moderne, deren hervorstechendes die Thematisierung der eigenen Textualität ist, nicht vorbeigehen. Da in modernen Schreibweisen u.a. der männlich konnotierte literarische Held aufgelöst wird, liegt die Annahme nahe, daß an seiner Stelle ein Raum entsteht, der auch der Artikulation weiblicher Stimmen mehr Platz bietet. Doch es muß, bevor die literarische Moderne als endlich erreichter Ankerplatz geschlechtsneutraler Ausdrucksweisen proklamiert wird, daran erinnert werden, daß auch in der Auflösung vormoderner Schreibweisen durch die Moderne die Geschlechter unterschiedliche

Positionen einnehmen. So hat der Ab-bau [sic] des biographischen Helden für männliche Subjekte, deren Geschichte der Subjektwerdung mit der Geschichte der Biographie parallel gelaufen ist, eine eigene Bedeutung. Sie können sich von einer Subjektposition verabschieden, die ihnen historisch gesehen in die Wiege gelegt wurde. Frauen hingegen, denen der Subjektstatus über Konstruktionen der Biographik verweigert worden ist, werden sich das Genre der Biographie vielleicht eher durch Momente des Um-Baus und der Ver-wendung [sic] aneignen.

Untersuchungen, die Biographien von und über Frauen zum Thema haben, lassen den Schluß zu, daß weibliche Autorinnen häufig das Genre subvertieren, in dem sie seine Grenzen zu anderen Genres überschreiten. Solches läßt auch Eva Meyers Lektüre von Hannah Arendts Biographie über Rahel Varnhagen erkennen. Durch die in der Schreibweise Arendts unterstrichene Anerkennung der Differenz beider gelebten Leben, so Meyer, entsteht zweierlei: Zum einen wird das Bild Varnhagens errichtet, hinterläßt seine Spur und bleibt doch als *Bild* erkennbar. Zum anderen wird der formulierte Abstand Arendts zu Varnhagen, der jede vorschnelle Identifikation verbietet, zu einem Umweg, auf welchem sich ihre eigene Geschichte schreibt. Im Wissen, daß die „Wahrheit“ nicht zu haben, daß „etwas wirklich geschieht und doch in der Wirklichkeit keine Bleibe findet“[50], setzt weder ein Verstummen ein, noch entsteht eine nachlässige Beliebigkeit. So entsteht das Entscheidende und historisch Relevante zwischen Schreibender und Beschriebener; an dem Ort, den die Schrift durch einen Trennstrich anzeigt: Auto-Biographie.

50 *Meyer*, Biographisches Denken (wie Anm. 8), S. 48.

Esther Marian

Das Subjekt als Effekt von Sprache

Anne-Kathrin Reuleckes Überlegungen zu Biographie und Geschlecht

Die Frage, „ob die Biographie ein männliches Genre sei“, wäre „vor fünfzehn Jahren innerhalb eines wissenschaftlichen Diskurses nicht gestellt worden“, bemerkt Anne-Kathrin Reulecke 1993 zu Beginn ihres Aufsatzes „Die Nase der Lady Hester“ (S. 317)[1]. Tatsächlich hat sich zusammen mit den Geschlechterverhältnissen auch die Debatte darüber in den vergangenen Jahrzehnten drastisch verändert. Durch ihre lange, bis in die Antike zurückreichende Geschichte hindurch war die Biographik fast ausschließlich eine Literatur von Männern über Männer, ohne dass dies als gesellschaftliches oder theoretisches Problem wahrgenommen worden wäre; dass es überwiegend Männer, nicht Frauen waren, deren Leben Gegenstand öffentlichen Interesses wurde, war eine zumeist als selbstverständlich hingenommene Tatsache, die aus der theoretischen Literatur ebenso ausgeklammert blieb wie Frauen aus der Biographik. Als die Frauenbewegung sie zu problematisieren begann, geschah dies überwiegend außerhalb der Sphäre der Universität, die als männliche Domäne an solchen Diskussionen zunächst keinen Anteil nahm und auf sie mit massiver Abwehr reagierte. 1993, als „Die Nase der Lady Hester“ entstand, hatte sich dies bereits zu ändern begonnen. Fast zwanzig Jahre später ist die Situation wieder eine andere: Frauenbiographien sind zwar weiterhin in der Minderzahl, aber längst keine Ausnahmeerscheinung mehr, und trotz weiter bestehender Vorbehalte gegen die ganze Thematik haben sich feministische Theorie und insbesondere die zahlreichen Varianten postfeministischer, an den französischen Strukturalismus und Poststrukturalismus anschließender Gendertheorie in den Geisteswissenschaften etabliert.

---

1 In Klammern angeführte Seitenangaben im Text beziehen sich auf den vorliegenden Band.

Kennzeichnend für die postfeministische Theorie, in deren Zusammenhang auch Reuleckes Text zu lesen ist, ist eine Verschiebung gegenüber Fragestellungen der älteren Frauenbewegung. War diese charakterisiert durch die Spannung zwischen einer Reprise der aufgeklärt-bürgerlichen Idee einer Gesellschaft freier und gleicher Subjekte einerseits, die gegen die Unterordnung der Frau, ungleiche Rechte und die Enge der häuslichen Sphäre gewendet wurde, und der Mobilisierung eines sich als weiblich definierenden Kollektivs gegen die schon brüchig gewordenen bürgerlichen Ideale andererseits, hat die poststrukturalistische Gendertheorie, die spätestens seit Judith Butlers *Gender Trouble*[2] die Diskussion bestimmt, die Frage nach der Konstitution von Geschlecht selbst ins Zentrum gerückt. Die Idee des sich in der Welt verwirklichenden Subjekts, die einmal den Ausbruch der Frauen aus der ihnen zugewiesenen Welt motivierte,[3] wurde im Anschluss an die strukturalistische und poststrukturalistische Theorietradition zurückgenommen, ohne dass noch wie im Differenzfeminismus Weiblichkeit als positiver Bezugspunkt dagegengehalten wurde. Zugleich erhielten sprachliche Verfahren einen zentralen Stellenwert: „Wie bringt die Sprache selbst die fiktive Konstruktion des ‚Geschlechts' hervor [...]?"[4] lautete eine theoretische Leitfrage.

Dieselbe Neuorientierung lässt sich auch innerhalb der feministischen Literatur zur Biographie feststellen. Sie zeigt sich hier darin, dass nicht mehr, wie es in früheren feministischen Texten zur Biographie oft geschah, die Würdigung von Frauen in der Biographie eingeklagt, sondern stattdessen danach gefragt wird, welche Stelle die Biographie als *Form* in der Hervorbringung und Reproduktion von Geschlechteridentitäten und -verhältnissen einnimmt. Die Gattung Biographie als solche, die die Idee eines handelnden, der Welt gegenüberstehenden Subjekts voraussetzt, wird zunehmend in Frage gestellt, da diese Idee mit gerade jenen Mechanismen identifiziert wird, durch die sich Männlichkeit in Abgrenzung zu Weiblichkeit konstituiert. Diese Identifikation wird oft schon beinahe automatisch vorgenommen und führt zu einer Absage zumindest an die klassischen Modelle von Biographie. So spricht etwa Bettina Dausien vom „Androzentrismus des Modells vom ‚autonomen Subjekt'"[5], Sheila Kineke von „the patriarchal construction

2 In deutscher Übersetzung: Judith Butler: *Das Unbehagen der Geschlechter*. Frankfurt/M. 1991 (= Edition Suhrkamp, Bd. 1722).

3 Theoretisch ausformuliert bes. in: Simone de Beauvoir: *Das andere Geschlecht. Sitte und Sexus der Frau.* Übers. v. Uli Aumüller u. Grete Osterwald. Reinbek bei Hamburg 1992.

4 Butler: *Unbehagen*, S. 10.

5 Bettina Dausien: „Leben für andere oder eigenes Leben? Überlegungen zur Bedeutung der Geschlechterdifferenz in der biographischen Forschung". In: *Biographische Konstruktionen. Beiträge zur Biographieforschung*. Hg. v. Peter Alheit, Bettina Dausien u.a. Bremen 1992 (= Werkstattberichte des Forschungsschwerpunkts „Arbeit und Bildung", Universität Bremen,

of the single coherent subject“[6] und Sharon O’Brien von „the patriarchal ideology of individualism“.[7] Reulecke, die vor einer so eindeutigen Absage an den Subjektstatus zurückscheut, der Frauen „über Konstruktionen der Biographik verweigert worden ist“ (S. 339), kritisiert dennoch vehement gleichheitsfeministische Biographien, die auf ihm fußen. Auf eine Kritik der feministischen Biographik hin ist „Die Nase der Lady Hester“ letztlich gerichtet: diese, so ließe sich eine ihrer zentralen Thesen formulieren, ist durch und durch in jenen Schreibweisen befangen, die das bürgerliche Subjekt als „‚männliches‘ Subjekt“ konstituieren:

> Die in der Biographie angelegten literarischen Gesetze machen aus der geschilderten Frau einen selbstbewußt handelnden, sich in der Auseinandersetzung mit seiner Umwelt (hier die Männerwelt) individuierenden, literarischen Heros. (S. 336)

Indem sie Frauen mit Subjektstatus als Identifikationsfiguren bereitstellt, mobilisiert die feministische Frauenbiographik „uneingelöste Ansprüche und Wünsche“ (S. 335), doch zugleich bewirkt sie eben hierdurch, dass das ihr inhärente „Begehren nach einem anderen Zustand [...] sich durch die Übernahme bestimmter textueller Formen in diesen verfestigt und gerinnt.“ (S. 337).

Von anderen Arbeiten zu Biographie und Geschlecht[8] unterscheidet sich „Die Nase der Lady Hester“ insofern, als hier der Zusammenhang zwischen biographischer Form und Männlichkeit nicht einfach nur behauptet, sondern theoretisch begründet wird. Um zu zeigen, dass der Ausschluss von Frauen aus der Biographik keiner außertextuellen Realität geschuldet ist, sondern sich aus Ordnungsoperationen im Text selbst ergibt, untersucht Reulecke die sprachlichen Formationen der Biographie. Ihrer von Jacques Lacan entlehnten[9] Prämisse nach ist die Sprache der außertextuellen Realität

---

Bd. 19), S. 37–70, hier S. 39.

6 Sheila Kineke: „Subject to Change. The Problematics of Authority in Feminist Modernist Biography“. In: *Rereading Modernism. New Directions in Feminist Criticism.* Hg. v. Lisa Rado. New York, London 1994 (= Garland Reference Library of the Humanities. Wellesley Studies in Critical Theory, Literary History, and Culture, Bd. 4), S. 253–271, hier S. 264.

7 Sharon O’Brien: „Feminist Theory and Literary Biography“. In: *Contesting the Subject. Essays in the Postmodern Theory and Practice of Biography and Biographical Criticism.* Hg. v. William H. Epstein. West Lafayette (Ind.) 1991 (= The Theory and Practice of Biography and Biographical Criticism, Bd. 1), S. 123–133, hier S. 127.

8 Für eine Übersicht siehe Esther Marian: „Biographie und Geschlecht“ [Auswahlbibliographie]. In: *Die Biographie – Zur Grundlegung ihrer Theorie.* Hg. v. Bernhard Fetz unter Mitarbeit v. Hannes Schweiger. Berlin, New York 2009, S. 546–550.

9 Vgl. Jacques Lacan: „Das Drängen des Buchstaben im Unbewussten oder die Vernunft seit Freud“. In: ders.: *Schriften*, Bd. 2. Ausgewählt u. hg. v. Norbert Haas. Olten, Freiburg i. Br. 1975, S. 15–55, hier S. 20.

vorgängig, so dass die gesellschaftliche Realität sich als „Effekt" der sprachlichen Ordnungsoperationen – hier der Biographie – darstellt. Insbesondere das Subjekt ist, wie Reulecke in Anschluss an Roland Barthes, Jacques Lacan, Jacques Derrida und Julia Kristeva schreibt, ein solcher Effekt, der durch eine Reihe vereinheitlichender und hierarchisierender sprachlicher Mechanismen induziert wird. Die Biographie vereinigt solche identitätsstiftenden Mechanismen in sich, so dass Reulecke zu dem Schluss gelangt, dass sie nicht nur, wie Helmut Scheuer meinte, der bürgerlichen Selbstverständigung dient[10], sondern „*das* Sozialisationsmedium des bürgerlichen Subjekts als Bürger und als Subjekt" (S. 326) darstellt. Dieses bürgerliche Subjekt ist, so Reulecke, zugleich ein männliches Subjekt, das sich durch den Ausschluss Ich-heterogener Momente formiert, die „als ‚weibliche' definiert und auf Frauen projiziert werden" (S. 328). Der Ausschluss findet vermittelt durch die Biographie statt, nicht nur durch die Abwesenheit weiblicher Figuren, sondern auch dadurch, dass sich der männliche, für Autor und Leser als Identifikationsfigur fungierende Held in Gegensatz zu ihnen und in ihrer Überwindung formiert. Die Biographie als literarische Gattung hat nach Reulecke somit konstitutive Bedeutung für die Entstehung von Geschlechteridentitäten.

Als Grundstein für eine kritische Poetik der Biographie und instruktive Studie zum Verhältnis von Biographie und Geschlechterdifferenz ist „Die Nase der Lady Hester" immer wieder zitiert worden.[11] Eine daran anschließende Diskussion hätte ihren Ausgang von den Brüchen zu nehmen, die

---

10 Vgl. Helmut Scheuer: *Biographie. Studien zur Funktion und zum Wandel einer literarischen Gattung vom 18. Jahrhundert bis zur Gegenwart.* Stuttgart 1979, S. 6ff.

11 Zit. u.a. in: Irmela von der Lühe u. Anita Runge: „Einleitung". In: *Biographisches Erzählen.* Hg. v. Irmela von der Lühe u. Anita Runge. *Querelles. Jahrbuch für Frauenforschung* 6 (2002), S. 9–17, hier S. 11; Angelika Schaser: „Bedeutende Männer und wahre Frauen. Biographien in der Geschichtswissenschaft". In: ebd., S. 137–152, hier S. 141; Maja Razbojnikova-Frateva: *Fiktionale Frauenbiographien in der Gegenwartsliteratur. Das Reden vom Geschlecht im Text hinter dem Text.* Berlin 2003 (= ZeitStimmen, Bd. 4), S. 50f; Nina von Zimmermann: „Zu den Wegen der Frauenbiographikforschung". In: *Frauenbiographik. Lebensbeschreibungen und Porträts.* Hg. v. Christian von Zimmermann u. Nina von Zimmermann. Tübingen 2005, S. 17–32, hier S. 25f; Nina von Zimmermann: „Clara Tschudi (1856–1945)". In: ebd., S. 65–78, hier S. 76; Susanne Hochreiter: „‚Joining the Conversation': Ines Geipels Versuch über Inge Müller". In: ebd., S. 287–310, hier S. 292, S. 309; Caitríona Ní Dhúill: „Am Beispiel der Brontës. Gender-Entwürfe im biographischen Kontext". Übers. v. Manfred Mittermayer. In: *Spiegel und Maske. Konstruktionen biographischer Wahrheit.* Hg. v. Bernhard Fetz u. Hannes Schweiger. Wien 2006 (= Profile, Bd. 13), S. 113–127, hier S. 115; Philipp Weiss: „Die Grenzen des biographischen Körpers – Peter Handkes *Wunschloses Unglück*". In: *Die Biographie – Beiträge zu ihrer Geschichte.* Hg. v. Wilhelm Hemecker unter Mitarbeit v. Wolfgang Kreutzer. Berlin, New York 2009, S. 311–363, hier S. 328, 345; Esther Marian u. Caitríona Ní Dhúill: „Einleitung". In: *Die Biographie – Zur Grundlegung ihrer Theorie.* Hg. v. Fetz, S. 157–167, hier S. 164.

sich im Text zeigen, da diese Bruchstellen auf grundlegende theoretische Probleme verweisen.[12] Zu fragen wäre zum einen, ob die von Reulecke vorgenommene Gegenüberstellung von Kultur einerseits und Gesellschaft andererseits haltbar ist oder ob nicht vielmehr ihre These, dass textuelle Ordnungsoperationen auf die außertextuelle Realität formierend wirken, voraussetzt, dass die logischen Funktionen der Sprache und die abstrakten Formen der gesellschaftlichen Vermittlung zusammenfallen. Für die Biographie hieße das, dass dieselben Formierungsvorgänge innerhalb und außerhalb der Literatur stattfinden, ohne dass das eine dem anderen vorgängig wäre, dass also der Literatur oder der Gattung Biographie nicht die ihnen von Reulecke zugesprochene zentrale Bedeutung zukommt, „der hervorragende Ort [zu sein], an welchem ‚Weiblichkeit' und ‚Männlichkeit' als Effekte symbolischer Strukturen gebildet werden" (S. 318). Die Verwandlung der Welt in „eine konstruierte, durchgearbeitete, losgelöste, auf bedeutungsvolle Linien reduzierte Welt"[13] (Roland Barthes), oder anders ausgedrückt: die Formierung des Individuums zum Subjekt, findet sowohl innerhalb als auch außerhalb der Literatur statt, ohne dass sich der Ursprung des Vorgangs in dieser lokalisieren ließe. Die Inadäquatheit der Reduktion auf „bedeutungsvolle Linien" wiederum wäre nicht in einer „Verkennung" oder „Kluft" zu suchen (S. 336, S. 338), die den immer schon vorgängigen, deshalb auch das Leben als seinen „Effekt" hervorbringenden Text paradoxerweise von eben diesem Leben trennen soll, sondern in dem Widerspruch zwischen abstrakter Subjektivität und der Bedürftigkeit, Verletzbarkeit und Sterblichkeit des menschlichen Leibes. Diesen Widerspruch thematisiert auch Reulecke, dort nämlich, wo sie die Ausblendung des Leiblichen und die Erhebung des Geistes zum alles hervorbringenden Schöpfergott kritisiert, durch die das Subjekt hervorgebracht wird. Genau ein solcher Schöpfergott sind in den strukturalistischen Konzeptionen aber die allem vorgängigen Ordnungsoperationen: reiner Geist, der als subjektloses Subjekt agiert. Weil das Postulat vom „Vorrang der Sprache" dieses Agens, das auch, wie bei Butler, „Macht" heißen oder andere Namen tragen kann, unkritisiert stehen lässt, kann es nicht leisten, was von ihm erwartet wird, die Geschlechteridentitäten „zu de-essentialisieren" (S. 337), sondern verdoppelt diese zunächst nur. So wäre vor allem nach dem Ursprung der Abstraktionsvorgänge zu fragen, nicht um sie zu ontologisieren, sondern um ihre Ontologisierung kritisieren zu können. Damit zusammen hängt eine Frage, die sich dort stellt, wo Reule-

12 Ein erster Versuch ist: Esther Marian: „Zum Zusammenhang von Biographie, Subjektivität und Geschlecht". In: *Die Biographie – Zur Grundlegung ihrer Theorie*. Hg. v. Fetz, S. 169–197, hier S. 180–192.

13 Roland Barthes: *Am Nullpunkt der Literatur*. Frankfurt/M. 1982, S. 38.

cke davon spricht, dass „die Biographie nicht nur konstitutiv für das bürgerliche Subjekt, sondern zugleich konstitutiv für das ‚männliche' Subjekt ist" (S. 327). Was dieses „zugleich" heißt, ob also ‚Männlichkeit' in einer Bürgerlichkeit aufgeht, die erst begrifflich zu bestimmen wäre, und deren Biologisierung darstellt oder ob sie zu ihr additiv hinzutritt, ist unklar. An sich ist reine Subjektivität, ebenso wie ihr Gegenteil, reine Objektivität, gerade aufgrund ihrer Abstraktheit gegen jede individuelle Besonderheit und damit auch gegen körperliche Unterschiede gleichgültig, weshalb ja auch Frauen eine „strukturell männliche" Position einnehmen können, wie dies in der feministischen Biographik der Fall ist. Es fragt sich daher, wie Reuleckes These zu verstehen ist, dass Literaturproduktion nicht geschlechtsneutral ist – oder anders gesagt, ob ‚männlich' und ‚weiblich' überhaupt mehr sind als Deckadressen für etwas an sich Geschlechtsloses. Wenn sie mehr sind, so hieße dies, dass sie trotz allem auf irgendeine Weise als „substantielle Identitäten" (S. 320) existieren. Wenn sie hingegen nicht mehr sind, dann lässt sich die Projektion von „Ich-heterogenen Momenten" auf Frauen und von „autonomer Subjektivität" auf Männer nicht als gegebene Tatsache voraussetzen, sondern stellt selbst ein ungelöstes Rätsel dar.

Weiterführende Literatur

Barthes, Roland: *Am Nullpunkt der Literatur*. Frankfurt/M. 1982.

Marian, Esther: „Zum Zusammenhang von Biographie, Subjektivität und Geschlecht". In: *Die Biographie – Zur Grundlegung ihrer Theorie*. Hg. v. Bernhard Fetz unter Mitarb. v. Hannes Schweiger. Berlin, New York 2009, S. 169–197.

Scheuer, Helmut: *Biographie. Studien zur Funktion und zum Wandel einer literarischen Gattung vom 18. Jahrhundert bis zur Gegenwart*. Stuttgart 1979.

David E. Nye

Nach Thomas Edison

Rückblick auf eine Anti-Biographie* [2003]

Im Mai 2001 wurde ich eingeladen, einen rückblickenden Vortrag über mein Buch *The Invented Self: An Anti-biography of Thomas A. Edison* zu halten, das 18 Jahre zuvor erschienen war.[1] [...] Ich möchte im Folgenden die Stellung dieses Buches in meiner wissenschaftlichen Gesamtproduktion bestimmen, die aus den American Studies der 1960er Jahre hervor- und durch den Poststrukturalismus hindurchging, um in einer Reihe von Büchern über Technik und Gesellschaft zu resultieren, die nach 1985 publiziert wurden.

Die Zurückweisung der Biographie selbst hatte bereits in der frühen American Studies-Bewegung der 1950er Jahre begonnen. Das Material, das konventionellerweise dazu verwendet worden war, Biographien zu schreiben, wurde zunehmend in den Dienst anderer Zwecke gestellt. Man begann, bekannte Personen als Symbole zu untersuchen, so dass ihre jeweilige Lebensführung letztlich weniger bedeutsam war als die Werte und Ideen, die die Öffentlichkeit in ihr ausgedrückt sah. [...]

* David E. Nye: „Post-Thomas Edison. (Recalling an anti-biography)". Odense 2003 (= Odense American Studies International Series, Bd. 58). [Für den vorliegenden Band aus dem Englischen übersetzt von Esther Marian 2010.]

1 David E. Nye: *The Invented Self: An Anti-biography of Thomas A. Edinson*. Odense 1983. Die Konferenz, „Liv og Død over biografi", fand am 8.–10. Mai 2001 in Kopenhagen statt.

I

In meiner Universitätsausbildung in American Studies am Amherst College wurde weniger Gewicht auf Individuen als vielmehr auf den Begriff der Kultur gelegt, wie er von der Kulturanthropologie entwickelt worden war.[2] Zur Fakultät gehörten Allen Guttmann, Leo Marx, Henry Steele Commager, George Kateb und viele weitere hervorragende Wissenschaftler. Der erste, mit dem ich in Berührung kam, war John William Ward, ein Lehrer von großer Überzeugungskraft, der auf eine sokratische Weise Gegebenes in Frage zu stellen und Diskussionen anzuregen verstand. [...] Sein Buch *Andrew Jackson: Symbol for an Age*[3] war eine der erfolgreichsten frühen Arbeiten in den American Studies und wurde seit seinem Ersterscheinen immer wieder nachgedruckt. Im Rückblick kann meine Anti-Biographie über Edison nur als eine komplexe Antwort auf Wards Buch über Jackson verstanden werden.

Ward hatte das Genre der Biographie hinter sich gelassen. Er ignorierte die Geschichte des Generals (und späteren Präsidenten) Jackson als Privatperson und befasste sich stattdessen mit dessen Bild in der Öffentlichkeit. Erstens zeigte er, dass es darin, wie Amerikaner Jackson sahen, eine bemerkenswerte Übereinstimmung gab, so dass es durchaus legitim war, ihn als repräsentative Figur zu betrachten. Ward gelang es, Jacksons Bild in der Öffentlichkeit mit den Schriften bedeutender Redner, Künstler und Schriftsteller seiner Zeit in Beziehung zu setzen und zu zeigen, dass dieselben Motive auch in der Politik, Literatur, Malerei und Landschaftsgestaltung auftauchten. Zweitens zeigte er, dass ein großer Teil dieser öffentlichen Imago Andrew Jacksons historisch anfechtbar, etwas ungenau oder sogar falsch war. Drittens führte Ward vor, dass im öffentlichen Bild Jacksons drei miteinander unvereinbare Vorstellungen (über Natur, Vorsehung und den Willen) zusammenkamen, so dass ein instabiles Gedankensystem entstand. In den 1970er Jahren vertraten einige Wissenschaftler im Rückblick die These, dass Ward eine amerikanische Variante des Strukturalismus erfunden habe.[4] So wie das Werk Claude Lévi-Strauss' drehte sich dieses Denken eher um Symbole als um Fakten, und heroische Figuren wie Jackson setzten sich aus einander widersprechenden Elementen zusammen. Ihre öffentlichen Biogra-

---

2 Dies war die Kulturanthropologie der 1950er Jahre, bevor die Arbeiten Claude Lévi-Strauss' in den Vereinigten Staaten Wirkung gezeigt hatten.

3 John William Ward: *Andrew Jackson. Symbol for an Age*. New York 1955. Ward wandte seine Methode auch in einem häufig wieder abgedruckten Essay über die öffentliche Rezeption von Charles Lindberghs berühmtem Flug von New York nach Paris 1927 an. Siehe John William Ward: *Red, White, and Blue*. New York 1969.

4 Cecil Tate: *The Search for Method in American Studies*. Minneapolis 1973.

phien untersuchte man am besten nicht in Hinblick auf historische Richtigkeit, sondern vielmehr als kulturelle Mythen. In den 1960er Jahren wurden Ward und andere, die seinen Ansatz übernahmen, die „myth and symbol school" genannt. Es war nicht die von ihm selbst bevorzugte Bezeichnung, noch fand sie als Name für eine Denkschule die Zustimmung seines früheren Lehrers und Kollegen Leo Marx. Um nicht lange abzuschweifen, werde ich einfach sagen, dass vielen der Kritiker Wards und Marx' die Komplexität ihrer Zugänge zur Geschichte und Literatur entging.[5]

Nachdem ich bei Ward und Marx in Amherst studiert hatte, ging ich zum Graduiertenstudium an die University of Minnesota. Die Seminare dort, zu denen solche über politische Philosophie, Soziologie und Anthropologie gehörten, und eine eingehendere Beschäftigung mit Literatur und Geschichte führten meine Arbeit in eine andere Richtung. Als ich eine Doktorarbeit über den Autofabrikanten Henry Ford zu schreiben begann, hatte ich meine Ansichten modifiziert. Die Auswahl Fords als Gegenstand meiner Arbeit legte unmittelbar die Revisionen nahe, die ich an Wards Ansatz vorzunehmen haben würde. Ward beschrieb Jacksons Lebenslauf von dessen Ende her, und sein Buch ging von der Annahme einer einheitlichen, über die Zeit hinweg wenig sich verändernden Kultur aus. Darüber hinaus war diese einheitliche Kultur, wie man annehmen kann, unbeeinflusst von der Macht der Medien, die zu diesem Zeitpunkt noch überwiegend lokal begrenzt und nicht in einem nationalen System von Nachrichtenagenturen und Zeitungsketten miteinander verbunden waren. Im Gegensatz dazu war die These einer einheitlichen Kultur für den Zeitraum, in dem Ford eine nationale Figur war, ca. 1912–1947, nicht plausibel. Ebensowenig konnte man davon ausgehen, dass dieses Bild die Amerikaner nur vermittelt durch ein Minimum an Presseberichterstattung oder Öffentlichkeitsarbeit erreichte. Die Einheit von Kultur, Zeit und Rezeption war selbst für den Fall, dass sie 1840 existiert hatte, 1920 nicht mehr existent.

Als *Henry Ford: Ignorant Idealist* publiziert wurde, zeichnete die erste Hälfte des Buches nach, wie sich Ford zu seinen Lebzeiten für die amerikanische Gesellschaft in einer Reihe unterschiedlicher Figuren verkörperte. Die zweite Hälfte untersuchte dann, wie Ford die Welt betrachtete.[6] Teilweise ging es mir um die enormen Unterschiede zwischen dem Privatmann und der öffentlichen Persona, aber ich fand auch kein einheitliches Bild vor, sondern eine unzusammenhängende Reihe öffentlicher Figuren.

---

5 Siehe Leo Marx: „Afterword". In: ders.: *The Machine in the Garden*. New York 2000 (Revision der Fassung von 1965). Eine einflussreiche frühe Kritik Marx' ist Bruce Kuklick: „Myth and Symbol in American Studies". In: *American Quarterly*, Jg. 24 (1972).

6 David E. Nye: *Henry Ford. Ignorant Idealist*. Port Washington (NY) 1979.

Das Bild Fords um 1925 hatte wenig gemein mit der öffentlichen Figur von 1935 oder 1945. Darüber hinaus hatte ich zu dem Zeitpunkt, zu dem ich meine Dissertation abschloss, bereits begonnen, die in ihr vorgenommene grundlegende Entgegensetzung von Öffentlichkeit und Privatheit in Frage zu stellen. Nachdem ich Hayden White, Roland Barthes, Michel Foucault und Jacques Derrida gelesen hatte, hatte ich angefangen daran zu zweifeln, dass Worte oder Bilder irgendetwas exakt repräsentieren konnten.[7] Ich hatte begonnen mich zu fragen, ob das Individuum wirklich eine sinnvolle Einheit für die Analyse darstellte. Von allen Seiten wurde der Tod des Autors verkündet. Konnte man auch den Tod der öffentlichen Person verkünden? Das Individuum schien gegenüber der gesellschaftlichen Zirkulation von Zeichen und Texten immer mehr an Bedeutung zu verlieren. War es vielleicht möglich, das Labor eines Erfinders als einen Ort zu sehen, an dem verschiedene Codes einander überschnitten und zusammenstießen?

Aus diesem Grund begegnete ich, als ich mit der Studie begann, die zuerst als eine Biographie Thomas Edisons geplant war, jeder Form von Dokumentation mit Misstrauen. Ich entwickelte ein ausgeprägtes Bewusstsein davon, dass jedes Archiv so organisiert war, dass es bestimmte Interpretationsweisen förderte. Öffentliche Bilder fesselten mich ebenso sehr wie zuvor, doch das Bild von Edison schien noch gebrochener und widersprüchlicher als das Fords zu sein. Ich fand nicht weniger als acht unterschiedliche Edison-Figuren, die in der Presse der 1870er und 1880er Jahre eine prominente Rolle spielten. Ich wusste nicht so ganz, was ich mit diesen vielen Bildern anfangen sollte, bis ich mich bei einem Abendessen mit dem damals noch jungen Frederic James unterhielt.[8] Er schlug mir vor, A. J. Greimas zu lesen, dessen Semiotik eine Möglichkeit bot, die Anordnung zu erklären, die ich bereits auf empirischem Weg entdeckt hatte.[9] An die Arbeiten Vladimir Propps und Ferdinand Saussures anschließend hatte Greimas die These auf-

---

7 Besonders die folgenden Werke beeinflussten mein Denken in den frühen 1970er Jahren, da sie um die Zeit herum erschienen, in der ich meine Dissertation abschloss: Hayden White: *Metahistory. The Historical Imagination in Nineteenth-Century Europe*. Baltimore 1973; Roland Barthes: *Mythologies*. New York 1969; Roland Barthes: *S/Z*. New York 1972 und Roland Barthes: *Image, Music, Text*. New York 1977; Jacques Derrida: *Of Grammatology*. Baltimore 1977 und Michel Foucault: *The Archeology of Knowledge*. New York 1976.

8 Frederic Jameson war damals in erster Linie bekannt durch *Marxism and Form*, Princeton 1971 und *The Prison House of Language*. Princeton 1972. Jameson war so freundlich, mit mir über das Projekt zu korrespondieren. In *The Political Unconscious. Narrative as Socially Symbolic Act*. Ithaca 1981 kann man sehen, wie er mit Greimas' Theorie arbeitete.

9 Zur Einführung siehe A. J. Greimas: *Du sens. Essais sémiotiques*. Paris 1970.

gestellt, dass jedes Paar gegensätzlicher Begriffe (x und y) zur Grundlage eines Zeichensystems werden kann. Jeder der beiden gegensätzlichen Begriffe konnte zudem verneint werden (-x und -y), so dass sich ein semiotisches Quadrat ergab.

x	vs.	y
-y	vs.	-x

Es schien offensichtlich, dass diese Dynamik auch das System der Bilder Edisons hervorgebracht hatte. Ward war auf seine eigene Version des Strukturalismus gestoßen, und jetzt, so schien es, hatte ich auf empirischem Weg das semiotische Quadrat (wieder)entdeckt. Es erlaubte mir, zwei geordnete Muster aufzuzeigen, innerhalb derer Edisons Bilder in der Öffentlichkeit verstanden werden konnten. Jedes verortete den Erfinder in einem System von Möglichkeiten. Das erste Set von Gegensatzpaaren zeigte, wie ein Erfinder, der Materialien manipulierte, um grundlegend neue Dinge hervorzubringen, oft entweder als außerordentlich intelligent (Wissenschaftler) oder als Glückspilz (Bastler) betrachtet wurde. In beiden Fällen operierte der Erfinder innerhalb eines gewöhnlichen, natürlichen Rahmens. Die Alternative hierzu war, einer Person, die nie dagewesene Dinge hervorbrachte, irgendwelche übernatürlichen Kräfte zuzuschreiben. Im viktorianischen Zeitalter, in dem Edison zur öffentlichen Person wurde, waren die Leute fasziniert von Gespenstern, Geisterbeschwörungen und der Möglichkeit, dass Menschen neue Sinne entwickeln oder sich neue Kräfte aneignen könnten. Solche Beschäftigungen trugen dazu bei, zwei weitere Personae Edisons entstehen zu lassen, eine, die ein Alchemist zu sein schien, der mit übernatürlichen Kräften bastelte, die andere ein meisterhafter Zauberer, dessen Imagination unmittelbar zu den Geheimnissen der Natur vordrang. Tatsächlich war es üblich, Edison als „the wizard of Menlo Park“ zu bezeichnen. Alle diese öffentlichen „Edisons“ konnten in den Zeitungen und Zeitschriften der Zeit um 1880 angetroffen werden.

	Intelligenz		Zufall
natürlich	Wissenschaftler	vs.	Bastler
übernatürlich	Zauberer	vs.	Alchemist

Doch diese vier symbolischen Figuren erschöpften in keiner Weise das Feld der Möglichkeiten. Edison konnte auch durch einen anderen fundamentalen Gegensatz in der amerikanischen Kultur des späten 19. Jahrhunderts kartographisch erschlossen werden, den Gegensatz zwischen dem redlichen und dem korrupten Geschäftsmann. Das ökonomische System des laissez-faire konnte ohne den redlichen Geschäftsmann (den Horatio-Alger-Helden)* nicht funktionieren. Nur wenn ein solcher Geschäftsmann auf dem Markt vorherrschte, konnte sich die Ökonomie durch die neutrale und wohltätige „unsichtbare Hand" automatisch selbst regulieren, wie es in Adam Smiths *The Wealth of Nations* beschrieben wird. Es war einfach, Edison die Rolle des Alger-Helden spielen zu lassen, da er aus einer kleinbürgerlichen Familie kam, über wenig Schulbildung verfügte, bereits in jungen Jahren arbeiten ging und der Presse immer wieder erzählte, dass er seinen Erfolg den langen Arbeitsstunden im Laboratorium verdanke. Der angsteinflößende Gegenbegriff zu solchen Figuren war der Räuberbaron, der Aktien an der Wall Street manipulierte oder auf andere Weise den freien Markt untergrub, verkörpert in Männern wie Jay Gould, der den Goldmarkt zu kontrollieren versuchte, oder Eisenbahndirektoren, die ganze Staaten in ihrem eisernen Griff hatten. Da Edison bei seinen Experimenten mit Elektrizität solche Investoren hinter sich hatte, konnte man sich leicht vorstellen, dass er selbst zu einem Räuberbaron geworden war.

	Tugend		Sünde
Charakter	Alger-Held	vs.	Räuberbaron
harte Arbeit	Unternehmer	vs.	Versager

Edison wurde in den Jahren 1876–1881, als er den Phonographen und das elektrische Beleuchtungssystem erfand, mit jeder dieser vier Figuren identifiziert. Jede Figur war in entsprechende Erzählmuster eingebettet, und alle zirkulierten gleichzeitig. Genau wie der Strukturalismus synchrone Organisation stärker betont als Bewegung in der Zeit, entschied ich mich, meine Studie über Edison nach Mustern statt nach Geschichten anzuordnen, nach Strukturen statt nach Bewegungen. Tatsächlich kam ich zur Überzeugung, dass eine Anti-Biographie die chronologische Ordnung komplett zurückweisen müsse und dass sie idealerweise in jeder Reihenfolge gelesen werden könne. Wie sieht also nun ein solches Buch aus?

Zuallererst einmal ist es sorgfältig mit Fußnoten versehen. Ich wusste, dass ein derart unkonventioneller Ansatz einwandfreier Nachweise bedurfte, auf die er sich würde stützen können. Ich machte es mir zum Prinzip, den Nachlass Thomas Edisons durchzugehen, und zitierte, wann immer es möglich war, aus dem, was man üblicherweise „Primärquellen" nennt. Gleichzeitig jedoch verwarf ich die konventionelle Unterscheidung zwischen

* Anm. d. Übers.: Horatio Alger (1832–1899), US-amerikanischer Autor von Groschenromanen, in denen mittellosen Jungen der soziale Aufstieg gelingt. Algers Romane waren Bestseller.

Primär- und Sekundärquellen, weil sie dazu tendierte, einen „Mythos der Präsenz" zu reproduzieren – indem sie unterstellte, dass sich im Nachlass das Subjekt offenbare. Ich verwarf die verbreiteten Metaphern, wonach man „einen Schleier lüften" und hinter der öffentlichen Maske „den wirklichen Edison" finden konnte.

Ich sollte hier auch betonen, dass in jedem Jahrzehnt seit den 1880er Jahren neue Edison-Biographien erschienen sind und dass es keiner von ihnen bislang gelungen ist, den Status der Letztgültigkeit zu erlangen. Ich gelangte zu dem Schluss und bin immer noch der Ansicht, dass keine Biographie jemals das letzte Wort sein kann, dass sie bestenfalls einen Teilaspekt zeigen kann und dass die ganze Vorstellung von Letztgültigkeit auf einem Irrglauben beruht. Denn wie ich in *The Invented Self* schrieb, aus nur einigen hundert Dokumenten (oder mehr als 100.000 im Fall Edisons) können Biographen zu vielen durchaus historisch genauen, legitimen und dennoch einander widersprechenden wissenschaftlichen Darstellungen ihrer jeweiligen Forschungsgegenstände gelangen. Statt zu versuchen, Edison zu fixieren, entschied ich mich dafür, ihn als ein Bündel von Möglichkeiten zu betrachten. Es gab eindeutige Grenzen dessen, wer er sein mochte, aber innerhalb dieser Grenzen war er unberechenbar. Wie bei einem Elektron in einem Orbital konnte ich seine Energie und Bewegung beschreiben, aber ich konnte nicht mit Exaktheit sagen, wo er sich, psychologisch gesprochen, zu irgendeinem bestimmten Zeitpunkt befunden hatte. Mit anderen Worten, ich konnte eindeutig zeigen, was er nicht war, aber ich konnte einen solch komplexen Charakter nicht auf eine einfache Formel reduzieren. Ich konnte beispielsweise nicht sagen, er sei schwarz, eine Frau oder Franzose gewesen, aber es lag auch keine Eindeutigkeit darin zu sagen, er sei weiß, männlich und Amerikaner gewesen. Ich konnte Beispiele dafür finden, dass Edison wie ein reicher Unternehmer agierte, doch zu anderen Zeiten schien er sich spielerisch der Assimilation an die wohlhabende Klasse seiner Zeit zu widersetzen. Er definierte sich, paradoxerweise, durch Widersprüche.

Hier sind einige dieser Widersprüche in Edisons Welt, als Diagramm ausgedrückt.

	Private Schauplätze	
Privatwohnung	vs.	Labor
Utopie	vs.	Fabrik
Menlo Park	vs.	West Orange

Natürlich sind solche Diagramme grobe Vereinfachungen, aber sie können einen Eindruck davon vermitteln, wie sich die krassen Widersprüche in Edisons Verhalten und Kleidung, die davon abhingen, ob er in seinem Labor oder zu Hause war, in den privaten Schauplätzen manifestierten. Darüber hinaus lassen sich in seinen Notizbüchern utopische Ideen finden, die dem Fabrikbetrieb widersprachen, den er zur Produktion von Phonographen, Glühbirnen, Zement, Eisenerz und Batterien aufbaute. Um zu zeigen, wie diese Widersprüche ständig von neuem in den dokumentarischen Hinterlassenschaften auftauchen, möchte ich zwei Beispiele nennen. Bei dem ersten handelt es sich um zwei Photographien, bei dem zweiten um eine Tonaufnahme.

Edison wurde von den 1870er Jahren bis zu seinem Tod 1931 häufig photographiert. Sicherlich sollte ein Biograph in der Lage sein, aus einer derart reichen Hinterlassenschaft einiges an Informationen zu gewinnen. Tatsächlich jedoch sind diese Bilder in hohem Maße inszeniert und widersprechen einander oft. 1870 ging Edison zu J. M. Mora, einem berühmten Photographen auf dem Broadway, um sich Visitenkarten anfertigen zu lassen. Diese waren kleine, in einer Reihe von Kopien angefertigte Bilder, die typischerweise an Freunde verteilt oder verschickt wurden. Mora war ein Spezialist für Photographien von Bühnenstars, deren Bilder sich großer Nachfrage erfreuten. Edisons Bild entsprach exakt der neuesten Mode, da in den 1870er Jahren Brustphotographien wie die seine en vogue waren, genau wie der nahtlose Übergang seiner Schultern und seines Körpers in den weißen Randbereich. Tatsächlich ist es sehr gut möglich, dass das Jackett und das Hemd ihrerseits gemalt sind, und dass Edison seinen Kopf durch ein Loch in der Leinwand steckte. Sein Gesicht ist extrem glatt und weich, und seine Augen sind dunkel und groß. Seine Erscheinung ist die eines geleckten Schauspielers.

Doch in den 1870er Jahren ging Edison auch in Anderson's Studio, eben den Broadway hinauf, und heraus kam ein ganz anderes Bild. Diese Visitenkarte ist sehr viel schärfer fokussiert und nicht vignettiert. Edison trägt einen richtigen Anzug. Er wendet seinen Kopf in die andere Richtung. Sein Gesicht ist weniger im Schatten, seine Augen sind heller, so dass die Iris und die Pupillen klar zu unterscheiden sind. Sein Haar ist zerzauster und die Gesamterscheinung ist straffer und maskuliner. Wir haben keine Möglichkeit herauszufinden, welches Bild Edison bevorzugte, noch wissen wir, warum er zwei so verschiedene Visitenkarten herstellen ließ. Ein Biograph Edisons muss sich zwischen buchstäblich Tausenden solcher Bilder entscheiden und kann ihn je nach der getroffenen Auswahl in vielen verschiedenen Lichtern zeigen. Doch gibt es auch einen wohldokumentierten Edison, der fast nie auf Photographien erscheint, den unrasierten Mann, der die ganze Nacht durchgearbeitet und eine Stunde auf dem Boden geschlafen hat, bevor er sich wieder an die Arbeit macht. Es gibt viele mündliche Berichte von dieser Figur, doch so gut wie keine Photographien von ihr.

Zweites Beispiel: Als Erfinder des Phonographen wurde Edison oft gebeten, diesen vorzuführen. Der frühe Apparat konnte nicht nur aufnehmen, sondern auch wiedergeben, und man konnte sogar auf eine Tonaufnahme noch eine weitere aufspielen, so dass eine Lautcollage entstand. Einmal sprach Edison mit tiefer Stimme ein Gedicht in den Phonographen und nahm dann Kommentare zu dem Gedicht mit heller Stimme auf. Der Text, der sich daraus ergab, ging so:

> A soldier of the legion lay dying in Algiers. *(Oh, shut up!)*
> There was a lack of woman's nursing, there was a dearth of women's tears. *(Oh, give us a rest!)*
> But a comrade stood beside him while his lifeblood ebbed away, *(Oh, what are you giving us!)*
> And bent with pitying glances to hear what he might say. *(Oh, you can't recite poetry!)*
> The dying soldier faltered and he took the comrade's hand *(Police, Police!)*
> And he said: „I never more shall see my own, my native land." *(Oh, put him out!)*[10]

Der Kontrast zwischen dem Gedicht und dem Kommentar, der durch die Bass- und die Falsettstimme akzentuiert wird, lässt an die Spannung zwischen der Arbeiterklassen-Kultur des Labors und den bürgerlichen Werten zu Hause denken. Die Erfindung vermittelt buchstäblich zwischen diesen beiden Welten, indem sie Edison ermöglicht, beide Kulturen auszudrücken und zugleich daneben zu stehen und über den Zusammenstoß kultureller Codes zu lachen.

Edison kann nicht ausschließlich mit der einen Stimme oder der anderen assoziiert werden (wie attraktiv dies auch immer für Psychologen sein mag) oder mit dem Protest der Arbeiterklasse gegen vornehme Manieren (wie attraktiv dies auch immer für Historiker der Arbeiterbewegung sein mag). Stattdessen wird Edison zu einer Reihe von Masken und Verkleidungen. Einer der frühen Biographen macht die Beobachtung, dass „es ihn entzückt, den Jargon des New Yorker Straßenjungen zu imitieren. Einer ehrwürdigen Person mit dem Namen James kann es geschehen, dass sie gegrüßt wird mit: ‚Hully Gee! Chimy, when did youse blow in?' Es macht ihm Spaß, Typen zu mimen und zu imitieren, im Allgemeinen solche, die ihm zuwider sind. Den frömmelnden Heuchler, den geschniegelten Börsenspekulanten und andere..."[11] Edison autorisierte gerade diese Biographie, man kann also sagen, er wollte, dass man sich seiner Verspieltheit und Pietätlosigkeit erin-

10 Frances Jehl: *Reminiscences of Menlo Park*. Dearborn 1939, S. 157.

11 Frank Dyer, Thomas Martin u. William Meadowcroft: *Edison. His Life and Inventions*, Bd. 2. New York 1929, S. 774. [Übersetzung des Zitats: Esther Marian.]

nerte. Doch was sparten diese autorisierten Biographien aus? In den meisten Fällen sein häusliches Leben.

Edison ging zwei Ehen ein, mit zwei ganz verschiedenen Frauen. Die erste war schüchtern und eine Kleinbürgerin. Nach ihrem Tod heiratete er seine zweite Frau, die gesellschaftlich versiert und gebildet war und aus großbürgerlichen Verhältnissen kam. (Und doch fühle ich mich unbehaglich bei diesen Verallgemeinerungen, denn diese Frauen waren mit Sicherheit ebenso komplex wie Edison es war.) Er hatte sechs Kinder, drei von jeder Frau. Ein Sohn, der seinen Namen trug, nahm sich das Leben. Ein zweiter, von der zweiten Frau, wurde Gouverneur von New Jersey. War er also ein schlechter oder ein guter Vater?

Biographen finden gewöhnlich die Einheit, die zu entdecken sie sich vornehmen, doch ich fand, dass es ebenso leicht war, unlösbare Widersprüche zu finden. Das Muster in den dokumentarischen Hinterlassenschaften teilte sich in drei Ebenen, (1) die Ordnung, die der Forscher vorfand, die Dokumente, wie sie von Archiven und Bibliotheken bearbeitet worden waren, (2) eine mittelbare Ordnung, die von Interpretatoren konstruiert worden war, die eine *Auswahl* aus den Dokumenten der ersten Ebene getroffen hatten, und (3) eine dekonstruierte Ordnung, die Lücken und Widersprüche in den vorgefundenen und mittelbaren Ordnungen zum Vorschein brachte.

Vorgefundene Ordnung

Privatschauplätze			*Öffentliche Bilder*		
Privatwohnung	vs.	Labor	Wissenschaftler	vs.	Bastler
Utopie	vs.	Fabrik	Zauberer	vs.	Alchemist
Menlo Park	vs.	West Orange	Alger-Held	vs.	Räuberbaron
			Unternehmer	vs.	Versager

Mittelbare Ordnung

Photographien
Zeremonien
Dokumentarfilme
Museen
Biographien

Dekonstruierte Ordnung

Anti-Biographie
Semiotische Geschichte

Schlussbemerkung

Die Anti-Biographie, die ich 1983 fertigstellte, aber die ich in den späten 1970er Jahren zu schreiben begonnen hatte, war ihrerseits ein kulturelles Artefakt der Postmoderne. Als sie erschien, hatten Greimas, Barthes, Foucault und Derrida in Frankreich bereits an Bedeutung zu verlieren begonnen, auch wenn sie in den Vereinigten Staaten noch ein weiteres Jahrzehnt lang in Mode waren. Mehr noch, weder in der Biographie noch in der Geschichtswissenschaft sollte es in den 1980er Jahren zu einer radikalen Veränderung der Schreibweise kommen. Die Grenzen zwischen den Fächern erwiesen sich als zu festgefügt, um dekonstruiert zu werden, und Historiker fuhren fort damit, ziemlich genau so zu schreiben, wie sie es vorher getan hatten, als ob der realistische Roman von ca. 1880 das letzte Wort literarischen Experimentierens gewesen wäre.

Was die American Studies angeht, so wandten sich viele in diesem Feld von der „myth and symbol school" ab und konzentrierten sich zunehmend auf *race*, *ethnicity* und *gender*. Was mich betrifft, so machte ich mich, bewaffnet mit einem Bewusstsein von den Grenzen der Darstellbarkeit und von der Vielzahl an möglichen Weisen, Geschichte zu schreiben, an eine Reihe Bücher über die Sozialgeschichte amerikanischer Technik. Es stellte sich heraus, dass mein bilderstürmerischer Angriff auf das Genre der Biographie in keiner Weise eine Zeitverschwendung gewesen war. *The Invented Self* zu schreiben war wie die Bewältigung einer komplexen Reihe gymnastischer Übungen gewesen. Danach fand ich es einfacher, eine Reihe etwas weniger unkonventioneller Bücher zu konzipieren und zu verfassen, darunter *Image Worlds* über photographische Selbstdarstellung bei General Electric; *Electrifying America*, eine Sozialgeschichte der Elektrifizierung in den Vereinigten Staaten, *American Technological Sublime*, die Geschichte eines beinahe unbeschreibbaren, doch wiederkehrenden kollektiven Gefühls, und *Consuming Power*, eine Geschichte amerikanischen Energie(über)konsums.[12] In keinem dieser Bücher sind Individuen das Organisationsprinzip; persönliche Geschichten tragen nicht die Last dieser Erzählungen. Tatsächlich zeichne ich nicht einmal Miniaturskizzen einzelner Individuen. Vielmehr entwickelte *Image Worlds* das semiotische Quadrat auf einem neuen Schauplatz weiter, indem es der Verwendung der Photographie in der Öffentlichkeitsarbeit eines Konzerns nachging. Es zeigte, dass solche Photographien bei

12 David E. Nye: *Image Worlds. Corporate Identities at General Electric.* Cambridge (Mass.) 1985; David E. Nye: *Electrifying America. Social Meanings of a New Technology.* Cambridge (Mass.) 1990; David E. Nye: *American Technological Sublime.* Cambridge (Mass.) 1994; David E. Nye: *Consuming Power. A Social History of American Energies.* Cambridge (Mass.) 1998.

General Electric notwendigerweise divergierten, weil sie an unterschiedliche Adressaten gerichtet waren. Statt diesen Konzern als Ausdruck seiner Direktoren zu betrachten, untersuchte es ihn als eine sich fortentwickelnde Reihe von Selbstdarstellungen. Die Beziehung zur Anti-Biographie über Edison bestand auf verschiedenen Ebenen. General Electric war aus einem Zusammenschluss von Edisons Unternehmen mit anderen frühen Elektrogesellschaften heraus entstanden. Der Konzern dominierte den Markt für elektrisches Licht und elektrischen Strom, der hauptsächlich auf Edisons Erfindungen basierte. Ebenso wichtig war, dass General Electric, wie Edison, nicht eine einzige Identität hatte, sondern viele, und alle zirkulierten in der Ökonomie der Bilder. Diese Einsicht ihrerseits legte den Gedanken nahe, dass Elektrizität selbst in diesen Jahren viele unterschiedliche kulturelle Bedeutungen hatte. Eben derselbe nicht-biographische Gegenstand Elektrizität stand im Zentrum des nächsten Buches, *Electrifying America*, das untersuchte, wie sich elektrische Kabel über den Kontinent in die verschiedenen Kontexte der Stadt, der Fabrik, des Privathaushalts und der Farm hinein ausbreiteten. Statt den Blick auf die Lebensläufe von Managern der Elektrizitätswerke, Erfindern oder Gewerkschaftsfunktionären zu richten, hatte es mit den praktischen Kontexten zu tun, in denen Leute die neuen elektrischen Geräte anwandten.

Diese Arbeit machte mich auf eine immer wiederkehrende öffentliche Aufregung aufmerksam, die sich immer dann einstellte, wenn neue elektrische Techniken eingeführt wurden. Wiederholt versammelten sich in den 1880er und 1890er Jahren enorme Menschenmengen, um der Vorführung elektrischer Apparate beizuwohnen, und verstummten völlig, von Staunen und Verblüffung überwältigt. Konnte man eine Geschichte solcher ehrfurchtsvollen Begegnungen mit verschiedenen Maschinen und Ingenieurleistungen schreiben? *American Technological Sublime* studierte die Wiederkehr solcher starken Gefühle zwischen ca. 1820 und 1990: wie Amerikaner das Erhabene der Technik einer nationalistischen Ästhetik anpassten, wie sie sich zur Feier neuer Kanäle, Eisenbahnstrecken, Brücken, Fabriken, Dämme, Wolkenkratzer, spektakulären elektrischen Vorführungen, Weltausstellungen oder Raketenstarts versammelten. Solch ein Buch legte das Gewicht nicht auf das private, individuelle Leben biographischer Protagonisten, sondern auf das gemeinsame öffentliche Leben amerikanischer Mengen. *Consuming Power: A Social History of American Energies* zeichnete nach, wie sich aus unterschiedlichen Energiesystemen in einem Zeitraum von beinahe 400 Jahren unterschiedliche Muster täglichen Lebens ergaben. In diesem Fall ist die Zeitspanne sehr viel länger als das Leben eines Individuums. Die Prozesse und Entwicklungen, die *Consuming Power* nachverfolgt, erstrecken sich über Generationen hinweg, angefangen mit der Muskelkraft in der Kolonialzeit.

Das erste Energieregime, das auf domestizierten Tieren und menschlicher Muskelkraft basierte, wurde überlagert von nachfolgenden gesellschaftlichen Arrangements auf der Grundlage von Wasserkraft in großem Maßstab, Dampfantrieb, Elektrizität, fossilen Brennstoffen, Atomenergie und alternativen Energien.[13] Wenn man die Entwicklung von ca. 1600 bis 2000 insgesamt betrachtet, gewannen die Amerikaner rasch eine nie dagewesene Kontrolle über Energie in einer Vielzahl an Formen, die alles, was irgendeine andere Gesellschaft in der Geschichte je erreicht hatte, bei weitem übertraf. Dadurch setzten sie Standards der Konsumtion, denen andere Nationen bis heute nacheifern, mit potentiell schwerwiegenden Folgen für die Umwelt. *Consuming Power* vertrat die These, dass an dem derzeitigen Zustand des amerikanischen Energieregimes nichts unvermeidlich ist. Vielmehr ist dieses Energiesystem genau wie die Bilderwelten von General Electric oder das Stromnetz eine soziale Konstruktion.

Wenn ich mich auf Biographisches konzentriert hätte, so hätte mir dies den Blick für die Möglichkeiten verbaut, die in den Gegenständen dieser späteren Bücher lagen. Meine Forschungsarbeit zwischen ca. 1983 und 1998 wurde also in einem beträchtlichen Maß dadurch ermöglicht, dass ich den biographischen Zugang zu Geschichte und Kultur strikt vermied. Obwohl ich bezweifle, dass es für die Mehrheit der Leser dieser vier späteren Bücher ersichtlich ist, habe ich vielen Ideen die Treue gehalten, die ich in jenem weniger weit verbreiteten Buch, *The Invented Self*, entwickelt habe.

Nichtsdestotrotz fahren andere Leute damit fort, Biographien zu schreiben, und weiterhin erscheinen neue Bücher über Edison. Vielleicht hat es etwas Ironisches, dass ich oft gebeten werde, sie zu rezensieren. Die beste neuere kurze Biographie ist nach wie vor Martin V. Melosis *Thomas A. Edison, and the Modernization of America*.[14] Die bei weitem beste Darstellung von Edisons experimenteller Arbeit ist Paul Israels *Edison: A Life of Invention*.[15] Als Herausgeber von Edisons Nachlass hatte Israel weit besseren Zugang zu den Primärdokumenten als jeder Biograph vor ihm, doch er entschied sich, nicht den Privatmann oder die öffentliche Figur ins Zentrum

13 Während diese Reihe, oberflächlich gesehen, mit denen anderer Industriegesellschaften mehr oder weniger übereinzustimmen scheint, machten Amerikaner selten die Erfahrung von Knappheit und wechselten typischerweise nicht aus Not von einem Energieregime zum nächsten, sondern der Grund waren andere Faktoren wie Komfort, geringere Kosten oder größere Effizienz. Das Tempo der Entwicklung unterschied die Vereinigten Staaten ebenfalls von anderen Gesellschaften. Anders als die Briten, die früh den Dampfantrieb einführten, hingen die Amerikaner bis ins letzte Drittel des neunzehnten Jahrhunderts vorwiegend von Wasserkraft ab. Als in Amerika die Dampfmaschine als Hauptenergiequelle eingeführt wurde, war dies auch kurzlebiger, da die USA rasch zu Elektrizität und Öl übergingen.

14 Martin V. Melosi: *Thomas A. Edison, and the Modernization of America*. New York 1990.

15 Paul Israel: *Edison. A Life of Invention*. New York 1998.

zu stellen, sondern die Arbeit im Labor. Nur eine einzige Studie seit meiner eigenen hat Edison durch eine nicht-biographische Brille betrachtet, Charles Bazermans faszinierendes Buch *The Languages of Edison's Light.*[16] Bazerman denkt Edison neu in Hinblick auf die Kommunikation, indem er zeigt, dass dieser die Weise, in der er seinen jeweiligen Ansprechpartnern gegenübertrat, wechselte, je nachdem ob er seine Glühbirne bei Investoren bewarb, ob er sie Journalisten erklärte, gegen Patentverletzungen verteidigte oder sie mit seinen Mitarbeitern besprach. So gibt es viele Sprachen von Edisons Licht. Interessanterweise strebt keine dieser beiden exzellenten Studien eine in sich abgeschlossene Biographie an, und keine von ihnen sagt viel über Edisons zwei Ehen oder andere Aspekte seines Privatlebens. Beide Autoren erkannten deutlich, dass sie mit einem komplexen Material konfrontiert waren, das so umfangreich war, dass es nach einer selektiven Vorgehensweise verlangte. Die letztgültige Biographie Edisons scheint ein Ding der Unmöglichkeit. Die biographische Anordnung und der Standpunkt, den ein Biograph einnimmt, können sich nicht ohne Hilfe von außen aus den Bergen von Dokumenten ergeben. Die Anzahl möglicher historisch genauer Biographien einer solchen Figur ist fast unendlich, und neue Bücher, die der Zeit ihrer Komposition entsprechen, können und werden geschrieben werden. Ich denke nach wie vor, dass es theoretisch unmöglich ist, eine letztgültige Biographie Thomas Edisons zu verfassen, aber dennoch ist es möglich und wünschenswert, mit den Dokumenten zu arbeiten, die er und andere zurückließen.

16 Charles Bazerman: *The Languages of Edison's Light*. Cambridge 1999.

Bernhard Fetz

Struktur statt Psychologie: Die „Anti-Biographie" als biographisches Modell

David Nyes „Anti-Biographie" über den Erfinder Thomas A. Edison ist der bislang vielleicht am weitesten vorgeschobene Posten in der Geschichte der wissenschaftlichen Biographik.[1] Sein entlang strukturalistischer und poststrukturalistischer Theorien entwickeltes Modell einer historischen Semiotik besitzt weitreichende Konsequenzen. Anstatt sich auf das Individuum, den ‚Menschen' Edison zu konzentrieren, entwirft Nye in seinem Buch ein System von Mustern und Strukturen. Es soll zeigen, dass es unmöglich ist, einer historischen Person gerecht zu werden, ohne die Inszenierungen der öffentlichen wie der privaten Person in Rechnung zu stellen und ohne die überlieferten Materialien und ihre vorgefundene Ordnung kritisch zu hinterfragen.

Im Post-Skriptum zu seiner 1983 publizierten Biographie schreibt Nye, dass auch nach dem Erscheinen seines Buches die Biographen vor allem in den historischen Disziplinen weitergemacht hätten, als ob der realistische Roman der 1880er Jahre der letzte Stand literarischer Ausdrucksmöglichkeiten gewesen sei. Das gilt wahrscheinlich immer noch, wenn sich auch das Bewusstsein über die erzählerischen Möglichkeiten, die sich Biographen anbieten, gewandelt haben mag. An der biographischen Grundausrichtung, und hier ist Nye zuzustimmen, hat sich wenig geändert. Der Fokus der biographischen Erzählungen liegt nach wie vor auf dem Individuum und nicht auch auf den Bedingungen, die Persönlichkeit und Individualität im Nachhinein rekonstruieren lassen, also auf dem Material und seiner meist heterogenen Überlieferungsgeschichte. Außerdem lässt sich biographische Evidenz nicht auf die Zeitspanne eines individuellen Lebens begrenzen. Als typisch individuell wahrgenommene und beschriebene Verhaltensweisen sind in

1 David E. Nye: *The Invented Self. An Anti-biography from documents of Thomas A. Edison.* Odense 1983.

Wirklichkeit ebenso sehr das Produkt lange andauernder kultureller Prozesse, wie sie das Substrat ‚eigenen' Lebens sind. Und auch die Medien, mithilfe derer Biographien das Bild einer historischen Person rekonstruieren, sind permanentem Wandel unterworfen, das heißt, Lebensgeschichten sind nicht zu schreiben ohne ein Bewusstsein von der Kulturgeschichte des Briefes, der technischen Entwicklung und Funktionalisierung von Reproduktionsmedien wie Photographie, Film oder Tonaufzeichnung. Es ist erstaunlich, wie unreflektiert Photographien und Briefe, um nur die häufigsten biographischen Materialarten zu nennen, verwendet werden; als ob eine Photographie immer dieselbe Photographie wäre, unabhängig von ihrem historischen und kulturellen Kontext, unabhängig auch von der Instrumentalisierung für Zwecke der Eigenwerbung beispielsweise, und ohne Rücksicht auf die textuelle oder mediale Umgebung, in der sie erscheint. Nye macht deutlich, welch kategorialen Unterschied es macht, ob ein Photo in einer Zeitung erscheint oder ob es einem privaten Familienalbum entstammt. Das Beispiel der zwei Porträtaufnahmen Edisons, die in unterschiedlichen Studios hergestellt wurden, ist hier instruktiv (vgl. S. 354)[2].

Weder die biographische Wahrheit eines Individuums noch das Energiesystem der Vereinigten Staaten noch die Selbstdarstellung eines mächtigen Unternehmens wie *General Electric* ist von Natur aus gegeben, unvermeidlich und unveränderlich. Sie sind vielmehr das Produkt „sozialer Konstruktion", eine Erkenntnis, die nicht zuletzt Roland Barthes' kritischer Mythentheorie geschuldet ist.[3] Und noch ein Punkt ist hervorzuheben, eine biographische Binsenweisheit, wie es scheint: Die Anzahl der überlieferten Dokumente bestimmt die Anlage der jeweiligen Biographie in dem Sinne, dass abhängig von der Menge des überlieferten Materials die Selektionsprozesse ganz verschieden verlaufen. Ist viel vorhanden, müssen Biographen viel stärker auswählen, sie müssen einen Erzählstrang aus der Überlieferung herauspräparieren; ist wenig vorhanden, müssen sie auf zusätzliches, nicht unmittelbar biographisches Material, auf andere zeitgenössische Quellen zurückgreifen, um einen Kontext zu konstruieren, der die Figur in schärfer konturiertem Licht erscheinen lässt. Diese Methode wandten die Vertreter des *New Historicism* an, um das „Gespräch mit den Toten" (Stephen Greenblatt) in Gang zu bringen.

Die Überlieferung besteht aus Manuskripten und Briefen, Photographien und Filmen, Erzählungen, Tagebuchaufzeichnungen und Lebenszeugnissen wie Steuererklärungen oder Meldescheinen sowie Interpretationen

---

2 In Klammern angeführte Seitenangaben im Text beziehen sich auf den vorliegenden Band.
3 Vgl. Roland Barthes: *Die Mythen des Alltags*. Frankfurt/M. 1964.

all dessen, das sich wieder in den Kreislauf der biographischen Legenden, Erzählungen und biographischen Mythen einschreibt. Gezeigt zu haben, welchen unsicheren Status die überlieferten Dokumente besitzen und wie der Umgang mit ihnen unter Rückgriff auf eine semiotische Betrachtung der Geschichte zu systematisieren wäre, ist Nyes bleibendes Verdienst. Es ist unmöglich, schreibt Nye abschließend, eine „letztgültige“ (S. 360) Biographie Thomas Edisons zu verfassen. Es wird aber immer möglich und wünschenswert sein, mit den Dokumenten zu arbeiten, deren Interpretation ebenso unabschließbar ist wie die Suche nach der biographischen Wahrheit selbst.

Eine an den Quellen orientierte biographische Methode sieht sich mit einem widersprüchlichen Phänomen konfrontiert: Interessiert am Einzelnen führt sie der biographische Prozess mitten hinein in eine Vielzahl an Dokumenten: „The references in these pages“, schreibt Nye in der Einleitung zu seiner „Anti-Biographie“ über Thomas A. Edison, „lead not to a hero, but to yellowed papers, restored buildings, old photographs, furniture, cartoons, newspapers, magazines, and museums“.[4] Die innere Form seines Buches müsse deshalb „an implicit critique of biography“ sein.[5] Die Einzigartigkeit einer individuellen Lebensgeschichte, das Psychogramm eines einzigartigen Menschen, das Verhältnis von individueller Erfahrung und sozialer Struktur – an ihre Stelle tritt eine biographische Erkenntniskritik, die auf der Widersprüchlichkeit der Dokumente aufbaut und deren scheinbaren Informationswert konterkariert und subvertiert. Die Dokumente erscheinen bei Nye als „patterns of translation, displacement, and contradiction“.[6] Kein geschichtliches Werk – und auch die Biographie ist ein geschichtliches Werk – ist die realistische Erzählung eines bekannten Sets vergangener Ereignisse, sondern vielmehr „a restructuring of earlier codifications of these events“. Dies erfordere einen Richtungswechsel zu einer „semiotics of history, which will make the codes themselves a part of the object of study“. In dem Moment, in dem Worte auf Seiten erscheinen, Photographien publiziert oder akustische Signale aufgezeichnet werden, „at the moment of composition language becomes the primary object of history“. Damit verabschiedet sich Nyes biographisches Projekt von der Chronologie der konventionellen (Geschichts-)Erzählung und ersetzt sie durch eine Darstellung der „codification of ruptures, the expression of contradictions“: „Semiotic history begins with a recognition that the materials already are divided, scattered, and translated into photographs, restorations, diaries, notebooks, letters, and other historical works.“

4 Nye: *The Invented Self*, S. 16.
5 Ebd., S. 23.
6 Ebd., S. 18.

Die Annahme, dass ‚originale' Primärquellen existierten, ist ein Mythos, lediglich ein anderer Ausdruck für die Suche nach der verlorenen Präsenz. Für Nye sind Dokumente, die in der Vergangenheit produziert wurden, unabhängig davon, wie vollständig sie sind, „transcriptions of their objects of signification".[7] Die Bedeutung dieser Transkriptionen variiert, abhängig vom jeweiligen Code, als dessen Teil sie verstanden werden. An die Stelle temporaler Sequenzen müsse deshalb eine Organisation des Materials treten, die die verschiedenen simultanen Versionen, in denen das biographische Subjekt existiert, anerkennt. Anstatt eine temporale Linie durch die Dokumente zu ziehen, isoliert eine synchrone Herangehensweise eine kleine Zahl von Dokumenten, die abweichende Lesarten anbieten. Nyes Ansatz verabschiedet die klassischen biographischen Konzepte, die die Temporalität und Motiviertheit biographischer Entwicklungen unterstellen, und ersetzt sie durch eine Diskursanalyse.

Welche Tragfähigkeit und Tragweite die Methode besitzt, erweist sich am konkreten Beispiel: Thomas A. Edisons Laboratorium Menlo Park. Nye unterscheidet drei ‚wahre' Versionen des „Menlo Park complex": 1. Das Laboratorium, wie es in den Memoiren Edisons beschrieben wird, 2. der rekonstruierte Gebäudekomplex, der 1929 Teil eines Museums wurde und 3. Menlo Park als journalistischer Diskurs in zeitgenössischen Zeitungsberichten und Magazingeschichten. An einem zweiten Beispiel, dem Verhältnis Edisons zu seinem ersten Sohn, einem im Gegensatz zu seinem Vater glücklosen Erfinder, zeigt Nye einen anderen seiner methodischen Imperative: Die Vermischung verschiedener Dokumente mit dem Ziel, ein homogenes Bild des Sohnes als phantastische Parodie seines erfolgreichen Vaters zu zeichnen, ist unzulässig. Private und öffentliche Dokumente, Gebäude und Photographien würden meist gemäß literarischen Konventionen, wie sie auch die historische oder die wissenschaftliche Biographie bestimmen, zu einer konsistenten Erzählung verrührt.[8] Nimmt man hingegen die Widersprüchlichkeiten, die ein ‚Close Reading' der Dokumente erzeugt, ernst, dann führt das zur Sprengung der Gattung: „They explode biography."[9]

Die Methode besitzt einen weiteren kritischen Aspekt. Nyes „Anti-Biographie" beansprucht, soziale Widersprüche zur Sprache zu bringen, die in der konventionellen biographischen Erzählung zu verschwinden drohen. Die Mehrzahl der biographischen Konstruktionen sucht die Dichotomie von ‚privat' und ‚öffentlich', von Vorder- und Hintergrund zu überwinden und das biographische Objekt mit seiner Umwelt zu verbinden. Die konven-

7 Vgl. ebd., S. 19–20.
8 Ebd., S. 22f.
9 Ebd., S. 24.

tionelle Biographik produziert eine Metaphorik des Aufdeckens, Durchdringens und Demaskierens, die vom Impuls getrieben wird, das ‚wahre' Gesicht hinter der Maske zu enthüllen.[10] Eine Konsequenz ist die Privilegierung unveröffentlichten Materials gegenüber dem veröffentlichten. Nye plädiert deshalb für eine klare Trennung zwischen ‚Frontstage' und ‚Backstage', ohne einer der beiden Bühnen mehr Gewicht beizumessen. Seine Kritik an der biographischen Illusion eines Geheimnisses, das es aufzudecken gilt, hat eine Aufwertung des öffentlich zugänglichen Materials als Teil des biographischen (Selbst-)Bildes zur Folge.

Nyes vielleicht entscheidende methodische Prämisse betrifft die Unterscheidung zwischen verschiedenen Ordnungen, in die sich das dokumentarische Material einteilen lässt, erweitert um die Kategorien ‚privat' und ‚öffentlich'. Im Falle Edisons entdeckte Nye zunächst eine Reihe von Gegensatzpaaren, die jeweils Schauplätze – wie die Wohnung und das Labor – oder öffentliche Bilder – wie den seriösen Wissenschaftler und den vom Glück begünstigten Erfinder – einander gegenüberstellten. Solche vorgefundenen Ordnungen entstehen zwangsläufig bei jeder biographischen Recherche, sie sind aber alles andere als objektiv gegeben. Bereits bei der Frage, was überhaupt ins Blickfeld der Biographen fällt, kann nur mehr bedingt von einer ‚vorgefundenen Ordnung' gesprochen werden. Denn was Nye hier unterschlägt, ist der subjektive Faktor, der jede biographische Arbeit begleitet, der durch Vorannahmen, Ressentiments, Adorantentum, persönliche Profilierungs- oder auch bestimmte Forschungsinteressen geleitete Blick, der die vorgefundene Ordnung mitkonstituiert. Pointiert formuliert: Biographen finden nur dasjenige, was sie auch finden wollen. Biographien, Museen und Archive, Photographien, Dokumentarfilme und überhaupt biographische Inszenierungen jeder Art bringen durch Selektion, Interpretation und Anordnung des Materials eine weitere Ordnungsebene hervor. Auf einer dritten Ebene nun werden die beiden anderen Ordnungen dekonstruiert, indem die Lücken und Widersprüche innerhalb der verschiedenen Ordnungen thematisiert werden, wie dies die „Anti-Biographie“ tut (vgl. das Schema auf S. 356). Nyes Modell ist selbst eine Übersetzung der strukturalistischen binären Ordnungen, wie sie Claude Lévi-Strauss für die Kulturanthropologie und A. J. Greimas für die Erzähltheorie entwickelt haben. Anstatt ‚Tiefe' in den Primärquellen zu suchen, geht es um die Tiefenstruktur jeder Quelle, sei sie öffentlich oder privat, Teil einer vorgefundenen oder Teil einer bereits übersetzten Ordnung. An ihrer Oberfläche erscheinen die Dokumente, als wären sie unschuldig, als gehörten sie nicht bereits bestimmten Ordnun-

10 Ebd., S. 24f.

gen an, in einer Tiefendimension sind die Dokumente durch fundamentale „propositions" geordnet: „[R]esearch must focus not upon striking remarks or other apparent signs of genius [...] but upon the underlying thematae which produce patterns [...]."[11] Nyes strukturalistisches Denken operiert jedoch ebenfalls mit einem Tiefenmodell: An die Stelle der narrativen Konstruktion eines „unitary self" tritt die Konstruktion eines unter der Oberfläche verborgenen Raums von Bedeutungen.[12] An dieser Stelle scheint der biographische Generalverdacht eines verborgenen Geheimnisses, das es um der Wahrheit willen zu enthüllen gilt, auch bei David E. Nye wieder wirksam zu werden. Trotzdem stellt Nyes Edison-Biographie zusammen mit dem hier abgedruckten Post-Skriptum einen der bedenkenswertesten Beiträge zur Theorie und Praxis der Biographie dar.

11 Ebd., S. 33.
12 Ebd., S. 74.

Quellenverzeichnis

JOHNSON, SAMUEL: „The Rambler“, Nr. 60. Saturday, 13 October 1750. In: ders.: *The Major Works, including Rasselas*. Hg. v. Donald Greene. Oxford 2000, S. 204–207. [Aus dem Englischen übersetzt von Manfred Mittermayer 2010.]

JOHNSON, SAMUEL: „The Idler“, Nr. 84. Saturday, 24 November 1759. In: ders.: *The Major Works, including Rasselas*. Hg. v. Donald Greene. Oxford 2000, S. 298–300. [Aus dem Englischen übersetzt von Manfred Mittermayer 2010.]

HERDER, JOHANN GOTTFRIED: „Fünfter Brief zu Beförderung der Humanität“. In: ders.: *Sämmtliche Werke*, Bd. 17. Hg. v. Bernhard Suphan. Berlin 1881, S. 19–22.

CARLYLE, THOMAS: „Über Helden, Heldenverehrung und das Heldenthümliche in der Geschichte: Erste Vorlesung. Der Held als Gottheit. Odin. Heidentum. Skandinavische Mythologie.“ [Auszug]. In: ders.: *Sechs Vorlesungen*. Hg. v. Robert von Erdberg. Dt. v. J. Neuberg. Berlin 1912, S. 1–17.

PROTOKOLLE DER WIENER PSYCHOANALYTISCHEN VEREINIGUNG, Band I: 1906–1908. 33. Protokoll vom 11. Dezember 1907. Hg. v. Herman Nunberg u. Ernst Federn. Frankfurt 1976, S. 244–253.

DILTHEY, WILHELM: *Der Aufbau der geschichtlichen Welt in den Geisteswissenschaften* [Auszug]. In: ders.: *Gesammelte Schriften*, Bd. 7. Hg. v. Bernhard Groethuysen. Stuttgart 1965, S. 246–251.

STRACHEY, LYTTON: Preface to *Eminent Victorians*. Hg. mit einer Einleitung u. Anmerkungen v. John Sutherland. Oxford 2003, S. 5–6. [Aus dem Englischen übersetzt von Susanna Grabmayr u. Katharina J. Schneider 2010.]

MAUROIS, ANDRÉ: „Die Biographie als Kunstwerk“. Einzig autorisierte Übersetzung von Lissy Radermacher. In: *Die Neue Rundschau* 40/1 (1929), S. 232–248.

TRETJAKOW, SERGEJ: „Biographie des Dings“. In: *Gesichter der Avantgarde. Porträts – Essays – Briefe*. Hg. v. Fritz Mierau. Übers. v. Ruprecht Willnow. Berlin, Weimar 1985, S. 102–106. [Erstdruck: „Biografija Vešči“. In: *Literatura fakta*. Moskau 1929, S. 66–70.]

KRACAUER, SIEGFRIED: „Die Biographie als neubürgerliche Kunstform“. In: *Frankfurter Zeitung*, Literaturblatt, 29.6.1930, S. 6.

LUDWIG, EMIL: „Historie und Dichtung“. In: ders.: *Die Kunst der Biographie*. Paris 1936 (= Phoenix-Buecher, Bd. 32 a/b), S. 5–46.

WOOLF, VIRGINIA: „Die Kunst der Biographie“. In: dies.: *Der Tod des Falters*. Essays. Nach der engl. Ausgabe v. Leonard Woolf hg. v. Klaus Reichert. Frankfurt/M. 1997, S. 179–189. [Erstdruck: *Atlantic Monthly*, April 1939]

ZWEIG, STEFAN: „Geschichte als Dichterin“. In: ders.: *Gesammelte Werke in Einzelbänden. Die schlaflose Welt. Aufsätze und Vorträge aus den Jahren 1909–1941*. Frankfurt/M. 1983, S. 249–270. [Erstdruck: „Die Geschichte als Dichterin“. In: *Zeit und Welt. Gesammelte Aufsätze und Vorträge 1904–1940*. Hg. v. Richard Friedenthal. Stockholm 1943, S. 363–388.]

Löwenthal, Leo: „Die biographische Mode". In: *Sociologica. Aufsätze, Max Horkheimer zum sechzigsten Geburtstag gewidmet.* Frankfurt/M., Stuttgart 1955 (= Frankfurter Beiträge zur Soziologie, Bd. 1), S. 363–386.

Sartre, Jean-Paul: „Die progressiv-regressive Methode". In: ders.: *Gesammelte Werke in Einzelausgaben.* In Zusammenarbeit m. d. Autor u. Arlette Elkaïm-Sartre begr. v. Traugott König, hg. v. Vincent von Wroblewsky. Philosophische Schriften, Bd. 5. Fragen der Methode. Neu hg. u. m. Anm. vers. v. Arlette Elkaïm-Sartre. Dt. v. Vincent von Wroblewsky. Reinbek bei Hamburg 1999. S. 143–162. [Erstdruck: Sartre, Jean-Paul: „Marksizm i Egzystencjalizm". In: *Twórczosc* XIII, Sonderbd. über Frankreich (1957), S. 33–79. Überarb. frz. Erstausgabe: Sartre, Jean-Paul: „Questions de méthode". In: *Les Temps Modernes* 139 (1957), S. 338–417 u. 140 (1957), S. 658–698.]

Foucault, Michel: „Das Leben der infamen Menschen". In: ders.: *Schriften in vier Bänden. Dits et Ecrits.* Bd. 3. 1976–1979. Hg. v. Daniel Defern u. François Ewald unter Mitarbeit v. Jacques Lagrange. Aus dem Frz. v. Michael Bischoff, Hans-Dieter Gondek, u.a. Frankfurt/M. 2003, S. 309-332. [Übersetzer des vorliegenden Aufsatzes: Hans-Dieter Gondek.]

Hildesheimer, Wolfgang: „Die Subjektivität des Biographen". In: ders.: *Das Ende der Fiktionen. Reden aus fünfundzwanzig Jahren.* Frankfurt/M. 1984, S. 123–138.

Bourdieu, Pierre: „Die biographische Illusion". In: ders.: *Praktische Vernunft. Zur Theorie des Handelns.* Aus dem Frz. v. Hella Beister. Frankfurt 1998, S. 75–83. [Erstdruck: „L'illusion biographique". In: *Actes de la recherche en sciences sociales* 62/63 (1986), S. 69–72. Die vorliegende Übersetzung folgt dem Wiederabdruck in: *Raisons pratiques. Sur la théorie de l'action.* Paris 1994.]

Reulecke, Anne-Kathrin: „‚Die Nase der Lady Hester'. Überlegungen zum Verhältnis von Biographie und Geschlechterdifferenz". In: *Biographie als Geschichte.* Hg. v. Hedwig Röckelein. Tübingen 1993, S. 117–142.

Nye, David E.: „Post-Thomas Edison. (Recalling an anti-biography)". Odense 2003 (= Odense American Studies International Series, Bd. 58). [Aus dem Englischen übersetzt von Esther Marian 2010.]

Verzeichnis der BeiträgerInnen

in der Reihenfolge des Inhaltsverzeichnisses

Caitríona Ní Dhúill, Lecturer an der Durham University/UK. Zuvor Wissenschaftliche Mitarbeiterin des Ludwig Boltzmann Instituts für Geschichte und Theorie der Biographie (2005–2009). Lehrtätigkeit im In- und Ausland. Stipendiatin des DAAD und des Irish Research Council for the Humanities and Social Sciences. Monographie zu Gender und Utopie, zahlreiche Aufsätze.

Tobias Heinrich, Wissenschaftlicher Mitarbeiter am Ludwig Boltzmann Institut für Geschichte und Theorie der Biographie. Dissertationsprojekt: ‚Biographische Narrative des Genies um 1800'. Lektor an der Diplomatischen Akademie Wien. Mark Madoff-Preisträger der ‚Canadian Society for Eighteenth-Century Studies' 2009. Aufsätze zu biographiegeschichtlichen Themen.

Wilhelm Hemecker, Direktor des Ludwig Boltzmann Instituts für Geschichte und Theorie der Biographie. Visiting Professor an der UCLA (Frühjahr 2009), Rockefeller Fellow (Frühjahr 2008), By-Fellow am Churchill College Cambridge (Frühjahr 2007). Lehrtätigkeit im In- und Ausland. Vorstandsmitglied der Internationalen Rilke-Gesellschaft, Gründungsmitglied der Christine Lavant-Gesellschaft. Kurator von Ausstellungen. Monographien zu Freud, Rilke und Mechtilde Lichnowsky, zahlreiche Aufsätze.

Günter Riederer, Key Researcher am Ludwig Boltzmann Institut für Geschichte und Theorie der Biographie, verantwortlich für die Programmlinie Leopold von Andrian. Mitherausgeber der Tagebücher von Harry Graf Kessler. Monographien zur ‚Erfindung kollektiver Zugehörigkeit in Elsaß-Lothringen 1871–1918' und zur deutschen Nachkriegsgeschichte, zahlreiche Aufsätze.

Bernhard Fetz, Direktor des Literaturarchivs der Österreichischen Nationalbibliothek. Zuvor: Stellvertretender Direktor des Ludwig Boltzmann Instituts für Geschichte und Theorie der Biographie 2005–2009. Lehrtätigkeit im In- und Ausland. Literaturkritiker. Mitglied des Editorial Board der Zeitschrift *Modern Austrian Literature*. Kurator von Ausstellungen. Monographien zu Wolfgang Koeppen und zur literarischen Kritik der Kultur, zahlreiche Aufsätze.

Esther Marian, Wissenschaftliche Mitarbeiterin am Ludwig Boltzmann Institut für Geschichte und Theorie der Biographie. Dissertationsprojekt zu Siegfried Kracauers ‚Jacques Offenbach und das Paris seiner Zeit'. Stipendiatin des Deutschen Literaturarchivs Marbach, Januar-März 2006. Aufsätze zu biographietheoretischen und politikwissenschaftlichen Themen.

Georg Huemer, Wissenschaftlicher Mitarbeiter am Ludwig Boltzmann Institut für Geschichte und Theorie der Biographie, zuvor Studienassistent. Diplomarbeit über ‚Stefan Zweig als Biograph von Balzac'. Stipendiat des Deutschen Literaturarchivs Marbach (Februar 2009) und der Universität Wien (August 2010). Aufsätze zu biographiegeschichtlichen Themen. Dissertationsprojekt zur Kinder- und Jugendliteratur.

Manfred Mittermayer, Key Researcher am Ludwig Boltzmann Institut für Geschichte und Theorie der Biographie, verantwortlich für die Programmlinie Thomas Bernhard. Lektor an den Universitäten Salzburg und Wien. Mitherausgeber der Thomas-Bernhard-Werkausgabe und des Jahrbuchs der Thomas-Bernhard-Privatstiftung. Generalsekretär der Internationalen Thomas-Bernhard-Gesellschaft. Monographien zu Thomas Bernhard, zahlreiche Aufsätze.

Albert Dikovich, Studienassistent am Ludwig Boltzmann Institut für Geschichte und Theorie der Biographie. Studiert Germanistik, Philosophie und Romanistik an der Universität Wien. Diplomarbeitsprojekt zur Biographietheorie Jean-Paul Sartres.

Hannes Schweiger, Wissenschaftlicher Mitarbeiter am Ludwig Boltzmann Institut für Geschichte und Theorie der Biographie, verantwortlich für die Programmlinie Ernst Jandl. Lektor an der Universität Wien. In der LehrerInnenfortbildung im In- und Ausland tätig. Ausstellungskurator. Monographien zu Samuel Beckett und George Bernard Shaw, zahlreiche Aufsätze.

Cornelia Nalepka, Assistentin des Direktors des Ludwig Boltzmann Institut für Geschichte und Theorie der Biographie. Dissertationsprojekt: ‚Fragmentiertes Leben: Über die (Un-)Möglichkeit von Hypertext-Biographien'. Aufsätze zur postmodernen Biographik.

Katharina J. Schneider, Wissenschaftliche Mitarbeiterin am Ludwig Boltzmann Institut für Geschichte und Theorie der Biographie. Dissertationsprojekt zur Wiener Moderne. Wissenschaftliche Mitarbeiterin in den Museen des Deutschen Literaturarchivs Marbach 2007–2009. Stipendiatin der Studienstiftung des deutschen Volkes 2000–2005.